高等教育经济管理类“十四五”系列规划教材

财务管理学

主编　李尽法　王淑英

郑州大学出版社

图书在版编目(CIP)数据

财务管理学 / 李尽法，王淑英主编. — 郑州 ：郑州大学出版社，2021. 9
ISBN 978-7-5645-8175-6

Ⅰ. ①财… Ⅱ. ①李…②王 Ⅲ. ①财务管理 - 高等学校 - 教材 Ⅳ. ①F275

中国版本图书馆 CIP 数据核字(2021)第 187963 号

财务管理学
CAIWU GUANLIXUE

策划编辑	祁小冬	封面设计	苏永生
责任编辑	孙保营	版式设计	苏永生
责任校对	张　帆	责任监制	凌　青　李瑞卿
出版发行	郑州大学出版社	地　　址	郑州市大学路 40 号(450052)
出 版 人	孙保营	网　　址	http://www.zzup.cn
经　　销	全国新华书店	发行电话	0371-66966070
印　　刷	郑州宁昌印务有限公司		
开　　本	787 mm×1 092 mm　1 / 16		
印　　张	23.5	字　　数	531 千字
版　　次	2021 年 9 月第 1 版	印　　次	2021 年 9 月第 1 次印刷
书　　号	ISBN 978-7-5645-8175-6	定　　价	49.00 元

前　言

财务管理的教学和实践是一件令人振奋的工作,在过去的几十年,金融市场的变革和金融工具的创新得到了长足发展。如今,经济形态和商业模式呈现出多种变化和全新的形式,在"云、物、大、智"时代企业的管理愈来愈复杂,企业的财务管理更是面临巨大的挑战。国内各级资本市场的发展和完善给企业融资带来了巨大影响,同时我们也重新认识实物期权、私募股权资本与风险资本对财务融资带来的影响。企业财务管理的理论和实践在快速地变化,因此,教学必须与之保持同步发展。

社会经济和科技的快速发展给财务管理这一课程的教学提出了新的挑战:一方面是人工智能在公司财务中的应用使得财务管理教学内容与现实管理有一定的脱节;另一方面是现代教学要求教师在快速发展的潮流中辨别真伪、精选案例,提炼有价值的教学素材。为了应对挑战,我们的财务管理教学首先还是应该强调现代财务管理理论的基本原理,并通过最新的案例将理论与实际结合起来,再融入新的知识、科技和工具。初学者和大多数人认为财务管理只是企业发展的一个方面,是就财务而论财务,忽略了财务管理立足于强大的业务基础的,更没有将业务与财务融合去考虑。事实上,我们的目标就是要将财务管理演绎成一个业务与财务高度统一的体系。

假定学习这门课程的学生已经或正在学习会计学、数学、统计学、运筹学、管理学和经济学,这些先期课程能够帮助学生深刻理解财务管理中的一些问题。但是,本教材自成体系,即便没有学过有关课程的内容也没有本质的影响。因此,本书可以作为经济管理类本科生、研究生学习企业财务管理课程的教科书。

在本教材的编写过程中,我们参考了众多国内外作者的著述,在此表示衷心的感谢!同时感谢郑州大学出版社对本教材出版所提供的支持和帮助。

随着经济的发展，财务管理的内容不断更新和丰富，由于编者学识有限，书中谬误和不足在所难免，敬请同行和读者批评指正。

编　者

2021 年 6 月

目　录

第一章 财务管理导论

【学习目标】

1. 理解财务管理的本质，理解企业财务活动和财务关系
2. 了解财务管理的学科逻辑，了解财务管理与会计、金融的关系
3. 了解财务管理的目标与原则
4. 了解财务管理的环境影响因素
5. 了解智能时代的财务管理创新

第一节　财务管理的内涵

财务管理是对企业再生产过程中客观存在的财务活动和财务关系的管理。一般认为，财务管理的对象是资金及其流转。

一、企业资金运动

企业资金运动指的是资金的形态变化或位移，是资金在企业经营过程不同阶段的循环和周转。企业资金只有通过不断的循环和周转才能实现增值的目的。

(一)企业资金运动及其特点

(1)资金存在形式的多样性。资金经常以货币资金、已购原料、产成品等形式存在。

(2)长期资金循环与短期资金循环的关联性。资金的长期循环指现金转变为非现金资产，然后再回到现金，经历一年以上的过程。资金的短期循环是现金变为非现金资产，然后又回到现金，所需时间不超过一年的流转。二者具有密切的联系。

(3)资金运动周期与生产营运周期的一致性。资金运动周期是指资金从货币资金开始，经过供、产、销等过程，依次由货币资金转化为固定资金、流动资金、储备资金，再转化为生产资金、产品资金，最后又转化为货币资金的循环过程。营运周期是指从购入原料

和货物生产及分销起到客户付清贷款的一段过程。这两个过程是一致的。

(4)资金循环的周而复始性。企业资金循环即以资金购入原材料、进行生产、销售货物、收回款项,最后又变成资金,周而复始,在循环中不断增值。

(二)现金流转平衡问题

1.盈利企业的现金流转

不打算扩充的盈利企业,其现金流转比较顺畅。

2.亏损企业的现金流转

从长期的观点看,亏损企业的现金流转是不可能维持的。但从短期看,可视亏损额的大小来分析现金流转。当亏损额小于折旧额时,收入却大于付现成本(折旧和摊销费用不需支付现金),通常日常开支的支付并不困难,这种状况可维持到企业发生固定资产重置。当亏损额大于折旧额时,企业收入小于付现成本,如不能短期内扭亏为盈的话,企业只有宣告破产。

3.扩充企业的现金流转

要迅速扩大经营规模的企业:由于固定资产投资规模的扩大和流动资产资金需求的增加,都会增加现金流出,从而出现现金短缺。

二、企业财务活动与财务关系

(一)企业财务活动

企业组织财务活动的过程也称作财务的有形管理,它一般包括筹资管理、投资管理、营运管理和利润分配管理四项主要内容。

企业财务活动是指以现金收支为主的企业资金收支活动的总称。社会主义市场经济条件下,一切物资都具有一定的价值,它体现着耗费于物资中的社会必要劳动量,社会再生产过程中物资价值的货币表现,就是资金。拥有一定数额的资金是进行生产经营活动的必要条件。企业生产经营过程,一方面表现为物资的持续购进和售出,另一方面则表现为资金的支出和收回。企业的经营活动不断进行,也就会不断产生资金的收支。企业的财务活动包括筹资管理活动、投资管理活动、营运管理活动和利润分配管理活动等四个方面。

1.筹资管理活动

筹资是指企业通过各种融资渠道,运用不同方式,从企业外部有关单位或个人或从企业内部筹措企业经营活动所需资金的财务活动。在融资管理中主要应解决下列问题:

(1)需要筹集多少资金。

(2)什么时候取得资金。

(3)向谁取得资金。

(4)取得资金时受什么约束。

筹资管理是指企业根据其生产经营、对外投资和调整资本结构的需要,通过筹资渠道和资本(金)市场,运用筹资方式,经济有效地筹集企业所需的资本(金)的财务行为。筹资的方式主要有股权筹资和债务筹资。筹资管理的目的为满足公司资金需求,降低资金成本,增加公司的利益,减少相关风险。

2. 投资管理活动

投资是指以收回现金并取得收益为目的而发生的现金流出。企业为了正常运转和扩大再生产,一是会补充流动资金缺口即进行流动资产投资,二是要完成设备重置和扩张性投资。广义的投资是指企业将筹集的资金投入使用的过程,包括企业内部使用资金的过程(如购置流动资产、固定资产、无形资产等)和对外投放资金的过程(如投资购买其他企业的股票、债券或与其他企业联营等)。狭义的投资仅指对外投资。无论企业购买内部所需资产还是购买各种证券,都需要支付资金。

投资管理是对投资活动按照一定的方法、流程和模式进行科学的管理,在适度风险的情况下达到既定目标的过程。投资管理主要解决四个方面的核心问题:第一是时间,投资所涉及的时间长短不一,存在的风险会有很大的差别;第二是不确定性,投资活动本身的不确定性,对投资效果会产生重大影响;第三是投资主体的期望,主要是运用投资资源的所有者对投资所要求的基本回报、对投资决策及管理的主要目标;第四是条件,公司所拥有的竞争能力及环境因素,决定了投资活动能否取得预期效果。

在投资管理中,我们应该区别不同投资时限——短期投资和长期投资,不同种类投资——直接投资和间接投资,并做出相应的决策。

3. 营运资金管理活动

因企业日常生产经营而引起的财务活动,称为资金营运活动。企业的营运资金主要是为满足企业日常营业活动的需要而垫支的资金。在一定时期内,营运资金周转越快,资金的利用效率就越高,就可能生产出更多的产品,获得更多的收入。

营运资金管理是对企业流动资产及流动负债的管理。一个企业要维持正常的运转就必须要拥有适量的营运资金,因此,营运资金管理是企业财务管理的重要组成部分。据调查,公司财务经理有70%的时间都用于营运资金管理。要搞好营运资金管理,必须解决好流动资产和流动负债两个方面的问题,换句话说,就是下面两个问题:

(1)企业应该投资多少在流动资产上,即资金运用的管理。主要包括现金管理、应收账款管理和存货管理。

(2)企业应该怎样来进行流动资产的融资,即资金筹措的管理。包括银行短期借款的管理和商业信用的管理。

可见,营运资金管理的核心内容就是对资金运用和资金筹措的管理。

4. 利润分配管理

利润分配过程实际是利润在国家(税收)、企业(留存收益)和投资者(股利)之间的划分。在利润分配决策过程中起码应明确两点:一是利润分配过程绝不是一个孤立过程,它与企业后续的投资和融资紧密关联;二是分配的数额与方式会影响到股票价格及人们对公司的预期。

企业通过投资或资金营运活动可以取得相应的收入，并实现资金的增值。从广义上说，分配是指对企业各种收入进行分割和分派的过程；而狭义的分配仅指对企业净利润的分配。

（二）企业财务关系

企业在处理各项财务活动的过程中会与有关各方发生经济利益关系，这种由理财而发生的各种经济关系称为企业财务关系。企业财务关系可以概括为以下几个方面：

1. 企业与政府之间的财务关系

国家作为社会管理者，担负着维护社会正常秩序、保卫国家安全、组织和管理社会活动等责任，为企业生产经营活动提供公平竞争的经营环境和公共设施等条件。为此所发生的“社会费用”，须从受益企业的生产费用中扣除，从而形成具有强制性的纳税义务。因此，国家以收缴各种税费的形式，与企业之间产生财务关系。企业与税务机关之间的财务关系是企业与政府之间主要的财务关系之一，这主要是指企业要按税法的规定依法纳税而与国家税务机关所形成的经济关系。任何企业都要按照国家税法的规定缴纳各种税款，以保证国家财政收入的实现，满足社会各方面的需要。及时、足额地纳税是企业对国家的贡献，也是对社会应尽的义务。因此，企业与税务机关的关系反映的是依法纳税和依法征税的权利义务关系。

2. 企业与投资者之间的财务关系

企业与出资者之间的财务关系是指投资者向企业投入资金，企业向其支付投资报酬所形成的经济关系。企业的所有者要按照投资合同、协议、章程的约定履行出资义务以便及时形成企业的资本，同时，拥有参与或监督企业经营、参与企业剩余权益分配，并承担一定的风险；管理企业利用资本进行营运，对出资者有承担资本保值、增值的责任，实现利润后，应该按照出资比例或合同、章程的规定，向其所有者支付报酬。一般而言，所有者的出资不同，他们各自对企业承担的责任也不同，相应地对企业享有的权利也不相同。因此，企业与投资者之间的关系是风险与共和以资本保值、增值为核心的剩余权益分配关系，体现着一种经营权与所有权关系。

现代社会的经济、科技飞速发展，导致企业投资者从国家、法人单位、自然人、外商等四类到各类投资基金的加入，投资基金从属性上大部分属于法人单位。企业利用资本金进行经营，实现利润后，应按出资比例或合同、章程的规定，向其所有者分配利润。

3. 企业与债权人之间的财务关系

企业与债权人之间的财务关系是指企业向债权人借入资金，并按借款合同的规定按时支付利息和归还本金所形成的经济关系。企业除利用资本进行经营活动外，还要借入一定数量的资金，以便降低企业资金成本，扩大企业经营规模。企业利用债权人的资金，要按约定的利息率，及时向债权人支付利息；债务到期时，要合理调度资金，按时向债权人归还本金。因此，企业与债权人之间的关系是建立在契约之上的债务—债权关系。企业与受资者之间是企业以购买股票或直接投资的形式向其他企业投资形成的经济利益关系，是体现所有权性质的投资与受资的关系。

企业的债权人主要有:①债券持有人;②贷款机构;③商业信用提供者;④其他形式出借资金给企业的单位或个人。

4. 企业与债务人之间的关系

企业与债务人之间的关系是指企业将其资金以购买债券、提供借款或商业信用等形式出借给其他单位所形成的经济关系。企业将资金借出后,有权要求其债务人按约定的条件支付利息和归还本金。企业与债务人之间的关系也就是债权—债务关系。

5. 企业同其被投资单位的财务关系

这主要是指企业将其资金以直接投资或者购买股票的方式向其他企业投资所形成的经济关系。21 世纪以来,经济快速发展导致经济形式越来越多,这种投资关系越来越广泛。集团型公司的崛起和 VC(风险投资)、PE(私募股权投资)的兴起,使得企业同其被投资单位之间的财务关系成为经济形态里最重要的一种关系。企业向其他单位投资,应按约定履行出资义务,参与被投资单位的利润分配。至于是否参与经营关系要根据投资合同的约定进行。企业与被投资单位的关系是体现所有权性质的投资与受资关系。

6. 企业与职工之间的财务关系

主要是指企业向职工支付劳动报酬的过程中所形成的经济关系。职工是企业的劳动者,他们以自身提供的劳动作为参加企业分配的依据。企业根据经营者的职务能力和经营能力高低,根据一般职工业务能力和劳动业绩大小,用自身的产品(包括服务)销售收入,向职工支付工资、津贴、奖金、股票期权等,按照职工提供的劳动数量和质量支付职工的劳动报酬。这种企业与职工之间的财务关系,体现了职工和企业在劳动成果上的分配关系。

7. 企业内部各单位(部门)之间的财务关系

企业内部各单位之间是指企业内部各单位之间在生产经营各环节中相互提供产品或劳务所形成的经济利益关系。企业在实行厂内经济核算制和企业内部经营责任制的条件下,企业供、产、销各个部门以及各个生产单位之间,相互提供劳务和产品要计价结算。这种在企业内部资金使用中的权责关系、利益分配关系与内部结算关系,体现了企业内部各单位之间的经济利益关系。

近年来,有关学者提出内部市场和内部市场化,是一种企业内部各单位之间财务关系的市场化形式。

(1)内部市场。企业的内部市场指的是企业与相关市场相结合的一种新形式,它一般被企业内部有多个单位或部门的企业所采用。主要通过在企业各个单位或部门之间形成一个以价格机制为基础的内部市场,以相关产品的价格转移为手段,进而达到协调整个企业生产和经营活动的目的。

(2)内部市场化。企业的内部市场化具体含义就是指企业内部的市场价格机制与整个大市场的价格机制相融合的过程或趋势。也就是说,企业的内部市场化处于一个程度不断加深的状态,正在由初步具有简单市场特征的小型市场向着具有完善的市场特征的大型市场转变。企业内部市场化的实质是使企业内部各个部门机构实现市场竞争化管理，使各个部门相对独立，形成以部门利益与发展为核心的价值体现。企业内部市场化有利于当下企业的发展壮大。

8. 企业与董事会、监事会之间的财务关系

董事会决定企业经营计划和投资方案，制定企业年度财务预决算、利润分配、弥补亏损和增减注册资本等方案，企业要为董事会支付董事会经费，因此，企业与董事会之间发生经济利益关系。监事会负责检查企业财务，企业执行董事会决议的一切财务收支，都要接受监事会的检查监督，同时企业也要支付一部分监事会经费，因此，也与企业发生经济利益关系。

第二节　财务管理的学科逻辑

学习财务管理，就要心中有一个“知识树”或者“知识结构框架”，本节构建财务管理的学科逻辑框架，指出从事财务管理学习和实际工作的路径。

一、财务管理与会计的关系

在现实经济生活中，“财务”与“会计”像是一对孪生兄弟密不可分，经常成对出现。我们国家一直有统一制定的财务制度和会计制度，如“两则两制”包括《企业财务通则》《企业会计准则》及分行业的财务制度和会计制度。财务与会计各司其职，财务定政策，解决对经济业务事项的确认和计量问题，如固定资产的标准、计提折旧的方法等都由财务制度规定；会计定方法，解决对经济业务事项的记录、报告问题，规定会计科目和会计报表的设置，具体经济业务应借记（或贷记）什么会计科目，以及会计报表项目的口径和列示。

近年来在社会上形成了一股会计热，会计打假、不做假账的呼声很高，似乎会计已经取代了财务，财务的概念已经含糊不清了。什么是财务，什么是会计，两者到底有无区别与联系呢？财务与会计的关系给我们带来许多困惑和不解。

（一）区别

会计学是指以资金形式对企业经营活动进行连续的反映、监督和参与决策的工作。会计主要在事后核算，重在“算”，简言之就是做账，把企业的发票等票据做成会计凭证，再登记入账，然后编制报表。其实质是把已经发生的经济业务系统地核算一遍，以便报表使用者可以很清晰地看到企业的各项业务、各项资产的金额，和已经本期实现的收益。

财务管理是企业管理的一个组成部分，它是根据财经法规制度、按照财务管理的原则组织企业财务活动、处理财务关系的一项经济管理工作。简单地说，财务管理是组织企业财务活动，处理财务关系的一项经济管理工作。财务管理是研究如何通过计划、决策、控制、考核、监督等管理活动对资金运动进行管理，以提高资金效益的一门经营管理学科。财务管理主要在事前管理，重在“理”，倾向于对资金在使用前和使用中的管理，当

然也包括使用后的管理，主要是如何使用企业的资金，如何筹集企业的资金（钱不够花的时候），以及反思使用资金的合理性。

财务管理与会计的区别要点总结如下：

（1）会计是信息的创造者，财务管理是信息的使用者。

（2）财务管理与会计的联系在于思维基础都是可计量的货币。会计记录的基础要求就是有可以计量的货币金额。财务工作中收集到的基础信息第一步就是计量其货币金额。

（3）从历史来看，会计的产生早于财务管理。

（4）从学科来看，会计学的产生早于财务相关学科。

（5）从大学专业设置来看，财务管理或者作为会计学专业的一个方向，或者从会计学专业中独立出来，或者从金融学专业中独立出来。从国内来看，前两种情况居多。

（6）在学术上，关于会计的本质有着"管理活动论"与"信息系统论"之争。

（7）会计做的账以及报表，是财务管理者最重要的数据来源，财务管理分析大部分就是使用报表的数据。

（二）财务管理与会计的联系

财务与会计既有区别，但同时又相互作用、相互影响，有着非常紧密的联系。

（1）两者都是为特定对象服务的。即存在财务主体和会计主体，作用的对象都是单位资金的循环与周转，主要对价值形态进行管理。

（2）会计是财务的基础，财务离不开会计。会计基础薄弱，财务管理必将缺乏坚实的基础，财务预测、决策、计划和控制将缺乏可靠的依据。新的具体会计准则和新会计制度普遍采用谨慎性和实质重于形式的会计原则，有利于为企业财务管理和决策提供客观、真实、完整的会计信息资料，减少财务决策风险。

（3）财务与会计在机构和岗位设置上有交叉现象，在内容上没有明确的界限。单位在机构、岗位的设置上，除不相容职务以外，财务与会计岗位可以重叠。单位会计机构负责人（会计主管人员），同时也可以是单位财务负责人。有的财务部门包括会计机构，同时履行财务、会计的职能。单位会计人员可以根据单位要求，独立或参与单位财务计划的编制、利润分配方案的制定，以及财务管理和重大财务的决策。实务中，单位内部财务管理与内部会计控制可有机结合。

（4）会计从业人员必须掌握有关财务知识，熟悉单位的内部财务规定，如差旅费、医药费等报销的规定等。每年注册会计师、会计师考试科目，都包括财务成本管理内容。同样，财务人员必须懂会计，能熟练分析和运用相关会计信息资料。

二、财务管理与金融的关系

从时间方面看，金融活动和财务活动是两类不同经济活动，存在明显的边界，但同时在金融市场上互为交易客体又有着相互融合的一面。从理论层面上，财务活动和金融活动有着巨大的内容体系差异，同时又有着渊源深厚的理论背景。

（一）财务和金融的内涵

财务是以工商企业作为经济主体的资金运作行为，即我们所说的理财。它涵盖除金融企业以外的全部营利性企业（贸易、商业、各类制造业、加工业、服务业）的理财，包括企业根据生产和经营的需要筹集资金，运用资金并对收益进行合理分配，同时根据企业的发展需要进行资本运营。具体而言，这些财务包括运用多种渠道筹集资金，并对资金进行合理的配置（各种资产投资），加速资金的周转，提高资金的使用效率，编制财务预算，进行税务策划，制定严密的财务制度，强化财务的内部控制等。因此，财务的中心也是围绕资金的运作和控制而展开的。与金融企业不同的是，其资金运作更多的是与实物（包括产品、商品、服务）形态相结合，即我们所说的实体经济范畴，通常我们把财务的资金周转方式界定为与物流相结合的资金循环形态，其表现形式为：货币—物质（产品、商品、服务）—货币相互转换的循环运动。

金融则是以金融企业作为经济主体而开展的资金运作行为，它涵盖各类商业银行和非银行金融机构（包括各类信托公司、投资公司、保险公司、财务公司、证券公司、期货公司）的金融交易，其资金运作表现为融通社会资金进行金融投资，承担社会信用责任和金融风险，并谋取金融利润。它包括存贷款业务、同业资金拆借、货币汇兑、票据结算、证券交易、共同基金等各项业务。这些业务的主要特征是与实物交易相隔离的一种资金运作，即我们所说的虚拟经济范畴，通常我们把金融资金运动方式称之为纯资金流转，其表现形式为：货币—信用（存款单、各种有价证券、信用卡、票据）—货币相互转换的循环运动。

（二）区别

（1）性质不同。财务管理（financial management）是在一定的整体目标下，关于资产的购置（投资）、资本的融通（筹资）和经营中现金流量（营运资金），以及利润分配的管理。财务管理是企业管理的一个组成部分，它是根据财经法规制度，按照财务管理的原则，组织企业财务活动，处理财务关系的一项经济管理工作。简单来说，财务管理是组织企业财务活动，处理财务关系的一项经济管理工作。金融学是研究价值判断和价值规律的学科。主要包括传统金融学理论和演化金融学理论两大领域，是现代经济社会的产物。

（2）工作方向不同。财务管理专业的学习者和从业者能在工商、金融企业、事业单位及政府部门从事财务、金融管理以及教学、科研等方面的工作。金融学的学习者和从业者既可在国内外大学和科研院所攻读研究生学位，也可在银行、证券、信托、投资、保险等金融机构及其他企业、政府管理部门等机构任职。

（三）财务与金融的融合

（1）无论是金融，还是财务，都必须立足于市场体系之中进行市场化运作。在现代市场体系中，金融市场作为货币资金的运转渠道和交换关系，以其特有的方式汇成巨大的资金流，润滑生产、流通、服务各个环节和生产要素各个方面。而财务与金融则互以对方作为交易对象并融合于金融（资本）市场之中，两者在一定的条件下还存在相互转换的一面。

金融企业的金融，其交易对象大约有三种：金融企业与金融企业之间的交易，金融企业与工商企业之间的交易，金融企业与政府行政事业单位和居民个人之间的交易。其中金融企业与工商企业之间的交易份额占有最大比重。在这两者的交易中，两者互为交易对象，互为交易客体，形成金融市场交易中最有活力，也最具多变性和风险性的经济。例如银行向企业发放贷款收回本息，资产管理公司对难以偿债企业"债转股"，券商为股份公司进行上市辅导和市场推介，企业向保险公司购买各类商业保险，企业通过金融机构发行企业债券和银行本票等。上述纷繁复杂的交易无不由金融企业和工商企业共同合作而促成。同样，例如由券商承销公司上市的股票，从金融企业看，它完成了一次金融交易；从工商企业看，它完成了一次财务交易。这表明金融离不开企业财务的积极参与，同样工商企业的财务也必须得到金融的有力支持和有效服务。因此从金融市场交易的双向性看，"金融即财务，财务即金融"这一说法完全可以得到充分理解，财务与金融两者共处于金融市场相互融合的过程，没有必要划分出金融与财务之间的区别。进一步说，凡工商企业与金融企业发生的多数业务都具有财务与金融双重性质，从这一意义上，我们把财务理解为工商企业的金融，同时把金融理解为金融企业的财务，都是无可厚非的。无论是财务还是金融都是围绕"资金运作"而展开的理财，都体现了通过各自的理财而取得经济主体的经济利益最大化。

实际上，在现实经济生活中，我们还经常看到财务与金融存在着角色相互转换的现象，使得我们更加难以区分财务和金融，例如大型的（工商）企业集团成立了财务公司，财务公司本身是金融机构性质，从事的也是金融业务，但它又是工商企业集团下的理财机构，为工商企业集团财务提供服务，其财务公司的业态上就具备了工商企业和金融企业两重性，其业务也染上了财务与金融双重色彩。再如银行、资产管理公司与企业之间的"债转股"也是如此，资产管理公司向银行接受债权时，是金融机构之间的交易（金融），资产管理公司把债权转为企业股权并制订回购计划时，无论从资产管理公司看，还是从负债企业看均属于财务。资产管理公司则具有两种业态的特性和进行两种交易的角色。

随着现代企业制度的建立、市场体系的逐步完善，资本市场不断规范，金融衍生品种不断创新，公司财务的升级换代，财务与金融的融合将进一步得到深化，角色互换的现象将更加频繁，这样也进一步强化了金融市场在经济资金配置和资源配置中的作用。

（2）金融学与财务管理的深入融合才能造就真正的金融学大师与 CFO（首席财务官）。翻阅"诺贝尔经济学奖获奖者学术精品自选集"丛书，了解弗兰科·莫迪利亚尼（Franco Modigliani）、默顿·米勒（Merton Miller）、罗伯特·默顿（Robert Merton）等金融学大师的学术成就时，就会发现他们对投资学与公司财务学的掌握已经到了融会贯通的程度，并在此基础上不断创新。在现代公司中，与 CEO（首席执行官）同等重要的 CFO 需要的是同时精通公司外部的资本市场业务与公司内部的财务管理业务的高级人才。

由于历史的原因，投资学在我国属于金融学专业，而公司财务学在我国则属于财务管理学专业。我国的金融学与财务管理学两大学科专业也一直是相互隔离的。这样就导致：一方面，财务学家极少运用公司财务理论剖析资本市场运行的机制；另一方面，基金经理和金融学家又不熟悉公司财务领域的资本预算和公司战略等。

（3）财务管理和金融学都会涉及一些交叉领域和专业知识，比如财务报表分析、市场分析、企业资产管理和风险控制等。所以两者既有独立的知识体系，也有重叠的知识板块。

（4）关于未来职业选择：现在的很多大公司都会有财务部、资产管理部、风控部（风险控制与管理部门），甚至许多集团公司还有自己内部的财务公司，作为专门独立核算集团内部各子公司财务状况和集团资产管理，包括现在很多互联网公司和初创公司都急需这类人才，所以可以看出来，财务管理与金融的职业路径也有很多重叠。

三、财务管理的前置学科和后续课程

（一）财务管理的前置学科

当今虽然把管理学科从经济学科中独立出来，但是财务管理离不开对宏观经济形势的判断，以及对微观经济规律的认识（图1–1）。

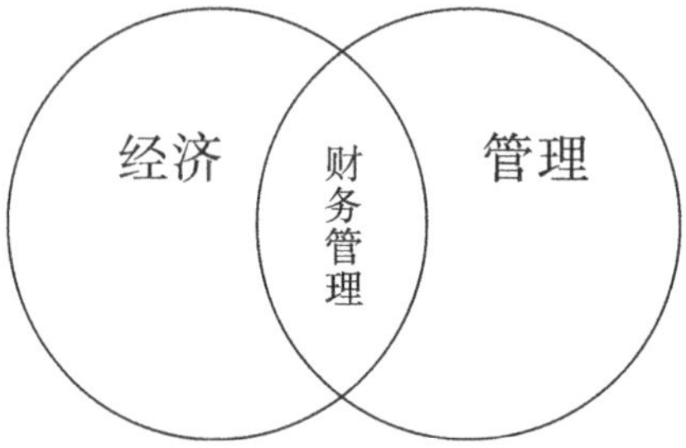

图1–1　财务管理在经济和管理中的位置

财务管理理论由两个大方面共同组成：一方面是财务经济学，主要是基础性理论，表现在经济学领域中主要是微观经济学；另一方面是应用型理论，主要是为企业在实践管理过程中提供管理方式和方法的。而在财务管理理论中，许多概念都同经济学有着密切的关系。例如企业就是微观经济学说中所涉及的“生产厂商”，企业投资的规模以及整个资本结构表现在微观经济学中就是“均衡理论”。另外，财务管理中所涉及的财务组织管理、时间管理、财务决策也有着管理学的思想和理论。因此，我们可以认为财务管理理论是经济学和管理学的组合交叉学科（图1–2）。

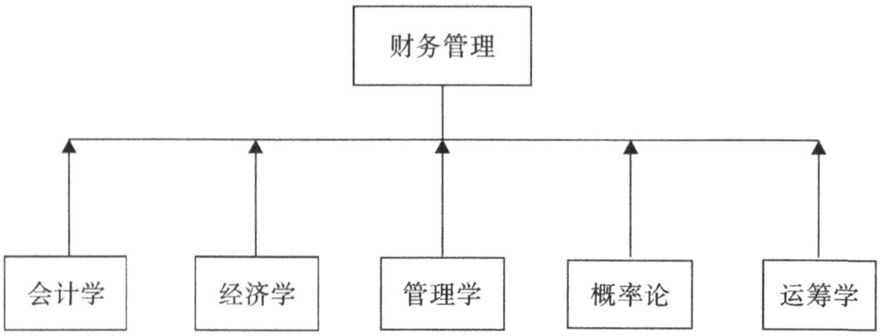

图1–2　财务管理的基础课程前置学科

综上，所谓的财务管理学是管理学在企业领域发展出来的一个分支，可以采用一系列的手段实现企业经济资源的有效配置。

财务管理理论的发展是以整个会计学理论、管理学和经济学理论为基础的，其中经济学理论主要涉及的是微观经济学、宏观经济学等理论内容，并且以现代化的统计学和概率学、运筹学内容等知识来完善整个财务管理理论。早在二十世纪末，麦根森就认为整个财务管理理论的框架是由资本结构理论、现代企业理论、代理管理理论以及微观市场等多种理论组成的。

(二) 财务的后续学科

进行了基础的财务管理学习后，如果想继续深入学习和研究基于财务管理的一些课程，可参考图 1-3。

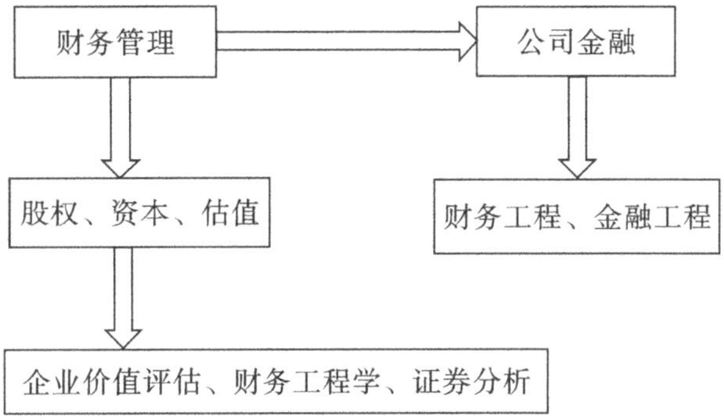

图 1-3 财务管理的后续深入学习逻辑

第三节 财务管理目标与原则

一、企业目标及对财务管理的要求

企业目标可以具体细分为生存、发展和获利。

(一) 生存

企业在市场中生存的基本条件是：以收抵支和到期偿债。力求以收抵支和到期偿债，从而减少破产风险，使企业长期、稳定地生存下去是对财务管理的第一个要求。

(二) 发展

一个企业要想不被市场淘汰，其产品就要求新、求好、求异，时刻满足顾客需求，为他们提供最大的价值，这需要投入货币。可见，企业发展离不开资金。筹集企业发展所需的资金是对财务管理的第二个要求。

(三)获利

企业是经济组织,盈利是它存在的最终目标。从财务角度看,盈利就是使资产获得超过其投资的回报。财务人员要对企业正常经营产生的和从外部获得的资金加以有效利用,这是对财务管理的第三个要求。

二、财务管理的目标

财务管理目标是管理者组织财务活动、处理财务关系、调配财务资源要实现的目的。财务管理目标应取决于组织自身的目标、宗旨和任务,与组织目标是相一致的。财务管理目标作为一个企业一切财务活动的出发点和落脚点,是评价企业的理财活动是否合理的一个基本准绳。

在当今企业管理过程中,各企业从自身实际发展情况出发,结合当下的市场环境以及政治环境等因素,不盲目模仿龙头企业的经营管理模式,制定符合自身发展需求的财务管理目标,并遵循这一目标的指引,对于企业的发展具有重要的现实意义。

财务管理目标并不是单一的,随着我国市场经济的发展,多种所有制经济共同发展,不同所有制的企业也制定了不同的财务管理目标。

一般而言,最具有代表性的财务管理目标包括以下几种观点。

(一)利润最大化

1. 观点

起源于亚当·斯密(Adam Smith)关于“经济人”假说的利润最大化目标是经济学界的传统观点,时至今日这种观点在理论界与实务界仍有较大影响。这种观点以追逐利润最大化作为财务管理的目标。

2. 存在的问题

(1)没有考虑货币的时间价值。

(2)没有反映创造的利润与投入资本之间的关系,因而不利于不同资本规模的企业之间或期间之间的比较。

(3)没有考虑风险因素,高额利润往往要承担过大的风险。

(4)片面追求利润最大化,可能导致企业短期的行为。

(二) 股东财富最大化

1. 积极意义

(1)考虑了取得收益的时间因素和风险因素。

(2)在一定程度上能够克服企业在追求利润上的短期行为。

(3)股东财富最大化能够充分体现企业所有者对资本保值与增值的要求。

2. 存在的缺点

(1)股东财富最大化只适用于上市公司,对非上市公司则很难适用。

(2)股票价格的高低实际上不能完全反映股东财富或价值的大小。

(3)股东财富最大化目标在实际工作中可能导致公司所有者与其他利益主体之间的矛盾与冲突。

(三)企业价值最大化

企业价值是指企业全部资产的市场价值,即企业资产未来预期现金流量的现值。企业价值的一般表达方式为:

企业价值=债券市场价值 + 股票市场价值

1. 积极意义

(1)考虑了货币的时间价值和投资的风险价值。

(2)反映了对企业资产保值增值的要求。

(3)有利于克服管理上的片面性和短期行为。

(4)有利于社会资源合理配置。

2. 存在的问题

(1)对于非上市企业,这一目标值不能依靠股票市价做出评判,而需通过资产评估方式进行,出于评估标准和评估方式的影响,这种估价不易客观和准确。

(2)企业价值,特别是股票价值并非为企业所控制,其价格波动也并非与企业财务状况的实际变动相一致,这对企业实际经营业绩的衡量也带来了一定的问题。

(四)资本利润率最大化或每股利润最大化

资本利润率是利润额与资本额的比率。每股利润是利润额与普通股股数的比值。这里利润额是净利润。

1. 积极意义

这个目标的优点是把企业实现的利润额同投入的资本或股本数进行对比,能够说明企业的盈利水平,可以在不同资本规模的企业或同一企业不同期间之间进行比较,揭示其盈利水平的差异。

2. 存在的问题

该指标没有考虑资金时间价值和风险因素,也不能避免企业的短期行为。

对财务管理目标四种表述的优缺点的总结,见表1–1。

表1–1　财务管理目标的比较

目标类型	积极意义	存在的问题
利润最大化	剩余产品的多少可以用利润指标来衡量;只有竞争的资本市场中,资本的使用权最终属于获利最多的企业;只有每个企业都最大限度获利,整个社会的财富才能实现最大化	没有考虑时间价值;没有考虑获得利益与投入资本的关系;没有考虑风险因素;带有短期行为的倾向
股东财富最大化	将获得的利润同投入资本对比,能反映企业的盈利水平	未考虑资金的时间价值;未考虑风险;带有短期行为的倾向

续表 1-1

目标类型	积极意义	存在的问题
股东财富或企业价值最大化	考虑了资金的时间价值;考虑了风险因素;考虑了获得利益与投入资本的关系;克服了短期行为	计量比较困难
每股利润最大化	股价高低反映了财务管理目标实现的程度,强调资本市场的有效性	

三、财务管理目标的协调

(一) 所有者与经营者的矛盾与协调

经营者和所有者的主要矛盾就是经营者希望在提高企业价值和股东财富的同时,能更多地增加享受成本;而所有者和股东则希望以较小的享受成本支出带来更高的企业价值或股东财富。为了解决这一矛盾,应采取以下措施:

(1)解聘。这是一种通过所有者约束经营者的办法。

(2)接收。这是一种通过市场约束经营者的办法。

(3)激励。即将经营者的报酬与其绩效挂钩,以使经营者自觉采取能满足企业价值最大化的措施。

(二) 所有者与债权人的矛盾与协调

所有者的财务目标可能与债权人期望实现的目标发生矛盾。首先,所有者可能要求经营者改变举债资金的原定用途,将其用于风险更高的项目。其次,所有者或股东可能未征得现有债权人同意,而要求经营者发行新债券或举借新债,致使旧债券或老债券的价值降低。

为协调所有者与债权人的上述矛盾,通常可采用以下方式:

1. 限制性借债

即在借款合同中加入某些限制性条款,如规定借款的用途、借款的担保条款和借款的信用条件等。

2. 收回借款或不再借款

即当债权人发现公司有侵蚀其债权价值的意图时,采取收回债权和不给予公司增加放款,从而来保护自身的权益。

企业财务管理目标是影响企业发展的各种因素相互作用的结果,对企业的发展和升级都具有重要作用,总的可以概括为以下四种作用:

(1)导向作用。目标制定的最为重要的作用就是实现对工作方向的引导,财务管理目标的设置亦是如此,有效的财务管理目标的设置能够对企业的经营和财务方向进行明确,进而使得企业的收入和效益得到较好的提升,并帮助企业构建良好的成本体系。

(2)激励作用。激励是提高员工参与热情和工作激情的重要模式,同时也是财务目标进行量化的一种表现形式。在激励作用下,企业人员的工作积极性明显调动起来,更好的保障企业的财务管理目标实现。

(3)凝聚作用。财务管理目标不仅可以指引企业更好地发展,还可以凝聚整个企业的力量,努力完成这一目标。目标的制定具有凝聚力量,它可以促使企业员工更加团结地工作,可以凝聚企业的各项资源,以更好地提高企业工作效率和资源使用效率,有利于企业获得更好的经济收益。

(4)考核作用。财务管理目标的制定可以对员工的工作进行绩效考核,从而有效提高整个企业的工作效率。

四、企业财务管理原则

在企业财务管理活动中应遵循以下七项基本原则。

(一)系统原则

财务管理是企业管理系统的一个子系统,本身又由筹资管理、投资管理、分配管理等子系统构成。在财务管理中坚持系统原则,是理财工作的首要出发点,具体要求做到以下几点:

(1)整体优化。理财必须从企业整体战略出发,不是为财务而财务;各财务管理子系统必须围绕整个企业理财目标进行,不能“各自为政”;实行分权管理的企业,各部门的利益应服从企业的整体利益。

(2)结构优化。任何系统都是有一定层次结构的层级系统。在企业资源配置方面,应注意结构比例优化,从而保证整体优化,如进行资金结构、资产结构、分配结构(比例)优化。

(3)环境适应能力强。财务管理系统处于理财环境之中,必须保持适当的弹性,以适应环境的变化,达到“知彼知己,百战不殆”的境界。

(二)货币时间价值原则

货币时间价值是客观存在的经济范畴,它是指货币经历一段时间的投资和再投资所增加的价值。从经济学的角度看,即使在没有风险和通货膨胀的情况下,一定数量的货币资金在不同时点上也具有不同的价值。因此在数量上货币的时间价值相当于没有风险和通货膨胀条件下的社会平均资本利润率。今天的一元钱要大于将来的一元钱。货币时间价值原则在财务管理实践中得到广泛的运用。长期投资决策中的净现值法、现值指数法和内含报酬率法,都要运用到货币时间价值原则;筹资决策中比较各种筹资方案的资本成本、分配决策中利润分配方案的制定和股利政策的选择,营业周期管理中应付账款付款期的管理、存货周转期的管理、应收账款周转期的管理等等,都充分体现了货币时间价值原则在财务管理中的具体运用。

(三)资金合理配置原则

拥有一定数量的资金,是企业进行生产经营活动的必要条件,但任何企业的资金总是有限的。资金合理配置是指企业在组织和使用资金的过程中,应当使各种资金保持合理的结构和比例关系,保证企业生产经营活动的正常进行,使资金得到充分有效的运用,并从整体上(不一定是每一个局部)取得最大的经济效益。在企业的财务管理活动中,资金的配置从筹资的角度看表现为资本结构,具体表现为负债资金和所有者权益资金的构成比例,长期负债和流动负债的构成比例,以及内部各具体项目的构成比例。企业不但要从数量上筹集保证其正常生产经营所需的资金,而且必须使这些资金保持合理的结构比例关系。从投资或资金的使用角度看,企业的资金表现为各种形态的资产,各形态资产之间应当保持合理的结构比例关系,包括对内投资和对外投资的构成比例。对内投资中:流动资产投资和固定资产投资的构成比例、有形资产和无形资产的构成比例、货币资产和非货币资产的构成比例等;对外投资中:债权投资和股权投资的构成比例、长期投资和短期投资的构成比例等;以及各种资产内部的结构比例。上述这些资金构成比例的确定,都应遵循资金合理配置原则。

(四)成本-效益原则

成本-效益原则就是要对企业生产经营活动中的所费与所得进行分析比较,将花费的成本与所取得的效益进行对比,使效益大于成本,产生"净增效益"。成本-效益原则贯穿于企业的全部财务活动中。企业在筹资决策中,应将所发生的资本成本与所取得的投资利润率进行比较;在投资决策中,应将与投资项目相关的现金流出与现金流入进行比较;在生产经营活动中,应将所发生的生产经营成本与其所取得的经营收入进行比较;在不同备选方案之间进行选择时,应将所放弃的备选方案预期产生的潜在收益视为所采纳方案的机会成本与所取得的收益进行比较。在具体运用成本-效益原则时,应避免"沉没成本"对我们决策的干扰("沉没成本"是指已经发生、不会被以后的决策改变的成本)。因此,我们在做各种财务决策时,应将其排除在外。

(五)风险-报酬均衡原则

风险与报酬是一对孪生兄弟,形影相随,投资者要想取得较高的报酬,就必然要冒较大的风险,而如果投资者不愿承担较大的风险,就只能取得较低的报酬。风险-报酬均衡原则是指决策者在进行财务决策时,必须对风险和报酬做出科学的权衡,使所冒的风险与所取得的报酬相匹配,达到趋利避害的目的。在筹资决策中,负债资本成本低,财务风险大,权益资本成本高,财务风险小。企业在确定资本结构时,应在资本成本与财务风险之间进行权衡。任何投资项目都有一定的风险,在进行投资决策时必须认真分析影响投资决策的各种可能因素,科学地进行投资项目的可行性分析,在考虑投资报酬的同时考虑投资的风险。在具体进行风险与报酬的权衡时,虽然不同的财务决策者对风险的态度不同,有的人偏好高风险、高报酬,有的人偏好低风险、低报酬,但每一个人都会要求风险和报酬相对等,不会去冒没有价值的无谓风险。

(六)收支积极平衡原则

财务管理实际上是对企业资金的管理,量入为出、收支平衡是对企业财务管理的基本要求。资金不足,会影响企业的正常生产经营,坐失良机,严重时,会影响到企业的生存;资金多余,会造成闲置和浪费,给企业带来不必要的损失。收支积极平衡原则要求企业一方面要积极组织收入，确保生产经营和对内、对外投资对资金的正常合理需要，另一方面，要节约成本费用，压缩不合理开支，避免盲目决策。保持企业一定时期资金总供给和总需求动态平衡和每一时点资金供需的静态平衡。要做到企业资金收支平衡，在企业内部，要增收节支，缩短生产经营周期，生产适销对路的优质产品，扩大销售收入，合理调度资金，提高资金利用率；在企业外部，要保持同资本市场的密切联系，加强企业的筹资能力。

（七）利益关系协调原则

企业是由各种利益集团组成的经济联合体。这些经济利益集团主要包括企业的所有者、经营者、债权人、债务人、国家税务机关、消费者、企业内部各部门和职工等。利益关系协调原则要求企业协调、处理好与各利益集团的关系，切实维护各方的合法权益，将按劳分配、按资分配、按知识和技能分配、按绩分配等多种分配要素有机结合起来。只有这样，企业才能营造一个内外和谐、协调的发展环境，充分调动各有关利益集团的积极性，最终实现企业价值最大化的财务管理目标。

第四节　财务管理环境

企业的财务管理环境又称为理财环境，是指对企业财务活动产生影响作用的企业外部条件。财务管理的环境涉及的范围很广，其中最重要的是经济环境、法律环境和金融环境。

一、经济环境

财务管理所面临的经济环境主要是影响财务管理的经济周期、经济发展水平和经济政策等。

经济环境是企业营销活动的外部社会经济条件，包括消费者的收入水平、消费者支出模式和消费结构、消费者储蓄和信贷、经济发展水平、经济体制地区和行业发展状况、城市化程度等多种因素。市场规模的大小，不仅取决于人口数量，而且取决于有效的购买力。

（一）经济周期

市场经济条件下，经济发展与运行带有一定的波动性。这种波动大体上经历复苏、繁荣、衰退和萧条几个阶段的循环，这种循环叫作经济周期。企业财务人员必须认识到经济周期的影响，掌握在经济发展波动中的理财本领。

在市场经济条件下，企业家们越来越多地关心经济形势，也就是“经济大气候”的变化。一个企业生产经营状况的好坏，既受其内部条件的影响，又受其外部宏观经济环境和市场环境的影响。一个企业,无力决定它的外部环境,但可以通过内部条件的改善,来积极适应外部环境的变化,充分利用外部环境,并在一定范围内,改变自己的小环境,以增强自身活力,扩大市场占有率。因此,作为企业家对经济周期波动必须了解、把握并能制定相应的对策来适应周期的波动,否则将在波动中丧失生机。

财务战略的选择必须与经济周期相适应。经济的周期性波动是以现代工商业为主体的经济总体发展过程中不可避免的现象,是经济系统存在和发展的表现形式。从财务的观点看,经济的周期性波动要求企业顺应经济周期的过程和阶段,通过制定和选择富有弹性的财务战略,来抵御大起大落的经济震荡。以减少它对财务活动的影响,特别是减少经济周期中上升和下降抑制财务活动的负效应。财务战略的选择和实施要与经济运行周期相配合。

在经济复苏阶段应采取扩张型财务战略。增加厂房设备,采用融资租赁,建立存货,开发新产品,增加劳动力。在经济繁荣阶段应采取快速扩张型财务战略和稳健型财务战略结合。繁荣初期继续扩充厂房设备,采用融资租赁,继续建立存货,提高产品价格,开展营销筹划,增加劳动力。繁荣后期采取稳健型财务战略。在经济衰退阶段应采取防御收缩型财务战略,停止扩张,出售多余的厂房设备,停产不获利产品,停止长期采购,削减存货,减少雇员。在经济萧条阶段,特别在经济处于低谷时期,建立投资标准,保持市场份额,压缩管理费用,放弃次要的财务利益,削减存货,减少临时性雇员。

总之,企业财务管理人员要跟踪时局的变化,对经济的发展阶段做出恰当的反应。要关注经济形势和经济政策,深刻领会国家的经济政策,特别是产业政策、投资政策等对企业财务活动可能造成的影响。

(二)经济发展水平

企业财务管理工作者必须积极探索与经济发展水平相适应的财务管理模式。财务管理应当以宏观经济发展目标为导向,从业务工作角度保证企业经营目标和经营战略的实现。

经济发展水平是一个相对的概念,在世界范围内说明各个国家所处的经济发展阶段及其目前的经济发展水平,是一件困难的事情。所以,我们只能按照通常的标准把不同的国家划分为发达国家、发展中国家和不发达国家三大群组,并以此来说明经济发展水平对财务管理的影响。

发达国家经历了较长时间的经济发展历程,资本的集中和垄断已达到了相当的程度,经济发展水平在世界上处于领先地位,这些国家的财务管理水平比较高。这是因为:①高度发达的经济水平必然要求进行完善的、科学的财务管理,这就决定了随着经济发展水平的提高,必然要创造出越来越先进的理财方法;②经济生活中许多新的内容、更复杂的经济关系以及更完善的生产方式,也往往首先在这些国家出现,这就决定了发达国家的财务管理内容要不断创新;③随着经济的发展,更先进的计算机、通信设备不断涌现,为财务管理采用更复杂的数学方法创造了条件。

发展中国家的经济发展水平不高,其经济状况一般呈现以下特点:经济基础较薄弱,但发展速度比较快,经济政策变更频繁,国际交往日益增多。这些特点决定了发展中国家的财务管理具有以下特征:①财务管理的总体发展水平在世界上处于中间地位,但发展比较快;②与财务管理有关的法规政策频繁变更,给企业理财造成了许多困难;③在财务管理实践中还存在财务目标不明确、财务管理方法过于简单等不尽如人意之处。

不发达国家的经济发展水平很低,这些国家的共同特征一般表现为以农业为主要经济部门,工业特别是加工工业不发达,企业规模小,组织结构简单,这就决定了这些国家的财务管理呈现水平低、发展慢等特征。

(三)经济政策

经济政策是国家或政府为了达到充分就业、价格水平稳定、经济快速增长、国际收支平衡等宏观经济政策的目标,为增进经济福利而制定的解决经济问题的指导原则和措施。经济政策的制定和实施要保持连续性,左右摇摆的经济政策必然会给经济运行带来损失;还要有一定的"弹性",一旦情况发生变化,必须对经济政策做相应的调整。

经济政策是指国家或政党为实现一定的政治和经济任务,或为指导和调节经济活动,所规定的在经济生活上的行动准则和措施,主要包括财政政策与税收政策、货币政策、贸易政策等。经济政策本来属于上层建筑,但是由于它既是一定的经济基础和社会生产力的反映,又会对经济基础和社会生产力产生强大的反作用,能促进或阻碍社会经济的发展,所以它是经济科学研究的一个领域。

1. 分类

经济政策有宏观经济政策和微观经济政策之分。宏观经济政策包括财政政策、货币政策、收入政策等;微观经济政策是指政府制定的一些反对干扰市场正常运行的立法以及环保政策等。

2. 执行层

主要的经济政策有财政政策和货币政策,分别由各级财政部门和中央银行执行。各种经济政策在具体实现手段上可以是各不相同的,例如财政政策主要是通过运用政府开支与税收等工具来干预经济的运行,而货币政策则主要运用公开市场业务、调整再贴现率和存款准备金比率等三大工具来实现政策目标。但是从实质上讲,各种手段、工具都是通过对社会供给总量与需求总量的调节来实现各自政策目标的;同时又因为在短期内影响社会供给总量变动的因素如生产技术、资本设备的数量与质量、劳动力的数量与质量等都可视为不变因素,因此,政府对经济的调节就是在总供给既定的前提下来调节总需求,即进行需求管理。如果总需求小于总供给,有效需求不足,就会存在紧缩的缺口,引起经济增长停滞等问题,此时政府就应采取扩张性的政策来调节总需求,促进总供需的平衡;如果总需求大于总供给,存在过度需求,则会存在膨胀的缺口而引起经济过热、通货膨胀等,政府就应该采取紧缩性政策来抑制总需求,促使供需趋向平衡。

政府所采取的这些或松或紧的政策,将对经济运行产生重大影响,自然也会涉及投资领域。投资是在整体经济大环境中进行的,当经济出现过热局面、总需求大于总供给时,政府必然会采取各种紧缩性政策抑制过度需求,如增加税收、紧缩银根、提高利率等,对投资者来说势必增大其筹措投资资金与投资物品的难度,降低其投资收益水平,因此投资行为受到抑制。反之,景气不旺、总需求小于总供给时,政府的扩张性政策如增加政府支出、降低税率与利率、增加进口等,都将会刺激有效需求,投资者此时投资不仅易于筹措资本与投资品,还可降低投资成本,所以投资需求将会增大。如果投资者能够及时预测政府针对不同经济运行态势所采取的政策,那么必可先发制人,提前做好各项准备工作;等到政策公布之后,即可稳收厚利。因此,对投资者来说,经济政策分析技术构成了宏观分析技术中必不可少的一个环节。

经济政策对企业财务的影响是非常大的。这就要求企业财务人员必须把握经济政策,更好地为企业的经营理财活动服务。

二、法律环境

财务管理的法律环境是指企业和外部发生经济关系时所应遵守的各种法律、法规和规章。

(一)企业组织法规

企业组织必须依法成立。组建不同的企业要依照不同的法规。这些法规主要有:《中华人民共和国公司法》《中华人民共和国全民所有制工业企业法》《中华人民共和国外资企业法》《中华人民共和国中外合资经营企业法》《中华人民共和国中外合作经营企业法》《中华人民共和国合伙企业法》等。

(二)税务法规

税负是企业的一种费用,会增加企业的现金流出,对企业理财有重要影响。企业都希望在不违反税法的前提下减少税务负担。税负的减少,只能靠投资、筹资和利润分配等财务决策时的精心安排和筹划,而不允许在纳税行为已经发生时去偷税漏税。精通税法,对财务主管人员有重要意义。

(三)财务法规

财务法规是规范企业财务行为的法律规范。包括:《中华人民共和国会计法》《企业财务通则》《企业会计制度》等。

三、金融环境

金融环境是企业最为主要的环境因素。影响财务管理的主要金融环境因素有金融机构、金融市场和利息率等。

(一)金融机构

金融机构主要包括银行和非银行金融机构。

1. 银行

银行的主要职能是充当信用中介、充当企业之间的支付中介、提供信用工具、充当投资手段和充当国民经济的宏观调控手段。我国银行主要包括:①中央银行,即中国人民银行;②国有商业银行;③国家政策性银行;④其他股份制银行。

2. 非银行金融机构

非银行金融机构主要包括信托投资公司、租赁公司等。

(二)金融市场

金融市场是指资金供应者和资金需求者双方通过信用工具进行交易而融通资金的市场,即实现货币借贷和资金融通、办理各种票据和进行有价证券交易活动的市场。金融市场的种类很多,其主要类型可以用图 1-4 来表示。

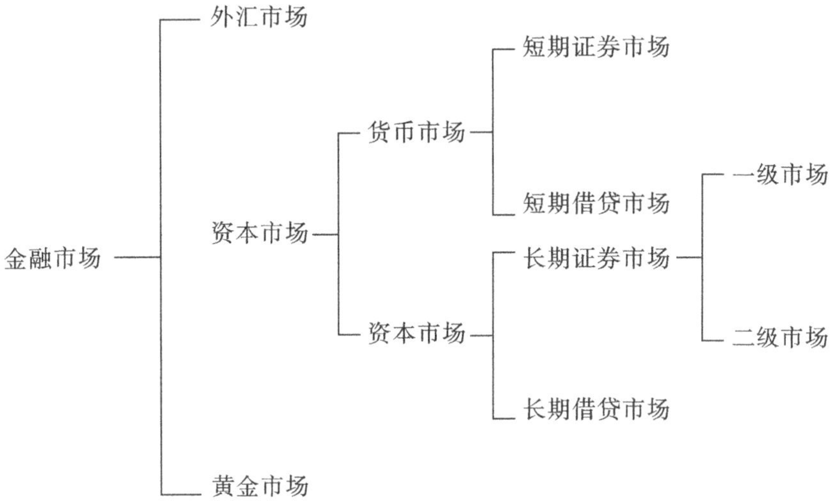

图 1-4 金融市场分类示意图

从企业财务管理角度来看,金融市场作为资金融通的场所,是企业向社会筹集资金必不可少的条件。

(三)利息率

利息率简称利率,是资金的增值额同投入资金价值的比率,是衡量资金增值程度的量指标。从资金的借贷关系看,利率是一定时期运用资金这一资源的交易价格。因此利率在资金分配及企业财务决策中起着重要作用。

1. 利率的类型

利率可按照不同的标准进行分类:

(1)按利率之间的变动关系,分为基准利率和套算利率。基准利率又称基本利率,是指在多种利率并存的条件下起决定作用的利率。套算利率是指在基准利率确定后,各金融机构根据基准利率和借贷款项的特点而换算出的利率。

(2)按债权人取得的报酬情况 ,分为实际利率和名义利率。实际利率是指在物价不变从而货币购买力不变的情况下的利率。或者是在物价有变化时,扣除通货膨胀补偿后的利率。名义利率是指包含对通货膨胀补偿后的利率。两者之间的关系是:

名义利率=实际利率 + 预计通货膨胀率

(3)按利率与市场资金供求情况的关系,分为固定利率和浮动利率。固定利率是指在借贷期内固定不变的利率。受通货膨胀的影响,实行固定利率会使债权人利益受到损害。浮动利率是指在借贷期内可以调整的利率。在通货膨胀条件下采用浮动利率,可使债权人减少损失。

(4)按利率变动与市场的关系,分为市场利率和法定利率。市场利率是指根据资金市场上的供求关系,随着市场而自由变动的利率。法定利率是指由政府金融管理部门或者中央银行确定的利率。

2. 利率的一般计算公式

资金的利率通常由三部分组成:① 纯利率;② 通货膨胀补偿(或称通货膨胀贴水);③风险报酬。利率的一般计算公式可表示如下 :

利率=纯利率+通货膨胀补偿率+风险报酬率

纯利率是指没有风险和通货膨胀情况下的资金供求均衡点利率;通货膨胀补偿率是指由于持续的通货膨胀会不断降低货币的实际购买力,为补偿其购买力损失而要求提高的利率;风险报酬率又分为违约风险报酬率、流动性风险报酬率和期限风险报酬率三种。其中,违约风险报酬率是指借款人无法按时支付利息或偿还本金会给投资人带来风险,债权人为了弥补这些风险而要求提高的利率;流动性风险报酬率是指由于债务人资产的流动性不好会给债权人带来风险,为补偿这种风险而提高的利率。期限风险报酬率是指对于一项负债,到期日越长,债权人承受的不确定因素就越多,承受的风险也越大,为弥补这种风险而要求提高的利率。

四、财务管理发展趋势:数字化、智能化、集成化

智能时代的到来并非一蹴而就。浪潮集团执行总裁王兴山表示,截至目前,我国财务管理共经历 3 个发展阶段。第一阶段是 20 世纪 80 年代,形成了以单机应用为特征的会计电算化;第二阶段是 20 世纪 90 年代,形成了以联网为特征的集中式集团财务管理;第三阶段是当前,财务管理正向数字化、智能化迈进。

其中,财务管理数字化的重要表现形式为财务共享云平台的搭建,财务云是通过将集团企业财务共享管理模式与云计算、移动互联网、大数据等技术有效融合,建立集中、统一的企业财务云中心,支持多终端接入,从而实现“核算、报账、资金、决策”在全集团内的协同应用、统一管控。

财务管理智能化则以财务机器人为代表,财务机器人可以代替人力完成日常财务管理工作中的审单、记账、收付款、报表合并等工作,具备发票识别、语音交互能力,同时也能够依托大数据、云计算进行业绩评估、销售预测,推动企业科学高效经营。

我国财务管理的每一次转型升级都引发了财务管理计算工具、财务核算模式、财务组织机构、财务人员、财务管理价值创造的极大变革。财务管理的变革发展不是凭空出现的,它是由企业的转型升级战略所驱动的,是由科技革命的成果作为支撑的。

一方面,越来越多的企业正朝着规模化、集团化、国际化的方向发展,企业产品日益复杂化、商业模式日益多元化,以上发展趋势对企业财务管理提出了更高要求,促使其作为“排头兵”先行实现转型升级以支撑企业战略转型。另一方面,从计算机、互联网到人工智能、区块链、云计算、大数据、物联网,技术的日新月异为财务管理不断升级提供了契机与支撑。例如,财务云主要依托于大数据、云计算、移动互联网等技术;财务机器人等人工智能更是要以大数据为原材料,以云计算提供充足的算力为支持。

财务管理是企业管理的核心,财务管理向数字化与智能化转型将“牵一发而动全身”,对企业整体运营管理产生积极、显著、深远的影响。

(1)推动业务与财务进一步深度融合。以往财务部门与业务部门之间存在较为显著的信息不对称与理念不统一,业内戏谑“世界上最遥远的距离是财务处室与业务处室之间的距离”。这种“各人自扫自家门前雪”的组织架构阻碍了企业效益实现最大化,财务管理数字化、智能化将推动解决这一问题。一方面,在财务共享条件下,企业中的每个业务组织、业务个体都能够成为财务信息的创造者,这将促使各主体加强自我驱动、自我管理;另一方面,移动化的智能报销、智能审核等人工智能应用会将更多的会计岗位人员从以往基础性、重复性的工作中解放出来,他们中的一部分会成为业务财务人员参与融入业务,通过财务数据分析、模型推演等方式协助业务部门提升绩效。财务共享平台的搭建将打破信息“孤岛”,推动业务部门与财务部门互助互利,最终实现推倒矗立在两者之间的“围墙”,拉近彼此距离。

(2)集成化财务管理助力企业价值创造与经营规模扩张。结合企业实践,财务共享有助于加强企业集团对所属单位的集中管控,推动向下放权,同时,集成化的财务管理模式有助于提升企业财务管理合规性与效率,从而实现经营规模较快扩张。除此之外,由于价值创造是当前企业实现科学发展、立于不败之地的根本,“业财融合”有助于避免部门之间产生分歧与扯皮,引导其共同关注企业的价值创造,也表明财务管理向数字化与智能化转型符合企业发展要求。

(3)促使财务人员转变定位。在智能时代,每个企业都将积累海量数据,这要求财务人员培养大数据发掘和运用能力,还应有别于以往常年围绕会计、税务、预算等某一领域纵深垂直研究与工作,要不断拓宽知识横向宽度,建立跨领域协同创新的知识体系,同时考虑到当前国内还有很多企业尚未完全步入财务管理的智能时代,作为财务人员,应敢于创新,努力探索大数据、云计算、机器学习、区块链技术与企业发展实践相结合的方式。

第五节　财务管理创新

企业的财务管理创新是对企业管理核心的创新,企业的财务管理对企业的生产、经营等多种供销链接的环节都会发生作用。企业的各种经济活动的举办、资金的使用分配都离不开财务部门的管理，属于企业中位于核心位置的工作部门，因此，财务管理的创新也就相当于企业的创新。企业通过进行财务管理的创新可以对企业的财务活动或者经济状况等方面重新规划管理，从而做出整体性的客观的评价。并且在创新的过程中不断完善企业财务的未来发展方式以及策略，增强企业发展中抵抗各种风险的能力，在对外部环境的探索中能够提高企业对其发展环境的整体性认识，稳定企业的发展。

一、"互联网+"背景下创新企业财务管理

人类进入智能互联时代，各行业都受"互联网+"的影响，但是"互联网+"不等于企业建立一个自己的网站，而是要求传统企业适应互联网时代，主动跨界、主动变革、主动开放、主动重塑，彻底改造自己的落后面貌，以适应这个多元化、开放、高速度、高节奏的互联网时代。

首先，更新企业主们的思想观念，要让他们学习、接受、适应、掌握互联网思维，用"互联网+"的世界观来看企业，来研究企业未来的成长与发展。其次，为适应"互联网+"，企业必须推进内部信息化建设，必须着力打造内部财务管理信息平台，打破企业内部各部门间的信息封锁与信息垄断，实现企业内部财务信息共享，并在此基础上开展动态财务管理。否则，在"互联网+"背景下进行企业财务管理创新就是无源之水，无本之木。最后，没有专门的财务管理部门，或临时聘请社会上的人员编写财务报表，是根本不可能实行"互联网+财务管理"的。企业必须建立完善的财务管理体系；企业还必须提高财务管理人员的信息素质，让他们主动接受"互联网+财务管理"，摒弃落后的手工记账。我们以为：在企业财务管理的各个环节上，都可以基于"互联网+"进行创新。

（一）筹资环节上的创新

长期以来，企业都存在着筹资难的问题。企业实行"互联网+财务管理"，可以建立众筹平台，将许多企业的资金集中起来，汇成资金池，降低融资条件，减少融资成本，并汇聚企业主要领导的创新意识、研发能力。企业实行"互联网+财务管理"，还可以打通与P2P（个人对个人）的联系，极大的拓宽筹资渠道，迅速获得急需的贷款。

（二）投资环节上的创新

企业实行"互联网+财务管理"，可以通过网络平台搜集、寻找全国各地乃至世界各国的经济信息、市场行情，从而极大地拓宽企业的投资空间。但"互联网+财务管理"并非简单地鼓励企业进行多元化投资，更非鼓励企业盲目投资，而是要求企业主更加认真地分析、研究市场行情，科学预测未来市场变化，寻找正确的投资方向——互联网思维本质是一种科学、理性、数字化思维。此外，"互联网+财务管理"还可以帮助企业寻找到合适的合作伙伴，实现强强联手，优势互补。

（三）成本控制环节上的创新

实行"互联网+财务管理"，企业可以在成本控制上进行全面创新。企业主必须基于互联网思维认识到成本控制在于追求企业的战略利益，成本控制要有利于本企业全体员

工的发展，并让消费者满意。然后，企业主可以通过“互联网+”搜集各种信息，汇聚各方面的意见与智慧，提高产品设计水平，加强成本控制的事前管理；在企业内部各个生产流程上引进“互联网+”，可以提高生产的自动化水平，并降低工艺技术成本与工序成本；在原材料成本控制上实行“互联网+财务管理”，需要进行精细化采购，并运用价值工程法与价值分析法，搜集一切成本资料，尽量选择性能相同的低价原材料；企业主还可以通过互联网与几家兄弟企业进行共同采购，这样可以让供应商主动降低原材料价格。

（四）资金营运上的创新

在资金营运上，企业实行“互联网+财务管理”，需要对企业资金流实行全面在线实时监管，并对资金营运进行精细化管理，将资金分配到关键部门的关键环节上，以提高资金利用的效率，并保证企业资金适当的流动性，实现资金收益的最大化，降低企业的财务风险。现在，许多企业错误地认为现金量越多财务风险越低，企业越安全，实际上却造成了资金闲置，实行“互联网+财务管理”可以从根本上解决这一问题。

（五）分配环节上的创新

在利润分配环节上，实行“互联网+财务管理”，可以根据企业未来的战略发展目标，把合理的利润投入扩大再生产，从而促进企业可持续发展。实行“互联网+财务管理”，还可以科学考评各部门、各环节的工作效率，根据按劳分配的原则“切蛋糕”，保证企业利润分配的公平、高效、合理，从而减少不必要的内耗。

二、集成财务管理创新

集成财务管理创新是实施财务集成化管理，利用现代科技技术，把财务融入整个商业流程，让财务体系深入到生产运营的环节，实现及时的财务数据统计、分析和反馈。财务集成化管理是让传统的财务管理不断变革，实现“从财务走向业务、从会计走向管理、从数据走向价值、从规范走向智能”，最终为企业实现智能决策服务。

集成财务管理创新要全面建设“横向业务集成、纵向财务贯通”的基础业务平台，包括人资、物资、财务、基建、规划、运行、营销、生产、综合管理、协同办公等业务，实现了设施、数据、服务、应用等 IT 资源的一体化管理，提升了信息存储、传输、集成和共享等服务水平，有力地促进了业务横向集成融合，快速响应业务变化的能力，实现了业务的产业链运作。财务管理信息系统的应用是纵向贯通的，涉及集团公司总部、各级、各区域子（分）公司，公司总部建立起统一的标准、政策和制度，如集团层面建立统一的业务标准、业务规范和业务工作流程，制定统一的会计制度和会计科目编码，在集团层面开展战略制定、业务活动和财务管理等工作。通过数据交换平台下发至各个子（分）公司，各个子（分）公司则按照统一下发的战略目标和业务任务，执行并按照自己的实际业务进行细化。同时，公司总部会及时收集各个子（分）公司业务汇总数据，实现整个集团公司“一本账”，从而可以更有效地实时评估和监控集团各个子（分）公司真实的经营状况，打破了集团内不同单位的界限。

财务与前端业务系统紧密集成,实现会计集中核算和共享服务集团总部通过与基层业务的信息纵向集成,将基础业务的原始单据通过影印系统直接自动生成会计凭证和会计账簿,从而形成整个集团企业范围内的"一本账",最后再生成集团报表,集团总部实现了从源头搜集经营信息,将财务信息前置化,实现了集团范围内的会计集中核算模式。这样的处理模式,一方面全面消除手工凭证,减少了业务人为判断因素,规范了集团业务的处理模式,也改变了传统的报表编制方式,企业不再需要层层递进地提交财务报表,提高了集团报表信息的质量和传递效率。同时,集团总部还可以有针对性地分析公司的典型业务,将典型业务与业务规范、业务 处理规则等关键财务内容固化在业务凭证模板,对于典型业务做到特别处理。业务通过票据影像系统直接传输到财务共享中心来进行,这在集团层面实现了账务的共享服务,真正意义上实现了集团总部将资金的财权过渡到账权,从而提高企业集团的会计信息处理效率。

建成集团统一资金池,统筹资金使用和监督,规范物资管理制度,推动项目采购的集中管控。如国家电网建立了集团公司的"资金池",通过内部财务公司进行资金集中归集,减少资金沉淀。构建集中支付平台,实现大额资金集中支付,统一结算,减少费用。建立资金监控中心,集团对资金往来实施实时滚动监控。开展内部网上银行或银企互联,使得公司财务系统的数据中心与银行业务系统的交换平台更加畅通,加速资金周转。

实现从传统财务管理模式到集成化财务管理模式的演变,要经历实现集团内部财务上的集成,实现集团内部财务与业务的集成,实现集团与整个供应链的集成的"三步走"路程。现如今,越来越多的企业进行财务或会计报表审计时,才发现企业问题或缺陷很多,有的可以通过后续采取措施修正或弥补,有的则成了企业无法修复的"硬伤"。所以,越来越多准备进军资本市场的企业开始重视顶层设计,希望站在更高的角度,着眼于企业愿景,采用全局的视野和系统思维,修正问题和弥补缺陷,规避经营风险,实现企业健康良性发展,而作为企业管理的重点组成部分,财务的顶层设计成为其中重要的一个环节。本书详细介绍了集成化财务管理顶层设计的内涵、特征及方法,详见第十章。

企业的组织管理和配套软件设施要匹配相应的财务集成化管理需要,同时要构建企业 ERP(企业资源计划)系统、财务信息系统等,ERP 财务管理系统可以将"人、财、物、供、产、销"等不同的职能通过网络连接在一起,利用自身强大的数据处理功能将收到的数据进行处理和保管,这样既可以节省大量的人力,也可以降低财务工作中的差错,使财务管理与业务管理实现网络一体化适时对接,实现财务管理的网络化办公,提高管理效率。

企业实现财务集成化管理及提高其财务集成化管理水平是一个缓慢而艰巨的过程,这一过程的实现,需要政府、企业管理者、企业投资者的共同努力。这需要政府合理放权、企业管理者逐渐树立市场竞争意识、引导企业财务工作人员改变多年来习以为常的工作方式。这一系列变革必然涉及不少人的权力利益,会有较大的阻力,因此一定要打通企业内部信息的互联互通,推动信息共享,化解内部阻力,实现财务集成化管理,以更好地适应市场,提高自身综合竞争力。

第二章 时间价值与风险分析

【学习目标】

1. 了解货币的时间价值
2. 掌握货币时间价值的计算方法
3. 理解风险的含义,掌握单项资产、多项资产风险的计算
4. 了解资本资产定价模型

第一节 货币的时间价值

一、时间价值概念

(一)货币时间价值的概念及意义

货币时间价值是指一笔资金在周转使用过程中随着时间的推移而产生的差额价值,又称为资金的时间价值,一般是指在几乎不存在通货膨胀和风险的前提下的社会平均资金利润率。货币时间价值的产生是需要满足条件的,就是货币必须投入使用,直接或间接地投入生产中进行循环和周转。资金的循环和周转需要或多或少的时间,每完成一次循环,货币就增加一定数额,周转的次数越多,增值额也越大。因此,随着时间的推移,货币总量在循环和周转中按几何级数增大,使得货币具有时间价值。货币如果闲置不用,不仅没有时间价值,而且还可能随着通货膨胀贬值,所以只有把货币转化为资金并投入到生产过程中进行周转才能产生时间价值。因此我们必须树立货币时间价值观念,这对于资金的合理使用和提高企业的经济效益具有十分重要的意义。

货币时间价值是指货币经历一定时间的投资和再投资后所增加的价值。在这个概念中需要把握以下要点:

(1)货币的时间价值需经历一定的时间才能表现出来。货币在不同的时点上是不等值的。比如,今天的100元存入银行,年利率10%,1年后取出110元。今天的100元和1年后的110元在一定的条件下是等值的。不等量的货币在一定条件下可以达到等量的效果,促成这个效果的条件就是时间。等量的货币在不同的时点上是不等值的,货币现在的价值称为现值P(present value,简写为PV,有时写为P),也称为本金;货币未来的价值,即若干期以后的价值,称为终值F(future value,简写为FV,有时写为F),俗称本利和或者称为本息和。

(2)如果将货币闲置不用或埋入地下保存,显然是不增值的。货币之所以增值是因为其进入到了生产和流通领域。货币增值是劳动创造的财富在时间上的表现。

(3)终值(本利和)减去现值(本金)等于利息。因此货币时间价值的计算采用利息的计算方式。而利息的计算方式分为单利计息和复利计息两种。另外,货币的收付款方式也影响时间价值的大小。收付款方式分为一次性收付款和分次(一系列)收付款。分次收付款又分为等额的系列收付和不等额系列收付两种方式。

(二)货币时间价值的表现形式

1.货币时间价值的宏观表现形式

对于整个社会的经济活动而言,货币的时间价值在相对量和绝对量的角度分别具有不同的表现形式:

(1)从相对量的角度来看,即是从货币的时间价值的定义出发,认为货币的时间价值相当于整个社会在无风险和无通货膨胀的情况下的平均资本利润率(简单地说就是资金利润率)。

(2)从绝对量的角度来看,即从货币资本的机会成本出发,由于在没有风险和通货膨胀的情况下,货币的时间价值与银行存款利率、贷款利率、各种债券利率、股票的股利率等投资报酬率相等。所以以上几种利率也可看作是该情况下货币时间价值绝对量的表现形式,并可由此反映货币的时间价值大小。

2.货币时间价值的微观表现形式

对于一般企业的经济活动而言,货币的时间价值有以下两种具体的表现形式:

(1)根据货币在循环周期中的使用时间,决定货币的价值。价值的增值是在资金的不断周转使用循环中得以实现的,货币的时间价值就是资金经历一定时间的周转使用而带来的增值额。

(2)根据货币资金投入、收回期,决定货币的价值。等量的货币资本在相同的时间里可获得等量的利润,不等量的货币资本在相同的时间里当然获得的就是不等量的利润。因此,对于每个企业来讲,货币资金的回收期(在这里指考虑了货币时间价值在内的回收)都可看作是货币时间价值的表现形式。

(三)货币时间价值计量的利率

从理论上看,货币所有者获取时间价值的大小只能由其提供的社会必要的劳动量所决定,即劳动量决定价值量。但在实践中,我们很难确定其量的多少,货币时间价值计量时的利率同其他一些概念有着一定的关系。

1. 货币时间价值同社会平均资金利润率的关系

有人认为,在确定货币时间价值时,应以社会平均的资金利润率或投资报酬率为基础。在市场经济条件下,投资或多或少的带有风险,通货膨胀又是客观存在的经济现象,因此,投资报酬率或资金利润率除了包含时间价值以外,还包括风险报酬和通货膨胀贴水,在计算时间价值时,后两部分是不应包括在内的,即时间价值率是指扣除风险报酬和通货膨胀贴水后的平均资金利润率或投资报酬率。

这种间接的扣除法在实践中并不能真正解决货币时间价值的计量问题。其一,投资的风险大小难以衡量,容易受主观因素的影响,从而使风险价值很难确定。其二,平均资金利润率随时空的变化而变化,也难以确定。不同国家、不同地区或不同行业同一时期的资金利润率可能各不相同,同一国家或地区今年和去年的资金利润率也有所不同。其三,通货膨胀指标具有滞后性,不确定因素也很大。基于此,用这种扣除法只会使相对固定的货币时间价值变得更加神秘莫测。比如,您用 10 万元投资开饭店,一年后获利 1 万元,您能告诉我其中包含了多少时间价值吗？不同的人可能有不同的答案。

2. 货币的时间价值同利息率的关系

在实践中,我们往往是用利息来计量时间价值的。大多数人在最初接触货币时间价值时,肯定会遇到这样一个例子:把 100 元存入银行,年利率为 5%,一年后会获取本利和 105 元,其中 5 元即为货币时间价值。并且接下来的货币时间价值的计算也是依据银行复利率进行的。这种提法从表面上看好像有利于初学者的理解,但实际上这种“先入为主”的提法误导了初学者,使其产生这样一种印象:货币时间价值即为银行存款利息,货币时间价值率即为银行存款的利率。

我们知道,影响利息率的主要因素有三个方面:一是平均利润率。它是利息率的最高界限,通常利息率要低于平均利润率,利息率的最低界限无法确定,但它不能等于零。平均利润率高,利息率就高,二者同方向变动。二是借贷资本的供求和竞争关系。它确定市场利息率,借贷资本供大于求,市场利息率下降;反之,借贷资本供小于求,市场利息率上升。三是国家调节。每个国家都根据其货币金融政策影响利息率,使利息率受到国家行政的调节和干预。而在实践中,利息率通常是由以下三部分构成的。

(1)纯利率。是指在无通货膨胀、无任何风险情况下的利率水平,纯利率的高低主要受到以上三个因素的影响。

(2)通货膨胀补偿。由于物价水平上涨,货币购买力下降而给予补偿,我国现阶段的国库券和银行存款的利率水平一般均为纯利率加上预期的通货膨胀率。

(3)风险补偿。主要包括流动性风险补偿、违约风险补偿和到期风险补偿。

从理论上看货币时间价值同这里的纯利率是一致的,但在实践中我们又如何确定纯利率呢？从银行存款利率来看,假设一年定期存款利率仅为 2.25%,税后为 1.8%,扣除通货膨胀率,实际存款利率为-2%左右。这主要是受资金供求关系和国家调节共同作用的结果，当然货币时间价值是不可能为负的。由此可知，实际中运用的银行利率包含了通货膨胀和其他一些补偿，它同货币的时间价值是有区别的，两者不可混为一谈。

3. 货币时间价值同贴现率之间的关系

在投资决策中，为了考虑货币的时间价值，往往采用贴现的方法，用净现值指标，把未来不同时点的现金流量贴现到同一时点进行比较，在这个计算过程中所采用的贴现率是否等同于货币时间价值率呢?

我们通常以资本成本率作为贴现率对投资项目未来的现金流量进行折现，计算该项目净现值。资本成本的经济学含义为投资项目资金的机会成本，从投资者的角度看，它是投资者提供资金所要求获得的报酬，而在实务中，资本成本是指企业为筹措和使用资金而付出的代价，包括融资过程中发生的筹措费用和用资过程中所支付的报酬。影响企业资本成本的主要因素有以下三种。

(1)总体经济环境状况。总体经济环境决定了整个经济中资本的供给和需求以及预期通货膨胀的水平，如果整个社会经济中资本的供给和需求发生变化或者预期通货膨胀水平发生变化，投资者也会相应改变其所要求的收益率，使资本成本发生变化。

(2)证券市场条件。证券市场条件包括证券市场流动难易程度和价格波动程度，其影响证券投资的风险。如果证券市场的流动性差，或价格波动大，投资者的风险大，要求的收益率就高，企业的资本成本上升;反之，资本成本下降。

(3)企业的经营决策和融资决策。企业的经营决策和融资决策会影响经营风险和财务风险的大小，如果经营风险和财务风险大，投资者会要求较高的收益率，企业的资本成本上升;反之，投资者要求的收益率降低，企业的资本成本下降。

因此，资本成本是时间价值和风险价值的统一，以资本成本率作为贴现率来看，在贴现率中不只包括货币的时间价值，还包括市场风险补偿以及特定公司(或特定项目)风险价值补偿。

4. 如何解决货币时间价值的计量问题

从以上的分析来看，实践中所用的投资收益率、利息率和贴现率中虽然包含了货币时间价值，但也包含了风险价值和一定通货膨胀补偿，它们同货币的时间价值率是有区别的。当前理论界所提出的用扣除法来确定货币时间价值尽管有其道理，但在实践中的运用却有很大的随意性，使得我们可能任意夸大或缩小货币时间价值。

理论上我们应直接确定一个合理的货币时间价值，即货币时间的理论价格，它只能由货币所有者把节约的货币投入流通领域这一过程付出的社会必要劳动量决定。实践中，我们可以以一年为时间单位，用绝对额或相对额来度量时间价值的大小，即货币时间价值额或货币时间价值率。在市场经济条件下，货币时间价值同样遵循价值规律，其实际的市场价格往往同理论价格不一致，也同样受到影响纯利率的那三个因素的影响。

二、时间价值作用

(一)对投资决策和财务管理的影响

1. 投资决策计算方法的转变

传统的财务会计是以权责发生制为基础来计算企业利润从而评价经济效益的，但在长期决策中，按这种传统方法计算收支暴露出了很多问题，故而被按收付实现制计算出现金流量来评价项目经济效益的方法所取代。所谓现金流量，是指与投资决策有关的现金流流入或流出的量。它可分为非贴现现金流量指标和贴现现金流量指标两大类。非贴现现金流量指标就是指那些不考虑货币时间价值的指标，例如投资回收期、平均报酬率等。而贴现现金流量指标当然就是指那些考虑了货币时间价值的指标，主要包括净现值、内部报酬率和现值指数。随着对货币时间价值认识的加深，其在财务管理的投资决策领域中扮演了越来越重要的角色，它的应用和推广，逐步改变了传统财务管理的计算基础和方法，促使了投资决策由以权责发生制为基础的利润评价向以收付实现制为基础的现金流量评价转变。

2. 财务管理目标的转变

传统公司制企业的财务管理目标往往是从股东利益出发，把股东财富最大化作为企业财务管理的最大目标，但是随着对货币时间价值认识和应用的深入，现代企业打破了传统企业的藩篱。与传统企业截然不同的是，现代企业是多边契约关系的总和，企业风险由契约各方共同承担，因而现代财务管理的目标必然就要与企业的多个利益集团挂钩。为了使各个利益集团都可以达到各自的最终目的，企业价值最大化演变成了现代企业财务管理的目标。企业价值最大化指的就是“通过企业财务上的合理经营，采用最优的财务政策，充分考虑资金的时间价值和风险与报酬的关系，在保证企业长期稳定发展的基础上使企业总价值达到最大”。

从这个定义可以看出：企业价值最大化概念的成立其实是货币的时间价值发挥作用的必然结果。

(二)货币时间价值在企业融资活动中的应用

要进行有效的生产经营活动，企业必须有计划地对资金进行筹集和应用。现在企业筹集资金有多种渠道，如，发行债券、发行股票、融资租赁等。本书对货币时间价值作用的说明主要以发行债券和融资租赁为例。

1. 发行债券

作为企业融资的一个重要渠道，发行债券之前必须先对发行债券的成本进行分析。债券发行成本是指企业为取得和使用债券资金而对债券持有人支付的各种费用的总和。这些费用主要包括企业在印刷、筹措和发行债券中支出的各种费用以及支付给债券持有者的利息等。在计算发行债券的成本时，由于利息是年金支出成本，而债券发行的印制发行费等为现金支出，所以不能将上述各种成本简单相加，还要考虑各种成本的支出时间。

2. 融资租赁

融资租赁是指出租人根据承租人对租赁物件的特定要求和对供货人的不同选择，出资向供货人购买租赁物件，然后租给承租人使用，承租人则分期向出租人支付租金，在租赁期内租赁物件的所有权属于出租人所有，承租人拥有租赁物件的使用权。对于企业来说，融资租赁要解决的问题就是租还是买。企业作为承租人，每期支付的租金总额会大于最初的租赁总额，这个差额就是财务费用。作为承租方的企业虽然避免了筹集一次性购买设备所需要的大量资金，但是，租金中所含有的利息、手续费等费用加起来要大于自行购买设备后设备每年发生的折旧费用。无论是购买设备还是对设备进行租赁，都会发生资金的流出，因而，存在资金的时间价值问题。所以，企业需要的设备到底是租还是买，需要相关人员进行科学的计算与分析，不能简单地认为哪个好就选哪个。在对两种方式进行选择时，主要采取的方法为净现值法。

净现值法是指在项目计算期内，将租赁机器设备时预期现金流量的净现值与购买机器设备时预期现金流量的净现值进行对比分析。若净现值为正值，那么企业所选择的投资方案就是可以接受的；反之，投资方案就是不可以接受的。净现值越大，投资方案越好。净现值法是一种比较科学也比较简便的投资方案评价方法。净现值的公式是：

$$NPV = \sum \frac{I_t - O_t}{(1 + R)^t} \quad （式 2-1）$$

即：净现值=未来报酬总现值-建设投资总额。式中，NPV 指净现值；I_t 表示第 t 年的现金流入量；O_t 表示第 t 年的现金流出量；R 指折现率。在对融资租赁成本的计算中，也包含着内部报酬率的计算方法。

三、现金流量时间线

计算货币资金的时间价值，首先要清楚资金运动发生的时间和方向，即每笔资金在哪个时点上发生，资金流向是流入还是流出。现金流量时间线提供了一个重要的货币资金时间价值的工具，它可以直观、便捷地反映资金运动发生的时间和方向，典型的现金流量时间线如图 2-1 所示：

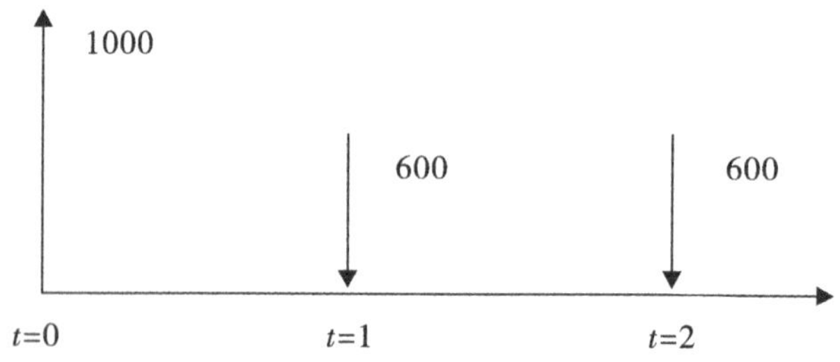

图 2-1　现金流量时间线

图 2-1 中横轴为时间轴，箭头所指的方向表示时间的增加。横轴上的坐标代表各个时点，$t=0$ 表示现在，$t=1,2,\cdots$，分别表示从现在开始的第 1 期期末、从现在开始的第 2 期期末，依此类推。如果每期的时间间隔为 1 年，则 $t=1$ 表示从现在起第 1 年年末，$t=2$ 表示从现在起第 2 年年末。换句话说，$t=1$ 也表示第 2 年年初。

图 2-1 的现金流量时间线表示在 $t=0$ 时刻有 1000 单位的现金流出，在 $t=1$ 及 $t=2$ 时刻各有 600 单位的现金流入。现金流量时间线对于更好地理解和计算货币时间价值很有帮助，本书将在后面的章节中多次运用这一工具来解决许多复杂的问题。

四、时间价值计算

计算货币时间价值的指标有多种，这里主要说明单利终值和现值、复利终值和现值、年金终值和现值的计算方法。为了便于说明问题，假设没有风险和通货膨胀因素，并以利率代表货币的时间价值。

（一）单利终值和现值的计算

单利（simple interest），又称单利计息，是指仅就本金计算利息，利息不再计算利息的一种计息方法。

1. 单利终值的计算

单利终值是指一定量资金若干期后按单利法计算时间价值的本利和。公式为：

$$FV = PV + PV \times i \times n = PV \times (1 + i \times n) \quad （式2-2）$$

式中：PV 是现值；FV 是第 n 年末的终值；i 是年利率；n 是期数。

【例 2-1】某企业向银行借款 300 万元，借期为 3 年，年利率为 7%，则企业 3 年到期应偿还的本利和（终值）为：

$$FV = 300 \times (1 + 7\% \times 3) = 363（万元）$$

2. 单利现值的计算

单利现值是指以后时间收到或付出资金按单利法计算贴现的现在现值。根据公式 2-2，如果已知终值 FV，则可以求解现值 PV，计算公式为：

$$PV = FV/(1 + i \times n) \quad （式2-3）$$

（二）复利终值和复利现值

1. 复利终值

复利（compound interest）是计算利息的一种方法。按照这种方法，每经过一个计息期，要将所生利息加入本金再计利息，逐期滚算，俗称“利滚利”。这里所说的计息期是指相邻两次计息的时间间隔，如年、月、日等。除非特别指明，计息期为 1 年。终值是指最后得到的数据。

因此，复利终值就是指一笔收支经过若干期后再到期时的金额，这个金额和最初的收支额事实上具有相同的支付能力。

【例 2-2】张三拟用 10 万元投资于一个项目，该项目的投资期为 5 年，每年的投资报酬率为20%，张三打算：这10万元本金投入此项目后，5年后可以收回的本息合计为多少？

分析：由于货币随时间的增长过程与复利的计算过程在数学上是相似的，因此，在计算货币的时间价值时，可以使用复利计算的各种方法。张三的这笔账实际上是关于“复利终值”的计算问题。

假如张三在期初投入资金10万元，利息用 i 表示，那么：

经过1年的时间后，张三的本利和 $=P(1+i)$

$$=P+Pi$$
$$=10+10\times20\%$$
$$=10+2$$
$$=12(\text{万元})$$

经过2年的时间后，张三的本利和 $=[P(1+i)](1+i)$

$$=P(1+i)^2$$
$$=10\times(1+20\%)^2$$
$$=10\times(1+20\%)+10\times(1+20\%)\times20\%$$
$$=12+2.4$$
$$=14.4(\text{万元})$$

依次类推，5年后，张三的本利和 $=[P(1+i)^4](1+i)$

$$=P(1+i)^5$$
$$=10\times(1+20\%)^5$$
$$=10\times2.488\ 32$$
$$=24.8832(\text{万元})$$

综上，复利终值的公式为：

$$F=P(1+i)^n \tag{式2-4}$$

如前所述，式中：F 表示复利终值，P 表示复利现值，i 表示利率，n 表示计息期数。$(1+i)^n$ 为复利终值系数（future value interest factor），用符号表示为：$FVIF_{i,n}$ 或者 $(F/P, i,n)$，为了便于计算，可编制“复利终值系数表”（详见附录），在实际运用时，通常查表得到其解。查复利终值表，得知当 $i=20\%$，$n=5$ 时，复利终值系数为2.4883，那么5年后张三的本利和 $=10\times2.4883=24.8830$（万元）。当然，之所以系数表中的系数使用时与直接的幂指数计算结果有微小的差异，那是因为系数表中的系数不可能都精确到它的最后一位小数位，而是保留至多4位小数。

2. 复利现值

复利现值是复利终值的对称概念，指未来一定时间的特定资金按复利计算的现在价值，或者说是为取得将来一定本利和现在所需要的本金。也可以认为是将来这些面值的实际支付能力（不考虑通货膨胀因素）。

复利现值的计算是指已知终值 F、利率 i、期数 n 时，求现值 P。

$$P = F/(1+i)^n \quad \text{（式 2-5）}$$

上式中 $(1+i)^n$ 是把终值折算为现值的系数，称为复利现值系数，或称作 1 元的复利现值，用符号：$PVIF_{i,n}$ 或者$(P/F,i,n)$来表示。例如，$(P/F,10\%,5)$表示利率为 10% 时 5 期的复利现值系数。为了便于计算，可编制“复利现值系数表”（详见附录）。该表的使用方法与“复利终值系数表”相同。

【例 2-3】李四准备在 5 年后获得本利和 100 万元。假设存款年利率为 5%，按照复利计息，他现在应存入多少元？

$$P = F \times (P/F,5\%,5) = 100 \times 0.7835 = 78.35\text{（万元）}$$

复利现值系数亦称折现系数或贴现系数，是指在按复利法计算利息的条件下，将未来不同时期一个货币单位折算为现时价值的比率。它直接显示现值同已知复利终值的比例关系，与复利终值系数互为倒数。进行固定资产投资的时间颇长，项目投产和投资回收的年限更长，因此，在筹划拟建项目，预测其投资经营成本与投产效益时，必须考虑资金的时间价值，确切地测定项目的效益，办法是把项目寿命期内不同时间发生的成本与收益，逐一按折现系数折算成同一时点（通常选定在开始建设的年份）上的成本与收益，然后进行指标计算和成本效益分析。

（三）年金的计算

年金（annuity）是指一定时期内每期相等金额的收付款项。折旧、利息、租金、保险费等均表现为年金的形式。年金按付款方式，可分为后付年金（普通年金）、先付年金（预付年金）、递延年金和永续年金。

1. 普通年金（Ordinary Annuity）

普通年金又称后付年金，是指各期期末收付的年金（图 2-2）。

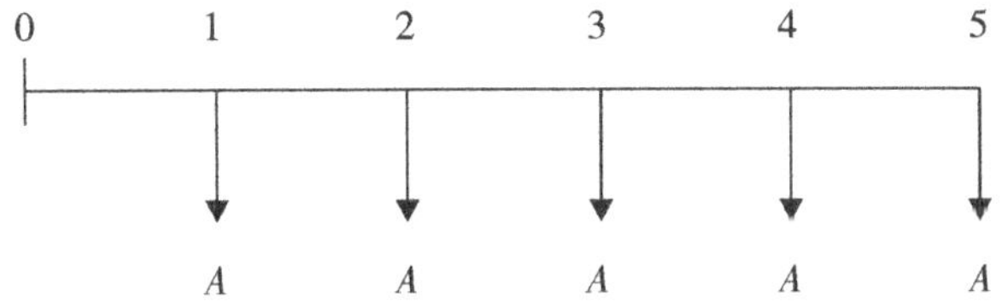

图 2-2 普通年金示意

（1）普通年金终值。即一定时期内每期期末等额收付款项的复利终值之和（图 2-3）。普通年金终值计算公式的推导：

每年的支付金额为 A；利率为 i；期数为 n；则按复利计算的普通年金终值 FVA_n 为：

$$FVA_n = A + A(1+i) + A(1+i)^2 + A(1+i)^3 + \cdots + A(1+i)^{n-1}$$

上面的等式两边同乘$(1+i)$：

$$(1+i)FVA_n = A(1+i) + A(1+i)^2 + A(1+i)^3 + \cdots + A(1+i)^{n-1} + A(1+i)^n$$

上述两式相减，整理后，得到：

$$(1+i)FVA_n - FVA_n = A(1+i)^n - A$$

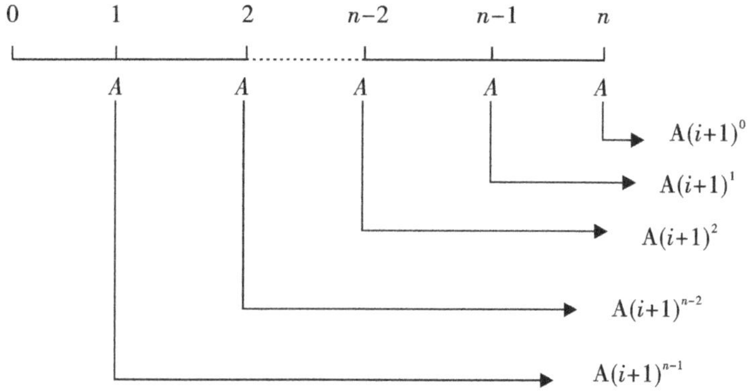

图2-3 普通年金终值

$$FVA_n = A \times \frac{(1+i)^n - 1}{i} \qquad \text{(式 2-6)}$$

式中，$\frac{(1+i)^n - 1}{i}$ 是普通年金 1 元在利率为 r 时经过 n 期的年金终值，即普通年金终值系数，记作（$F/A,i,n$）或 $FVIFA_{i,n}$，可以通过查阅"年金终值系数表"取得相关系数。

【例 2-4】某人 5 年内每年年底存入银行 100 元，存款利率为 8%，问第 5 年年末年金终值为多少？

$$\begin{aligned} FVA_n &= 100 \times [(1+8\%)^5 - 1]/8\% \\ &= 100 \times (F/A,8\%,5) \\ &= 100 \times 5.867 \\ &= 586.7\ (\text{元}) \end{aligned}$$

（2）偿债基金的计算。偿债基金（sinking fund）在财务管理中的理解是指为了在约定的未来一定时点清偿某笔债务或积聚一定数额的资金而必须分次等额存入的准备金，也就是为使年金终值达到既定金额的年金数额。偿债基金的计算是根据年金的终值计算年金，即已知终值求年金。

根据普通年金终值计算公式：

$$FVA_n = A \times \frac{(1+i)^n - 1}{i} = A \times (F/A,i,n)$$

可知：

$$A = FVA_n \times \frac{i}{(1+i)^n - 1} = \frac{FVA_n}{(F/A,i,n)} \qquad \text{(式 2-7)}$$

式中：普通年金终值系数的倒数称偿债基金系数，记作（$A/F,i,n$），偿债基金系数和普通年金终值系数互为倒数。

【例 2-5】大光明公司拟在 3 年后还清 100 万元的债务，从现在起每年末等额存入银行一笔款项。假设银行存款利率为 10%，则每年需要存入多少钱？

$$A = FVA_n \times \frac{i}{(1+i)^n - 1} = \frac{FVA_n}{(F/A,i,n)} = \frac{100}{(F/A,10\%,3)} = 30.21(\text{万元})$$

可见，在银行利率为 10% 时，每年存入 30.21 万元，3 年后可得 100 万元，用来还清债务。

由于有利息因素，不必每年存入 33.33 万元，只要存入较少的金额，3 年后本利和即可达到 100 万元用以清偿债务。

(3)普通年金现值的计算。它是一定时期内每期期末等额收付款项的复利现值之和（图 2-4）。

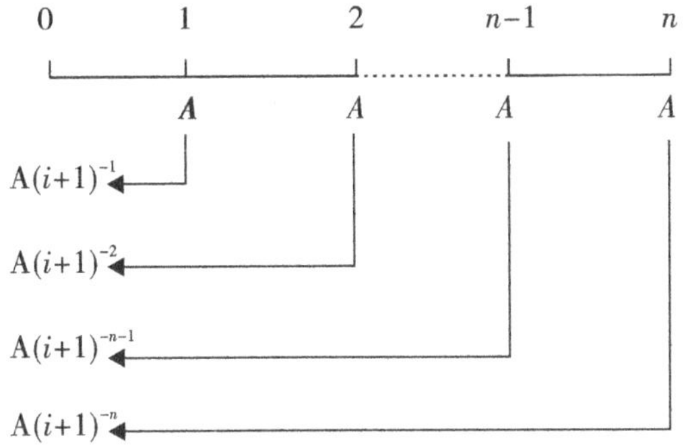

图 2-4　普通年金现值

普通年金现值公式的推导过程如下。

由于：

$$PVA_n = A(1+i)^{-1} + A(1+i)^{-2} + A(1+i)^{-3} + \cdots + A(1+i)^{-n}$$

等式两边同乘(1+i)：

$$(1+i)\,PVA_n = A + A(1+i)^{-1} + A(1+i)^{-2} + A(1+i)^{-3} + \cdots + A(1+i)^{-(n-1)}$$

上述两式相减：

$$(1+i)\,PVA_n \quad PVA_n - A - A(1+i)^{\ n}$$

$$PVA_n = F \times \frac{1-(1+i)^{-n}}{i} \qquad \text{（式 2-8）}$$

式中，$\frac{1-(1+i)^{-n}}{i}$ 是普通年金为 1 元、利率为 i、经过 n 期的年金现值记作(P/A,i,n)或 $PVIFA_{i,n}$ 可以通过查阅“年金现值系数表”取得相关系数。

【例 2-6】假设你需要在每年年末取出 100 元，连续取 3 年，在银行存款利率为 10% 的情况下，你现在要向银行存入多少钱？

$$\begin{aligned} PVA_n &= 100\times(1+10\%)^{-1}+100\times(1+10\%)^{-2}+100\times(1+10\%)^{-3} \\ &= 248.69(\text{元}) \end{aligned}$$

【例 2-7】某公司须马上向银行存入一笔款项，以便在今后 5 年内能于每年年终发放特种奖金 4000 元。现时银行存款年利率为 8%，则该公司现在应向银行存入多少钱？

$$
\begin{aligned}
PVA_n &= 4000\times[1-(1+8\%)^{-5}]/8\% \\
&= 4000\times(P/A,8\%,5) \\
&= 4000\times 3.993 \\
&= 15\,972\ (元)
\end{aligned}
$$

(4)投资回收额的计算。投资回收额(capital recovery),是指在约定年限内等额收回初始投入资本或清偿所欠的债务。即根据年金现值计算的年金,即已知现值求年金。

根据普通年金现值计算公式:

$$PVA_n = A\times\frac{1-(1+i)^{-n}}{i} = A\times(P/A,i,n)$$

可知:

$$A = PVA_n\times\frac{i}{1-(1+i)^{-n}} = \frac{PVA_n}{(P/A,i,n)} \qquad (式\,2\text{-}9)$$

式中,普通年金现值系数的倒数,称投资回收系数,记作$(A/P,i,n)$,投资回收系数与年金现值系数互为倒数。

【例 2-8】大华公司现在拟出资 100 万元投资某项目,项目投资回报率预计为 10%,公司拟在 3 年内收回投资,则每年至少要收回多少钱?

$$A = PVA_n\times\frac{i}{1-(1+i)^{-n}} = \frac{PVA_n}{(P/A,i,n)} = \frac{100}{(P/A,10\%,3)} = 40.21(万元)$$

因此,投资回报率为 10% 时,每年至少要收回 40.21 万元,才能确保 3 年后收回初始投资额 100 万元。

2. 预付年金(Annuity Due)

预付年金是指一定时期内,每期期初等额收付的系列款项。预付年金又叫先付年金或即付年金。预付年金与普通年金的区别仅在于付款时间的不同,即一个是在每期期初支付,另一个是在每期期末支付。由于普通年金是最常见的年金形式,一般的年金系数表也常常是按普通年金的终值和现值编制的。因此,在计算预付年金时,可先将预付年金调整为普通年金的形式,然后利用普通年金的系数表计算有关预付年金。预付年金的收付形式如图 2-5 所示,表示每年年初发生 A 元的预付年金。

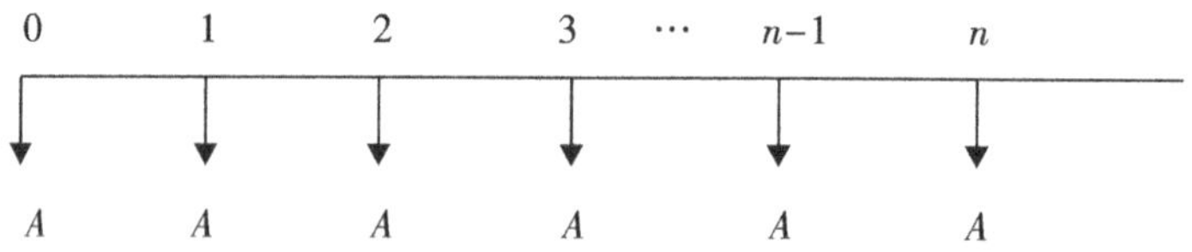

图 2-5 预付年金收付形式示意图

(1)预付年金终值计算。预付年金的终值即各期收付款项的复利终值之和。对于预付年金而言,要求其终值,可以从普通年金终值入手,图 2-6 是期数相同的预付年金和普通年金的比较。

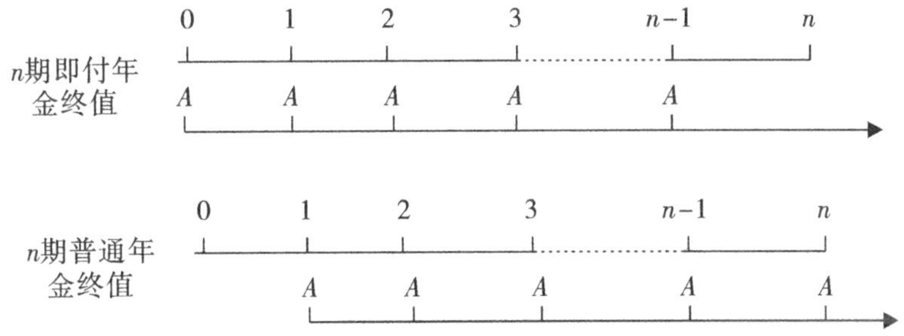

图 2-6 预付年金与普通年金比较示意

预付年金与普通年金比较:普通年金收付款的时点是在期末;预付年金的收付款时点是在期初。这是两者的区别。

思路一:n 期先付年金与 n 期普通年金的付款次数相同,但由于付款时间不同,则计算终值时前者比后者多计算一期利息。即在 n 期普通年金终值的基础上乘以 $(1+i)$ 就是 n 期先付年金的终值。可得:

$$FVA_n = A \times (F/A,i,n) \times (1+i) \quad （式 2-10）$$

思路二:预付年金每期期初发生,所以 n 期年金的时点分布从 0 时点起到 $n-1$ 时点止,而我们需要求从 0 时点起到 $n-1$ 时点的 n 期预付年金在此时时点的终值。按普通年金期末发生的特点,在终值计算时,终值时点 n 需要有一期 A 发生,为了求解方便,在第 n 时点增加了一期金额 A,如下图 2-7 中用虚线及 $+A$ 表示,如此,整个年金发生的次数为 $n+1$期,所以可以按普通年金的 $n+1$ 期来求终值,由于 n 时点是增补的,需要把这期金额从 $n+1$ 期普通年金终值减去,则为预付年金终值。可得预付年金终值公式。

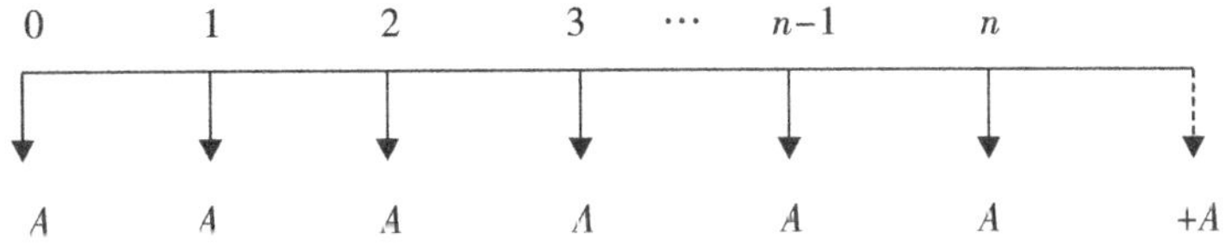

图 2-7 预付年金终值计算示意图

$$FVAD_n = FVA_{n+1} - A = A \times \left[\frac{(1+i)^{n+1}-1}{i} - 1\right] \quad （式 2-11）$$

$$FVAD_n = A \times [(F/A,i,n+1) - 1] \quad （式 2-12）$$

式中,$\left[\frac{(1+i)^{n+1}-1}{i} - 1\right]$ 是预付年金终值系数,与普通年金终值系数相比,期数加 1,而系数减 1,可以记作 $[(F/A,i,n+1)-1]$,就可以通过查“普通年金终值系数表”获得预付年金终值系数。

【例 2-9】某公司决定连续 5 年于每年年初存入 1 000 000 元作为住房基金,银行存款利率为 10%。则该公司在第 5 年末能一次取出本利和为多少?

方法一：

$$
\begin{aligned}
F &= A(F/A,i,n)(1+i) \\
&= 1\ 000\ 000 \times (F/A,10\%,5) \times 1.1 \\
&= 1\ 000\ 000 \times 6.1051 \times 1.1 \\
&= 6\ 715\ 610(\text{元})
\end{aligned}
$$

方法二：

$$
\begin{aligned}
F &= A[(F/A,i,n+1)-1] \\
&= 1\ 000\ 000 \times [(F/A,10\%,6)-1] \\
&= 1\ 000\ 000 \times 6.7156 \\
&= 6\ 715\ 600(\text{元})
\end{aligned}
$$

(2)预付年金现值的计算。预付年金现值，是指一定时期内每期期初收付款项的复利现值之和。预付年金现值的计算也有两种思路，对应两种计算方法(图 2-8、图 2-9)。

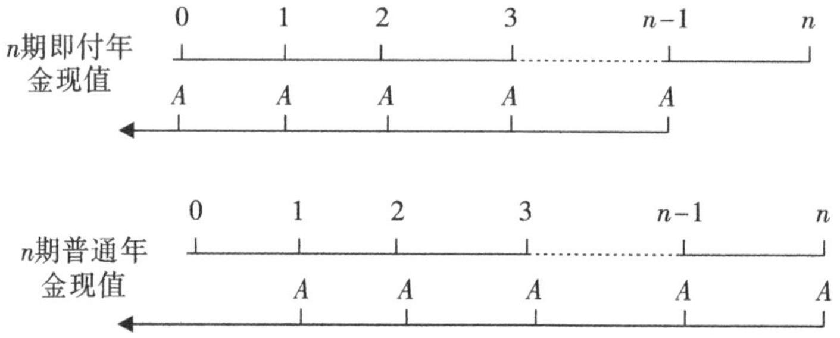

图 2-8　预付年金现值的计算示意图

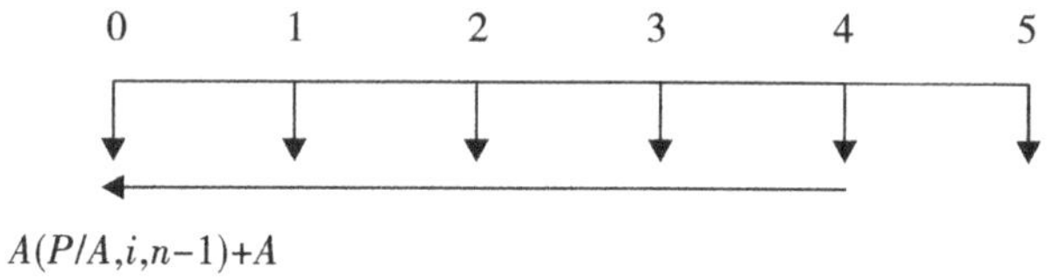

图 2-9　预付年金计算示意(期数减 1，系数加 1)

方法一：普通年金计算现值只是比预付年金多计一次 $1/(1+i)$。因此，利用同期普通年金的现值公式再乘以 $(1+i)$ 计算预付年金的现值。预付年金的现值公式：

$$P = A(P/A,i,n)(1+i) \qquad (\text{式 } 2\text{-}13)$$

方法二：预付年金每期期初发生，所以 n 期年金的时点分布从 0 点到 $n-1$ 点止。而普通年金发生的特点是期末发生，在计算现值时，现值 0 点没有发生，为了求解方便，我们把 0 时点的金额去掉，这样就变成了发生次数为 $n-1$ 次的普通年金求现值，所以我们可以按照普通年金的 $n-1$ 项来求现值，最后把 0 时点去掉的年金 A 补上。即可得预付年金的现值公式：

$$PVAD_n = A \times (P/A,i,n-1) + A = A[(P/A,i,n-1)+1] \qquad (\text{式 } 2\text{-}14)$$

【例 2-10】大光明公司拟购买新设备，供应商有两套付款方案。方法一是采用分期付款方式，每年年初付款 20 000 元，分 10 年付清。方法二是一次性付款 15 万元。若公司的资金回报率为 6%，假设有充裕的资金，你将选择何种付款方式？

实际上，将方案一求出的现值与方案二的 15 万元进行比较即可得出结果。也就是求预付年金的现值，因此有：

$$
\begin{aligned}
\text{现值} &= 20\,000\times(P/A,6\%,10)\times(1+6\%)\\
&= 20\,000\times 7.3601\times(1+6\%)\\
&= 156\,034.00(\text{元})
\end{aligned}
$$

或：

$$
\begin{aligned}
\text{现值} &= 20\,000\times[(P/A,6\%,10-1)+1]\\
&= 20\,000\times(6.8017+1)\\
&= 156\,034.00(\text{元})
\end{aligned}
$$

所以，应选择一次性付款。

【例 2-11】大光明公司若租用一台设备，在 10 年中，每年年初要付租金 5000 元，现时银行存款利率为 8%。假设该设备原值 40 000 元，无残值，则该公司应租还是应买？

$$
\begin{aligned}
P &= 5000\times(P/A,8\%,10)\times(1+8\%)\\
&= 5000\times 6.71\times 1.08\\
&= 36\,234(\text{元})
\end{aligned}
$$

或：

$$
\begin{aligned}
P &= 5000\times[(P/A,8\%,9)+1]\\
&= 5000\times(6.247+1)\\
&= 36\,235(\text{元}) < 40\,000(\text{元})
\end{aligned}
$$

因此，公司租用设备合适。

普通年金与预付年金的比较：第一，年金期间利率和金额相同时，预付年金的终值比普通年金的终值大（预付年金终值系数在普通年金终值系数上，期数加 1，系数减 1）。第二，年金期间利率和金额相同时，预付年金的现值比普通年金的现值大（预付年金现值系数在普通年金现值系数上，期数减 1，系数加 1）。

3. 递延年金

递延年金（deferred annuity）是指第一次年金收付形式发生在第二期或第二期以后的年金。递延年金的支付形式如图 2-10 所示：

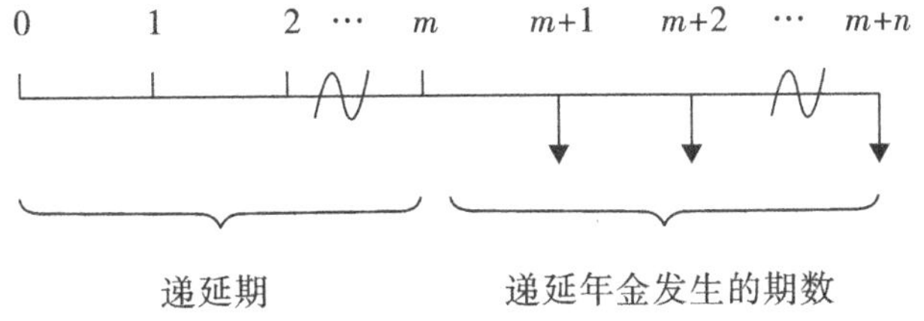

图 2-10 递延年金形式示意

从图 2-10 中可以看出,前 m 期没有发生年金收付形式。我们一般用 m 表示递延期数,用 n 表示递延年金发生的期数,则总期数为 $m+n$。

(1)递延年金终值计算。由于递延期 m 与终值无关,只需考虑递延年金发生的期数 n。

计算公式如下:

$$F = A(F/A,i,n) \quad \text{(式 2-15)}$$

【例 2-12】假设某公司拟一次性投资开发某旅游区,预计该旅游区能存续 15 年,但是前 5 年不会产生净收益,从第 6 年开始,每年的年末产生净收益 50 000 元。在考虑资金时间价值的因素下,若旅游区的投资报酬率为 10%,则该旅游区给企业带来的累计收益为多少(图 2-11)?

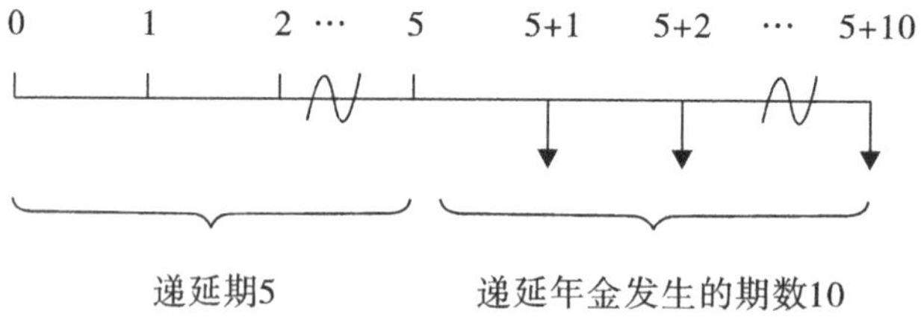

图 2-11　递延年金终值计算示意

求该旅游区给企业带来的累计收益,实际上就是求递延年金终值。

$$\begin{aligned} \text{累计收益} &= 50\,000\times(F/A,10\%,10) \\ &= 50\,000\times15.937 \\ &= 796\,850(\text{元}) \end{aligned}$$

(2)递延年金现值计算。递延年金是指在最初若干期没有收付款项的情况下,后面若干期有等额的系列收付款项。递延年金的现值是自若干时期后开始每期款项的现值之和。即是后 n 期年金贴现至 m 期第一期期初的现值之和(图 2-12)。

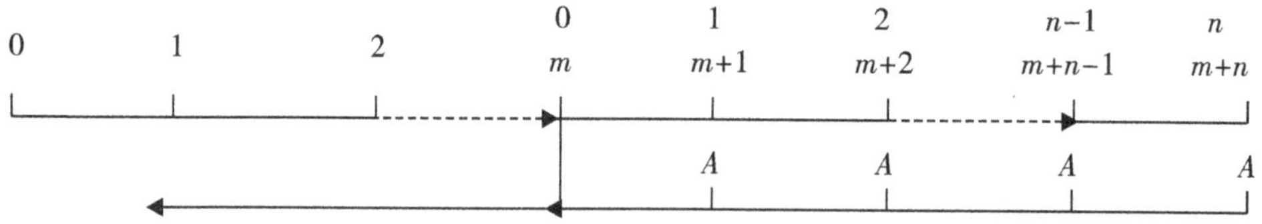

图 2-12　递延年金现值计算示意

递延年金的现值与递延期数相关,递延的期数越长,其现值越低。递延年金的现值计算有三种方法。

方法一:把递延期以后的年金套用普通年金公式求现值,然后再向前折现。即:

$$P = A(P/A,i,n)(P/F,i,m) \quad \text{(式 2-16)}$$

方法二:把递延期每期期末都当作有等额的年金收付 A,把递延期和以后各期看成是一个普通年金,计算出这个普通年金的现值再把递延期虚增的年金现值减掉即可(图 2-13)。

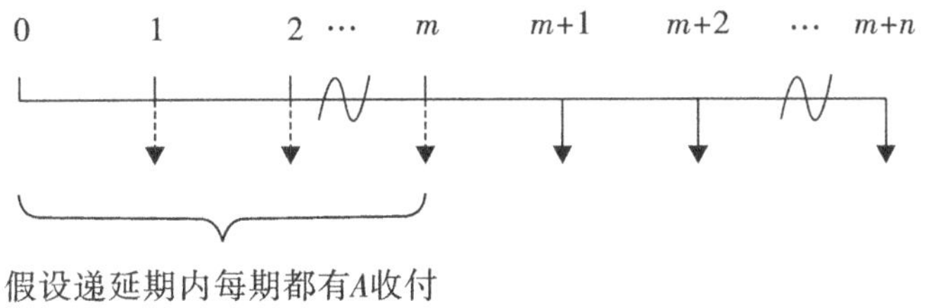

图 2-13 递延年金计算示意

即：

$$P = A[(P/A, i, n+m) - (P/A, i, m)] \quad (式 2-17)$$

方法三：先求递延年金终值，再折现为现值（图 2-14）。

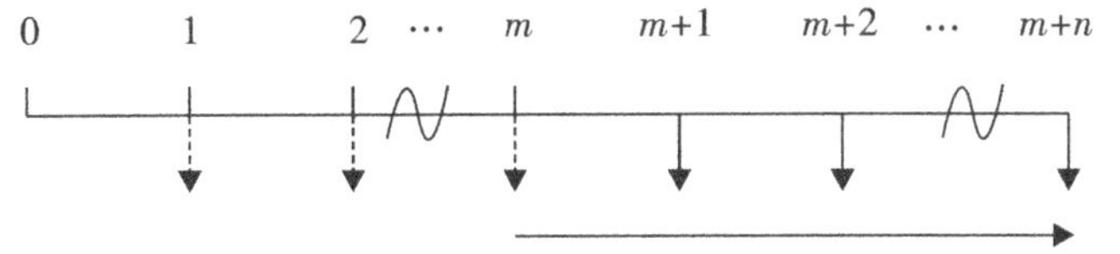

图 2-14 递延年金计算示意

即：

$$P = A(F/A, i, n)(P/F, i, m+n) \quad (式 2-18)$$

4. 永续年金

永续年金（Perpetual Annuity）是指无限期等额收付的年金（图 2-15）。

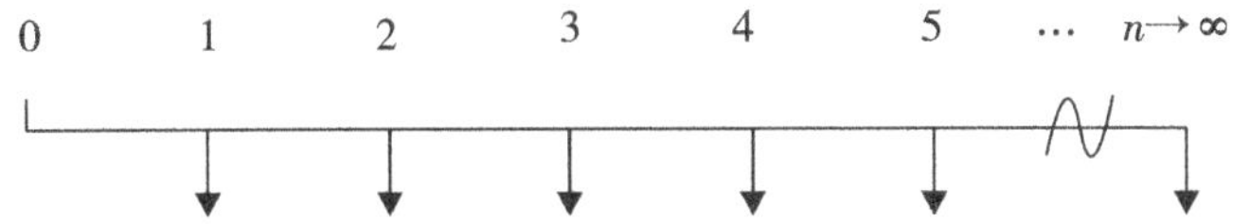

图 2-15 永续年金示意

永续年金因为没有终止期，所以，只有现值没有终值。永续年金的现值，可以通过普通年金的计算公式导出。

$$PVA_n = A \times \frac{1-(1+i)^{-n}}{i} \quad (式 2-19)$$

令 n 趋于无穷大，即可得出永续年金现值：

$$PVA_n = \frac{A}{i} \quad (式 2-20)$$

公式总结如表 2-1 所示：

表 2-1 时间价值计算公式总结

项目	公式
普通年金终值	$F = A \times \frac{(1+i)^n - 1}{i}$
普通年金现值	$P = A \times \frac{1-(1+i)^{-n}}{i}$
预付年金终值	$F = A \times \frac{(1+i)^n - 1}{i} \times (1+i)$
预付年金现值	$P = A \times \frac{1-(1+i)^{-n}}{i} \times (1+i)$
递延年金终值	$F = A \times \frac{(1+i)^n - 1}{i}$
递延年金现值	$p = A \times \frac{(1+i)^n - 1}{i} \times \frac{1}{(1+i)^{(m+n)}}$
永续年金	$P = \frac{A}{i}$

(四)实际利率计算

1. 一年多次计息与实际利率

(1)多次计息。经济活动中经常碰到计息期间短于一年的情况,比如半年计息一次,或者 3 个月、1 个月。当计息期间短于 1 年,而利率又是年利率时,期利率和计息期数按照下面公式换算。

$$R = \frac{i}{m} \quad \text{(式 2-21)}$$

$$t = m \times n \quad \text{(式 2-22)}$$

R 表示期利率,i 表示年利率,m 表示每年的复利计息频数,n 表示年数,t 表示换算后的计息期数。

【例 2-13】假设本金为 100 元,年利率为 10%,一年计息 2 次,即一年复利 2 次,则每次复利的利率=10%/2=5%,一年后的本利和(复利终值)=100×(1+5%)^2。

(2)实际利率。一年多次计息时,给出的年利率为名义利率,按照复利计算的年利息与本金的比值为实际利率。例 2-13 中,按照复利计算的年利息=100×(1+5%)^2-100=100×[(1+5%)^2-1],实际利率=100×[(1+5%)^2-1]/100=(1+5%)^2-1。

用公式表示如下:

$$r = \left(1 + \frac{i}{m}\right)^m - 1 \quad \text{(式 2-23)}$$

式中,r 为实际利率,i 为名义利率,m 为每年复利计息的次数。从公式看,在一年多次计息时,实际利率高于名义利率,并且在名义利率相同的情况下,一年计息次数越多,实际利率越大。

2. 通货膨胀情况下的实际利率

在通货膨胀情况下，央行或其他提供资金借贷的机构所公布的利率是未调整通货膨胀因素的名义利率，即名义利率中包含通货膨胀率。实际利率是指剔除通货膨胀率后储户或投资者得到利息回报的真实利率。

假设本金为100元，实际利率为5%，通货膨胀率为2%，则如果不考虑通货膨胀因素，一年后的本利和＝100×(1+5%)＝105(元)。

如果考虑通货膨胀因素，由于通货膨胀导致货币贬值，所以，一年后的本利和＝105×(1+2%)，年利息＝105×(1+2%)－100＝100×(1+5%)×(1+2%)－100＝100×[(1+5%)×(1+2%)－1]，即名义利率＝(1+5%)×(1+2%)－1，1+名义利率＝(1+5%)×(1+2%)。

用公式表示名义利率与实际利率之间的关系为：

$$1+\text{名义利率}=(1+\text{实际利率})\times(1+\text{通货膨胀率}) \qquad (\text{式}2\text{-}24)$$

所以，实际利率的计算公式为：

$$\text{实际利率}=\frac{(1+\text{名义利率})}{(1+\text{通货膨胀率})}-1 \qquad (\text{式}2\text{-}25)$$

如果通货膨胀率大于名义利率，则实际利率为负数。

【例2-14】2018年我国商业银行一年期存款年利率为3%，假设通货膨胀率为2%，则实际利率为多少？

$$\text{实际利率}=(1+3\%)/(1+2\%)-1=0.98\%$$

如果通货膨胀率为4%，则：

$$\text{实际利率}=(1+3\%)/(1+4\%)-1=-0.96\%$$

第二节　风险分析

一、风险的含义

风险是一个非常重要的财务概念。任何决策都有风险，这使得风险观念在理财中具有普遍意义。风险最简单的定义是："风险是发生财务损失的可能性。"发生损失的可能性越大，风险越大。它可以用不同结果出现的概率来描述。结果可能是好的，也可能是坏的，坏结果出现的概率越大，就认为风险越大。这个定义非常接近日常生活中使用的普通概念，主要强调风险可能带来的损失，与危险的含义类似。

在对风险进行深入研究以后人们发现，风险不仅可以带来超出预期的损失，也可带来超出预期的收益。于是，出现了一个更正式的定义："风险是预期结果的不确定性，风险不仅包括负面效应的不确定性，还包括正面效应的不确定性。新的定义要求区分风险和危险。危险专指负面效应，是损失发生及其程度的不确定性。人们对于危险，需要识别、衡量、防范和控制，即对危险进行管理。”

风险的概念比危险的概念要广泛，包括了危险，危险只是风险的一部分。风险的另一部分即正面效应，可以称为机会。人们对于机会，需要识别、衡量、选择和获取。理财活动不仅要管理危险，还要识别、衡量、选择和获取增加企业价值的机会。风险的新概念，反映了人们对财务管理现象更深刻的认识，也就是危险与机会并存。

表 2-2　风险含义

一般概念	风险是预期结果的不确定性
特征	风险不仅包括负面效应的不确定性，还包括正面效应的不确定性，危险专指负面效应；风险的另一部分即正面效应，可以称为“机会”
财务管理风险的含义	与收益相关的风险才是财务管理中所说的风险

公司的财务决策几乎都是在包含风险和不确定的情况下做出的。离开了风险，就无法正确评价公司投资报酬的高低。风险是客观存在的，按风险的程度，可以把公司的财务决策分为三种类型。

（一）确定性决策

决策者对未来的情况是完全确定的或已知的决策，称为确定性决策。例如，前述投资者将 10 万元投资于利息率为 10% 的短期国库券，由于国家实力雄厚，到期得到 10% 的报酬几乎是肯定的，因此，一般认为这种决策为确定性决策。

（二）风险性决策

决策者对未来的情况不能完全确定，但不确定性出现的可能性——概率的具体分布，是已知的或可以估计的，这种情况下的决策称为风险性决策。

（三）不确定性决策

决策者不仅对未来的情况不能完全确定，而且对不确定性可能出现的概率也不清楚，这种情况下的决策称为不确定性决策。从理论上讲，不确定性是无法计量的，但在财务管理中，通常为不确定性规定了一些主观概率，以便进行定量分析。不确定性在被规定了主观概率以后，就与风险性十分近似了。因此，在公司财务管理中，对风险与不确定性并不做严格区分，当谈到风险时，可能是风险，更可能是不确定性。

投资者之所以愿意投资风险高的项目，是因为其获得的报酬率足够高，能够补偿其投资风险。很明显，在上述例子中，如果投资高科技公司的期望报酬率与短期国券一样，那么几乎没有投资者愿意投资。

二、单项投资的风险与报酬

风险的衡量一般用概率和统计方法。

在经济活动中，某一事件在相同的条件下可能发生也可能不发生，这类事件称为随机事件。概率就是用来表示随机事件发生可能性大小的数值。通常，把必然发生的事件的概率定为1，把不可能发生的事件的概率定为0，而一般随机事件的概率是0～1，概率越大就表示该事件发生的可能性越大。

单项资产的衡量可以通过以下几个步骤。

（一）确定概率分布

如前所述，对投资活动而言，风险是与投资报酬的可能性相联系的，因此风险的衡量就要从投资报酬的可能性入手。概率是度量随机事件发生可能性的一个数学概念。例如，掷一次硬币，正面朝上的概率为50%。如果将所有可能的事件或结果都列示出来，并列出每个事件发生的概率，则得到事件或结果的概率分布（probability distribution）。对于掷硬币第1列列示了可能的事件结果，表2-3表示了不同事件结果的概率。请注意，概率分布必须符合以下两个要求：第一，出现每种结果的概率都是0～1；第二，所有结果的概率之和应等于1。

表2-3　概率分布

事件结果	概率
A	50%
B	50%
合计	100%

（二）计算期望报酬率

将各种可能结果与其所对应的发生概率相乘，并将乘积相加则得到各种结果的加权平均数。此处权重系数为各种结果发生的概率，加权平均数则为期望报酬率（expected rate of return）$\bar{K}$。

$$\bar{K}=P_1K_1+P_2K_2+\cdots P_nK_n=\sum_{i=1}^{n}P_iK_i \qquad \text{（式2-26）}$$

式中，P_i 表示第 i 种可能结果的概率；K_i 表示第 i 种可能结果的报酬率；n 表示可能结果的个数。

（三）计算标准差

利用概率分布的概念能够对风险进行衡量，即期望未来报酬的概率分布越集中，则该投资的风险越小。据此定义可知，当实际报酬背离其期望报酬的可能性更小，公司所面临的风险也越小。

为了准确度量风险的大小，我们引入标准差（standard deviation，SD）这一度量概率分布密度的指标。标准差越小，概率分布越集中，同时，相应的风险也就越小。标准差的具体计算过程如下。

每个可能的报酬率(K_i)减去期望报酬率($\bar{K}$)得到一组相对于 K 的离差:

$$离差_i = K_i - \bar{K} \quad (式\,2-27)$$

式中符号含义同式 2-26。

首先,求概率分布的方差(variance)。求得离差的平方,并将结果与该结果对应的发生概率相乘,然后将这些乘积相加,得到概率分布的方差。

$$方差 = \sigma^2 = \sum_{i=1}^{n} (K_i - \bar{K})^2 P_i \quad (式\,2-28)$$

式中符号含义同式 2-26。

其次,求出方差的平方根,即得到标准差。

$$标准差 = \sigma = \sqrt{(K_i - \bar{K})^2 P_i} \quad (式\,2-29)$$

式中符号含义同式 2-26。

(四)标准离差率(离散系数)

如果两个项目期望报酬率相同、标准差不同,理性投资者会选择标准差较小,即风险较小的那个。类似地,如果两项目具有相同风险(标准差)、但期望报酬率不同,投资者通常会选择期望报酬率较高的项目。因为投资者都希望冒尽可能小的风险,而获得尽可能高的报酬。但是,如果有两项投资:一项期望报酬率较高而另一项标准差较低,投资者该如何抉择呢?此时另一个风险度量指标离散系数(coefficient of variation,CV 也称变异系数、标准离差率,简记为 V)可以较好地解决这一问题。标准离差率计算公式为:

$$V = \sigma / \bar{K} \quad (式\,2-30)$$

(五)风险报酬系数和风险报酬率

标准离差率可以反映决策方案的风险程度,但它不是风险报酬率。要计算风险报酬率,还必须在计算标准离差率的基础上,导入一个系数,即风险报酬系数(b),才能计算出风险报酬率。风险报酬率的计算公式为:

$$R_r = bV \quad (式\,2-31)$$

风险报酬系数是将标准离差率转化为风险报酬率的系数或者倍数,它可以由企业根据以往同类项目的情况确定,也可以由企业组织有关专家确定,由国家有关部门组织专家确定,也可能是第三方专业机构确定。风险报酬系数的确定有一定的主观性,根据确定人的不同很可能有所不同,但就某一国家、某一地区或者某一行业来说不会有太大差别。

【例 2-15】假设某公司可以投资从 A、B 两项资产种选择一个来投资,具体数据见表 2-4。

表 2-4　A 和 B 两项资产报酬概率分布

资产的收益状况		资产的报酬率	
经济状况	概率	A	B
繁荣	0.2	0.25	0.05
正常	0.3	0.20	0.10
衰退	0.3	0.15	0.15
萧条	0.2	0.10	0.20

以上给出了所有可能发生状态下的投资报酬率。

第一步，确定概率分布，见表 2-4。

第二步，求各项资产的期望报酬率。

$$\bar{K}_A = 0.2 \times 0.25 + 0.3 \times 0.20 + 0.3 \times 0.15 + 0.2 \times 0.10 = 0.175 = 17.5\%$$

$$\bar{K}_B = 0.2 \times 0.05 + 0.3 \times 0.10 + 0.3 \times 0.15 + 0.2 \times 0.20 = 0.125 = 12.5\%$$

第三步，计算方差和标准差。

方差：

$$\sigma_A^2 = 0.2 \times (0.25 - 0.175)^2 + 0.3 \times (0.20 - 0.175)^2 + 0.3 \times (0.15 - 0.175)^2 + 0.2 \times (0.10 - 0.175)^2 = 0.0026$$

$$\sigma_B^2 = 0.2 \times (0.05 - 0.125)^2 + 0.3 \times (0.10 - 0.125)^2 + 0.3 \times (0.15 - 0.125)^2 + 0.2 \times (0.20 - 0.125)^2 = 0.0026$$

标准差：

$$\sigma_A = 0.051$$

$$\sigma_B = 0.051$$

标准差是一个绝对值，用它只能反映某一决策方案的风险程度，或比较期望报酬率相同的决策方案的风险程度，但是对于期望报酬率不同的两个或两个以上的决策方案，要比较其风险程度的大小，就不能用标准差这个绝对值，而必须用标准离差率这个反映风险程度大小的相对值。

第四步，计算标准离差率。

$$V_A = \frac{\sigma_A}{\bar{K}_A} = \frac{0.051}{0.175} \times 100\% = 29.14\%$$

$$V_B = \frac{\sigma_B}{\bar{K}_B} = \frac{0.051}{0.125} \times 100\% = 40.8\%$$

此时我们可以判断，在期望投资报酬率相同的情况下，投资 A 项资产的相对风险小。

第五步，计算风险报酬率。假设 A 资产的风险报酬系数是 $b_A = 8\%$，B 资产的风险报酬系数为 $b_B = 6\%$，则两资产的风险报酬率计算如下：

$$R_{rA} = b_A \times V_A = 9\% \times 29.14\% = 2.62\%$$
$$R_{rB} = b_B \times V_B = 6\% \times 40.8\% = 2.45\%$$

计算出投资决策方案的风险报酬率之后，再考虑无风险报酬率，即可计算投资项目的投资报酬率。投资报酬率公式：

$$R = R_f + R_r \quad (式2-32)$$

假设目前的无风险报酬率为 $R_f = 12\%$，则 A、B 两项资产的投资报酬率可计算如下：

$$R_A = 12\% + 2.62\% = 14.62\%$$
$$R_B = 12\% + 2.45\% = 14.45\%$$

(六) 风险规避与必要报酬

假设通过辛勤工作你积攒了 10 万元，有两个项目可以投资，第一个项目是购利率为 5% 的短期国库券，第一年年末将能够获得确定的 0.5 万元报酬；第二个项目是购买 A 公司的股票。如果 A 公司的研发计划进展顺利，则你投入的 10 万元将增到 21 万元，而如果公司研发失败，股票价值将跌至 0 元，你将血本无归。如果预计 A 公司研发成功与失败的概率各占 50%，则股票投资的期望价值为 0.5×0+0.5×21=10.5(万元)，扣除 10 万元的初始投资成本，期望报酬为 0.5 万元，即期望报率为 5%。两个项目的期望报酬率一样，你会选择哪一个呢？相信只要你是理性投资者，就会选择第一个项目。此时，你表现出风险规避。多数投资者都是风险规避投资者，且毫无疑问，普通投资者用自己辛辛苦苦赚来的钱去投资时都持风险规避态度。

对于证券价格与报酬率，风险规避意味着什么呢？答案是，在其他条件不变时证券的风险越高，其价格便越低，从而必要报酬率越高。说明风险规避是影响证券价格的。

三、投资组合的风险与报酬

投资组合理论认为，若干种资产组成的投资组合，其收益是这些资产收益的加权平均数，但是其风险不是这些资产投资风险的加权平均风险，投资组合能降低风险。

这里的资产，可以是证券，也可以是任何产生现金流的东西，例如，一项生产性实物资产、一条生产线或者是一个企业。

投资者在进行资产投资时，一般并不把所有资金投资于一种资产，而是同时持有多种资产。这种同时投资于多种资产的方式，称为资产的投资组合。

(一) 投资组合的报酬

投资组合的期望报酬，是指组合中单项资产期望报酬的加权平均值，权重为整个组合中投入各项资产的资金占总投资额的比重。其计算公式为

$$\bar{K}_p = \sum_{i=1}^{n} \omega_i \bar{K}_i \quad (式2-33)$$

式中：$\bar{K}_p$ 表示投资组合的期望报酬；$\bar{K}_i$ 表示单支资产的期望报酬率；投资组合中有 n 种资产，ω_i 表示第 i 支资产所占的比重。

【例 2-16】有一种投资组合，各期望报酬率分别为 15%、11% 和 20%。其相应的权重分别为 0.3、0.2 和 0.5，则该投资组合的期望报酬率是多少？

该投资组合的期望报酬率计算如下：

$$\bar{K}_p = \omega_1 \times \bar{K}_1 + \omega_2 \times \bar{K}_2 + \omega_3 \times \bar{K}_3 = 0.3 \times 15\% + 0.2 \times 11\% + 0.5 \times 20\% = 16.7\%$$

（二）投资组合的风险

与投资组合的报酬不同，投资组合的风险并非组合内部单项资产标准差的加权平均数。首先以两种资产的投资组合说明其风险的度量，然后在此基础上说明多种资产投资组合的风险。

1. 两种资产投资组合的风险

资产组合的风险可以用方差和标准差来计量。由于投资者持有资产组合的目的是为了分散风险，所以，构成资产组合各有价证券的风险不具有可加性，也就是说，各有价证券的方差或标准差加权平均以后的平均值并不是资产组合的方差或标准差。资产组合的方差或标准差除了取决于各有价证券的方差或标准差以外，还取决于各有价证券之间的相关程度，即有价证券的协方差。

资产 A、B 报酬率之间的协方差的计算公式为：

$$Cov(K_A, K_B) = (\sigma_{AB}) = \sum_{i=1}^{n} P_i \times [K_{Ai} - \bar{K}_A][K_{Bi} - \bar{K}_B] \quad (式 2-34)$$

利用上式计算表 2-4 中资产 A 和 B 之间的协方差（表 2-5）：

表 2-5 资产 A 和 B 之间的协方差计算列表

P_i	K_{Ai}	$K_{Ai} - \bar{K}_A$	K_{Bi}	$K_{Bi} - \bar{K}_B$	$P_i \times [K_{Ai} - \bar{K}_A][K_{Bi} - \bar{K}_B]$
0.2	0.25	0.075	0.05	-0.075	-0.0011
0.3	0.20	0.025	0.10	-0.025	-0.0002
0.3	0.15	-0.025	0.15	0.025	-0.0002
0.2	0.10	-0.075	0.20	0.075	-0.0011
资产 A 和 B 之间的协方差：$\sigma_{AB} = -0.0026$					

虽然协方差衡量了两个随机变量的相关程度，但仍有两个不足之处：首先，它并没有明确的大小界限或范围；其次，协方差的数值取决于随机变量的单位。这些不足给协方差之间的比较造成了困难。现在，这一问题可以采用两个随机变量的协方差除以各自标准差的方法加以解决，得到的数值总是在-1 与+1 之间，这一数值就是两个随机变量的相关系数。通常，资产 A 与资产 B 期望报率之间的相关系数的表达式为：

$$\rho_{AB} = \frac{Cov(K_A, K_B)}{\sigma_A \times \sigma_B} = \frac{\sigma_{AB}}{\sigma_A \times \sigma_B} \quad \text{（式 2-35）}$$

式中，σ_A 和 σ_B 分别是资产 A、B 的标准差。相关系数 ρ_{AB} 是衡量两个随机变量之间相关程度的统计指标，其中，$-1 \leq \rho_{AB} \leq +1$。$\rho_{AB} =+1$ 时资产 A 与资产 B 完全正相关；当 $\rho_{AB} =-1$ 时，资产 A 与资产 B 完全负相关；当 $\rho_{AB} = 0$ 时，资产 A 与资产 B 不相关；$-1 < \rho_{AB} < 0$ 时，资产 A 与资产 B 有一定程度的负相关；$0 < \rho_{AB} < +1$ 时，资产 A 与资产 B 有一定程度的正相关。

如果两种资产完全正相关，说明它们收益变化的方向和幅度完全相同，一起上升或下降，将两种完全正相关的资产组合在一起，不能抵消任何风险；如果两种资产完全负相关，它们收益变化的方向和幅度完全相反，将两种完全负相关的资产组合在一起，可以最充分地抵消风险，甚至可以抵消全部的风险。

相关系数为+1.0 或-1.0 是资产相关性的两种极端的情况。现实中，只要两种资产不是呈完全的正相关，组合在一起就可以抵消部分风险。一般而言，如果两种资产收益的相关系数在-1.0 和 0 之间，说明它们的变动方向是相反的，呈负相关，但不是完全的负相关；如果两种资产收益的相关系数在 0 和+1.0 之间。说明它们的变方向是相同的呈正相关但不是完全的正相关；两个变量的相关性越强，相关系数越接近于 1 或-1。相关系数为 0 表示两种资产报酬率不相关，波动的趋势并不存在正的或负的线性关系。因此，两种股票之间的相关系数通常为介于 0 与 1 之间的不完全正相关。

把 A 和 B 资产的有关数据带入相关系数公式 2-35，可得：

$$\rho_{AB} = \frac{\sigma_{AB}}{\sigma_A \times \sigma_B} = \frac{-0.0026}{0.051 \times 0.051} =-1$$

可知 A 和 B 资产完全负相关。

与单项资产一样，由多项资产构成投资组合的风险也可以用其方差和标准差衡量，两项资产所构成投资组合报酬率的方差可由下式求得：

$$\sigma_P^2 = w_A^2 \times \sigma_A^2 + w_B^2 \times \sigma_B^2 + 2 \times w_A \times w_B \times \sigma_{AB} \quad \text{（式 2-36）}$$

把 $\sigma_{AB} = \sigma_A \times \sigma_{B\times}\rho_{AB}$ 代入上式可得：

$$\sigma_P^2 = w_A^2 \times \sigma_A^2 + w_B^2 \times \sigma_B^2 + 2 \times w_A \times w_B \times \sigma_A \times \sigma_{B\times}\rho_{AB} \quad \text{（式 2-37）}$$

把前面计算的 $\sigma_A^2 = 0.0026$，$\sigma_B^2 = 0.0026$，$\rho_{AB} =-1$，设 $w_A = 0.15$，$w_B = 0.85$，则该投资组合报酬率的方差为：

$\sigma_P^2 = 0.15^2 \times 0.0026 + 0.85^2 \times 0.0026 + 2 \times 0.15 \times 0.85 \times \sqrt{0.0026} \times \sqrt{0.0026} \times (-1) = 0.0013$

所以，$\sigma_P = \sqrt{0.0013} = 0.0361$。

上式中投资组合的标准差等于各有价证券标准差的加权平均值。这说明，只有在两种有价证券完全正相关时，即相关系数等于 1 时，各有价证券标准差才具有相加性，投资组合中不具有风险分散效应，各有价证券标准差的加权平均值等于投资组合的标准差。根据用相关系数表示的投资组合方差计算公式，我们可以得到这样一个结论：只要相关系数小于 1，投资组合的标准差一定会小于两种有价证券标准差的加权平均值。即只要两种有价证券不是完全正相关，投资组合中总是存在着因投资分散化而产生的风险分散效应。

2. 多项资产投资组合的风险

接着我们用公式表述多项资产的投资组合的标准差的计算。设投资组合中的资产为 n 项，由 n 项资产组成的投资组合的方差的计算公式为：

$$\sigma_P^2 = \sum_{i=1}^{n} w_i^2 \sigma_i^2 + \sum_{i=1}^{n}\sum_{j=1}^{n} w_i w_j \sigma_{ij} (i \neq j) \qquad (式 2-38)$$

相应的，n 项资产组合标准差的计算公式为：

$$\sigma_P = \sqrt{\sum_{i=1}^{n} w_i^2 \sigma_i^2 + \sum_{i=1}^{n}\sum_{j=1}^{n} w_i w_j \sigma_{ij}} \qquad (式 2-39)$$

从上面的计算公式可以看出，随着投资组合的资产个数的增加，单项资产的方差对投资组合的方差的影响越来越小，而资产间的协方差形成的影响度随着资产数目的增加而越来越大，因而，随着资产数目的增加，资产投资组合的方差越来越取决于各有价证券之间的协方差，而受单个有价证券方差的影响越来越小。当资产投资组合中包含的资产数目非常大时，单个资产方差对投资组合总体方差形成的影响度几乎可以忽略不计。为此，n 项资产组合标准差的计算公式又可以表述为：

$$\sigma_P = \sqrt{\sum_{i=1}^{n}\sum_{j=1}^{n} w_i w_j \sigma_{ij}} \qquad (式 2-40)$$

上述公式说明，通过多种资产的组合，可使隐含在单个资产中的风险得以分散，从而降低资产组合总体的风险水平。资产组合总体风险的大小，不是取决于组合中单项资产的标准差，而是取决于组合中任意两种资产的协方差。如果组合中有关资产的变动方向不一致，协方差的值相应就会小，从而可以降低组合总体的风险水平。但是，随着投资组合中不同证券资产的个数增加，投资组合的总风险逐渐减少，当投资组合的资产个数达到一定数量时，投资组合风险趋于不可再分散的风险水平。

（三）证券组合的风险报酬率

投资者进行证券组合投资与进行单项投资一样，都要求对所承担的风险进行补偿，股票的风险越大，要求的报酬越高。但是，与单项投资不同，证券组合投资要求补偿的风险只是市场风险，而不要求对可分散风险进行补偿。如果可分散风险的补偿存在，善于科学地进行投资组合的投资者将会购买这部分股票，并抬高其价格，其最后的报酬率只反映市场风险。因此，证券组合的风险报酬率是投资者因承担不可分散风险而要求的、超过时间价值的那部分额外报酬率，可用下列公式计算：

$$R_p = \beta_p (R_M - R_F) \qquad (式 2-41)$$

式中，R_p 表示证券组合的风险报酬率；β_p 表示证券组合的 β 系数；R_M 表示所有股票的平均报酬率，也就是由市场上所有股票组成的证券组合的报酬率，简称市场报酬率；表示无风险报酬率，一般用政府公债的利息率来衡量。

有效投资组合的概念。根据风险报酬均衡原则，投资者希望报酬高、风险低，因此，投资者只希望投资于有效投资组合。有效投资组合是指在任何既定的风险程度上，提供的期望报酬率最高的投资组合；也可以是在任何既定的期望报酬率水平上，带来的风险最低的投资组合。

一个有效的证券投资组合中不会仅仅包括两项资产。当然，列示出所有可能的资产组合也是不可能的。只要先估计出各股票实际报酬率的数值，就能用图形表示出各组合的风险报酬率对应点的集合是什么形状。图2-14举例说明了两种证券所有可能投资组合的期望报酬率情况。

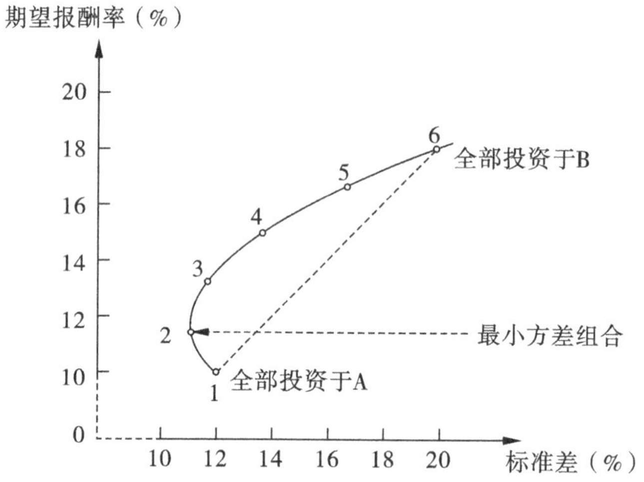

图2-16　所有投资组合风险

图2-16中有几项特征是非常重要的：

（1）它揭示了分散化效应。比较曲线和以虚线绘制的直线的距离可以判断分散化效应的大小。该直线是由全部投资于A和全部投资于B所对应的两点连接而成。它是当两种证券完全正相关（无分散化效应）时的机会集曲线。曲线则代表相关系数为某个值时的机会集曲线。从曲线和直线间的距离，我们可以看出本例的风险分散效果是相当显著的。投资组合的抵消风险的效应可以通过曲线1～2的弯曲看出来。从第1点出发，拿出一部分资金投资于风险较大的B证券会比将全部资金投资于风险小的A证券的标准差还要小。这种结果与人们的直觉相反，揭示了风险分散化的内在特征。一种证券的未预期变化往往会被另一种证券的反向未预期变化所抵消。尽管从总体上看，这两种证券是同向变化的，抵消效应还是存在的，在图中表现为机会集曲线有一段1～2的弯曲。

（2）它表达了最小方差组合。曲线最左端的第2点组合被称作最小方差组合，它在持有证券的各种组合中有最小的标准差。离开此点，无论增加或减少投资于B证券的比例，都会导致标准差的小幅上升。必须注意的是，分散化投资并非必然导致机会集曲线向点A左侧凸出，它取决于相关系数的大小。

(3)它表达了投资的有效集合。在只有两种证券的情况下,投资者的所有投资机会只能出现在机会集曲线上,而不会出现在该曲线上方或下方。改变投资比例只会改变组合在机会集曲线上的位置。最小方差组合以下的组合(曲线 1 ~2 的部分)是无效的。没有人会打算持有期望报酬率比最小方差组合期望报酬率还低的投资组合,它们比最小方差组合不但风险大,而且报酬低。因此,机会集曲线 1 ~2 的弯曲部分是无效的,它们与最小方差组合相比不但标准差大(即风险大),而且报酬率也低。本例中,有效集是 2 ~6 之间的那段曲线,即从最小方差组合点到最高期望报酬率组合点的那段曲线。

(四)相关性对风险的影响

如果在图 2-16 中增加各相关系数下的机会集曲线,如图 2-17 所示,可以看到:

(1)相关系数为 0.5 的机会集曲线与完全正相关的直线的距离缩小了,并且没有向点 1 左侧凸出的现象。

(2)当相关系数为 0.5 时,最小方差组合是 100% 投资于 A 证券。将任何比例的资金投资于 B 证券,所形成的投资组合的方差都会高于将全部资金投资于风险较低的 A 证券的方差。因此,新的有效边界就是整个机会集。

(3)证券报酬率之间的相关系数越小,机会集曲线就越弯曲,风险分散化效应也就越强。证券报酬率之间的相关系数越大,风险分散化效应就越弱。完全正相关的投资组合,不具有风险分散化效应,其机会集是一条直线。

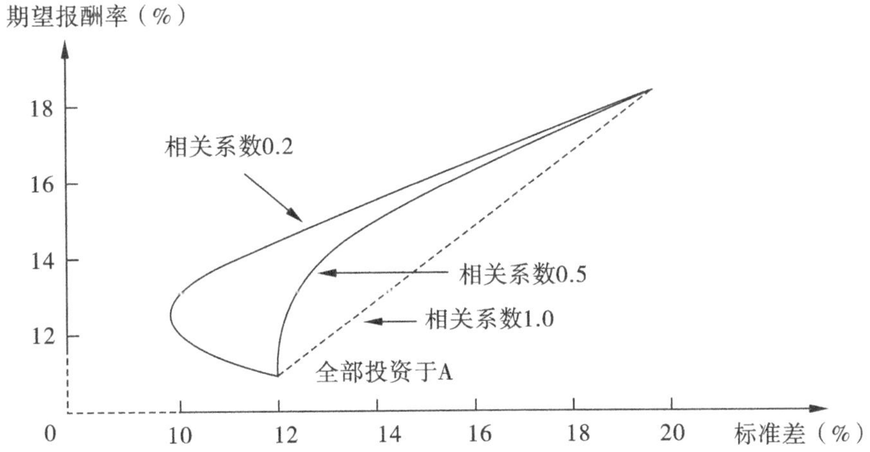

图 2-17 相关性对投资组合的影响

(五)系统风险和非系统风险

在投资组合的讨论中,我们知道个别资产的风险,有些可以被分散掉,有些则不能。无法分散的风险是系统风险,可以分散的风险是非系统风险。

1. 系统风险

系统风险是指那些影响所有公司的因素引起的风险。例如,战争、经济衰退、通货膨胀、高利率等非预期的变动，对许多资产都会有影响。系统风险所影响的资产非常多，虽然影响程度的大小有区别。例如，各种股票处于同一经济系统之中，它们的价格变动有趋同性，多数股票的报酬率在一定程度上正相关。经济繁荣时，多数股票的价格都上涨；经济衰退时，多数股票的价格下跌。尽管涨跌的幅度各股票有区别，但是多数股票的变动方向是一致的。所以，不管投资多样化有多充分，也不可能消除全部风险，即使购买的是全部股票的市场组合。

由于系统风险是影响整个资本市场的风险，所以也称"市场风险"。由于系统风险没有有效的方法消除，所以也称"不可分散风险"。

2. 非系统风险

非系统风险，是指发生于个别公司的特有事件造成的风险。例如，一家公司的工人罢工、新产品开发失败、失去重要的销售合同、诉讼失败，或者宣告发现新矿藏、取得一个重要合同等。这类事件是非预期的、随机发生的，它只影响一个或少数公司，不会对整个市场产生太大影响。这种风险可以通过多样化投资来分散，即发生于一家公司的不利事件可以被其他公司的有利事件所抵消。

由于非系统风险是个别公司或个别资产所特有的，因此也称"特殊风险"或"特有风险"。由于非系统风险可以通过投资多样化分散掉，因此也称"可分散风险"。

由于非系统风险可以通过分散化消除，因此一个充分的投资组合几乎没有非系统风险。假设投资人都是理智的，都会选择充分投资组合，非系统风险将与资本市场无关。市场不会对它给予任何价格补偿。通过分散化消除的非系统风险，几乎没有任何值得市场承认的、必须花费的成本。

我们已经知道，资产的风险可以用标准差计量。这个标准差是指它的整体风险。现在我们把整体风险划分为系统风险和非系统风险，如图 2-18 所示。承担风险会从市场上得到回报，回报大小仅仅取决于系统风险。这就是说，一项资产的期望报酬率高低取决于该资产的系统风险大小。

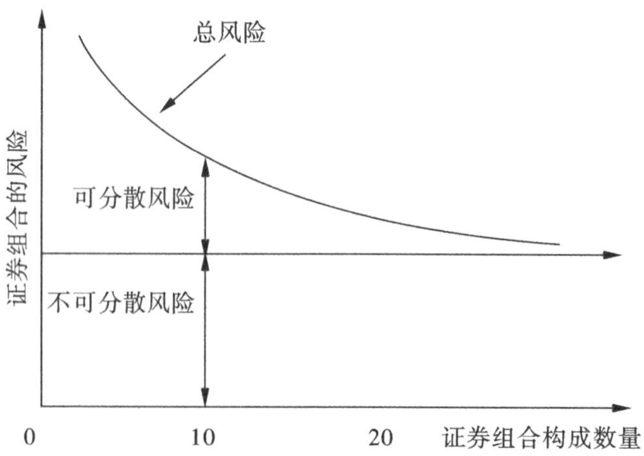

图 2-18　系统风险与非系统风险组合

（六）主要资产定价模型

众所周知，投资者只有在期望报酬足以补偿其承担的投资风险时才会购买风险性资产。由风险报酬均衡原则可知，风险越高，必要报酬率也就越高。多高的必要报酬率才足以抵补特定数量的风险呢？市场又是怎样决定必要报酬率的呢？一些基本的资产定价模型将风险与报酬率联系在一起，把报酬率表示成风险的函数，这些模型包括资本资产定价模型、多因素模型和套利定价模型。

1. 资本资产定价模型

市场的期望报酬率是无风险资产的报酬加上因市场组合的内在风险所需的补偿，用公式表示为：

$$R_M = R_F + R_P \qquad \text{（式 2-42）}$$

式中，R_M 表示市场的期望报酬率；R_F 表示无风险资产的报酬率；R_P 表示投资者因持有市场组合而要求的风险溢价。

因为股票具有风险，所以期望报酬与实际报酬往往不同，某一时期市场的实际报酬可能低于无风险资产的报酬，甚至出现负值。但投资者要求风险与报酬均衡，所以，风险溢价一般都假定为正值。这个值应该是多少呢？实际操作中通常用过去风险溢价的平均值作为未来风险溢价的最佳估计值。

在构造证券投资组合并计算它们的报酬率之后，资本资产定价模型（capital asset pricing model，CAPM）可以进一步测算投资组合中的每一种证券的报酬率。资本资产定价模型建立在一系列严格假设的基础之上：

（1）所有投资者都关注单一持有期。通过基于每个投资组合的期望报酬率和标准差，在可选择的投资组合中选择，他们都寻求最终财富效用的最大化。

（2）所有投资者都可以以给定的无风险利率无限制地借入或借出资金，卖空任何资产均没有限制。

（3）投资者对期望报酬率、方差以及任何资产的协方差评价一致，即投资者有相同的期望。

（4）所有资产都是无限可分的，并有完美的流动性（即在任何价格均可交易）。

（5）没有交易费用。

（6）没有税收。

（7）所有投资者都是价格接受者（即假设单个投资者的买卖行为不会影响股价）。

（8）所有资产的数量都是确定的。

资产资本定价模型的一般形式为：

$$R_i = R_F + \beta_i (R_M - R_F) \qquad \text{（式 2-43）}$$

式中，R_i 表示第 i 种股票或第 i 种证券组合的必要报酬率；R_F 表示无风险报酬率；β_i 表示第 i 种股票或第 i 种证券组合 β 系数；R_M 表示所有股票或所有证券的平均报酬率。

2. 多因素模型

CAPM 的假设条件是均值和标准差包含了资产未来报酬率的所有相关信息。但是可能还有更多的因素影响资产的期望报酬率。原则上,CAPM 认为,一种资产的期望报酬率决定于单一因素,但是在现实生活中多因素模型可能更加有效。因为即使无风险报酬率是相对稳定的,受风险影响的那部分风险溢价仍可能受多种因素影响。一些因素影响所有企业,另一些因素可能仅影响特定公司。更一般地,假设有 n 种相互独立因素影响不可分散风险,此时,股票的报酬率将会是一个多因素模型(multifactor model),即:

$$R_i = R_F + R(F_1, F_2, \cdots F_n) + \varepsilon \qquad (式 2-44)$$

式中,R_i 表示股票报酬率;R_F 表示无风险报酬率;F_n 表示第 n 个影响因素;$R(F_1, F_2, \cdots F_n)$ 是这些因素的某一函数;ε 表示由于可分散风险而带来的递增报酬率。

3. 套利定价模型

套利定价模型基于套利定价理论(arbitrage pricing theory, APT),从多因素的角度考虑证券报酬,假设证券报酬是由一系列产业方面和市场方面的因素确定的。

套利定价模型与资本资产定价模型都建立在资本市场效率的原则之上,套利定价模型仅仅是在同一框架之下的另一种证券估值方式。套利定价模型把资产报酬率放在一个多变量的基础上,它并不试图规定一组特定的决定因素,反而认为资产的期望报酬率取决于一组因素的线性组合,这些因素必须经过实验来判别。

套利定价模型的一般形式为:

$$R_j = R_F + \beta_{j1}(R_1 - R_F) + \beta_{j2}(R_2 - R_F) + \cdots + \beta_{jn}(R_n - R_F) \qquad (式 2-45)$$

式中,R_j 表示资产报酬率;R_F 表示无风险报酬率;n 表示影响资产报酬率的因素的个数;$R_1, R_2, \cdots, R_n$ 表示因素 1 ~ n 各自的期望报酬率;相应的 β 表示该资产对于不同因素的敏感程度。

【练习题】

一、现在把 500 元存入银行,银行年利率为 4%,计算 3 年后该笔资金的实际价值。

二、假使你想于 4 年后的年末得到 800 元的存款利息,银行按年利率 5% 计息,现在应存入银行多少本金?

三、某公路工程总投资 10 亿元,5 年建成,每年年末投资 2 亿元,年利率为 7%,求第 5 年年末的实际累计总投资额。

四、某企业 5 年后需要一笔 50 万元的资金用于固定资产的设备更新改造,如果年利率为 5%,则从现在开始该企业每年应向银行存入多少资金?

五、为在未来 15 年中的每年年末回收资金 8 万元,在年利率为 8% 的情况下,现需向银行存入多少钱?

六、某工程项目初始投资 1000 万元,预计年投资收益率为 15%,则每年年末至少要等额回收多少资金,才能在 5 年内将全部投资收回?

七、张某每年存入银行 20 000 元，共存 5 年，年利率为 7%，到第 5 年年末，终值应为多少？

八、某企业有一笔 5 年后到期的借款，数额为 2000 万元，为此设立偿债基金，年利率为 10%，到期一次还清借款，则每年年末应存入的金额是多少？

九、某公司租入相关设备，每年年末需要支付租金 120 万元，年利率为 10%，则 5 年中租金的现值是多少？

十、某人每年年初存入银行 200 000 元，共存 5 年，年利率为 7%，到第 5 年末，本利和应为多少？

十一、某人 10 年分期付款购车，每年初付 20 000 元，利率为 10%。则其现值是多少元？

十二、某公司人力资源部决定准备从经营期第四年年末起，每年动用 10 万元用于职工培训，共计 5 年，年利率为 8%。则现在应存入银行多少元？（用三种方法求解）

十三、某公司准备设立一永久性的奖励基金，用于表彰企业的突出贡献员工。计划每年发放的奖金额度定位 50 万元，假定银行的年利率为 8%，则企业应存入多少款项作为这一奖励基金？

十四、某人每年末需支付一笔固定费用 8000 元，需要连续支付 10 年。

1. 若利率为 6%，此人需一次性存款多少，才能保证 10 年支付的需要？

2. 若利率为 5%，此人再多拿出一倍的钱，可否保证 10 年内每年年末支付 15 000 元。

十五、综合训练题：请以小组为单位，结合货币时间价值基本原理及应用范围，选择日常生活中需要决策的事项，列出备选方案并做出最优决策。

十六、风险分析：某人现在持有 A 公司股票，估计该种股票收益分布如下表所示：

宏观经济状况	经济状况发生的概率（%）	A 股票收益率（%）
萧条	10	-4.5
衰退	20	4.4
正常	50	12.0
繁荣	20	20.7

要求：

1. 计算 A 公司股票的期望报酬率。

2. 计算 A 公司股票收益的方差和标准差。

3. 计算 A 公司股票的标准离差率。

4. 假设 A 公司股票的风险报酬系数为 8%，计算该其应得风险报酬率。

第三章 财务分析

【学习目标】

1. 理解财务分析的概念及实质
2. 了解基本财务比率
3. 了解财务综合分析的概念
4. 学会财务分析的应用

第一节 财务分析概述

财务分析是根据企业财务报表等信息资料，采用专门方法，系统分析和评价企业财务状况、经营成果以及未来发展趋势的过程。

财务分析以企业财务报告及其他相关资料为主要依据，对企业的财务状况和经营成果进行评价和剖析，反映企业在运营过程中的利弊得失和发展趋势，从而为改进企业财务管理工作和优化经济决策提供重要财务信息。

一、财务分析的作用

企业在生产经营过程中，应依据会计准则等会计规范进行会计核算，并编制财务报告。财务报告是企业向会计信息使用者提供信息的主要文件，它反映了企业财务状况、经营成果和现金流量等方面的会计信息，为信息使用者进行经济决策提供依据。企业在会计核算和编制财务报告时，必须遵循会计准则，以保证会计信息客观、公允地反映企业的财务状况和经营状况。企业在财务报告中提供的会计信息应当符合会计准则所要求的质量特征，如可靠性、相关性等。一般来说，为了保证会计信息的公允性，企业提供给外部会计信息使用者的财务报告应当经过注册会计师的审计。注册会计师对财务报告进行独立审计后出具审计报告，以说明财务报告的编制是否符合会计准则的要求，所提供的会计信息是否公允地反映了企业的财务状况、经营成果和现金流量状况。

由于财务报告主要是通过分类的方法提供各种会计信息，还缺乏一定的综合性，无法深入地揭示企业各方面的财务能力，无法反映企业在一定时期内的发展变化趋势。因此，为了提高会计信息的利用程度，需要对这些会计信息做进一步的加工和处理，以便更深入、全面地反映企业的各种财务能力和发展趋势。财务分析就是完成这一任务的主要方法。财务分析是以企业的财务报告等会计资料为基础，对企业的财务状况、经营成果和现金流量进行分析和评价的一种方法。财务分析是财务管理的重要方法之一，它是对财务报告所提供的会计信息做进一步加工和处理，为股东、债权人和管理层等会计信息使用者进行财务预测和财务决策提供依据。在实务中，财务分析可以发挥以下重要作用：

(1)通过财务分析，可以全面评价企业在一定时期内的各种财务能力，包括偿债能力、营运能力、盈利能力和发展能力，从而分析企业经营活动中存在的问题，总结财务管理工作的经验教训，促进企业改善经营活动、提高管理水平。

(2)通过财务分析，可以为企业外部投资者、债权人和其他有关部门及人员提供更加系统的、完整的会计信息，便于他们更加深入地了解企业的财务状况、经营成果和现金流量情况，为其投资决策、信贷决策和其他经济决策提供依据。

(3)通过财务分析，可以检查企业内部各职能部门和单位完成经营计划的情况，考核各部门和单位的经营业绩，有利于企业建立和健全完善的业绩评价体系，协调各种财务关系，保证企业财务目标的顺利实现。

二、财务分析的目的

财务分析的目的取决于人们使用会计信息的目的。虽然财务分析时所依据的资料是客观的，但是，不同的人所关心的问题不同，因此，他们进行财务分析的目的也各不相同。会计信息的使用者主要包括：债权人、股权投资者、企业管理层、审计师、政府部门等。下面分别介绍不同的会计信息使用者进行财务分析的目的。

(一)债权人财务分析的目的

债权人按照借款给企业的方式不同可以分为贸易债权人和非贸易债权人。贸易债权人向企业出售商品或者提供服务的同时也为企业提供了商业信用。按照商业惯例，这种商业信用都是短期的，通常在30至60天之间，在信用期限内企业应当向债权人付款。有时为了鼓励客户尽早付款，贸易债权人也会提供一定的现金折扣，如果客户在折扣期限内付款，可以享有现金折扣。大多数的商业信用都不需要支付利息，因此，对于企业来说，这是一种成本极低的融资方式。非贸易债权人向企业提供融资服务，可以直接与企业签订借款合同将资金贷给企业，也可以通过购买企业发行的债券将资金借给企业。非贸易债权人与企业之间有正式的债务契约，明确约定还本付息的时间与方式，这种融资方式可以是短期的，也可以是长期的。

债权人为企业提供信用融资所能够获得的收益是固定的,贸易债权人的收益直接来自商业销售的毛利,非贸易债权人的收益来自债务合同约定的利息。无论企业的业绩如何优秀,债权人的收益只能限定为固定的利息或者商业销售的毛利。但是,如果企业发生亏损或者经营困难,没有足够的偿付能力,债权人就可能无法收回全部或部分本金。债权人风险与收益的这种不对称性特征,决定了他们非常关注其贷款的安全性,这也是债权人进行财务分析的主要目的。

债权人为了保证其债权的安全,非常关注债务人的现有资源以及未来现金流量的可靠性、及时性和稳定性。在财务分析时,债权人对债务企业未来的预期更为稳健,他们要求债务企业的管理层对未来的预期应与企业现有资源具有确切的联系,同时具有足够能力实现预期。债权人的分析集中于评价企业控制现金流量的能力和在多变的经济环境下保持稳定的财务基础的能力。

由于债务的期限长短不同,债权人进行财务分析时所关注的重点也有所不同。对于短期信用而言,债权人主要关心企业当前的财务状况、短期资产的流动性以及资金周转情况。而长期信用的债权人侧重于分析企业未来的现金流量和评价企业未来的盈利能力。从持续经营的角度看,企业未来的盈利能力是确保企业在各种情况下有能力履行债务合同的基本保障。因此,盈利能力分析对于长期债权人来说非常重要。此外,无论是短期信用还是长期信用,债权人都重视对企业资本结构的分析。资本结构决定了企业的财务风险,从而也影响到债权人的债权安全性。

(二)股权投资者财务分析的目的

股权投资者将资金投入企业后,成为企业的所有者,对于股份公司来说就是普通股股东。股权投资者拥有对企业的剩余权益。剩余权益意味着,只有在企业的债权人和优先股股东等优先权享有者的求偿权得到满足之后,股权投资者才享有剩余的分配权。在企业持续经营情况下,企业只有支付完债务利息和优先股股利后,才能给股权投资者分配利润;在企业清算时,企业在偿付债权人和优先股股东后,才能将剩余财产偿付给股权投资者。在企业繁荣时期,股权投资者可以比优先权享有者获得更多的收益;而在企业衰败时期,股权投资者要首先承担损失。因此,股权投资者要承担更大的风险。这种风险特征决定了他们对会计信息的要求更多,对企业的财务分析也更全面。

股权投资者进行财务分析的主要目的是分析企业的盈利能力和风险状况,以便据此评估企业价值或股票价值,进行有效的投资决策。企业价值是企业未来的预期收益以适当的折现率进行折现的现值。企业未来的预期收益取决于盈利能力,而折现率受风险大小的影响,风险越高折现率应当越大。由此可见,股权投资者的财务分析内容更加全面,包括对企业的盈利能力、资产管理水平、财务风险、竞争能力、发展前景等方面的分析与评价。

(三)管理层财务分析的目的

企业管理层主要是指企业的经理,他们受托于企业所有者,对企业进行有效的经营管理。管理层对企业现时的财务状况、盈利能力和未来持续发展能力非常关注,其财务分析的主要目的在于通过财务分析所提供的信息来监控企业的运营活动和财务状况的变化,以便尽早发现问题,采取改进措施。由于他们能够经常地、不受限制地获取会计信息,因此能够更加全面和系统地进行财务分析。管理层往往不是孤立地看待某一事件,而是系统地分析产生这一事件的原因和结果之间的联系,通过财务分析提供有价值的线索,提醒他们企业的经济环境、经营状况和财务状况可能发生的重大变化,以便提前采取应对措施。

(四)审计师财务分析的目的

审计师对企业的财务报表进行审计,其目的是在某种程度上确保财务报表的编制符合公认会计准则,没有重大错误和不规范的会计处理。审计师需要依据其审计结果对财务报表的公允性发表审计意见。审计意见可以分为四种类型:无保留意见的审计报告、保留意见的审计报告、否定意见的审计报告和拒绝出具意见的审计报告。财务分析是审计程序的一部分,对企业进行财务分析可以尽快地发现会计核算中存在的最薄弱环节,以便在审计时重点关注。因为错误和不规范的会计处理会对许多财务、经营和投资关系产生重大影响,对这些关系的分析有时能够揭示其潜在内涵。因此,审计师进行财务分析的主要目的是提高审计工作的效率和质量,以便正确地发表审计意见,降低审计风险。

(五)政府部门财务分析的目的

许多政府部门都需要使用企业的会计信息,如财政部门、税务部门、统计部门以及监管机构等。政府部门进行财务分析的主要目的是更好地了解宏观经济的运行情况和企业的经营活动是否遵守法律法规,以便为其制定相关政策提供决策依据。如通过财务分析可以了解一个行业是否存在超额利润,为制定税法提供合理的依据。

三、财务分析的内容

(一)偿债能力分析

偿债能力是指企业偿还到期债务的能力。通过对企业的财务报告等会计资料进行分析,可以了解企业资产的流动性、负债水平以及偿还债务的能力,从而评价企业的财务状况和财务风险,为管理者、投资者和债权人提供企业偿债能力的财务信息。

(二)营运能力分析

营运能力反映了企业对资产的利用和管理能力。企业的生产经营过程就是利用资产取得收益的过程。资产是企业生产经营活动的经济资源,资产的利用和管理能力直接影响到企业的收益,它体现了企业的经营能力。对营运能力进行分析,可以了解到企业资产的保值和增值情况,分析企业资产的利用效率、管理水平、资金周转状况、现金流量情况等,为评价企业的经营管理水平提供依据。

(三)盈利能力分析

获取利润是企业的主要经营目标之一,它也反映了企业的综合素质。企业要生存和发展，必须争取获得较高的利润，这样才能在竞争中立于不败之地。投资者和债权人都十分关心企业的盈利能力，盈利能力强可以提高企业偿还债务的能力，提升企业的信誉。对企业盈利能力的分析不能仅看其获取利润的绝对数，还应分析其相对指标，这些都可以通过财务分析来实现。

（四）发展能力分析

无论是企业的管理者，还是投资者、债权人，都十分关注企业的发展能力，这关系到他们的切身利益。通过对企业发展能力进行分析，可以判断企业的发展潜力，预测企业的经营前景，从而为企业管理者和投资者进行经营决策和投资决策提供重要的依据，避免决策失误给其带来重大的经济损失。

（五）财务趋势分析

财务趋势分析是指通过对企业连续若干期的会计信息和财务指标进行分析，判断企业未来发展趋势，了解企业的经营活动和财务活动存在的问题，为企业未来决策提供依据。

（六）财务综合分析

财务综合分析是指全面分析和评价企业各方面的财务状况，对企业风险、收益、成本和现金流量等进行分析和诊断，为提高企业财务管理水平，改善经营业绩提供信息。

四、财务分析的方法

财务分析的方法主要包括比率分析法和比较分析法。

（一）比率分析法

比率分析法是将企业同一时期的财务报表中的相关项目进行对比，得出一系列财务比率，以此来揭示企业财务状况的分析方法。财务比率主要包括构成比率、效率比率和相关比率三大类。

（1）构成比率。又称为结构比率，是反映某项财务指标的各个组成部分与总体之间关系的百分比，反映部分与总体的关系。其计算公式为：

$$构成比率 = \frac{某个组成部分数值}{总体数值} \times 100\%$$

如企业资产中的流动资产、固定资产和无形资产与总资产的比率（资产构成比率），企业负债中的流动负债和长期负债占负债总额的百分比（负债构成比率）等。利用构成比率，可以考察总体中某个部分的形成和安排是否合理，以便协调各项财务活动。

（2）效率比率。效率比率是某项财务活动中所费与所得的关系，是反映某项经济活动投入与产出之间关系的财务比率。利用效率比率，可以进行得失比较，考察经营效果，评价经济效益，揭示企业的盈利能力。如资产报酬率、销售净利率等。

（3）相关比率。相关比率是以某个项目和与其有关但又不同的项目加以对比所得的比率，是反映经济活动中某两个或两个以上相关项目比值的财务比率，如流动比率、速动比率等。利用相关比率可以考察各项经济活动之间的相互关系，从而揭示企业的财务状况。

(二)比较分析法

比较分析法是将同一企业不同时期的财务状况或不同企业之间的财务状况进行比较，从而揭示企业财务状况存在差异的分析方法。比较分析法可分为纵向比较分析法和横向比较分析法两种。

(1)纵向比较分析法。又称趋势分析法，是将同一企业连续若干期的财务状况进行比较，确定其增减变动的方向、数额和幅度，以此来揭示企业财务状况的发展变化趋势的分析方法，如比较财务报表法、比较财务比率法等。

(2)横向比较分析法。是将本企业的财务状况与其他企业的同期财务状况进行比较，确定其存在的差异及其程度，以此来揭示企业财务状况中所存在的问题的分析方法。

(三)因素分析法

因素分析法是依据分析指标与其影响因素的关系，从数量上确定各因素对分析指标影响方向和影响程度的一种方法。

因素分析法具体有两种：连环替代法和差额分析法。

1. 连环替代法

连环替代法是将分析指标分解为各个可以计量的因素，并根据各个因素之间的依存关系，顺次用各因素的比较值(通常为实际值)替代基准值(通常为标准值或计划值)据以测定各因素对分析指标的影响。

【例3-1】某企业2020年2月某种原材料费用的实际数是4620元，而其计划数是4000元。实际比计划增加620元。由于原材料费用是由产品产量、单位产品材料消耗量和材料单价三个因素的乘积组成，因此就可以把材料用这一总指标分解为三个因素，然后逐个来分析它们对材料费用总额的影响程度。现假设这三个因素的数值如表3-1所示。

表3-1 各因素数值表

项目	单位	计划书	实际数
产品产量	件	100	110
单位产品材料消耗量	千克	8	7
材料单价	元	5	6
材料费用总额	元	4000	4620

根据表3-1的数据，材料费用实际总额比计划总额增加620元。运用连环替代法，可以计算出各因素变动对材料费用总额的影响。

$$计划指标：100 \times 8 \times 5 = 4000(元) \quad (1)$$

第一次替代：$110 \times 8 \times 5 = 4400$（元）　　(2)

第二次替代：$110 \times 7 \times 5 = 3850$（元）　　(3)

第三次替代：$110 \times 7 \times 6 = 4620$（元）　　(4)

实际指标：

(2) − (1) = 4400 − 4000 = 400（元）　　产量增加的影响

(3) − (2) = 3850 − 4400 = − 550（元）　　材料节约的影响

(4) − (3) = 4620 − 3850 = 770（元）　　价格提高的影响

400 − 550 + 770 = 620（元）　　全部因素的影响

2. 差额分析法

差额分析法是连环替代法的一种简化形式，是利用各个因素的比较值与基准值之间的差额，来计算各因素对分析指标的影响。

【例3-2】利用表3-1的数据资料。可采用差额分析法计算确定各因素变动对材料费用的影响。

(1)由于产量增加对材料费用的影响为：$(110-100) \times 8 \times 5 = 400$（元）。

(2)由于材料消耗节约对材料费用的影响为：$(7-8) \times 110 \times 5 = -550$（元）。

(3)由于价格提高对材料费用的影响为：$(6-5) \times 110 \times 7 = 770$（元）。

采用因素分析法时、必须注意以下问题：①因素分解的关联性。构成经济指标的因素，必须客观上存在着因果关系，并能够反映形成该项指标差异的内在构成原因，否则就失去了应用价值。②因素替代的顺序性。确定替代因素时，必须根据各因素的依存关系，遵循一定的顺序并依次替代，不可随意加以颠倒，否则就会得出不同的计算结果。③顺序替代的连环性。因素分析法在计算每一因素变动的影响时，都是在前一次计算的基础上进行，并采用连环比较的方法确定因素变化的影响结果。④计算结果的假定性。由于因素分析法计算的各因素变动的影响数会因替代顺序不同而有差别，因而计算结果不免带有假定性，即它不可能使每个因素计算的结果都达到绝对的准确。为此分析时应力求使这种假定合乎逻辑，具有实际经济意义。这样，计算结果的假定性才不至于妨碍分析的有效性。

五、财务分析的程序

无论是企业的管理者，还是投资者、债权人，在做出财务评价和经济决策时，都必须进行充分的财务分析。为了保证财务分析的有效进行，必须遵循科学的程序。财务分析的程序一般包括以下几个步骤。

（一）确定财务分析的范围，搜集有关的经济资料

财务分析的范围取决于财务分析的目的，它可以是企业经营活动的某一方面，也可以是企业经营活动的全过程。如债权人可能只关心企业偿还债务的能力，不必对企业经营活动的全过程进行分析，而企业的经营管理者则需进行全面的财务分析。财务分析的

范围决定了所要搜集的经济资料的数量，范围小，所需资料也少；全面的财务分析则需要企业各方面的经济资料。

（二）选择适当的分析方法，确定分析指标

财务分析的目的和范围不同，所选用的分析方法和指标也不同。常用的财务分析方法有比率分析法、比较分析法等，这些方法各有特点，在进行财务分析时可以单独使用，也可以结合使用。局部的财务分析，可以只选择其中的某一种方法，而全面的财务分析，则应该综合运用各种方法，以便进行对比，做出客观和全面的财务评价。选择分析方法之后，就要确定分析指标。分析指标是根据财务分析的目的而确定的，不同的分析目的所使用的分析指标也不同，如分析偿债能力应当采用流动比率、资产负债率等指标。

（三）进行因素分析，抓住主要矛盾

通过财务分析，可以找出影响企业经营活动和财务状况的各种因素。在诸多因素中，有的是有利因素，有的是不利因素；有的是外部因素，有的是内部因素。在进行因素分析时，必须抓住主要矛盾，即影响企业生产经营活动和财务状况的主要因素，然后才能有的放矢，提出相应的办法，做出正确的决策。

（四）为做出经济决策提供各种建议

财务分析的最终目的是为经济决策提供依据。通过上述的比较与分析，就可以提出各种方案，然后权衡各种方案的利弊得失，从中选出最佳方案，做出经济决策。这个过程也是一个信息反馈过程，决策者可以通过财务分析总结经验，吸取教训，以改进工作。

六、财务分析的基础

财务分析是以企业的会计核算资料为基础，通过对会计所提供的核算资料进行加工整理，得出一系列科学的、系统的财务指标，以便进行比较、分析和评价。这些会计核算资料包括日常核算资料和财务报告，但财务分析主要是以财务报告为基础，日常核算资料只作为财务分析的一种补充资料。财务报告是企业向政府部门、投资者、债权人等与本企业有利害关系的组织或个人提供的，反映企业在一定时期内的财务状况、经营成果、现金流量以及影响企业未来经营发展的重要经济事项的书面文件。提供财务报告的目的在于为报告使用者提供财务信息，为他们进行财务分析、经济决策提供充足的依据。企业的财务报告主要包括资产负债表、利润表、现金流量表、所有者权益（或股东权益）变动表、财务报表附注以及其他反映企业重要事项的文字说明。这些财务报表及附注集中、概括地反映了企业的财务状况、经营成果和现金流量情况等财务信息，对其进行财务分析，可以更加系统地揭示企业的偿债能力、营运能力、盈利能力、发展能力等财务状况。

根据我国《企业会计准则》，财务报表的格式按照一般企业、商业银行、保险公司、证券公司等企业类型分别做出不同的规定。本书主要介绍一般企业的三张基本财务报表：资产负债表、利润表和现金流量表。

七、财务分析的局限性

财务分析对于了解企业的财务状况和经营成绩，评价企业的偿债能力和经营能力，帮助企业制定经济决策，有着显著的作用。但由于种种因素的影响，财务分析也存在着一定的局限性。在分析中，应注意这些局限性的影响，以保证分析结果的正确性。

（一）资料来源的局限性

1. 报表数据的时效性问题

财务报表中的数据，均是企业过去经济活动的结果和总结，用于预测未来发展趋势，只有参考价值，并非绝对合理。

2. 报表数据的真实性问题

在企业形成其财务报表之前，信息提供者往往对信息使用者所关注的财务状况以及对信息的偏好进行仔细分析与研究，并尽力满足信息使用者对企业财务状况和经营成果信息的期望。其结果极有可能使信息使用者所看到的报表信息与企业实际状况相距甚远，从而误导信息使用者的决策。

3. 报表数据的可靠性问题

财务报表虽然是按照会计准则编制的，但不一定能准确地反映企业的客观实际。例如，报表数据未按通货膨胀进行调整；某些资产以成本计价，并不代表其现在的真实价值；许多支出在记账时存在灵活性，既可以作为当期费用，也可以作为资本项目在以后年度摊销；很多资产以估计值入账，但未必客观；偶然事件可能歪曲本期的损益，不能反映盈利的正常水平。

4. 报表数据的可比性问题

根据会计准则的规定，不同的企业或同一个企业的不同时期都可以根据情况采用不同的会计政策和会计处理方法，使得报表上的数据在企业不同时期和不同企业之间的对比在很多时候失去意义。

5. 报表数据的完整性问题

由于报表本身的原因，其提供的数据是有限的。对报表使用者来说，可能有不少需要的信息在报表或附注中根本找不到。

（二）财务分析方法的局限性

对于比较分析法来说，在实际操作时，比较的双方必须具备可比性才有意义。对于比率分析法来说，比率分析是针对单个指标进行分析，综合程度较低在某些情况下无法得出令人满意的结论。比率指标的计算一般都是建立在以历史数据为基础的财务报表之上的。这使比率指标提供的信息与决策之间的相关性大打折扣。对于因素分析法来说，在计算各因素对综合经济指标的影响额时，主观假定各因素的变化顺序且规定每次只有一个因素发生变化，这些假定往往与事实不符。并且，无论何种分析法均是对过去经济事项的反映。随着环境的变化，这些比较标准也会发生变化。在分析时分析者往往只注重数据的比较，而忽略经营环境的变化，这样得出的分析结论也是不全面的。

（三）财务分析指标的局限性

1. 财务指标体系不严密

每一个财务指标只能反映企业的财务状况或经营者的某一方面，每一类指标都过分强调本身所反映的方面，导致整个指标体系不严密。

2. 财务指标所反映的情况具有相对性

在判断某个具体财务指标是好还是坏，或根据一系列指标形成对企业的综合判断时，必须注意财务指标本身所反映情况的相对性。因此，在利用财务指标进行分析时，必须掌握好对财务指标的“信任度”。

3. 财务指标的评价标准不统一

比如，对流动比率，人们一般认为指标值为 2 比较合理，速动比率则认为 1 比较合适，但许多成功企业的流动比率都低于 2，不同行业的速动比率也有很大差别，如采用大量现金销售的企业，几乎没有应收账款，速动比率大大低于 1 是很正常的。相反，一些应收账款较多的企业，速动比率可能要大于 1。因此，在不同企业之间用财务指标进行评价时没有一个统一标准，不便于不同行业间的对比。

4. 财务指标的比较基础不统一

在对财务指标进行比较分析时，需要选择比较的参照标准，包括同业数据、本企业历史数据和计划预算数据。横向比较时需要使用同业标准。同业平均数只有一般性的指导作用，不一定有代表性，也不一定是合理性的标志。选择同行业一组有代表性的企业计算平均数作为同业标准，可能比整个行业的平均数更有意义。近年来，分析人员更重视以竞争对手的数据作为分析基础。不少企业实行多种经营，没有明确的行业归属，对此类企业进行同业比较更加困难。

趋势分析应以本企业历史数据作为比较基础，而历史数据代表过去，并不代表合理性。经营环境变化后，今年比上年利润提高了，并不一定说明已经达到了应该达到的水平，甚至不一定说明管理有了改进。会计标准、会计规范的改变会使财务数据失去直接可比性，而要恢复可比性成本很大，甚至缺乏必要的信息。

实际与计划的差异分析应以预算为比较基础。实际和预算出现差异，可能是执行中有问题，也可能是预算不合理，两者的区分并非易事。

总之，对比较基础本身要准确理解，并且要在限定意义上使用分析结论，避免简单化和绝对化。

第二节　基本财务比率分析

财务报表中有大量数据，可以用于计算与公司有关的财务比率。为便于说明财务比率的计算和分析方法，现以ABC股份有限公司（以下简称“ABC公司”）的财务报表数据为例，见表3-2、表3-3、表3-4。

为简化计算，列举的数据都是假设的。

表3-2 ABC公司2019年12月的资产负债表

编制公司：ABC公司　　2019年12月　　单位：万元

资产	行次	年末余额	年初余额	负债及所有者权益	行次	年末余额	年初余额
流动资产				流动负债			
货币资金		50	25	短期借款		65	40
交易性金融资产		6	12	交易性金融负债			
应收票据		8	11	应付票据		5	4
应收账款		398	199	应付账款		100	109
预付账款		22	4	预收账款		10	4
应收股利		0	0	应付职工薪酬		2	1
应收利息		0	0	应交税费		5	4
其他应收款		12	22	应付股利		28	10
存货		119	326	其他应付款		14	13
待摊费用		32	7	预提费用		9	5
一年内到期的非流动资产		45	4	预计负债		2	4
其他流动资产		8	0	一年内到期的非流动负债		50	0
流动资产合计		700	610	其他流动负债		3	5
				流动负债合计		300	220
				非流动负债			
非流动资产				长期借款		450	245
债权投资		0	45	应付债券		240	260
其他债权投资				长期应付款		50	60
长期股权投资		30	0	专项应付款		0	0
长期应收款				递延所得税负债		0	0
固定资产		1238	955	其他非流动负债		0	15
在建工程		18	35	非流动负债合计		740	580
固定资产清理			12	负债合计		1040	800

续表 3-2

资产	行次	年末余额	年初余额	负债及所有者权益	行次	年末余额	年初余额
无形资产		6	8	所有者权益			
开发支出				股本		100	100
商誉				资本公积		10	10
长期待摊费用		5	15	盈余公积		100	40
递延所得税资产		0	0	未分配利润		750	730
其他非流动资产		1300	1070	所有者权益合计		960	880
资产合计		2000	1680	负债及所有者权益合计		2000	1680

表 3-3 ABC 公司 2019 年的利润表

编制单位:ABC 公司　　2019 年　　单位:万元

项目	本年金额	上年金额
一、营业收入	3000	2850
减:营业成本	2644	2503
营业税金及附加	28	28
销售费用	22	20
管理费用	46	40
财务费用	110	96
资产减值损失	0	0
加:公允价值变动收益(损失以"-"号填列)	0	0
投资收益(损失以"-"号填列)	6	0
其中:对联营企业和合营企业的投资收益	0	0
二、营业利润(损失以"-"号填列)	156	163
加:营业外收入	45	72
减:营业外支出	1	0
其中:非流动资产处置损失	0	0
三、利润总额(亏损总额以"-"号填列)	200	235
减:所得税费用	64	75
四、净利润	136	160

表 3-4 ABC 公司 2019 年的现金流量表

编制单位:ABC 公司 2019 年 单位:万元

项目	行 次	金 额
一、经营活动产生的现金流量		
销售商品、提供劳务收到的现金		2810
收到的税费返还		
收到其他与经营活动有关的现金		10
经营活动现金流入小计		2820
购买商品、接受劳务支付的现金		2363
支付给职工以及为职工支付的现金		29
支付的各项税费		91
支付其他与经营活动有关的现金支出		14
经营活动现金流入小计		2497
经营活动产生的现金流量净额		323
二、投资活动产生的现金流量		
收回投资收到的现金		4
取得投资收益收到的现金		6
处置固定资产、无形资产和其他长期资产收回的现金净额		12
处置子公司及其他营业单位收到的现金净额		
收到其他与投资活动有关的现金		
投资活动现金流入小计		22
购置固定资产、无形资产和其他长期资产支付的现金		369
投资支付的现金		30
支付其他与投资活动有关的现金		
投资活动现金流出小计		399
投资活动产生的现金流量净额		-377
三、筹资活动产生的现金流量		
吸收投资收到的现金		
取得借款收到的现金		270
收到其他与筹资活动有关的现金		
筹资活动现金流入小计		270
偿还债务支付的现金		20
分配股利、利润或偿付利息支付的现金		152

续表 3-4

项目	行次	金额
支付其他与筹资活动有关的现金		25
筹资活动现金流出小计		197
筹资活动产生的现金流量净额		73
四、汇率变动对现金及现金等价物的影响		
五、现金及现金等价物净增加额		19
加:期初现金及现金等价物余额		37
六、期末现金及现金等价物余额		56
补充材料		
1. 将净利润调节为经营活动现金流量		
净利润		136
加:资产减值准备		
固定资产折旧、油气资产折耗、生产性生物资产折旧		100
无形资产摊销		2
长期待摊费用摊销		-11
处置固定资产、无形资产和其他长期资产的损失(收益以"-"号填列)		
固定资产报废损失(收益以"-"号填列)		
公允价值变动损失(收益以"-"号填列)		
财务费用(收益以"-"号填列)		110
投资损失(收益以"-"号填列)		-6
递延所得税资产减少(增加以"-"号填列)		
递延所得税负债增加(减少以"-"号填列)		
存货的减少(增加以"-"号填列)		207
经营性应收项目的减少(增加以"-"号填列)		-212
经营性应付项目的增加(减少以"-"号填列)		-3
其他		
经营活动产生的现金流量净额		323
2. 不涉及现金收支的投资和筹资活动		
债务转为资本		
一年内到期的可转换公司债券		
融资租入固定资产		

续表 3-4

项目	行次	金额
3. 现金及现金等价物增加情况		
现金的期末余额		56
减:现金的期初余额		37
加:现金等价物的期末余额		
减:现金等价物的期初余额		
现金及现金等价物净增加额		19

一、短期偿债能力计量指标

债务一般按到期时间分为短期债务和长期债务,偿债能力分析由此分为短期偿债能力分析和长期偿债能力分析两部分。

偿债能力的衡量方法有两种:一种是比较可供偿债资产与债务的存量,资产存量超过债务存量较多,则认为偿债能力较强;另一种是比较经营活动现金流量和偿债所需现金,如果产生的现金超过需要的现金较多,则认为偿债能力较强。

(一)可偿债资产与短期债务的存量比较

可偿债资产的存量,是指资产负债表中列示的流动资产年末余额。短期债务的存量是指资产负债表中列示的流动负债年末余额。流动资产将在 1 年或 1 个营业周期内消耗或转变为现金,流动负债将在 1 年或 1 个营业周期内偿还,因此两者的比较可以反映短期偿债能力。

流动资产与流动负债的存量有两种比较方法:一种是差额比较,两者相减的差额称为营运资本;另一种是比率比较,两者相除的比率称为短期债务的存量比率。

1. 营运资本

营运资本是指流动资产超过流动负债的部分。其计算公式如下:

$$营运资本 = 流动资产 - 流动负债 \quad (式 3-1)$$

根据 ABC 公司的财务报表数据:

$$本年营运资本 = 700 - 300 = 400(万元)$$

$$上年营运资本 = 610 - 220 = 390(万元)$$

计算营运资本使用的"流动资产"和"流动负债",数据通常可以直接取自资产负债表。资产负债表的资产和负债分为流动项目和非流动项目,并按流动性强弱排序,为计算营运资本和分析流动性提供了便利。

如果流动资产与流动负债相等,并不足以保证短期偿债能力没有问题,因为债务的到期与流动资产的现金生成,不可能同步同量;而且,为维持经营,企业不可能清算全部流动资产来偿还流动负债，而是必须维持最低水平的现金、存货、应收账款等。

因此，企业必须保持流动资产大于流动负债，即保有一定数额的营运资本作为安全边际，以防止流动负债“穿透”流动资产。ABC 公司现存 300 万元流动负债的具体到期时间不易判断，现存 700 万元流动资产生成现金的金额和时间也不好预测。营运资本 400 万元是流动负债“穿透”流动资产的“缓冲垫”。因此，营运资本越多，流动负债的偿还越有保障，短期偿债能力越强。

当流动资产大于流动负债时，营运资本为正数，表明长期资本的数额大于长期资产，超出部分被用于流动资产。营运资本的数额越大，财务状况越稳定。当全部流动资产未由任何流动负债提供资金来源，而全部由长期资本提供时，企业没有任何短期偿债压力。当流动资产小于流动负债时，营运资本为负数，表明长期资本小于长期资产，有部分长期资产由流动负债提供资金来源。由于流动负债在 1 年或 1 个营业周期内需要偿还，而长期资产在 1 年或 1 个营业周期内不能变现，偿债所需现金不足，必须设法另外筹资，这意味着财务状况不稳定。

营运资本的比较分析，主要是与本企业上年数据比较。ABC 公司本年和上年营运资本的比较数据，如表 3-5 所示。

表 3-5 ABC 公司营运资本的比较表 单元:万元

项目	本年		上年		变动		
	金额	结构(%)	金额	结构(%)	金额	变动(%)	结构(%)
流动资产	700	100	610	100	90	15	100
流动负债	300	43	220	36	80	36	89
营运资本	400	57	390	64	10	2.6	11
长期资产	1300		1070		230		
长期资本	1700		1460		240		

从表 3-5 的数据可知：

(1)上年流动资产 610 万元，流动负债 220 万元，营运资本 390 万元。从相对数看营运资本配置比率(营运资本÷流动资产)为 64%，流动负债提供流动资产所需资本的 36%，即 1 元流动资产需要偿还 0.36 元的流动负债。

(2)本年流动资产 700 万元，流动负债 300 万元，营运资本 400 万元。从相对数看，营运资本配置比率为 57%，流动负债提供流动资产所需资本的 43%，即 1 元流动资产需要偿还 0.43 元的流动负债。偿债能力比上年下降了。

(3)本年与上年相比，流动资产增加 90 万元(增长 15%)，流动负债增加 80 万元(增长 36%)，营运资本增加 10 万元(增长 2.6%)。营运资本的绝对数增加，似乎“缓冲垫”增厚了，但由于流动负债的增长速度超过流动资产的增长速度，使得债务的“穿透力”增加了,即偿债能力降低了。可见,由于营运资本政策的改变使本年的短期偿债能力下降了。

营运资本是绝对数,不便于不同历史时期及不同企业之间的比较。例如,A 公司的营运资本为 200 万元(流动资产 300 万元,流动负债 100 万元),B 公司的营运资本与 A 相同,也是 200 万元(流动资产 1200 万元,流动负债 1000 万元)。但是,它们的偿债能力显然不同。因此,在实务中很少直接使用营运资本作为偿债能力指标。营运资本的合理性主要通过短期债务的存量比率评价。

2. 短期债务的存量比率

短期债务的存量比率包括流动比率、速动比率和现金比率。

(1)流动比率。流动比率是流动资产与流动负债的比值,其计算公式如下:

$$流动比率 = 流动资产 \div 流动负债 \qquad (式3-2)$$

根据 ABC 公司的财务报表数据:

$$本年流动比率 = 700 \div 300 = 2.33$$

$$上年流动比率 = 610 \div 220 = 2.77$$

流动比率假设全部流动资产都可用于偿还流动负债,表明每 1 元流动负债有多少流动资产作为偿债保障。ABC 公司的流动比率降低了 0.44(2.77-2.33),即为每 1 元流动负债提供的流动资产保障减少了 0.44 元。

流动比率和营运资本配置比率反映的偿债能力相同,它们可以互相换算:

$$流动比率 = 1 \div (1 - 营运资本配置比率) = 1 \div (1 - 营运资本 \div 流动资产) \qquad (式3-3)$$

根据 ABC 公司的财务报表数据:

$$本年流动比率 = 1 \div (1-57\%) = 2.33$$

$$上年流动比率 = 1 \div (1-64\%) = 2.78$$

流动比率是相对数,排除了企业规模的影响,更适合同业比较以及本企业不同历史时期的比较。此外,由于流动比率计算简单,因而被广泛应用。但是,需要提醒注意的是,不存在统一、标准的流动比率数值。不同行业的流动比率,通常有明显差别。营业周期越短的行业,合理的流动比率越低。在过去很长一段时期里,人们认为生产型企业合理的最低流动比率是 2。这是因为流动资产中变现能力最差的存货金额约占流动资产总额的一半,剩下的流动性较好的流动资产至少要等于流动负债,才能保证企业最低的短期偿债能力。这种认识一直未能从理论上证明。最近几十年,企业的经营方式和金融环境发生了很大变化,流动比率有下降的趋势,许多成功企业的流动比率都低于 2。

如果流动比率相对上年发生较大变动,或与行业平均值出现重大偏离,就应对构成流动比率的流动资产和流动负债的各项目逐一分析,寻找形成差异的原因。为了考察流动资产的变现能力,有时还需要分析其周转率。流动比率有其局限,在使用时应注意:流动比率假设全部流动资产都可以变为现金并用于偿债,全部流动负债都要还清。实际上,有些流动资产的账面金额与变现金额有较大差异,如产成品等;经营性流动资产是企业持续经营所必需的，不能全部用于偿债；经营性应付项目可以滚动存续，无须动用现金全部结清。因此，流动比率是对短期偿债能力的粗略估计。

(2)速动比率。构成流动资产的各项目，流动性差别很大。其中，货币资金、交易性金融资产和各种应收款项等，可以在较短时间内变现，称为速动资产；另外的流动资产，包括存货、预付款项、一年内到期的非流动资产及其他流动资产等，称为非速动资产。

非速动资产的变现金额和时间具有较大的不确定性：一是存货的变现速度比应收款项要慢得多；部分存货可能已毁损报废、尚未处理；存货估价有多种方法，可能与变现金额相距甚远。二是一年内到期的非流动资产和其他流动资产的金额有偶然性，不代表正常的变现能力。因此，将可偿债资产定义为速动资产，计算与短期债务的存量比率更可信。速动资产与流动负债的比值，称为速动比率，又称为酸性测试比率，其计算公式如下：

$$速动比率 = 速动资产 \div 流动负债 \qquad (式3-4)$$

根据 ABC 公司的财务报表数据：

$$本年速动比率=(50+6+8+398+22+12)\div300=1.65$$

$$上年速动比率=(25+12+11+199+4+22)\div220=1.24$$

速动比率假设速动资产是可偿债资产，表明每 1 元流动负债有多少速动资产作为偿债保障。ABC 公司的速动比率比上年提高了 0.41，说明为每 1 元流动负债提供的速动资产保障增加了 0.41 元。

与流动比率一样，不同行业的速动比率差别很大。例如，大量现销的商店几乎没有应收款项，速动比率低于 1 亦属正常。相反，一些应收款项较多的企业，速动比率可能要大于 1。

影响速动比率可信性的重要因素是应收款项的变现能力。账面上的应收款项未必都能收回变现，实际坏账可能比计提的准备多；季节性的变化，可能使报表上的应收款项金额不能反映平均水平。这些情况，外部分析人员不易了解；而内部人员则可能做出合理的估计。

(3)现金比率。速动资产中，流动性最强、可直接用于偿债的资产是现金。与其他速动资产不同，现金本身可以直接偿债，而其他速动资产需要等待不确定的时间，才能转换为不确定金额的现金，现金与流动负债的比值称为现金比率，其计算公式如下：

$$现金比率 = (货币资金 + 交易性金融资产) \div 流动负债 \qquad (式3-5)$$

根据 ABC 公司的财务报表数据：

$$本年现金比率=(50+6)\div300=0.187$$

$$上年现金比率=(25+12)\div220=0.168$$

现金比率表明 1 元流动负债有多少现金作为偿债保障。ABC 公司的现金比率比上年提高 0.019，说明企业为每 1 元流动负债提供的现金保障增加了 0.019 元。

(二)现金流量比率

经营活动现金流量净额与流动负债的比值，称为现金流量比率。其计算公式如下：

$$现金流量比率 = 经营活动现金流量净额 \div 流动负债 \qquad (式3-6)$$

根据ABC公司的财务报表数据：

$$现金流量比率 = 323 \div 300 = 1.08$$

上述公式中的“经营活动现金流量净额”，通常使用现金流量表中的“经营活动产生的现金流量净额”。它代表企业创造现金的能力，且已经扣除了经营活动自身所需的现金流出，是可以用来偿债的现金流量。

一般而言，该比率中的流动负债采用期末数而非平均数，因为实际需要偿还的是期末金额，而非平均金额。现金流量比率表明每1元流动负债的经营活动现金流量保障程度。该比率越高，偿债能力越强。用经营活动现金流量净额代替可偿债资产存量，与流动负债进行比较以反映偿债能力，更具说服力。因为一方面它克服了可偿债资产未考虑未来变化及变现能力等问题；另一方面，实际用以支付债务的通常是现金，而不是其他可偿债资产。

（三）影响短期偿债能力的其他因素

上述短期偿债能力比率，都是根据财务报表数据计算而得的。还有一些表外因素也会影响企业的短期偿债能力，甚至影响相当大。财务报表使用人应尽可能了解这方面信息以做出正确判断。

1. 增强短期偿债能力的表外因素

（1）可动用的银行授信额度。企业尚未动用的银行授信额度，可以随时借款，增加企业现金，提高支付能力。这一数据不在财务报表中反映，但有的公司以董事会决议公告披露。

（2）可快速变现的非流动资产。企业可能有一些非经营性长期资产可随时出售变现，这未必列示在“一年内到期的非流动资产”项目中。例如，储备的土地、未开采的采矿权、目前出租的房产等，在企业发生周转困难时，将其出售并不影响企业的持续经营。

（3）偿债能力的声誉。如果企业的信用记录优秀，在短期偿债方面出现暂时困难，比较容易筹集到短缺资金。

2. 降低短期偿债能力的表外因素

（1）与担保有关的或有负债。如果该金额较大且很可能发生，应在评价偿债能力时予以关注。

（2）经营租赁合同中的承诺付款事项。这很可能变为偿付义务。

二、长期偿债能力计量指标

衡量长期偿债能力的财务比率，也分为存量比率和流量比率两类。

（一）总债务存量比率

长期来看，所有债务都要偿还。因此，反映长期偿债能力的存量比率是总资产、总债务和股东权益之间的比例关系。常用比率包括：资产负债率、产权比率、权益乘数和长期资本负债率。

1. 资产负债率

资产负债率是总负债与总资产的百分比，其计算公式如下：

$$资产负债率 = (负债总额 \div 资产总额) \times 100\% \qquad (式3-7)$$

根据ABC公司的财务报表数据：

$$本年资产负债率 = (1040 \div 2000) \times 100\% = 52\%$$

$$上年资产负债率 = (800 \div 1680) \times 100\% = 48\%$$

资产负债率反映总资产中有多大比例是通过负债取得的。它可用于衡量企业清算时对债权人利益的保障程度。资产负债率越低，企业偿债越有保证，负债越安全。资产负债率还代表企业的举债能力。一个企业的资产负债率越低，举债越容易。如果资产负债率高到一定程度，财务风险很高，就无人愿意提供贷款了。这表明企业的举债能力已经用尽。通常，资产在破产拍卖时的售价不到账面价值的50%，因此如果资产负债率高于50%，则债权人的利益就缺乏保障。各类资产变现能力有显著区别，房地产的变现价值损失小，专用设备则难以变现。由此可见，不同企业的资产负债率不同，这与其持有的资产类别相关。

(1)从债权人角度来看，他们最关心的是其贷给公司资金的安全性。如果这个比率过高，说明在公司的全部资产中，股东提供的资本所占比重太低，企业就有不能及时偿债的风险，债权人贷款的安全就缺乏可靠的保障。债权人总是希望公司的负债率保持在合理的范围之内，资产负债率越低，企业偿债越有保证，贷款就越安全。

(2)对于股东而言，借债既可以提高企业盈利，也会增加风险。企业借入的资金与股东投入的资金在生产经营中可以发挥同样的作用，如果企业负债所支付的利率低于资产报酬率，股东就可以利用举债经营取得更多的投资收益。因此，股东所关心的往往是全部资产报酬率是否超过了借款的利率。公司股东可以通过举债经营的方式，以有限的资本、付出有限的代价而取得对公司的控制权，并且可以得到举债经营的杠杆利益。在财务分析中，资产负债率也因此被人们称作财务杠杆。

(3)站在公司经营者的立场，他们既要考虑公司的盈利，也要顾及公司所承担的财务风险。资产负债率作为财务杠杆不仅反映了公司的长期财务状况，也反映了公司管理当局的进取精神。如果公司不利用举债经营或者负债比率很小，则说明公司比较保守，对前途信心不足，利用债权人资本进行经营活动的能力较差。但是，负债也必须有一定限度，负债比率过高，公司的财务风险将增大，一旦资产负债率超过1，则说明公司资不抵债，有濒临倒闭的危险。

总之，资产负债率为多少才是合理的，并没有一个确定的标准。不同的行业、不同类型的企业都是有较大差异的。一般而言，处于高速成长时期的企业，其负债比率可能会高一些，这样所有者会得到更多的杠杆利益。但是，作为财务管理者在确定企业的负债比率时，一定要审时度势，充分考虑企业内部各种因素和企业外部的市场环境，在收益与风险之间权衡利弊得失，然后才能做出正确的财务决策。

2. 产权比率和权益乘数

产权比率和权益乘数是资产负债率的另外两种表现形式，它和资产负债率的性质一样，计算公式分别如下：

产权比率 = 负债总额 ÷ 股东权益　　　　（式 3-8）

权益乘数 = 资产总额 ÷ 股东利益　　　　（式 3-9）

产权比率表明每 1 元股东权益配套的总负债的金额，权益乘数表明每 1 元股东权益启动的总资产的金额，它们是两种常用的财务杠杆比率。财务杠杆比率表示负债的比例，与偿债能力相关。财务杠杆影响总资产净利率和权益净利率之间的关系，还表明权益净利率风险的高低，与盈利能力相关。

3. 长期资本负债率

长期资本负债率是指非流动负债占长期资本的百分比。

其计算公式如下：

长期资本负债率 = [非流动负债 ÷ (非流动负债 + 股东权益)] × 100%

（式 3-10）

根据 ABC 公司的财务报表数据：

本年长期资本负债率 = [740÷(740+960)]×100% = 44%

上年长期资本负债率 = [580÷(580+880)]×100% = 40%

长期资本负债率是反映公司资本结构的一种形式。由于流动负债的金额经常变化，非流动负债较为稳定，资本结构通常使用长期资本结构衡量。

（二）总债务流量比率

1. 利息保障倍数

利息保障倍数是指息税前利润对利息费用的倍数。其计算公式如下：

利息保障倍数 = 息税前利润 ÷ 利息费用

= (净利润 + 利息费用 + 所得税费用) ÷ 利息费用

（式 3-11）

分子的"利息费用"是指计入本期利润表中财务费用的利息费用；分母的"利息费用"是指本期的全部应付利息，不仅包括计入利润表中财务费用的利息费用，还包括计入资产负债表固定资产等成本的资本化利息。

根据 ABC 公司的财务报表数据：

本年利息保障倍数 = (136+110+64)÷110 = 2.82

上年利息保障倍数 = (160+96+75)÷96 = 3.45

长期债务通常不需要每年还本，但往往需要每年付息。利息保障倍数表明每 1 元利息费用有多少倍的利息税前利润作为偿付保障。它可以反映债务风险的大小。如果公司一直保持按时付息的信誉，则长期负债可以延续，举借新债也比较容易。利息保障倍数越大，利息支付越有保障。如果利息支付尚且缺乏保障，归还本金就更难指望。因此，利息保障倍数可以反映长期偿债能力。如果利息保障倍数小于 1，表明自身产生的经营收益不能支持现有规模的债务。利息保障倍数等于1也很危险,因为利息税前利润受经营风险的影响,很不稳定,但支付利息却是固定的。利息保障倍数越大,公司拥有的偿还利息的缓冲效果越好。

2. 现金流量利息保障倍数

现金流量利息保障数,是指经营活动现金流量净额对利息费用的倍数。其计算公式如下:

现金流量利息保障倍数 = 经营活动现金流量净额 ÷ 利息费用　（式3-12）

分母的"利息费用",同利息保障倍数的分母。

根据ABC公司的财务报表数据:

本年现金流量利息保障倍数=323÷110=2.94

现金流量利息保障倍数是现金基础的利息保障倍数,表明每1元利息费用有多少的经营活动现金流量净额作为支付保障。它比利润基础的利息保障倍数更为可靠,因为实际用以支付利息的是现金,而不是利润。

3. 现金流量债务比

现金流量债务比是指经营活动现金流量净额与负债总额的比率。它从现金流量的角度来反映企业长期偿债能力。其计算公式如下:

现金流量债务比 =（经营活动现金流量净额 ÷ 负债总额）× 100%（式3-13）

根据ABC公司的财务报表数据,该公司2018年的现金流量债务比:

现金流量债务比=(323÷1040)×100% =31%

一般来讲,该比率中的负债总额采用期末数而非平均数,因为实际需要偿还的是期末金额,而非平均金额。

该比率表明企业用经营活动现金流量净额偿付全部债务的能力。比率越高,偿还负债总额的能力越强。

（三）影响长期偿债能力的其他因素

上述长期偿债能力比率,都是根据财务报表内的数据计算的。此外,一些表外因素可能对企业长期偿债能力的衡量有影响,运用偿债能力比率分析时必须加以关注。

1. 长期租赁

当公司需要添置固定资产时,既可以筹资购买,也可以通过租赁方式解决。资产租赁的形式包括融资租赁和经营租赁。依据会计准则,融资租赁形成的负债会反映在资产负债表内,而经营租赁的负债则未能反映在资产负债表内。当公司的经营租赁额比较大、期限比较长或具有经常性时,就形成了一种长期性融资,因此,经营租赁也是一种表外融资。对于这种租赁,到期支付租金势必对公司偿债能力产生影响。因此,如果公司经常发生经营租赁业务,应考虑其对偿债能力的影响。

2. 债务担保

担保项目的时间长短不一，有的影响公司的长期偿债能力，有的影响公司的短期偿债能力。在分析公司长期偿债能力时，应根据有关资料判断担保责任可能带来的影响。

3. 未决诉讼

未决诉讼一旦判决败诉，可能会影响公司的偿债能力，因此在评价公司长期偿债能力时要考虑其潜在影响。

三、营运能力计量指标

营运能力比率是衡量公司资产管理效率的财务比率。这方面常用的财务比率有：应收账款周转率、存货周转率、流动资产周转率、营运资本周转率、非流动资产周转率和总资产周转率等。

（一）应收账款周转率

1. 计算方法

应收账款周转率是公司在一定时期内赊销净收入与平均应收账款余额的比率。反映公司在一定时期内应收账款转变为现金的速度。计算公式为：

$$\text{应收账款周转率} = \frac{\text{赊销净额}}{\text{应收账款平均余额}} \qquad \text{（式 3-14）}$$

式中，应收账款平均余额应该按照应收账款净额的期初余额与期末余额的平均值计算；赊销净额是指销售净额（销售收入扣除销售退回、销售折扣及折让）减去付现销售收入后的余额，由于公司的赊销资料属于商业机密，不对外公开，所以公司外部人员对应收账款周转速度进行分析时，可以用销售净额（营业收入）代替赊销净额。

计算公式即：

$$\text{应收账款周转率} = \text{销售净额（营业收入）} \div \text{应收账款平均余额} \qquad \text{（式 3-15）}$$

根据 ABC 公司的财务报表数据，代入式 3-14 得：

$$\text{本年应收账款周转率} = \frac{3000}{(398+199)/2} = 10.05\text{（次/年）}$$

反映应收账款变现速度的另一指标为应收账款周转天数，计算公式为：

$$\text{应收账款周转天数} = 365 \div \text{应收账款周转率} \qquad \text{（式 3-16）}$$

$$\text{本年应收账款周转天数} = 365 \div 10.05 = 36.32\text{（天/次）}$$

应收账款周转次数，表明 1 年中应收账款周转的次数，或者说每 1 元应收账款投资支持的营业收入。应收账款周转天数，也称为应收账款现期，表明从销售开始到收回现金所需要的平均天数。应收账款与收入比，则表明每 1 元营业收入所需要的应收账款投资。

应收账款周转率是评价应收账款流动性大小的一个重要财务比率，它反映了公司在一个会计年度内应收账款的周转次数，可以用来分析公司应收账款的变现速度和管理效率。这一比率越高，说明公司催收账款的速度越快，而且资产的流动性强，公司的短期偿债能力也会增强，在一定程度上可以弥补流动比率低的不利影响。但是，如果应收账款周转率过高，可能是公司奉行了比较严格的信用政策，这样会限制公司销售量的扩大，从而影响公司的盈利水平。这种情况往往表现为存货周转率同时偏低。如果公司的应收账款周转率过低，则说明企业催收账款的效率低，或者信用政策十分宽松，这样会影响公司资金利用率和资金的正常周转。

2. 在计算和使用应收账款周转率时应注意的问题

(1)营业收入的赊销比例问题。从理论上讲，应收账款是赊销引起的，其对应的是营业收入中的赊销部分，而非全部。因此，计算时应使用赊销额而非营业收入。但是，外部分析人员无法在财务报表内取得公司的赊销数据，只好直接使用营业收入作为替代进行计算。实际上相当于假设现销是收现时间等于零的应收账款。只要现销与赊销的比例保持稳定，不妨碍与上期数据的可比性，只是一贯高估了周转次数。但问题是与其他公司比较时，如不了解可比公司的赊销比例，将无从判断应收账款周转率是否具有良好的可比性。

(2)应收账款年末余额的可靠性问题。应收账款是特定时点的存量，容易受季节性、偶然性和人为因素影响。在用应收账款周转率进行业绩评价时，可以使用年初和年末的平均数，或者使用多个时点的平均数，以减少这些因素的影响。

(3)应收账款的坏账准备问题。财务报表上列示的应收账款是已经计提坏账准备后的净额，而营业收入并未相应减少。其结果是，计提的坏账准备越多，计算的应收账款周转次数越多、天数越少。这种周转次数增加、天数减少不是业绩改善的结果，反而说明应收账款管理欠佳。如果坏账准备的金额较大，就应进行调整，或者使用未计提坏账准备的应收账款进行计算。报表附注中披露的应收账款坏账准备信息，可作为调整的依据。

(4)应收票据是否计入应收账款周转率。大部分应收票据是赊销形成的，是应收账款的另一种形式，应将其纳入应收账款周转率的计算。

(5)应收账款周转天数是否越少越好。应收账款是赊销引起的，如果赊销有可能比现销更有利，周转天数就不是越少越好。此外，收现时间的长短与公司的信用政策有关。例如，甲公司的应收账款周转天数是18天，信用期是20天；乙公司的应收账款周转天数是15天，信用期是10天。前者的收款业绩优于后者，尽管其周转天数较多。改变信用政策，通常会引起公司应收账款周转天数的变化。信用政策的评价涉及多种因素，不能仅仅考虑周转天数的缩短。

(6)应收账款分析应与赊销分析、现金分析相联系。应收账款的起点是赊销，终点是现金。正常情况是赊销增加引起应收账款增加，现金存量和经营活动现金流量净额也会随之增加。如果公司应收账款日益增加，而赊销和现金日益减少，则可能是赊销产生了比较严重的问题。譬如，大为放宽信用政策，甚至随意发货，未能收回现金。总之，应当深入应收账款内部进行分析，并且要注意应收账款与其他指标的联系，才能正确使用应收账款周转率，用于有关评价。

（二）存货周转率

1.计算方法

存货周转率是公司一定时期的销货成本与平均存货成本的比率。它有三种计算方法，计算公式分别如下：

$$存货周转率 = 销货成本 \div 平均存货成本 \qquad (式3-17)$$

根据 ABC 公司的财务报表数据：

$$本年存货周转次数 = 2644 \div \frac{119 + 326}{2} = 11.88(次/年)$$

存货周转率也可以用存货周转天数表示。存货周转天数是指存货每周转一次所需要的天数。周转天数越少，速度越快，营运能力就越强。计算公式为：

$$存货周转天数 = 365 \div 存货周转率 \qquad (式3-18)$$

$$本年存货周转天数 = 365 \div 11.88 = 30.72(天/次)$$

存货周转率，表明 1 年中存货周转的次数，或者说明每 1 元存货投资支持的营业收入。存货周转天数表明存货周转一次需要的时间，也就是存货转换成现金平均需要的时间。存货与收入比，表明每 1 元营业收入需要的存货投资。

2.在计算和使用存货周转率时应注意的问题

（1）计算存货周转率时，使用“营业收入”还是“营业成本”作为周转额，要看分析的目的。在短期偿债能力分析中，为了评估资产的变现能力需要计量存货转换为现金的金额和时间，应采用“营业收入”。在分解总资产周转率时，为系统分析各项资产的周转情况并识别主要的影响因素，应统一使用“营业收入”计算周转率。如果是为了评估存货管理的业绩，应当使用“营业成本”计算存货周转率，使其分子和分母保持口径一致。实际上，两种周转率的差额是毛利引起的，用哪一个计算方法都能达到分析目的。

根据 ABC 公司的数据，两种计算方法可以进行如下转换：

$$本年存货(成本)周转次数 = 营业成本 \div 存货 = 2644 \div \frac{119 + 326}{2} = 11.88(次)$$

$$本年存货(收入)周转次数 \times 成本率 = (营业收入 \div 存货) \times (营业成本 \div 营业收入) =$$

$$(3000 \div \frac{119 + 326}{2}) \times (2644 \div 3000) = 11.88(次)$$

（2）存货周转天数不是越少越好。存货过多会浪费资金，存货过少不能满足流转需要，在特定的生产经营条件下存在一个最佳的存货水平，所以存货不是越少越好。

（3）应注意应付账款、存货和应收账款（或营业收入）之间的关系。一般来说，销售增加会拉动应收账款、存货、应付账款增加，不会引起周转率的明显变化。但是，当企业接受一个大订单时，通常要先增加存货，然后推动应付账款增加，最后才引起应收账款（营业收入）增加。因此，在该订单没有实现销售以前，先表现为存货等周转天数增加。这种周转天数增加，没有什么不好。与此相反，预见到销售会萎缩时，通常会先减少存货，进而引起存货周转天数等下降。这种周转天数下降，不是什么好事，并非资产管理改善。因此，任何财务分析都以认识经营活动本质为目的，不可根据数据高低做出简单结论。

(4)应关注构成存货的原材料、在产品、半成品、产成品和低值易耗品之间的比例关系。各类存货的明细资料以及存货重大变动的解释，应在报表附注中披露。正常情况下，它们之间存在某种比例关系。如果产成品大量增加，其他项目减少，很可能是销售不畅，放慢了生产节奏。此时，总的存货金额可能并没有显著变动，甚至未引起存货周转率的显著变化。因此，在财务分析时既要重点关注变化大的项目，也不能完全忽视变化不大的项目，其内部可能隐藏着重要问题。

(三)流动资产周转率

流动资产周转率是营业收入与流动资产的比率。它有三种计算方法，计算公式分别如下：

$$流动资产周转次数=营业收入\div 流动资产 \quad (式3-19)$$

$$流动资产周转天数=360\div(营业收入\div 流动资产) \quad (式3-20)$$

$$流动资产与收入比=流动资产\div 营业收入 \quad (式3-21)$$

根据ABC公司的财务报表数据：

$$本年流动资产周转次数=3000\div 700=4.3(次/年)$$

$$本年流动资产周转天数=360\div(3000\div 700)=85.2(天/次)$$

$$本年流动资产与收入比=700\div 3000=23.3\%$$

流动资产周转次数，表明1年中流动资产周转的次数，或者说明每1元流动资产投资支持的营业收入。流动资产周转天数表明流动资产周转一次需要的时间，也就是流动资产转换成现金平均需要的时间。流动资产与营业收入比，表明每1元销售收入需要的流动资产投资。

(四)营运资本周转率

营运资本周转率是营业收入与营运资本的比率。计算公式如下：

$$营运资本周转率=营业收入\div 营运资本 \quad (式3-22)$$

$$营运资本周转天数=360\div(营业收入\div 营运资本) \quad (式3-23)$$

根据ABC公司的财务报表数据：

$$本年营运资本周转率=3000\div 400=7.5$$

$$本年营运资本周转天数=360\div(3000\div 400)=48.7(天/次)$$

营运资本周转率是一个综合性的比率。严格意义上，应仅有经营性资产和负债被用于计算这一指标，即短期借款、交易性金融资产和超额现金等因不是经营活动必需的而应被排除在外。

(五)非流动资产周转率

非流动资产周转率是营业收入与非流动资产的比率。计算公式如下：

$$非流动资产周转率=营业收入\div 非流动资产 \quad (式3-24)$$

$$非流动资产周转天数 = 360 \div (营业收入 \div 非流动资产) \qquad (式3-25)$$

根据 ABC 公司的财务报表数据：

$$本年非流动资产周转率 = 3000 \div 1300 = 2.3$$

$$本年非流动资产周转天数 = 360 \div (3000 \div 1300) = 158.2(天/次)$$

非流动资产周转率，表明 1 年中非流动资产周转的次数，或者说明每 1 元非流动资产投资支持的营业收入。非流动资产周转天数表明非流动资产周转一次需要的时间，也就是非流动资产转换成现金平均需要的时间。非流动资产与营业收入比，表明每 1 元营业收入需要的非流动资产投资。

非流动资产周转率反映非流动资产的管理效率，主要用于投资预算和项目管理，以确定投资与竞争战略是否一致，收购和剥离政策是否合理等。

(六)总资产周转率

总资产周转率是一定时期的销售收入与资产平均总额的比率。计算公式如下：

$$总资产周转率 = 销售收入 \div 资产平均总额 \qquad (式3-26)$$

$$资产平均总额 = (期初资产总额 + 期末资产总额) \div 2 \qquad (式3-27)$$

根据 ABC 公司的财务报表数据：

$$本年总资产周转率 = \frac{3000}{(2000 + 1680)/2} = 1.63$$

总资产增长率可用来分析公司全部资产的使用效率。一般来说，总资产周转率越高，说明企业能有效地运用资产创造收入；反之，则说明企业的资产利用效率低。要提高总资产的周转率，一是要提高销售收入，二是要在销售收入一定的条件下，降低企业的资产占用总额。企业可以通过同行业不同企业之间的对比分析企业的资产占用是否合理，以便合理安排资产结构，提高资产的使用效率。

四、盈利能力计量指标

(一)营业净利率

1.计算方法

营业净利率是指净利润与营业收入的比率，通常用百分数表示。其计算公式如下：

$$营业净利率 = (净利润 \div 营业收入) \times 100\% \qquad (式3-28)$$

根据 ABC 公司的财务报表数据：

$$本年营业净利率 = (136 \div 3000) \times 100\% = 4.53\%$$

$$上年营业净利率 = (160 \div 2850) \times 100\% = 5.61\%$$

$$变动 = 4.53\% - 5.61\% = -1.08\%$$

“净利润”“营业收入”两者相除可以概括公司的全部经营成果。该比率越大，公司的盈利能力越强。

2. 驱动因素

营业净利率的变动,是由利润表各个项目变动引起的。表3-6列示了ABC公司利润表各项目的金额变动和结构变动数据。

表3-6 利润表结构百分比变动 单位:万元

项目	本年金额	上年金额	变动金额	本年结构(%)	上年结构(%)	变动百分比
一、营业收入	3000	2850	150	100	100	0
减:营业成本	2644	2503	141	88.13	87.82	0.31
税金及附加	28	28	0	0.93	0.98	-0.05
销售费用	22	20	2	0.73	0.7	0.03
管理费用	46	40	6	1.53	1.4	0.13
财务费用	110	96	14	3.67	3.37	0.3
加:投资收益	6	0	6	0.2	0	0.2
二、营业利润	156	163	-7	5.2	5.72	-0.52
加:营业外收入	45	72	-27	1.5	2.53	-1.03
减:营业外支出	1	0	1	0.03	0	0.03
三、利润总额	200	235	-35	6.67	8.25	-1.58
减:所得税费用	64	75	-11	2.13	2.63	-0.5
四、净利润	136	160	-24	4.53	5.61	-1.08

其中"本年结构"和"上年结构",是各项目除以当年营业收入得出的百分比,"百分比变动"是指"本年结构"百分比与"上年结构"百分比的差额。该表为利润表的同型报表(又称百分比报表),它排除了规模的影响,提高了数据的可比性。

(1)金额变动分析。本年净利润减少24万元,影响较大的不利因素是营业成本增加141万元和营业外收入减少27万元。影响较大的有利因素是营业收入增加150万元。

(2)结构变动分析。营业净利率减少1.08%,影响较大的不利因素是营业成本率增加0.31%、财务费用比率增加0.30%和营业外收入比率减少1.03%。进一步分析应重点关注金额变动和结构变动较大的项目,如ABC公司的营业成本财务费用和营业外收入。

3. 利润表各项目分析

确定分析的重点项目后,需要深入到各项目内部进一步分析。此时,需要依靠报表附注提供的资料以及其他可以收集到的信息。

毛利率变动原因可以分部门、分产品、分顾客群、分销售区城和分营销人员方面进行分析,具体应根据分析目的以及可取得的资料而定。

ABC公司报表附注显示的分产品的毛利资料,如表3-7所示。

表 3-7　ABC 公司分产品的毛利资料

单位:万元

产品类别	营业收入		营业成本		营业毛利		毛利率(%)	
	本期数	上期数	本期数	上期数	本期数	上期数	本期数	上期数
音响类产品	1589	1881	1882	1964	-293	-83	-18.44	-4.41
软件类产品	508	475	312	295	196	180	38.58	37.89
数码类产品	903	494	450	244	453	250	50.17	50.61
合计	3000	2850	2644	2503	356	347	11.87	12.18

通过表 3-7 及其他背景资料可知:音响类产品是该公司的传统产品,目前仍占营业收入的较大部分,其毛利率是负值,已失去继续产销的价值;软件类产品毛利率基本持平,营业收入略有增长,其毛利约占公司的一半;数码类产品销售收入迅速增长,毛利率很高,其毛利占公司的大部分。因此,应结合市场竞争和公司资源情况,分析数码产品和软件产品是否可以扩大产销规模,以及音响产品能否更新换代。如果均无可能,音响产品的亏损可能继续增加,而数码产品和软件产品的高毛利可能引来竞争者,预期盈利能力还可能进一步下降。

在公司年报中,销售费用和管理费用的公开披露信息十分有限,外部分析人员很难对其进行深入分析。财务费用、公允价值变动收益、资产减值损失、投资收益和营业外收支的明细资料,在报表附注中均有较详细披露,为进一步分析提供了可能。

(二)总资产净利率

1. 公式

总资产净利率是指净利润与总资产的比率,它表明每 1 元总资产创造的净利润。其计算公式如下:

$$总资产净利率=(净利润÷总资产)\times100\% \qquad (式3-29)$$

根据 ABC 公司的财务报表数据:

$$本年总资产净利率=(136÷2000)\times100\%=6.8\%$$

$$上年总资产净利率=(160÷1680)\times100\%=9.52\%$$

$$变动=6.8\%-9.52\%=-2.72\%$$

总资产净利率是公司盈利能力的关键。虽然股东报酬由总资产净利率和财务杠杆共同决定,但提高财务杠杆会增加公司风险,往往并不增加公司价值。此外,财务杠杆的提高有诸多限制,公司经常处于财务杠杆不可能再提高的临界状态。因此,提高权益净利率的基本动力是总资产净利率。

2. 驱动因素

经解析,总资产净利率的驱动因素是营业净利率和总资产周转次数。

$$总资产净利率=\frac{净利润}{总资产}=\frac{净利润}{营业收入}\times\frac{营业收入}{总资产}=营业净利率\times总资产周转次数$$

(式 3-30)

总资产周转次数是每 1 元总资产投资支持的营业收入，营业净利率是每 1 元营业收入创造的净利润，两者共同决定了总资产净利率，即每 1 元总资产创造的净利润。有关总资产净利率的因素分解如表 3-8 所示。

表 3-8 总资产净利率的分解　　单位：万元

	本年	上年	变动
营业收入	3000	2850	150
净利润	136	160	-24
总资产	2000	1680	320
总资产净利率(%)	6.80	9.52	-2.72
营业净利率(%)	4.53	5.61	-1.08
总资产周转次数(次)	1.50	1.70	-0.20

ABC 公司的总资产净利率比上年降低 2.72%。其原因是营业净利率和总资产周转次数都降低了。哪一个原因更重要呢？可以使用差额分析法进行定量分析。

营业净利率变动影响＝营业净利率变动×上年总资产周转次数

＝(-1.08%)×1.70

＝-1.84%

总资产周转次数变动影响＝本年营业净利率×总资产周转次数变动

＝4.53%×(-0.20)

＝-0.91%

合计＝-1.84%-0.91%＝-2.75%

由于营业净利率下降，使总资产净利率下降 1.84%；由于总资产周转次数下降，使总资产净利率下降 0.91%。两者共同作用使总资产净利率下降 2.75%，其中营业净利率下降是主要原因。

(三)权益净利率

权益净利率，也称净资产收益率，是净利润与股东权益的比率，它反映每 1 元股东权益赚取的净利润，可以衡量企业的总体盈利能力。

权益净利率＝(净利润÷股东权益)×100%　　(式 3-31)

根据 ABC 公司的财务报表数据：

本年权益净利率＝(136÷960)×100%＝14.17%

上年权益净利率＝(160÷880)×100%＝18.18%

权益净利率的分母是股东的投入，分子是股东的所得。权益净利率具有很强的综合性，概括了公司的全部经营业绩和财务业绩。ABC 公司本年股东的收益率比上年降低了。

第三节 财务综合分析

单独分析任何一类财务指标,都不足以全面地评价企业的财务状况和经营效果,只有对各种财务指标进行系统的、综合的分析,才能对企业的财务状况做出全面、合理的评价。因此,必须对企业进行综合的财务分析。

一、财务比率综合评分法

财务比率综合评分法,也称为沃尔评分法,是指通过对选定的几项财务比率进行评分,然后计算出综合得分,并据此评价企业的综合财务状况的方法。最早采用这种方法的是亚历山大・沃尔,故称沃尔评分法。1928 年亚历山大・沃尔在《K 信用晴雨表研究》和《财务报表比率分析》两本著作中采用评分方法对企业的信用状况进行综合评价,并提出了信用能力指数的概念。他选择了 7 个财务比率,包括流动比率、产权比率、固定资产比率、存货周转率、应收账款周转率、固定资产周转率和股权资本周转率,并且分别给定各项财务比率不同的权重,然后以行业平均数为基础确定各项财务比率的标准值,将各项财务比率的实际值与标准值进行比较,得出一个关系比率,将此关系比率与各项财务比率的权重相乘得出总评分,以此来评价企业的信用状况。在沃尔之后,这种方法不断发展,成为对企业进行财务综合分析的重要方法之一。采用财务比率综合评分法进行企业财务状况的综合分析,一般要遵循如下程序。

(一)选定评价财务状况的财务比率

在选择财务比率时,需要注意以下三个方面。

(1)财务比率要求具有全面性。一般来说,反映企业的偿债能力、营运能力和盈利能力的三类财务比率都应当包括在内。

(2)财务比率应当具有代表性。所选择的财务比率数量不一定很多,但应当具有代表性,要选择能够说明问题的重要的财务比率。

(3)各项财务比率要具有变化方向的一致性。当财务比率增大时,表示财务状况的改善;当财务比率减小时,表示财务状况的恶化。

(二)确定财务比率标准评分值

根据各项财务比率的重要程度,确定其标准评分值,即重要性系数。各项财务比率的标准评分值之和应等于 100 分。各项财务比率评分值的确定是财务比率综合评分法的一个重要问题,它直接影响到对企业财务状况的评分多少。各项财务比率的重要程度,不同的分析者会有截然不同的态度,但一般来说,应根据企业的经营活动的性质、生产经营规模、市场形象和分析者的分析目的等因素来确定。

(三)确定财务比率评分值的上下限

规定各项财务比率评分值的上限和下限,即最高评分值和最低评分值。这主要是为了避免个别财务比率的异常给总分造成不合理的影响。

(四)确定财务比率的标准值

财务比率的标准值是指各项财务比率在本企业现时条件下最理想的数值,亦即最优值。财务比率的标准值,通常可以参照同行业的平均水平,并经过调整后确定。

(五)计算关系比率

计算企业在一定时期各项财务比率的实际值,然后,计算出各项财务比率实际值与标准值的比值,即关系比率。关系比率反映了企业某一财务比率的实际值偏离标准值的程度。

(六)计算出各项财务比率的实际得分

各项财务比率的实际得分是关系比率和标准评分值的乘积,每项财务比率的得分都不得超过上限或下限,所有各项财务比率实际得分的合计数就是企业财务状况的综合得分。企业财务状况的综合得分反映了企业综合财务状况是否良好。如果综合得分等于或接近于100分,说明企业的财务状况是良好的,达到了预先确定的标准;如果综合得分远远低于100分,则说明企业的财务状况较差,应当采取适当的措施加以改善;如果综合得分远远超过100分,则说明企业的财务状况很理想。

二、杜邦分析法

杜邦分析体系,又称杜邦财务分析体系,简称杜邦体系,是利用各主要财务比率之间的内在联系,对公司财务状况和经营成果进行综合评价的系统方法。该体系是以权益净利率为核心,以总资产净利率和权益乘数为分解因素,重点揭示公司获利能力及杠杆水平对权益净利率的影响,以及各相关指标间的相互关系。杜邦体系最初因美国杜邦公司成功应用而得名。

(一)杜邦分析体系的核心比率

权益净利率是分析体系的核心比率,具有很好的可比性,可用于不同公司之间的比较。由于资本具有逐利性,总是流向投资报酬率高的行业和公司,因此各公司的权益净利率会比较接近。如果一个企业的权益净利率经常高于其他公司,就会引来竞争者,迫使该公司的权益净利率回到平均水平。如果一个公司的权益净利率经常低于其他公司,就难以增获资本,会被市场驱逐,从而使幸存公司的权益净利率平均水平回归正常。

权益净利率不仅有很强的可比性,而且有很强的综合性。公司为了提高权益净利率,可从如下三个分解指标入手:

$$\text{权益净利率}=\frac{\text{净利润}}{\text{营业收入}}\times\frac{\text{营业收入}}{\text{总资产}}\times\frac{\text{总资产}}{\text{股东权益}}=\text{营业净利率}\times\text{总资产周转次数}\times\text{权益乘数}$$

无论提高其中的哪个比率,权益净利率都会提高。其中,“营业净利率”是利润表的一种概括表示,“净利润”和“营业收入”两者相除可以概括企业经营成果;“权益乘数”是资产负债表的一种概括表示,表明资产、负债和股东权益的比例关系,可以反映企业最基本的财务状况;“总资产周转次数”把利润表和资产负债表联系起来,使权益净利率可以综合分析评价整个企业经营成果和财务状况。

(二)杜邦分析体系的基本框架

杜邦分析体系的基本框架可用图 3-1 表示。

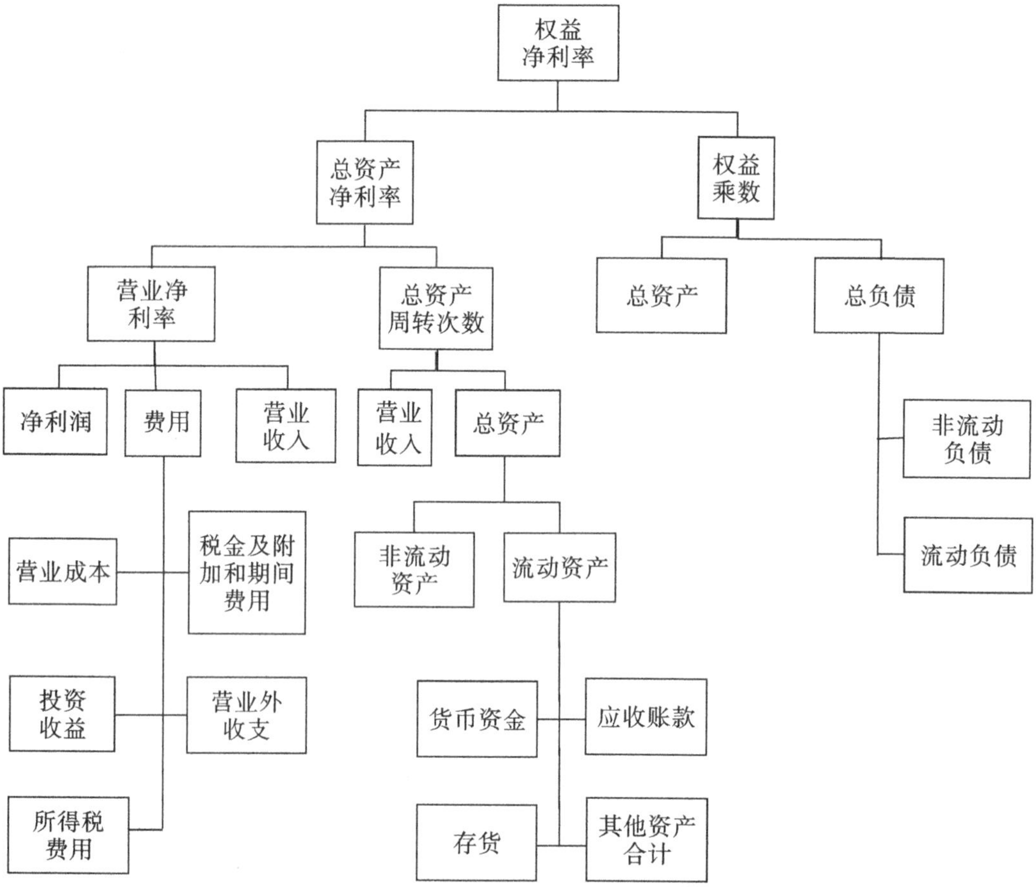

图 3-1 杜邦分析体系

由图 3-1 可见,该体系是一个多层次的财务比率分解体系。各项财务比率,可在每个层次上与本公司历史或同业财务比率比较,然后向下一级继续分解。逐级向下分解,逐步覆盖公司经营活动的每个环节,以实现系统、全面评价公司经营成果和财务状况的目的。第一层次的分解,是把权益净利率分解为营业净利率、总资产周转次数和权益乘数。这三个比率在各企业之间可能存在显著差异。通过对差异的比较,可以观察本公司与其他公司的经营战略和财务政策有什么不同。分解出来的营业净利率和总资产周转次数，可以反映公司的经营战略。一些公司营业净利率较高，而总资产周转次数较低；另一些公司与之相反，总资产周转次数较高而营业净利率较低。两者经常呈反方向变化。这种现象并不偶然。为了提高营业净利率，就要增加产品附加值，往往需要增加投资，引起周转次数的下降。与此相反，为了加快周转，就要降低价格，引起营业净利率下降。通常，营业净利率较高的制造业，其周转次数都较低；周转次数很高的零售业，营业净利率很低。采取"高盈利、低周转"还是"低盈利、高周转"的方针，是企业根据外部环境和自身资源做出的战略选择。正因如此，仅从营业净利率的高低并不能看出业绩好坏，应把它与总资产周转次数联系起来考察企业经营战略。真正重要的是两者共同作用得到的总资产净利率。总资产净利率可以反映管理者运用企业资产赚取盈利的业绩，是最重要的盈利能力。

分解出来的财务杠杆(以权益乘数表示)可以反映企业的财务政策。在总资产净利率不变的情况下，提高财务杠杆可以提高权益净利率，但同时也会增加财务风险。如何配置财务杠杆是公司最重要的财务政策。一般而言，总资产净利率较高的公司财务杠杆较低，反之亦然。这种现象也不是偶然的。可以设想，为了提高权益净利率，公司倾向于尽可能提高财务杠杆。但是，债权人不一定会同意这种做法。债权人不分享超过利息的收益，更倾向于为预期未来经营活动现金流量净额比较稳定的企业提供贷款。为了稳定现金流量，公司的一种选择是降低价格以减少竞争；另一种选择是增加营运资本以防止现金流中断，这都会导致总资产净利率下降。也就是说，为了提高流动性，只能降低营利性。因此，经营风险低的公司可以得到较多的贷款，其财务杠杆较高；经营风险高的企业，只能得到较少的贷款，其财务杠杆较低。总资产净利率与财务杠杆负相关，共同决定了公司的权益净利率。因此，公司必须使其经营战略和财务政策相匹配。

(三)权益净利率的驱动因素分解

该分析体系要求，在每一个层次上进行财务比率分解和比较。通过与上年比较可以识别变动的趋势，通过与同业比较可以识别存在的差距。分解的目的是识别引起变动(或产生差距)的原因，并衡量其重要性，为后续分析指明方向。

下面以 ABC 公司权益净利率的分解和比较为例，说明其一般方法。

权益净利率的比较对象，可以是其他公司的同期数据，也可以是本公司的历史数据，这里仅以本公司的本年与上年的比较为例。

$$\text{权益净利率} = \text{营业净利率} \times \text{总资产周转次数权益乘数} \qquad (\text{式}3\text{-}32)$$

$$\text{ABC 公司本年权益净利率 } 14.17\% = 4.533\% \times 1.5 \times 2.0833$$

$$\text{上年权益净利率 } 18.18\% = 5.614\% \times 1.6964 \times 1.9091$$

ABC 公司本年与上年权益净利率变动为-4.01%，与上年相比，权益净利率下降了，公司整体业绩不如上年。影响权益净利率变动的不利因素是营业净利率和总资产周转次数的下降；有利因素是财务杠杆的提高。

利用连环替代法可以定量分析相关因素对权益净利率变动的影响程度，具体内容如下。

1. 营业净利率变动的影响

按本年营业净利率计算的上年权益净利率=4.533%×1.6964×1.9091=14.68%

营业净利率变动的影响=14.68%-18.18%=-3.5%

2. 总资产周转次数变动的影响

按本年营业净利率、总资产周转次数计算的上年权益净利率=4.533%×1.5×1.9091
=12.98%

总资产周转次数变动的影响=12.98%-14.68%=-1.7%

3. 财务杠杆变动的影响

财务杠杆变动的影响=14.17%-12.98%=1.19%

通过分析可知,最重要的不利因素是营业净利率降低,使权益净利率减少3.5%;其次是总资产周转次数降低,使权益净利率减少1.7%。有利的因素是权益乘数提高,使权益净利率增加1.19%。不利因素超过有利因素,所以权益净利率减少4.01%。由此应重点关注营业净利率降低的原因。

在分解之后进入下一层次的分析,分别考察营业净利率、总资产周转次数和财务杠杆的变动原因。前面已经对此作过说明,此处不再赘述。

(四)杜邦分析体系的局限性

前述杜邦分析体系虽然被广泛使用,但也存在某些局限性。

1. 计算发现总资产净利率的"总资产"与"净利润"不匹配

总资产为全部资产提供者享有,而净利润则专属于股东,两者不匹配。由于总资产净利率的"投入与产出"不匹配,该指标不能反映实际的报酬率。为了改善该比率,要重新调整分子和分母。公司资金的提供者包括无息负债的债权人、有息负债的债权人和股东,无息负债的债权人不要求分享收益,要求分享收益的是股东和有息负债的债权人。因此,需要计量股东和有息负债债权人投入的资本,并且计量这些资本产生的收益,两者相除才是合乎逻辑的报酬率,才能准确反映企业的基本盈利能力。

2. 没有区分经营活动损益和金融活动损益

传统的杜邦分析体系不区分经营活动和金融活动。对于大多数公司来说,金融活动是净筹资,它们在金融市场上主要是筹资,而不是投资。筹资活动不产生净利润,而是支出净费用。这种筹资费用是否属于经营活动费用,在会计准则制定过程中始终存在很大争议,各国的会计准则对此的处理不尽相同。从财务管理角度看,公司的金融资产是尚未投入实际经营活动的资产,应将其与经营资产相区别。与此相应,金融损益也应与经营损益相区别,才能使经营资产和经营损益匹配。因此,正确计量基本盈利能力的前提是区分经营资产和金融资产,区分经营损益和金融损益。

3. 没有区分金融负债与经营负债

既然要把金融活动分离出来单独考察,就需要单独计量筹资活动成本。负债的成本(利息支出)仅仅是金融负债的成本,经营负债是无息负债。因此,必须区分金融负债与经营负债,利息与金融负债相除,才是真正的平均利息率。此外,区分金融负债与经营负债后，金融负债与股东权益相除，可以得到更符合实际的财务杠杆。经营负债没有固定成本，本来就没有杠杆作用，将其计入财务杠杆，会歪曲杠杆的实际效应。

第四节 财务分析的应用

一、财务分析的几个对象

(一)企业现金流分析

企业的运营和发展离不开现金流和各项资金的支持，资金状况健康与否是衡量一个企业当前发展状况和未来发展前景的一项重要指标。健康合理的资金流动对于公司的长期持续运营有重大意义。运用财务分析研究企业资金状况可以消除企业资金状况中的隐患、减少资金损失、优化资金流动方案和资金配置。通过财务分析，针对企业资金采取的一系列措施可以帮助企业减少资金流动的风险，降低资金调控造成企业风险的可能性。

(二)财务管理体系状况分析

财务管理是企业管理的重中之重，是每个企业管理的核心，财务管理状况的优秀与否直接关系到企业的生死存亡，企业财务状况产生问题往往会引发较大的企业风险，因此运用财务分析研究企业财务管理状况对于企业管理来说是十分必要的。财务分析可以从企业资金状况、财务报表、人员配置等多方面进行分析研究，发掘企业在财务管理上存在的问题。企业对此可以进行改善调整，以减少或消除由财务管理不善引发的企业风险。

(三)市场供需关系分析

企业的经营状况受市场的影响较大，市场的供需关系往往是导致企业盈利或是亏损的关键因素。为合理安排公司资金调配、生产销售，就需要运用财务分析对当下和未来的市场供需状况进行分析预判，再将预判结果反馈于企业生产经营的决策实施，从而使企业的生产销售计划与当下、未来的市场供需关系相协调，最大化企业的经济效益，减少企业的经济损失。例如，生产和销售具体产品的企业根据历年来每个季度的生产销售情况对当前和未来的市场需求进行预测，从而调整企业具体每个季度的生产计划，保证市场的供需关系趋于稳定，使企业生产销售数据预判更为精准，最大化企业的经济效益。

生产型企业根据财务分析报告，对未来某个季度、某一年的生产计划进行调整，保持市场供需与生产数量的均衡性，避免产品过剩引起的营销困难，节约了生产资金开支。

二、财务分析在各类风险中的应用

(一)财务分析在战略风险中的应用

企业的外部发展环境和市场经济状况都是其战略风险的影响因素。对于宏观经济、政治环境等方面的影响来说,企业内部必须及时找出合理的措施予以应对。在企业的资源利用和配置方式,其财力、人力的资源应用,生产能力的调整等方面都要向着能够获得更加广阔企业发展空间的模式转变。基于战略风险的财务分析工作,能够客观地对企业经营发展的全局状况给予评价,并站在战略高度分析企业当前阶段的运营风险和运行状况,结合运营风险评估的结果和资产管理风险的相关数据,对企业内部的各项经营能力重新进行整合优化,将影响战略实现的各有关因素通过环境的变化和生产经营情况的转变等方式充分进行完善。

(二)财务分析在经营风险中的应用

经营风险包含了企业在经营活动中可能存在着的各种潜在威胁。其产生原因十分复杂,可能由各种不确定性因素引起。具体的某个环节或某一方面出现问题都会产生连带作用,造成企业的财务风险。严重时可能会为企业带来较大的经济损失或直接造成企业的资金链断裂。盈利能力是保证企业获得充足发展动力的根本能力。盈利能力低或稳定性差都会造成企业的经营风险。此外,运营能力是衡量企业盈利水平的另一个指标,它对盈利的效率有着直接影响。运营效率高的企业比运营效率低的更加具有市场竞争力。

(三)财务分析在财务风险中的应用

资金是企业运营和发展的直接动力来源,也是维持企业生命体正常运转的血液。财务风险可以存在于经营活动中的各种资金相关事务。资金占用、周转等环节,都可能因资金收益不确定而存在风险。财务风险的分析主要围绕资金来源和使用情况而展开,对于资金周转的安全和收益率等指标也有所涉及。在现代企业财务风险评估的过程中,通常包含筹资风险、投资风险、经营风险和现金流风险等几个方面的影响。风险预警体系能够保护企业的核心财务管控能力,强化运营中的财务稳定性。

三、建立财务分析的指标评价体系

(一)财务状况分析

针对制造业企业来说,资产、负债、所有者权益都可以从各个角度将企业运营规模进行体现。以资金周转为例,主要是从企业流动资金的角度入手,实现对企业现有资金应用情况的探究和分析,以此将影响企业资产流通的各项因素进行体现。通常来说,该项指标越高,则表示企业资金周转效率越高,应用效率越大。在较快的周转效率下,流动资金会呈现出节省的状况,也就是流动资产投放量将不断提升,在某种程度上增强了制造业企业盈利实力。反之,该项指标越低,则表示企业资金周转效率越低,应用效率越小,资金大量浪费,影响企业盈利水平的提升。

(二)获利能力分析

获利能力作为制造企业资金运作的主要依据,企业管理人员给予其高度重视。通常来说,普遍应用的指标主要有主营业务利润率、营业利润率、销售毛利率等。当获利能力指标相对较高时,预示着企业盈利能力相对较强。

(三)现金流量分析

通过对现金流量的分析,能够及时掌握制造企业运营发展中各项资金的投放情况。近几年来,制造企业逐渐注重现金流量给企业带来的影响,并且也意识到现金流量可以更加精准地将企业运营情况进行体现,并且把现金流量分析当作财务分析的核心内容。现金流量已经成为当前制造企业评估自身运营情况的主要指标。在现金销售比例、销售现金流量率等因素的作用下,可以精准地掌握企业运营状况,给企业领导层级制定决策提供参考,实现制造企业的健康发展。

【练习题】

一、某公司是上市公司,本年利润分配表及年末股东权益的有关资料如下:

项目	金额	项目	金额/数量
净利润	2100 万元	股本	3000 万元
加:年初未分配利润	400 万元	每股面值	1 元
可供分配的利润	2500 万元	每股市价	10.5 元
减:提取法定盈余公积	500 万元	年末流通在外普通股股数	3000 万股
可供股东分配的利润	2000 万元	资本公积	2200 万元
减:提取任意盈余公积	200 万元	盈余公积	1200 万元
已分配现金股利	1200 万元	未分配利润	600 万元
未分配利润	600 万元	所有者权益总计	7000 万元

要求:

1. 计算普通股每股收益。
2. 计算市盈率、每股股利、股票获利率、股利支付率、股利保障倍数和留存盈利比率。
3. 计算每股净资产、市净率。

二、某公司 2003 年末资产负债表摘录如下。该公司的年末流动比率为 2;产权比率为 0.6;以销售额和年末存货计算的存货周转率 16 次;以销售成本和年末存货计算的存货周转率为 10 次;本年销售毛利额为 60 000 元。要求利用资产负债表中已有的数据和以上已知资料计算表中空缺的项目金额(该公司全部账户都在表中)。

资产	金额	负债及所有者权益	金额
货币资金	5000	应付账款	?
应收账款净额	?	应交税金	5000
存货	?	长期负债	?
固定资产净额	50 000	实收资本	60 000
		未分配利润	?
总计	85 000	总计	?

三、某公司当年12月31号资产负债表和利润表如下：

资产负债表

编制单位：A公司　　××年12月31号　　单位：万元

资产	年初数	年末数	负债及所有者权益	年初数	年末数
流动资产：			流动负债：		
货币资金	2850	5020	短期借款	650	485
短期投资	425	175	应付账款	1945	1295
应收账款	3500	3885	应付工资	585	975
预付账款	650	810	应付利润	1620	2590
存货	2610	2820	一年内到期的长期负债	385	485
待摊费用	75	80			
流动资产合计	10 110	12 790	流动负债合计	5185	5830
长期投资：			长期负债：		
长期投资	975	1650	长期借款	650	975
固定资产：			应付债券	400	640
固定资产原价	8100	9075	长期负债合计	1050	1615
减；累计折旧	2450	2795	所有者权益		
固定资产净额	5650	6280	实收资本	4860	5850
无形及递延资产：			资本公积	1560	2370
无形资产	90	75	盈余公积	2595	3240
递延资产	75	55	未分配利润	1650	1945
其他长期资产			所有者权益合计	10 665	13 405
资产总计	16 900	20 850	负债及所有者权益总计	16 900	20 850

利润表

编制单位:A 公司　　××年 12 月 31 号　　单位:万元

项目	上年实际	本年实际
一、产品销售收入	37 500	49 000
减:产品销售成本	22 500	27 500
产品销售费用	1575	1750
产品销售税金及附加	1875	2450
二、产品销售利润	11 550	17 300
加:其他业务利润	80	100
减:管理费用	2450	2750
财务费用	165	195
三、营业利润	9015	14 455
加:投资收益	245	350
营业外收入	195	165
减:营业外支出	165	95
四、利润总额	9290	14 875
减:所得税	3065	4910
五、净利润	6225	9965

注:①将“现金销售”视为收账时间为零的赊销,企业无销售折扣和折让;②财务费用中均为利息费用

根据上述财务报表,要求:

1. 计算以下各个比率指标。

(1)流动比率、速动比率。

(2)资产负债率、产权比率、有形净值债务率、已获利息倍数。

(3)应收账款周转率、存货周转率、流动资产周转率、总资产周转率。

(4)营业周期=存货周转天数+应收账款周转天数。

(5)销售毛利率、销售净利率、资产净利率、权益净利率。

(6)权益乘数。

2. 用公式列示杜邦财务分析体系中的主要关系公式。

四、综合应用题:以小组为单位,搜集某上市公司 2018、2019 年度资产负债表、利润表和现金流量表,用杜邦财务分析方法就该公司的盈利能力、营运能力及偿债能力做出评价。

第四章 筹资管理

【学习目标】

1. 了解长期筹资的概念、特征
2. 掌握普通股融资、债券融资和融资租赁
3. 了解衍生工具筹资
4. 掌握资金需要量的预测方法
5. 了解资本成本的概念及其影响因素
6. 掌握边际资本成本的计算
7. 掌握债务资本成本、权益资本成本和加权平均资本成本的计算
8. 理解并掌握经营杠杆效应、财务杠杆效应和总杠杆效应的原理及测算
9. 掌握每股收益法的资本结构决策方法

本章研究的筹资管理主要是对长期筹资进行管理,短期筹资将在后面的营运资金管理章节进行探讨。长期筹资是企业筹资的主要方面之一。

第一节　筹资管理概述

本节主要内容包括企业长期筹资的意义、长期筹资的动机、长期筹资的原则。长期筹资对于任何企业都是必要的,本节主要讲述企业长期筹资的概念和意义。

一、长期筹资的概念

任何企业在创立和发展过程中都需要筹资。企业筹资是指企业作为筹资主体,根据经营活动、投资活动和资本结构调整等需要,通过一定的金融市场和筹资渠道,采用一定的筹资方式,经济有效地筹措和集中资本的活动。企业筹资活动是企业的一项重要活动领域,是企业的基本财务业务。

企业的筹资可以分为短期筹资和长期筹资。长期筹资是指企业作为筹资主体,根据其经营活动、投资活动和调整资本结构等长期需要,通过长期筹资渠道和资本市场,运用长期筹资方式,经济有效地筹措和集中长期资本的活动。长期筹资是企业筹资的主要内容,短期筹资则归为营运资本管理的内容。

资本是企业经营和投资活动的一种基本要素,是企业创建和生存发展的一个必要条件。一个企业从创建到生存发展的整个过程都需要筹集资本。企业最初创建就需要筹资,以获得设立一个企业必需的初始资本,在取得会计师事务所验资证明,据以到工商管理部门办理注册登记后,才能开展正常的生产经营活动。

企业要长期生存与发展,需要经常持有一定规模的长期资本。企业需要长期资本的原因主要有:购建固定资产,取得无形资产,开展长期投资,垫支于长期性流动资产等。企业的长期资本一般是采用投入资本、发行股票、发行债券、长期借款和融资租赁等筹资方式取得或形成的。

二、长期筹资的意义

首先,任何企业在生存发展过程中,都需要始终维持一定的资本规模,由于生产经营活动的发展变化,往往需要追加筹资。例如,有的企业为了增加经营收入,降低成本费用,提高利润水平,需要根据市场需求变化,扩大生产经营规模,调整生产经营结构,研制开发新产品,所有这些经营策略的实施通常都要求有一定的资本条件。

其次,企业为了稳定一定的供求关系并获得一定的投资收益,对外开展投资活动,往往也需要筹集资本。例如,有的企业为了保证其产品生产所必需的原材料供应,向供应厂商投资并获得控制权。

最后,企业根据内外部环境的变化,适时采取调整企业资本结构的策略,也需要及时地筹集资本。例如,有的企业由于资本结构不合理,负债比率过大,偿债压力过重,财务风险过高,主动地通过筹资来调整资本结构。企业持续的生产经营活动,不断产生对资本的需求,需要筹措和集中资本;同时,企业因开展对外投资活动和调整资本结构,也需要筹措和集中资本。

三、长期筹资的动机

企业筹资的基本目的是为了自身的生存与发展。企业在持续的生存与发展中,其具体的筹资活动通常受特定的筹资动机所驱使。企业筹资的具体动机是多种多样的,譬如,为购置设备、引进新技术、开发新产品而筹资;为对外投资,并购其他企业而筹资;为现金周转与调度而筹资;为偿付债务和调整资本结构而筹资;等等。在企业筹资的实际活动中,这些具体的筹资动机有时是单一的,有时是复合的,归纳起来有三种基本类型,即扩张性融资动机、调整性融资动机和混合性融资动机。企业筹资的动机对筹资行为及其结果产生直接的影响。

（一）扩张性筹资动机

扩张性筹资动机是企业因扩大生产经营规模或增加对外投资的需要而产生的追加筹资动机。处于成长时期、具有良好发展前景的企业通常会产生这种筹资动机。例如，企业产品供不应求，需要增加市场供应；开发生产适销对路的新产品；追加有利的对外投资规模；开拓有发展前途的对外投资领域等，往往都需要追加筹资。扩张筹资动机所产生的直接结果，是企业资产总额和资本总额的增加。

（二）调整性筹资动机

企业的调整性筹资动机是企业因调整现有资本结构的需要而产生的筹资动机。简言之，资本结构是指企业各种筹资的构成及其比例关系，企业的资本结构是企业采取的各种筹资方式组合而形成的。一个企业在不同时期由于筹资方式的不同组合会形成不尽相同的资本结构，随着相关情况的变化，现有的资本结构可能不再合理，需要予以相应调整，使之趋于合理。

企业产生调整性筹资动机的原因有很多。譬如，一个企业有些债务到期必须偿付，企业虽然具有足够的偿债能力偿付这些债务，但为了调整现有的资本结构，仍然举债，从而使资本结构更加合理。再如，一个企业由于客观情况的变化，现有的资本结构中债务筹资所占的比例过大，财务风险过高，偿债压力过重，需要降低债务筹资的比例，因而采取债转股等措施予以调整，使资本结构适应客观情况的变化而趋于合理。

（三）混合性筹资动机

企业同时既为扩张规模又为调整资本结构而产生的筹资动机，称为混合性筹资动机，即这种混合性筹资动机中兼容了扩张性筹资和调整性筹资两种筹资动机。在这种混合性筹资动机的驱使下，企业通过筹资，既扩大了资产和资本的规模，又调整了资本结构。

四、长期筹资的原则

（一）合法性原则

遵循国家法律法规，合法筹措资金。企业的筹集资金行为和筹资活动必须遵循国家的相关法律法规，依法履行法律法规和投资合同约定的责任，合法合规筹资，依法披露信息，维护各方的合法权益。

（二）效益性原则

企业应当在考虑筹资难易程度的基础上，针对不同来源资金的成本，认真选择筹资渠道，并选择经济、可行的筹资方式，力求降低筹资成本。

（三）结构合理性原则

研究各种筹资方式，优化资本结构。企业筹资要综合考虑股权资金与债务资金的关系、长期资金与短期资金的关系、内部筹资与外部筹资的关系，合理安排资本结构，保持适当偿债能力，防范企业财务危机。

(四)及时性原则

合理安排筹资时间,适时取得资金。企业筹集资金,要根据资金需求的具体情况,合理安排资金的筹集到位时间,使筹资与用资在时间上相衔接。

(五)规模适当原则

分析生产经营情况,正确预测资金需要量。企业要根据生产经营及其发展的需要,合理预测资金的需要量。筹资规模与资金需要量应当匹配一致。

五、长期筹资的渠道

(一)吸收直接投资

(1)企业采用吸收直接投资方式筹集的资金一般可分为三类:吸收国家投资、吸收法人投资和吸收个人投资。

(2)吸收直接投资的特点:有利于增强企业信誉;有利于尽快形成生产能力;有利于降低财务风险。但资金成本较高,容易分散企业控制权。

(二)发行普通股票

(1)普通股是股份有限公司依法发行的具有管理权、股利不固定的股票。普通股具有股票的一般特征,是股份有限公司资本的最基本部分。

(2)普通股股东一般具有如下基本权利:公司管理权、分享盈余权、出售或转让股份权、剩余财产要求权。

(3)普通股筹资的特点:没有固定的利息负担;没有固定到期日;筹资风险小;能增加公司信誉。但普通股筹资的资金成本较高,容易分散控制权。

(三)新三板

中国多层次资本市场体系即主板、中小板、创业板、新三板、新四板。其中主板、中小板、创业板属于场内资本市场,该板块上市企业可面向公众发行股票,股东数量不限;新三板、新四板属于场外资本市场,该板块挂牌企业只能面向特定人群通过私募方式进行股权交易,股东数量必须在200人以内。

新三板的行业名称叫作"全国中小企业股份转让系统",它是经国务院批准设立的第三家全国性证券交易场所,针对的是中小微型企业,为非上市股份有限公司的股份公开转让、融资、并购等相关业务提供服务。

(四)长期借款

(1)长期借款指企业向银行或其他非银行金融机构借入的使用期限在1年以上(不含1年)的借款。

(2)长期借款按是否需要担保,分为信用借款和担保借款等。

(3)长期借款的偿还方式包括:定期支付利息、到期一次性偿还本金的方式;定期等额偿还方式;平时逐期偿还小额本金和利息,期末偿还余下的大额部分方式。

(4)与其他长期筹资方式相比,长期借款的特点为:筹资速度快,筹资成本较低,借款弹性较大,但限制条款较多。

(五)发行债券

(1)债券是一种发行人承诺在某一特定的时日将利息与本金付给债券持有人的债权债务凭证。

(2)债券的基本要素包括:债券的面值、债券的期限、债券的利率和利息、债券的价格。

(3)债券按发行主体不同分为:政府债券、金融债券和企业(含公司)债券;按有无抵押担保,分为信用债券和有担保债券;按是否可转换成股份,分为公司债券(不可转换债券)和可转换公司债券等。

(4)债券筹资的特点:资金成本较低,保证控制权,发挥财务杠杆作用;但债券筹资的筹资风险高,限制条件多,筹资额有限。

(六)融资租赁

(1)租赁是指出租人在承租人给予一定报酬的条件下,授予承租人在约定的期限内占有和使用财产权利的一种契约行为。

(2)融资租赁又称财务租赁,具体有售后租回、直接租赁和杠杆租赁三种形式。

(3)融资租赁的特点:筹资速度快,限制条款少,设备淘汰风险小,到期还本负担轻,税收负担轻等。但融资租赁的资金成本较高。

第二节　股权筹资

普通股融资通常不需要归还本金且没有固定的股利负担,相对于债券和借款的固定性利息现金流支付所承担的财务风险而言,权益融资的融资成本较高。股权融资包括内部股权融资和外部股权融资,反映在资产负债表上,前者是指留存收益的增加,后者则体现为股本或实收资本的增加(通常伴随资本公积的增加)。

一、普通股筹资

(一)普通股及其种类

普通股是有限公司发行的无特别权利的股份,也是最基本的、标准的股份。

普通股持有人即是普通股股东,他们是公司最终的所有者,以投资额为限承担与所有权有关的最终风险。公司清算时,普通股股东享有清偿完全部债权人和优先股股东要求权之后的剩余资产的要求权。普通股有以下分类:

1. 按股票有无记名,可以分为记名股票和无记名股票

记名股票是在股票票面上记载股东的姓名或者名称并将其记入公司股东名册的股票。这种股票除了股票上所记载的股东外,其他人不得行使其股权,且股份转让有严格

的法律程序与手续,需要办理过户。《中华人民共和国公司法》(下称我国《公司法》)规定,公司向发起人、国家授权投资的机构、法人发行的股票,应为记名股票。无记名股票是票面上不记载股东的姓名或名称的股票。这类股票的持有人即股份的所有人,具有股东资格。股票转让比较自由、方便,无须办理过户手续。

2. 按股票票面是否标明金额,可以分为面值股票和无面值股票

面值股票是在票面上标有一定金额的股票。持有这种股票的股东,对公司享有权利和承担义务的大小,以其所拥有的全部股票的票面金额之和占公司发行在外股票总面额的比例大小来定。我国《公司法》规定,股票应当标明票面金额。无面值股票是不在票面上标明金额,只在股票上载明所占公司股本总额的比例或股份数的股票。无面值股票的价值随公司财产的增减而变动,而股东对公司享有的权利和承担义务的大小,直接依股票标明的比例而定。

3. 按投资主体的不同,可分为国家股、法人股、个人股和外资股

国家股是有权代表国家投资的部门或机构以国有资产向公司投入而形成的股份国家股。由国务院授权的部门或机构持有,并向公司委派股权代表。法人股是指企业法人依法以其可支配的资产向公司投入形成的股份,或具有法人资格的事业单位和社会团体以国家允许用于经营的资产向公司投入而形成的股份。个人股为社会个人或公司内部职工以个人合法财产投入公司而形成的股份。

4. 按发行对象和上市地区的不同,可以分为 A 股、B 股、H 股和 N 股

A 股是供我国个人或法人买卖,以人民币标明票面价值并以人民币认购和交易的股票。

B 股、H 股、N 股是专供外国和我国港澳台地区的投资者买卖的,以人民币标明面值但以外币人认购和交易的股票(2001 年起也允许境内居民以合法取得的外币买卖)。B 股在深圳、上海上市,H 股在香港上市,N 股在纽约上市。

(二) 股票发行:首次公开发行

股票的发行市场又称"初级市场"或"一级市场",是公司发行新股票筹集资金的场所。股票可以通过中介机构公开向社会公众发行股票,也可由发行人直接向少数特定对象直接发行,前者称为公开间接发行,后者称为不公开直接发行(又称私募发行)。公开间接发行的范围广、易于足额募集资本,股票的变现性和流通性强并有助于提高发行公司的知名度,但是其手续繁杂,发行成本高。不公开直接发行弹性较大,发行成本低,但发行范围小,股票变现性差。

股份公司公开间接发行股票时可以采用自销和委托承销两种销售方式。自销是发行公司自己直接将股票销售给认购者。自销可由发行公司直接控制发行过程,实现发行意图并节省发行费用,但所需时间长并由发行公司承担全部发行风险。委托承销是指发行公司将股票销售业务委托给证券承销机构代理,具体又分为包销和代销两种情况。包销,是由发行公司与证券承销商签订承销协议,全权委托证券承销商代理股票的发售业务。采用这种办法,一般由证券承销商买进股份公司公开发行的全部股票,然后由承销

商将所购股票转销给社会上的投资者。在规定的募股期限内,若实际招募股份数达不到预定发行股份数,剩余部分由证券承销商全部承购下来。包销可促进股票顺利出售,及时筹足资本,还可免于承担发行风险,不利之处是要将股票以略低的价格售给承销商,且实际付出的发行费用较高;代销,是由证券承销商代理股票发售业务,若实际募集股份数达不到发行股数,承销商不负承购剩余股份的责任,而是将未售出的股份归还给发行公司,发行风险由发行公司自承担。

首次公开发行(initial public offering,简称 IPO)是指公司第一次公开发行新股。它通常发生在公司决定要公开上市的时候。所有的首次公开发行都是现金发行,在现金发行中,股票要出售给社会公众,如果公司的现有股东希望购买股份,公司就不必首先公开销售。假如现金发行属于公开发行,通常要涉及投资银行。对于发行证券的公司而言,投资银行可以提供以下服务:制定证券发行方法、为新发行证券定价以及通过包销或代销方式销售新发行证券,即充当了承销商的角色。

股票发行价格是将股票出售给投资者时所采用的价格,也是投资者认购股票时所必须支付的价格。新股定价太高或太低都会使发行公司面临潜在的风险:如果定价过高,销售就有可能会不成功;如果定价低于真实的市场价格,则发行公司原有股东将会遭受机会成本损失。

确定合适的新股发行价格是 IPO 中最关键也是最困难的事情,其主要方法有以下几种:

(1)市盈率法。市盈率法是根据拟发行上市公司的每股净收益和所确定的发行市盈率来决定发行价格的一种新股定价方法。其计算公式为:发行价格=每股净收益×发行市盈率。公式中,每股净收益可以按发行当时的每股税后收益计算,也可以根据发行之前若干年的每股税后收益,采用一定的方法加以计算发行市盈率,可以根据同行业已上市公司的市盈率和本身的各种财务指标加以估计。2000 年以前我国新股定价一般采用这种方法。从 2000 年 3 月份起,我国新股发行由原来的审批制改为核准制,新股的定价方法也出现了重要变化。

(2)议价法。议价法是核准制下新股定价的主要方法,是由股票发行人与主承销商协商确定发行价。发行人和主承销商在议定发行价时,主要考虑二级市场股票价格的高低、市场利率水平、发行公司未来发展前景、发行公司的风险水平和市场对新股的需求状况等因素。议价法又分为以下两种方式:

1)固定价格方式。在这种方式下,由发行人和主承销商在新股公开发行前商定一个固定的价格,然后根据这个价格进行公开发售。在我国台湾地区,新股发行价格是根据影响新股价格的因素进行加权平均得出的。在西方发达国家,承销商多采用代销方式推销新股。同时采用固定价格方式为新股定价。发行人和承销商在新股发行前,先商定发行价格和最小及最大发行量,承销期开始后,承销商尽力向投资者推销股票。如果在规定的时间(一般为 90 天)和给定的价格下,股票销售额低于最低发行量,股票发行将终止,已集的资金返还给投资者。

2)市场询价方式。当新股发行采用包销方式时,通常采用市场询价方式。这种方式确定新股发行价格时一般包括两个步骤:首先,根据新股价值(一般采用折现现金流量法确定)、股票发行时大盘走势、流通盘大小、公司所处行业股票的市场表现等因素确定新股发行的价格区间;其次,主承销商协同上市公司的管理层进行路演,向投资者介绍和推销该股票,并向投资者发送预订邀请文件,征集在各个价位上的需求量,通过对反馈回来的投资者的预订股份单进行统计,主承销商和发行人对最初的发行价格进行修正,最后确定新股发行价格。美国公司的新股发行大多采用该定价方式。

(3)竞价法。竞价法是指由各股票承销商或者投资者以投票的方式相互竞争确定股票发行价格。具体实施中有以下三种具体形式:

1)网上竞价。网上竞价是指通过证券交易所电脑交易系统,按集中竞价原则确定新股发行价。新股竞价申报时,主承销商作为唯一"卖方",以新股实际发行数为卖出数,以发行公司宣布的发行底价为卖出价。投资者作为买方,以不低于发行底价的价格进行申报,并由证券交易所按价格优先原则进行撮合成交。

2)机构投资者(法人)竞价。新股发行时,采取对法人配售和对一般投资者网上发行相结合的方式,通过法人投资者竞价来确定股票发行价格。一般由主承销商确定发行底价,法人投资者根据自己的意愿申报申购价格和股数。申购结束后,由发行人和主承销商对法人投资者的有效预约和申购股数按申购价格由高到低进行排序,根据事先确定的累计申购价格的关系确定新股发行价格。

3)券商竞价。新股发行时,发行人事先通知承销商,说明发行新股的计划、发行条件和对新股承销的要求。各股票承销商根据自己的情况拟定各自的标书,以投标方式相互竞争股票承销业务,中标标书中的价格就是新股发行价格。

(三)企业 IPO 的操作步骤

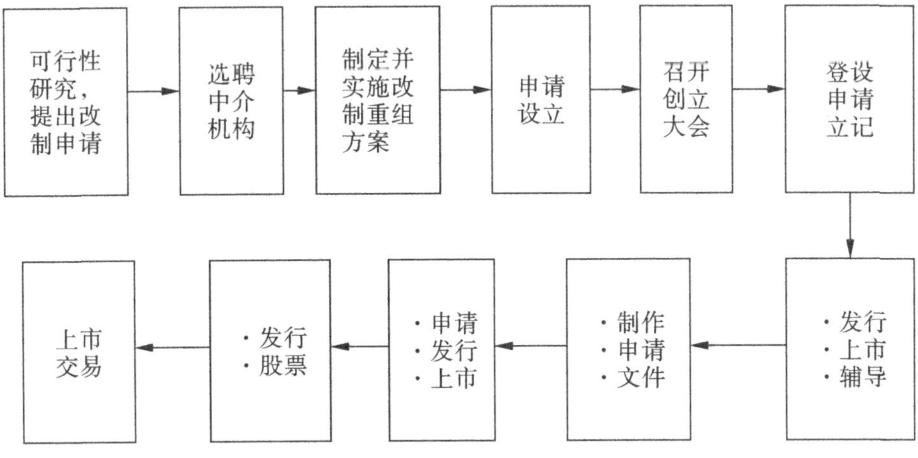

图 4-1 企业 IPO 操作流程

（四）普通股筹资的特点

普通股是最基本的一种股票形式，是相对于优先股的一种股票种类。它是指股份公司依法发行的具有表决权和剩余索取权的一类股票。普通股具有股票的最一般特征，每一份股权包含对公司的财产享有的平等权利。

（五）普通股筹资的优点和缺点

1. 普通股筹资的优点

与其他筹资方式相比，普通股筹措资本具有如下优点：

（1）没有固定利息负担。公司有盈余，并认为适合分配股利，就可以分给股东；公司盈余较少，或虽有盈余但资金短缺或有更有利的投资机会，就可少支付或不支付股利。

（2）没有固定到期日。利用普通股筹集的是永久性的资金，除非公司清算才须偿还。它对保证企业最低的资金需求有重要意义。

（3）筹资风险小。由于普通股没有固定到期日，不用支付固定的利息，因此风险小。

（4）能增加公司的信誉。普通股本与留存收益构成公司所借入一切债务的基础。有了较多的自有资金，就可为债权人提供较大的损失保障，因而，普通股筹资既可以提高公司的信用价值，同时也为使用更多的债务资金提供了强有力的支持。

（5）筹资限制较少。利用优先股或债券筹资，通常有许多限制，这些限制往往会影响公司经营的灵活性，而利用普通股筹资则没有这种限制。

另外，由于普通股的预期收益较高并可在一定程度上抵消通货膨胀的影响（通常在通货膨胀期间，不动产升值时普通股也随之升值），因此普通股筹资容易吸收资金。

2. 普通股筹资的缺点

运用普通股筹措资本也有一些缺点：

（1）普通股的资本成本较高。首先，从投资者的角度讲，投资于普通股风险较高，相应地要求有较高的投资报酬率。其次，对于筹资公司来讲，普通股股利从净利润中支付，不像债券利息那样作为费用从税前支付，因而不具有抵税作用。此外，普通股的发行费用一般也高于其他证券。

（2）以普通股筹资会增加新股东，这可能会分散公司的控制权，削弱原有股东对公司的控制。

（3）如果公司股票上市，需要履行严格的信息披露制度，接受公众股东的监督，会带来较大的信息披露成本，也增加了公司保护商业秘密的难度。

（4）股票上市会增加公司被收购的风险。公司股票上市后，其经营状况会受到社会的广泛关注，一旦公司经营或是财务方面出现问题，可能面临被收购的风险。

（六）证券发行管理制度

1. 证券发行核准制

核准制，是上市公司股票申请上市须经过核准的证券发行管理制度。发行人在申请发行股票时，不仅要充分公开企业的真实情况，而且必须符合有关法律和证券监管机构规定的必要条件。

证券监管机构有权否决不符合规定条件的股票发行申请。证券监管机构对申报文件的全面性、准确性、真实性和及时性做审查，还对发行人的营业性质、财务状况、经营能力、发展前景、发行数量和发行价格等条件进行实质性审查，并据此做出发行人是否符合发行条件的价值判断和是否核准申请的决定。

核准制要求主承销商对发行人进行一年的辅导后，再向证监会申请发行股票。根据核准制的相关规定，企业只要符合条件就可以上市。

从2004年2月1日起，中国开始推行核准制下的保荐人制度。保荐人依法对发行文件进行核查，向中国证监会出具保荐意见，上市后，保荐机构和保荐人仍负有持续督导责任。保荐制度、发行审核委员会（简称发审委）制度、询价制度构成中国股票发行监管的制度基础。

我国的证券发行审核制度

1988年以来，我国在证券发行审核方面，是地方法规分别规定证券发行审核办法。

1992年，中国证监会成立，开始实行全国范围的证券发行规模控制与实质审查制度。

1996年以前，由国家下达发行规模，并将发行指标分配给地方政府，以及中央企业的主管部门，地方政府或者中央主管部门在自己的管辖区内，或者行业内，对申请上市的企业进行筛选，经过实质审查合格后，报中国证监会批准。在执行中，地方政府或者中央主管部门尽量将有限的股票发行，分配给更多的企业，造成了发行公司规模小，公司质量差的情况。于是，1996年以后，开始实行“总量控制，集中掌握，限报数家”的办法。就是地方政府或者中央主管部门根据中国证监会事先下达的发行指标，审定申请上市的企业，向中国证监会推荐。中国证监会对上报的企业的预选资料审核，合格以后，由地方政府或者中央主管部门根据分配的发行指标，下达发行额度。审查不合格的，不能下达发行额度。企业得到发行额度以后，将正式材料上报中国证监会，由中国证监会最后审定是否批准企业发行证券。这是计划经济。

1998年12月29日，第九届全国人民代表大会常务委员会第六次会议通过《中华人民共和国证券法》①，自1999年7月1日起施行。

其中第10条规定：公开发行证券，必须符合法律、行政法规规定的条件，并依法报经国务院证券监督管理机构或者国务院授权的部门核准或审批；未经依法核准或审批，任何单位和个人不得向社会公开发行证券。

第11条第1款规定：公开发行股票，必须依照公司法规定的条件，报经国务院证券监督管理机构核准。发行人必须向国务院证券监督管理机构提交公司法规定的申请文件和国务院证券监督管理机构规定的有关文件。

---

① 2004年至今已做多次修订。本部分呈现法条为1998年版本。

第11条第2款还规定：发行公司债券，必须依照公司法规定的条件，报经国务院授权的部门审批。发行人必须向国务院授权的部门提交公司法规定的申请文件和国务院授权的部门规定的有关文件。

·核准制实质条件

第一，发行公司所属行业是否符合国家产业政策。

第二，发行公司的经济效益如何，有无发展潜力。

第三，发行公司的资本结构是否健全合理。

第四，发行公司的高级管理人员是否具备了必要的资格。

第五，发行公司公开的资料是否充分、真实。

第六，发起股东出资是否公开等。

·核准制内容

第一，证券发行须遵守信息披露义务，证券发行也必须符合证券法规定的证券发行条件并接受证券监管机构的监管。

第二，政府有权对证券发行人资格及其所发行的证券作出实质审查和决定等。

·核准制特点

第一，证券法规定证券发行人的发行资格及证券发行的实质条件。通过确定证券发行人资格及发行条件，尽力排斥劣质证券的发行。依此，并非各种公司无论其规模及营利能力均可公开发行证券，只有具备法定资格并符合法定条件的发行人才可以发行证券。

第二，证券监管机构对证券发行享有独立审查权。严格地说，证券监管机构的职责是保证法律规则的贯彻与实施。于审核期间，若发现发行人资格、条件与法律规定不相符合者，应禁止其公开发行。目的是使发行人资格及条件符合证券法规定，证券监管机构也有权不核准其发行证券。

第三，证券监管机构在核准证券发行申请后，如发现存在其他违法情势时，有权撤销已做出的核准与批准，且证券监管机构撤销已作出核准的，无须承担责任。

2. 证券发行注册制

随着证券市场的发展与成熟，发行审批制度由核准制向注册制过渡是必然趋势。

证券发行注册制是指证券发行申请人依法将与证券发行有关的一切信息和资料公开，制成法律文件，送交主管机构审查，主管机构只负责审查发行申请人提供的信息和资料是否履行了信息披露义务的一种制度。

其最重要的特征是：在注册制下证券发行审核机构只对注册文件进行形式审查，不进行实质判断。证券发行注册的目的是向投资者提供据以判断证券实质要件的形式资料，以便做出投资决定，证券注册并不能成为投资者免受损失的保护伞。如果公开方式适当，证券管理机构不得以发行证券价格或其他条件非公平或发行者提出的公司前景不尽合理等理由而拒绝注册。注册是公司发行证券上市的制度，其区别于核准制。2016年3月1日，国务院对注册制改革的授权将正式实施。2020年10月9日国务院印发《关于进一步提高上市公司质量的意见》提出将“全面推行、分步实施证券发行注册制,支持优质企业上市”。注册制是指发行人在准备发行证券时,必须将依法公开的各种资料完整、真实、准确地向证券主管机关呈报并申请注册……作形式审查,至于发行人营业性质,发行人财力、素质及发展前景,发行数量与价格等实质条件均不作为发行审核要件……不做出价值判断。申报文件提交后,经过法定期间,主管机关若无异议,申请即自动生效。“核准制是指发行人在发行股票时,不仅要充分公开企业的真实状况,而且还必须符合有关法律和证券管理机关规定的必备条件……还对发行人是否符合发行条件进行实质审核。”

由此可以看出,形式审核(注册制)与实质审核(核准制)的区分在于审核机关是否对公司的价值做出判断,这也是注册制与核准制的划分标准。而实质审查具有两层含义:一种是指行政机关对披露内容的真实性进行核查与判断,另一种是指行政机关对披露内容的投资价值作出判断。在界定股票发行中的核准制时,一般取实质审查的第二种含义,即判断公司证券的投资价值与风险。

进程:

2018年2月24日,第十二届全国人民代表大会常务委员会第三十三次会议决定:2015年12月27日第十二届全国人民代表大会常务委员会第十八次会议授权国务院在实施股票发行注册制改革中调整适用《中华人民共和国证券法》有关规定的决定施行期限届满后,期限延长二年至2020年2月29日。

2018年11月5日,习近平出席首届中国国际进口博览会开幕式并发表主旨演讲,宣布在上海证券交易所设立科创板并试点注册制。

2020年4月27日,中央全面深化改革委员会第十三次会议审议通过了《创业板改革并试点注册制总体实施方案》,将在创业板试点注册制。

2020年10月9日国务院印发《关于进一步提高上市公司质量的意见》提出将“全面推行、分步实施证券发行注册制,支持优质企业上市。”

《关于修改〈科创板首次公开发行股票注册管理办法(试行)〉的决定》已经于2020年7月7日中国证券监督管理委员会2020年第6次委务会议审议通过,现予公布,自公布之日起施行。

注册程序:

在科创板试点注册制首次公开发行股票的主要程序步骤如下。

第一,发行人董事会应当依法就本次股票发行的具体方案、本次募集资金使用的可行性及其他必须明确的事项做出决议,并提请股东大会批准。

第二,发行人股东大会就本次发行股票做出的决议,至少应当包括下列事项:

(1)本次公开发行股票的种类和数量;

(2)发行对象;

(3)定价方式;

(4)募集资金用途;

(5)发行前滚存利润的分配方案;

(6)决议的有效期;

(7)对董事会办理本次发行具体事宜的授权;

(8)其他必须明确的事项。

第三,发行人申请首次公开发行股票并在科创板上市,应当按照中国证监会有关规定制作注册申请文件,由保荐人保荐并向交易所申报。

交易所收到注册申请文件后,5个工作日内做出是否受理的决定。

第四,自注册申请文件受理之日起,发行人及其控股股东、实际控制人、董事、监事、高级管理人员,以及与本次股票公开发行并上市相关的保荐人、证券服务机构及相关责任人员,即承担相应法律责任。

第五,注册申请文件受理后,未经中国证监会或者交易所同意,不得改动。

发生重大事项的,发行人、保荐人、证券服务机构应当及时向交易所报告,并按要求更新注册申请文件和信息披露资料。

第六,交易所设立独立的审核部门,负责审核发行人公开发行并上市申请;设立科技创新咨询委员会,负责为科创板建设和发行上市审核提供专业咨询和政策建议;设立科创板股票上市委员会,负责对审核部门出具的审核报告和发行人的申请文件提出审议意见。

交易所主要通过向发行人提出审核问询、发行人回答问题方式开展审核工作,基于科创板定位,判断发行人是否符合发行条件、上市条件和信息披露要求。

第七,交易所按照规定的条件和程序,做出同意或者不同意发行人股票公开发行并上市的审核意见。同意发行人股票公开发行并上市的,将审核意见、发行人注册申请文件及相关审核资料报送中国证监会履行发行注册程序。不同意发行人股票公开发行并上市的,做出终止发行上市审核决定。

第八,交易所应当自受理注册申请文件之日起3个月内形成审核意见。发行人根据要求补充、修改注册申请文件,以及交易所按照规定对发行人实施现场检查,或者要求保荐人、证券服务机构对有关事项进行专项核查的时间不计算在内。

第九,中国证监会收到交易所报送的审核意见、发行人注册申请文件及相关审核资料后,履行发行注册程序。发行注册主要关注交易所发行上市审核内容有无遗漏,审核程序是否符合规定,以及发行人在发行条件和信息披露要求的重大方面是否符合相关规定。中国证监会认为存在需要进一步说明或者落实事项的,可以要求交易所进一步问询。

中国证监会认为交易所对影响发行条件的重大事项未予关注或者交易所的审核意见依据明显不充分的,可以退回交易所补充审核。交易所补充审核后,同意发行人股票公开发行并上市的,重新向中国证监会报送审核意见及相关资料,本办法第二十四条规定的注册期限重新计算。

第十,中国证监会在20个工作日内对发行人的注册申请做出同意注册或者不予注册的决定。发行人根据要求补充、修改注册申请文件，中国证监会要求交易所进一步问询，以及中国证监会要求保荐人、证券服务机构等对有关事项进行核查的时间不计算在内。

中国证监会同意注册的决定自做出之日起1年内有效，发行人应当在注册决定有效期内发行股票，发行时点由发行人自主选择。

二、优先股融资

优先股是享有优先权的股票。优先股的股东对公司资产、利润分配等享有优先权，其风险较小。但是优先股股东对公司事务无表决权。优先股股东没有选举及被选举权，一般来说对公司的经营没有参与权，优先股股东不能退股，只能通过优先股的赎回条款被公司赎回。

（一）优先股的种类

1. 累计优先股和非累计优先股股票

累计优先股指的是将以往营业年度内未支付的股息累积起来，由以后营业年度的盈利来一并支付的优先股股票。

非累计优先股是按当年盈利分派股息，对累计下来的未足额的股息不予补付的优先股股票。

2. 参加分配优先股和不参加分配优先股

参加分配优先股是指那种不仅可以按规定分得当年的定额股息，而且还有与普通股股东一起参加公司利润分配的优先股股票。

不参加分配优先股是指只按规定股息率分取股息，不参加公司利润分配的优先股股票。

3. 可转换优先股和不可转换优先股

可转换优先股是持股人可以在特定条件下把优先股股票转换成普通股股票或公司债券的优先股股票。

不可转换优先股是指不能变换成普通股股票或公司债券的优先股票。

4. 可回优先股和不可回优先股

可回优先股是指股票发行公司可以按一定价格收回的优先股股票。

不可回优先股是指股票发行公司无权从股票持有人手中收回的优先股股票。

5. 股息可调换优先股和股息不可调换优先股

股息可调换优先股是指股息率可以调整的优先股股票。

股息不可调换优先股就是股息率不能调整的优先股股票。

（二）优先股的主要特征

优先股是相对普通股而言的，是较普通股具有某些优先权利，同时也受到一定限制的股票。优先股的含义主要体现在“优先权利”上，包括优先分配股利和优先分配公司剩余财产。具体的优先条件须由公司章程予以明确规定。优先股与普通股具有某些共性，如优先股亦无到期日，公司运用优先股所筹资本公亦属股权资本。但是，它又具有公司债券的某些特征。因此，优先股被视为一种混合性证券。优先股与普通股比较一般具有如下特征。

(1)优先股通常预先定明股息收率。由于优先股股息率事先固定，所以优先股的股息一般不会根据公司经营情况而增减，而且一般也不能参与公司的分红，但优先股可以先于普通股获得股息。对公司来说，由于股息固定，它不影响公司的利润分配。

(2)优先股的权利范围小。优先股股东一般没有选举权和被选举权，对股份公司的重大经营无投票权，但在某些情况下可以享有投票权。

(3)如果公司股东大会需要讨论与优先股有关的索偿权，即优先的索偿权先于普通股，而次于债权人。

(三)优先股在中国

《优先股试点管理办法》经2013年12月9日中国证券监督管理委员会第16次主席办公会会议审议通过，2014年3月21日中国证券监督管理委员会令第97号公布。该办法分总则、优先股股东权利的行使、上市公司发行优先股、非上市公众公司非公开发行优先股、交易转让及登记结算、信息披露、回购与并购重组、监管措施和法律责任、附则，共9章70条，自公布之日起施行。

《优先股试点管理办法》第二十六条规定，上市公司公开发行优先股，应当符合以下情形之一：

(一)其普通股为上证50指数成份股。

(二)以公开发行优先股作为支付手段收购或吸收合并其他上市公司。

(三)以减少注册资本为目的回购普通股的，可以公开发行优先股作为支付手段，或者在回购方案实施完毕后，可公开发行不超过回购减资总额的优先股。

三、留存收益筹资

(一)收益分配与融资

从性质上讲，企业通过有效经营实现的收益属于企业的所有者，从会计的角度看，收益确认的计量是建立在权责发生制基础上的，而不一定有相应数额的现金净流量。因而企业不一定有足够的现金将收益全部分派给所有者。另一方面，企业的所有者对于企业的再生产、投资机会、控制权、与优先股东及债权人的契约等有通盘考虑，当期收益在弥补以前年度亏损之后也不一定将剩余收益全部分掉。此外，法律法规从保护债权人利益维持企业简单再生产和维持市场经济秩序等角度出发，限制企业将收益全部分完。企业将实现利润的一部分甚至全部留下来，被称为留存收益。留存收益的实质是所有者向企业追加投资，因而对企业而言是一种融资活动。

（二）留存收益筹资的优缺点

1. 留存收益融资的优点

（1）留存收益融资基本不发生筹资费用。公司采用发行股票、债券、融资租赁、银行借款等方式融资，都需要支付大量的筹资费用，而通过留存收益方式实现的融资则基本无须发生这种开支。

（2）留存收益融资可使公司股东获得税收上的利益。在西方发达国家，资本利得率相对较低，股东往往愿意将收益留存于企业而通过股票价格的上涨获得资本利得。如果将盈余全部分给股东，股东收到股利往往要缴纳较高的个人所得税，较为富格的股东不偏好现金股利。相应地，有些国家的法律会禁止公司过度地保留盈余，以防止税收流失。所以，留存收益融资也受到一定的限制。在我国，目前只对现金股利征个人所得税，尚未开征资本利得税，因此，公司保留盈余进而促使公司股价上涨，投资者因此可以获得资本利得收益，资本利得实际上具有合理避税的作用。

（3）留存收益融资在性质上属于权益资本融资，这将会保护所有权人的利益，增强公司的可持续发展能力。

2. 留存收益融资的缺点

（1）留存收益融资的数量受公司经营水平和股东的影响，不确定性较大。

（2）置在收益过多，股利支付过少，可能会打击投资者的积极性，不利于股票价格上涨，影响公司在证券市场上的形象。

（3）留存收益的资本成本较高接近于普通股的融资成本。

第三节 债务筹资

债务筹资是指通过负债筹集资金。负债是企业一项重要的资金来源，几乎没有一家企业是只靠自有资本，而不运用负债就能满足资金需要的。债务筹资是与普通股筹资性质不同的筹资方式。与后者相比，债务筹资的特点表现为：筹集的资金具有使用上的时间性，需到期偿还；不论企业经营好坏，需固定支付债务利息，从而形成企业固定的负担；其资本成本一般比普通股筹资成本低，且不会分散投资者对企业的控制权。

长期负债是指期限超过1年的负债。长期负债的优点是：可以解决企业长期资金的不足，如满足发展长期性固定资产的需要；由于长期负债的归还期长，债务人可对债务的归还做长期安排，还债压力或风险相对较小。缺点是：长期负债筹资一般成本较高，即长期负债的利率一般会高于短期负债利率；负债的限制较多，即债权人经常会向债务人提出一些限制性的条件以保证其能够及时、足额偿还债务本金和支付利息，从而形成对债务人的种种约束。

一、长期借款筹资

长期借款是指企业向银行或其他非银行金融机构借用的使用期超过 1 年的借款，主要用于购建固定资产和满足长期流动资金占用的需要。

(一)长期借款的种类

长期借款的种类很多，各企业可根据自身的情况和各种借款条件选用。我国目前各金融机构的长期借款主要有：

(1)按照用途，分为固定资产投资借款、更新改造借款、科技开发和新产品试制借款等。

(2)按照提供贷款的机构，分为政策性银行贷款、商业银行贷款等。此外，企业还可从信托投资公司取得实物或货币形式的信托投资贷款，从财务公司取得各种中长期贷款等。

(3)按照有无担保，分为信用贷款和抵押贷款。信用贷款指不需企业提供抵押品，仅凭其信用或担保人信誉而发放的贷款。抵押贷款是指要求企业以抵押品作为担保的贷款。长期贷款的抵押品常常是房屋、建筑物、机器设备、股票、债券等。

(二)长期借款的条件

金融机构对企业发放贷款的原则是：按计划发放、择优扶植、有物资保证、按期归还。企业申请贷款一般应具备的条件有：

(1)独立核算，自负盈亏，有法人资格。

(2)经营方向和业务范围符合国家产业政策，借款用途属于银行贷款办法规定的范围。

(3)借款企业具有一定的物资和财产保证，担保单位具有相应的经济实力。

(4)具有偿还贷款的能力。

(5)财务管理和经济核算制度健全，资金使用效益及企业经济效益良好。

(6)在银行设有账户，办理结算。

具备上述条件的企业欲取得贷款，先要向银行提出申请，陈述借款原因与金额、用款时间与计划、还款期限与计划。银行根据企业的借款申请，针对企业的财务状况、信用情况、盈利的稳定性、发展前景、借款投资项目的可行性等进行审查。银行审查同意贷款后，再与借款企业进一步协商贷款的具体条件，明确贷款的种类、用途、金额、利率、期限、还款的资金来源及方式、保护性条件、违约责任等，并以借款合同的形式将其法律化。借款合同生效后，企业便可取得借款。

(三)长期借款的保护性条款

由于长期借款的期限长、风险大，按照国际惯例，银行通常对借款企业提出一些有助于保证贷款按时足额偿还的条件。将这些条件写入贷款合同中，就形成了合同的保护性条款。归纳起来，保护性条款大致有一般性保护条款和特殊性保护条款两类。一般性保护条款应用于大多数借款合同，但根据具体情况会有不同内容，主要包括：第一，对借款企业流动资金保持量的规定，其目的在于保持借款企业资金的流动性和偿债能力；第二，对支付现金股利和再购入股票的限制,其目的在于限制现金外流;第三,对净经营性长期资产总投资规模的限制,其目的在于减小企业日后不得不变卖固定资产以偿还贷款的可能性,仍着眼于保持借款企业资金的流动性;第四,限制其他长期债务,其目的在于防止其他贷款人取得对企业资产的优先求偿权;第五,借款企业定期向银行提交财务报表,其目的在于及时掌握企业的财务情况;第六,不准在正常情况下出售较多资产,以保持企业正常的生产经营能力;第七,如期缴纳税费和清偿其他到期债务,以防被罚款而造成现金流失;第八,不准以任何资产作为其他承诺的担保或抵押,以避免企业负担过重;第九,不准贴现应收票据或出售应收账款,以避免或有负债;第十,限制租赁固定资产的规模,其目的在于防止企业负担巨额租金以致削弱其偿债能力,还在于防止企业以租赁固定资产的办法摆脱对其净经营性长期资产总投资和负债的约束。特殊性保护条款是针对某些特殊情况而出现在部分借款合同中的,主要包括:第一,贷款专款专用;第二,不准企业投资于短期内不能收回资金的项目;第三,限制企业高级职员的薪金和奖金总额;第四,要求企业主要领导人在合同有效期间担任领导职务;第五,要求企业主要领导人购买人身保险;等等。此外,"短期借款筹资"中的周转信贷协定、补偿性余额等条件,也同样适用于长期借款。

(四)长期借款的成本

长期借款的利息率通常高于短期借款,但信誉好或抵押品流动性强的借款企业,仍然可以争取到较低的长期借款利率。长期借款利率有固定利率和浮动利率两种。浮动利率通常有最高、最低限,并在借款合同中明确。对于借款企业来讲,若预测市场利率将上升,应与银行签订固定利率合同;反之,则应签订浮动利率合同。

除了利息之外,银行还会向借款企业收取其他费用,如实行周转信贷协定所收取的承诺费、要求借款企业在本银行中保持补偿余额所形成的间接费用。这些费用会增大长期借款的成本。

(五)长期借款的偿还方式

长期借款的偿还方式不一,包括:定期支付利息、到期一次性偿还本金的方式;如同短期借款那样的定期等额偿还方式;平时逐期偿还小额本金和利息、期末偿还余下的大额部分的方式。第一种偿还方式会加大企业借款到期时的还款压力,而定期等额偿还又会提高企业使用贷款的有效年利率。

(六)长期借款筹资的优缺点

1. 长期借款筹资的优点

与其他长期负债筹资相比,长期借款筹资的优点主要有:

(1)筹资速度快。发行各种证券筹集长期资金所需时间一般较长,做好证券发行的准备以及证券的发行都需要一定时间。而向金融机构借款与发行证券相比,一般借款所需时间较短,可以迅速地获取资金。

(2)借款弹性好。企业与金融机构可以直接接触,可通过直接商谈来确定借款的时间、数量、利息、偿付方式等条件。在借款期间,如果企业情况发生了变化,也可与金融机构进行协商,修改借款合同。借款到期后,如有正当理由,还可延期归还。

2. 长期借款筹资的缺点

与其他长期负债筹资相比,长期借款筹资的缺点主要有:

(1)财务风险较大。企业借长期借款,必须定期还本付息。在经营不利的情况下,可能会产生不能偿付的风险,甚至会导致破产。

(2)限制条款较多。企业与金融机构签订的借款合同中,一般都有较多的限制条款,这些条款可能会限制企业的经营活动。

二、长期债券筹资

债券是发行人依照法定程序发行,约定在一定期限内还本付息的有价证券。债券的发行人是债务人,投资于债券的人是债权人。这里所说的债券,指的是期限超过 1 年的公司债券,其发行目的通常是为建设大型项目筹集大笔长期资金。

(一)债券发行价格

债券的发行价格是债券发行时使用的价格,亦即投资者购买债券时所支付的价格。公司债券的发行价格通常有三种:平价发行、溢价发行和折价发行。

平价发行指以债券的票面金额为发行价格;溢价发行指以高出债券票面金额的价格为发行价格;折价发行指以低于债券票面金额的价格为发行价格。债券发行价格的形成受诸多因素的影响,其中主要是票面利率与市场利率的一致程度。债券的票面金额、票面利率在债券发行前即已参照市场利率和发行公司的具体情况确定下来,一并载明于债券之上。但在发行债券时已确定的票面利率不一定与当时的市场利率一致。为了协调债券购销双方在债券利息上的利益,就要调整发行价格;当票面利率高于市场利率时,以溢价发行债券;当票面利率低于市场利率时,以折价发行债券;当票面利率与市场利率一致时,以平价发行债券。

以分期付息、到期还本债券为例,债券发行价格的计算公式为:

$$\text{债券发行价格} = \sum_{t=1}^{n} \frac{\text{票面金额} \times \text{票面利率}}{(1 + \text{市场利率})^t} + \frac{\text{票面金额}}{(1 + \text{市场利率})^t} \quad \text{(式4-1)}$$

上述债券发行价格的计算公式的基本原理是将债券的全部现金流按照债券发行时的市场利率进行贴现并求和。债券的全部现金流包括债券持续期间内各期的利息现金流与债券到期支付的面值现金流。

【例 4-1】某公司发行票面额度为 20 000 元,票面利率为 10%,期限 10 年的债券,每年末付息一次。其发行价格可分为三种情况来计算:

(1)市场利率为 10%时:

$$\text{债券发行价格} = \sum_{t=1}^{10} \frac{20\,000 \times 10\%}{(1 + 10\%)^t} + \frac{20\,000}{(1 + 10\%)^{10}} = 20\,000\ (\text{元})$$

票面利率与市场利率一致,平价发行。

(2)市场利率为8%时：

$$债券发行价格=\sum_{t=1}^{10}\frac{20\ 000\times10\%}{(1+8\%)^t}+\frac{20\ 000}{(1+8\%)^{10}}=22\ 680(元)$$

票面利率大于市场利率，溢价发行。

(3)市场利率为12%时：

$$债券发行价格=\sum_{t=1}^{10}\frac{20\ 000\times10\%}{(1+12\%)^t}+\frac{20\ 000}{(1+12\%)^{10}}=17\ 740(元)$$

票面利率小于市场利率，折价发行。

(二)债券的偿还

1. 债券的偿还时间

债券偿还时间按其实际发生与规定的到期日之间的关系，分为到期偿还、提前偿还与滞后偿还三类。

(1)到期偿还。到期偿还又包括分批偿还和一次偿还两种。如果一个企业在发行同一种债券的当时就为不同编号或不同发行对象的债券规定了不同的到期日，这种债券就是分批偿还债券。因为各批债券的到期日不同，它们各自的发行价格和票面利率也可能不相同，从而导致发行费较高。但由于这种债券便于投资人挑选最合适的到期日，进而便于发行。另外一种就是最为常见的到期一次偿还的债券。

(2)提前偿还。提前偿还又称提前赎回或收回，是指在债券尚未到期之前就予以偿还。只有在企业发行债券的契约中明确规定有关允许提前偿还的条款，企业才可以进行此项操作。提前偿还所支付的价格通常要高于债券的面值，并随到期日的临近而逐渐下降。具有提前偿还条款的债券可使企业融资有较大的弹性。当企业资金有结余时，可提前赎回债券；当预测利率下降时，可提前赎回债券，而后以较低的利率来发行新债券。

(3)滞后偿还。债券在到期日之后偿还叫滞后偿还。这种偿还条款一般在发行时便订立，主要是给予持有人以延长持有债券的选择权。滞后偿还有转期和转换两种形式。转期指将较早到期的债券换成到期日较晚的债券，实际上是将债务的期限延长。常用的办法有两种：一是直接以新债券兑换旧债券；二是用发行新债券得到的资金来赎回旧债券。转换通常指股份有限公司发行的债券可以按一定的条件转换成发行公司的股票。

2. 债券的偿还形式

债券的偿还形式是指在偿还债券时使用什么样的支付手段。可使用的支付手段包括现金、新发行的本公司债券(简称新债券)、本公司的普通股股票(简称普通股)和本公司持有的其他公司发行的有价证券(简称有价证券)。

(1)用现金偿还债券。由于现金是债券持有人最愿意接受的支付手段，因此这一形式最为常见。为了确保在债券到期时有足额的现金偿还债券，有时企业需要建立偿债基金。如果发行债券合同的条款中明确规定用偿债基金偿还债券，企业就必须每年都提取偿债基金，且不得挪作他用，以保护债券持有者的利益。

(2)以新债券换旧债券，也被称为“债券的调换”。企业之所以要进行债券的调换，一般有以下几个原因:原有债券的契约中订有较多的限制条款,不利于企业的发展;把多次发行、尚未彻底偿清的债券进行合并,以减少管理费;有的债券到期,但企业现金不足。

(3)用普通股偿还债券。如果企业发行的是可转换债券,那么可通过转换变成普通股来偿还债券。

(三)债券的付息

债券的付息主要表现在利息率的确定、付息频率和付息方式三个方面。

(1)利息率的确定。利息率的确定有固定利率和浮动利率两种形式。浮动利率一般指由发行人选择一个基准利息率,按基准利息率水平在一定的时间间隔中对债务的利率进行调整。

(2)付息频率。付息频率越高,资金流发生的次数越多,对投资人的吸引力越大。债券付息频率主要有按年付息、按半年付息、按季付息、按月付息和一次性付息(利随本清,贴现发行)五种。

(3)付息方式。付息方式有两种:一种是采取现金、支票或汇款的方式;另一种是采用息票债券的方式。付息方式多随付息频率而定,在一次付息的情况下,或用现金或用支票;如果是贴现发行,发行人以现金折扣的形式出售债券,并不发生实际的付息行为;在分次的情况下,记名债券的利息以支票或汇款的形式支付,不计名债券则按息票付息。

(四)债券筹资的优缺点

1. 债券筹资的优点

(1)筹资规模较大。债券属于直接投资,发行对象分布广泛,市场容量相对较大,且不受金融中介机构自身资产规模及风险管理的约束,可以筹集的资金数量也较多。

(2)具有长期性和稳定性。债券的期限可以比较长,债券的投资者一般不能在债券到期之前向企业索取本金,因而债券筹资方式具有长期性和稳定性的特点。金融机构对较长期限借款的比例往往会有一定的限制。

(3)有利于资源优化配置。由于债券是公开发行的,是否购买债券取决于市场上众多投资者自己的判断,并且投资者可以方便地交易并转让所持有的债券,有助于加速市场竞争,优化社会资金的资源配置效率。

2. 债券筹资的缺点

(1)发行成本高。企业公开发行公司债券的程序复杂,需要聘请保荐人、会计师、律师、资产评估机构以及资信评级机构等中介,发行的成本较高。

(2)信息披露成本高。发行债券需要公开披露募集说明书及其引用的审计报告、资产评估报告、资信评级报告等多种文件。债券上市后也需要披露定期报告和临时报告,信息披露成本较高。同时也对保守企业的经营、财务等信息及其他商业机密不利。

(3)限制条件多。发行债券的契约书中的限制条款通常比优先股及短期债务更为严格,可能会影响企业的正常发展和以后的筹资能力。

第四节　融资租赁

租赁，是指通过签订资产出让合同的方式，使用资产的一方（承租方）通过支付租金，向出让资产的一方（出租方）取得资产使用权的一种交易行为。

租赁分为融资租赁和经营租赁。

一、经营租赁

经营租赁是由租赁公司向承租单位在短期内提供设备，并提供维修、保养、人员培训等的一种服务性业务，又称服务性租赁。

经营租赁是传统的租赁，由出租人向承租企业提供租赁设备，并提供设备维修保养和人员培训等服务性业务。经营租赁通常为短期租赁。承租企业进行经营租赁的目的，主要不在于融通资本，而是为了获得设备的短期使用权以及出租人提供的专门技术服务。从承租企业无须先融资再购买设备即可享有设备使用权的角度来看，经营租赁也有短期融资的功效。经营租赁主要有以下特征：

（1）经营租赁是为了满足承租人对资产的临时性需要，承租人不寻求对租赁资产的长期拥有，所以租赁资产的风险和报酬由出租人承担。

（2）租赁期限较短，不涉及租赁双方长期而固定的义务和权利。

（3）出租人通常负责租赁资产的折旧计提和日常维护。

（4）租赁期满，租赁资产归还出租人。

（5）租赁合同灵活，在合理的范围内可较方便地解除租赁契约。

二、融资租赁

融资租赁（financial lease）是目前国际上最为普遍、最基本的非银行金融形式。它是指出租人根据承租人（用户）的请求，与第三方（供货商）订立供货合同，根据此合同，出租人出资向供货商购买承租人选定的设备。同时，出租人与承租人订立一项租赁合同，将设备出租给承租人，并向承租人收取一定的租金。

融资租赁是指出租人根据承租人对租赁物件的特定要求和对供货人的选择，出资向供货人购买租赁物件，并租给承租人使用，承租人则分期向出租人支付租金，在租赁期内租赁物件的所有权属于出租人所有，承租人拥有租赁物件的使用权。租期届满，租金支付完毕并且承租人根据融资租赁合同的规定履行完全部义务后，对租赁物的归属没有约定的或者约定不明的，可以协议补充；不能达成补充协议的，按照合同有关条款或者交易习惯确定，仍然不能确定的，租赁物件所有权归出租人所有。

(一)融资租赁与经营租赁对比

融资租赁与经营租赁的区别见表4-1:

表4-1 融资租赁与经营租赁

对比项目	融资租赁(Financial Lease)	经营租赁(Operational Lease)
业务原理	融资融物于一体	无融资租赁特征,只是一种融物方式
租赁目的	融通资金,添置设备	暂时性使用,预防无形损耗风险
租期	较长,相当于设备经济寿命的大部分	较短
租金	包括设备价款	只是设备使用费
契约法律效力	不可撤销合同	经双方同意可中途撤销合同
租赁标的	一般为专用设备,也可为通用设备	通用设备居多
维修与保养	专用设备多为承租人负责,通用设备多为出租人负责	全部为出租人负责
承租人	一般为一个	设备经济寿命期内轮流租给多个承租人
灵活方便	不明显	明显

(二)融资租赁的特征

融资租赁的特征一般归纳为五个方面。

(1)租赁物由承租人决定,出租人出资购买并租赁给承租人使用,并且在租赁期间内只能租给一个企业使用。出租的设备由承租企业提出要求购买,或者由承租企业直接从制造商或销售商那里选定。

(2)承租人负责检查验收制造商所提供的租赁物,对该租赁物的质量与技术条件出租人不向承租人做出担保。

(3)出租人保留租赁物的所有权,承租人在租赁期间支付租金而享有使用权,并负责租赁期间租赁物的管理、维修和保养。

(4)租赁期较长,接近于资产的有效使用期,在租赁期间双方无权取消合同。只有租赁物毁坏或被证明为已丧失使用价值的情况下方能中止执行合同,无故毁约则要支付相当重的罚金。

(5)租赁期满,按事先约定的方法处理设备,包括退还租赁公司,或继续租赁,或企业留购。若要留购,购买价格可由租赁双方协商确定。

(三)融资租赁的基本分类

1. 直接融资租赁

由承租人指定设备及生产厂家,委托出租人融通资金购买并提供设备,由承租人使用并支付租金,租赁期满由出租人向承租人转移设备所有权。它以出租人保留租赁物所有权和收取租金为条件，使承租人在租赁期内对租赁物取得占有、使用和收益的权利。这是一种最典型的融资租赁方式。

2. 出售回租

出售回租，有时又称售后回租、回租赁等，是指物件的所有权人首先与租赁公司签订买卖合同，将物件卖给租赁公司，取得现金。然后，物件的原所有权人作为承租人，与该租赁公司签订回租合同，将该物件租回。承租人按《回租合同》还完全部租金，并付清物件的残值以后，重新取得物件的所有权。

3. 杠杆融资租赁

杠杆租赁的做法类似银团贷款，是一种专门做大型租赁项目的有税收好处的融资租赁，主要是由一家租赁公司牵头作为主干公司，为一个超大型的租赁项目融资。首先成立一个脱离租赁公司主体的操作机构——专为本项目成立资金管理公司提供项目总金额20%以上的资金，其余部分资金来源则主要是吸收银行和社会闲散游资，利用100%享受低税的好处"以二博八"的杠杆方式，为租赁项目取得巨额资金。其余做法与融资租赁基本相同，只不过合同的复杂程度因涉及面广而随之增大。由于可享受税收好处、操作规范、综合效益好、租金回收安全、费用低，一般用于飞机、轮船、通信设备和大型成套设备的融资租赁。

4. 转租赁

简称转租，是指承租人在租赁期内将租入资产出租给第三方的行为。承租人在租赁期内将租入资产出租给第三方的行为。转租至少涉及三方（原出租人、原承租人和新承租人）和两份租约（原出租人和租约）。

当事人：（4个）设备供应商、第一出租人、第二出租人和第一承租人、第二承租人。

合同：购货合同、租赁合同、转让租赁合同。

（四）租金的计算

租金是资产的承租方在租赁合同期内向出租方支付的全部款项。租金的数额和支付方式对承租企业的未来财务状况具有的直接影响是租赁决策的重要影响因素。

1. 融资租赁租金的构成

融资租赁的租金包括以下几个方面：

（1）租赁资产的购置成本包括资产的买价、运杂费、安装调试费和途中保险费等。

（2）租赁资产的预计残值是资产租赁期满时预计的变现净值。

（3）租赁资产的融资成本，是指出租方为承租方购买设备筹集资金的成本。

（4）租赁手续费，是出租方为承办租赁业务而发生的费用和预期收益。

2. 租金的支付方式

租金的支付方式有以下几种分类：

（1）按支付间隔期长短，分为年付、半年付、季付和月付等方式。

（2）按在期初和期末支付，分为先付和后付。

（3）按每次支付额，分为等额支付和不等额支付。

实务中,大多为后付等额年金。

3. 租金的计算

(1)我国融资租赁实务中,租金的计算大多采用等额年金法。等额年金法下,通常要根据利率和租赁手续费率确定一个租费率,作为折现率。

【例 4-2】某企业于 2017 年 1 月 1 日从租赁公司租入一套设备,价值 60 万元,租期 6 年,租赁期满时预计残值 5 万元,归租赁公司。租费率(利率和手续费率综合确定)是 10%。租金每年年末支付一次,则:

每年租金=[600 000-50 000×(P/F,10%,6)]/(P/A,10%,6)= 131 283(元)

每年的租金摊销计划见表 4-2:

表 4-2 租金摊销计划 单位:元

年份	期初本金 ①	支付租金 ②	应计租费 ③=①×10%	本金偿还额 ④=②-③	本金余额 ⑤=①-④
2007 年	600 000	131 283	60 000	71 283	528 717
2008 年	528 717	131 283	52 872	78 411	450 306
2009 年	450 306	131 283	45 031	86 252	364 054
2010 年	364 054	131 283	36 405	94 878	269 176
2011 年	269 176	131 283	26 918	104 365	164 811
2012 年	164 811	131 283	16 481	114 802	50 009
合计		787 698	237 707	549 991	50 009 *

* 50 009 即为到期残值;尾数 9 系中间计算过程四舍五入的误差导致

(2)租金包括租赁资产的成本、融资成本、租赁手续费,采取期初或者期末等额或不等额的方式支付。如果租金在期初支付,计算每期租金时,租赁资产成本和成本利息按预付年金现值计算,而租赁手续费则按租赁期平均计算。

【例 4-3】某企业于 2014 年 1 月 1 日从租赁公司租入一套设备,价值 1000 万元,租期 5 年,年利率按 9% 计算,租赁手续费率为设备价值的 4%,租赁期满后设备归承租企业所有。租金每年支付一次。则每期支付租金可计算如下:

$$\text{每期租金}=\frac{10\ 000\ 000}{[(P/A,9\%,5-1)+1]}+\frac{10\ 000\ 000\times 4\%}{5}=2\ 438\ 677.5(\text{元})$$

(3)租金包括租赁资产的成本、融资成本,采取期初或期末等额或不等额方式支付,租赁手续费单独一次付清。

【例 4-4】根据例 4-3 资料,假设租赁手续费于租赁开始日一次性付清,其他约定不变,则承租企业每期支付的租金为:

$$\text{每期租金}=\frac{10\ 000\ 000}{(P/A,9\%,5)}=2\ 570\ 892.4(\text{元})$$

其中承租企业第 1 年现金流出为:2 570 892.4+10 000 000×4% =2 970 892.4(元)

以后每年的现金流出为 2 970 892.4 元。

(五)案例

某融资租赁公司的业务方向以中小企业和事业单位为主,涉及行业主要包括健康卫生、制造加工、工程建设、政府融资、教育文化、机构融资等,并将持续探索新的行业方向和业务领域,持续创造贴合客户需求的多样化金融产品。公司主要业务模式包括设备租赁、售后回租赁、转租赁、杠杆租赁、委托租赁、项目租赁、经营租赁等。

下面是某企业向该融资租赁公司申请的融资租赁业务,采用售后回租赁模式,详见表 4-3。

表 4-3　项目方案

项目金额	人民币 250 000 000.00 元
保证金	人民币 15 000 000.00 元,即项目金额:6%
手续费	人民币 5 000 000.00 元,年手续费率:0.67%,起租前一次性收取
融资金额	人民币 230 000 000.00 元,即:项目金额-保证金-手续费
利息总额	人民币 30 464 062.50 元
年化成本	=(利息总额+手续费)/融资金额/3 年=4.42%
综合成本	=年化成本+年手续费率=4.42% +0.67% =5.09%
付款方式	2.5 亿元通过电汇支付
租赁期限	36 个月,预计起租日为 2016 年 4 月 20 日,最终起租日以实际放款日为准。

季度还款,期末支付,每期付款金额详见表 4-4:

表 4-4　每期付款金额　　单位:元

付款期次	预计还款日	每期付款金额	还款间隔(月)
1	2016/7/20	25 687 500.00	3
2	2016/10/20	25 043 750.00	3
3	2017/1/20	24 654 687.50	3
4	2017/4/20	24 265 625.00	3
5	2017/7/20	23 876 562.50	3
6	2017/10/20	23 487 500.00	3
7	2018/1/20	23 348 437.50	3
8	2018/4/20	22 954 687.50	3

续表 4-4

付款期次	预计还款日	每期付款金额	还款间隔(月)
9	2018/7/20	22 560 937.50	3
10	2018/10/20	21 917 187.50	3
11	2019/1/20	21 528 125.00	3
12	2019/4/20	21 139 062.50	3
合计:	280 464 062.50	36	

注:

(1)保证金:作为整个租赁期间债权人履约的自我保证,可用于冲抵最后一期或多期还款金额,或在还款期结束后返还债权人;在签订保理合同后,债权人通过项目金额坐扣的方式支付给债权购买人

(2)起租日:保理合同及相关协议签订后,债权购买人付款之日

(3)债权购买人以人民币形式进行支付,采用浮动利率,即随中国人民银行基准利率调整而进行相应调整

(4)上述解决方案中相关条款均为指示性内容,供贵公司参考和决策,并不构成我公司对贵公司的任何承诺和/或法律意义上的权利和/或义务

(5)具体租赁合作的条件与内容,以贵我双方签署的保理合同及其他相关合同为准

第五节　衍生工具筹资

一、可转换债券

(一)可转换债券的特性

可转换债券有时简称为可转债,是指由公司发行并规定债券持有人在一定期限内按约定的条件可将其转换为发行公司普通股的债券。

从筹资公司的角度看,发行可转换债券具有债务与权益筹资的双重属性,属于一种混合性筹资。利用可转换债券筹资,发行公司赋予可转换债券的持有人可将其转换为该公司股票的权利。因而,对发行公司而言,在可转换债券转换之前需要定期向持有人支付利息。如果在规定的转换期限内,持有人未将可转换债券转换为股票,发行公司还需要到期偿付债券,在这种情形下,可转换债券筹资与普通债券筹资相类似,属于债权筹资属性。如果在规定的转换期限内,持有人将可转换债券转换为股票,则发行公司将债券负债转化为股东权益,从而具有股权筹资的属性。

(二)可转换债券的发行资格与条件

根据国家有关规定,上市公司和重点国有企业具有发行可转换债券的资格,但应经省级政府或者国务院有关企业主管部门推荐,报证监会审批。证监会《上市公司证券发

行管理办法》规定，上市公司发行可转换债券，除了满足发行债券的一般条件外，还应符合下列条件：

(1)公司最近一期期末审计的净资产不低于人民币15亿元。

(2)最近3个会计年度实现的年均可分配利润不少于公司债券1年的利息。

(3)最近3个会计年度经营活动产生的现金流量净额平均不少于公司债券1年的利息。

(4)本次发行后累计公司债券余额不超过最近一期期末净资产额的40%，预计所附认股权全部行权后募集的资金总量不超过拟发行公司债券金额。

(三)可转换债券的转换

可转换债券的转换涉及转换期限、转换价格和转换比率。

1. 可转换债券的转换期限

可转换债券的转换期限是指按发行公司的约定，持有人可将其转换为股票的期限。一般而言，可转换债券的转换期限的长短与可转换债券的期限相关。在我国，可转换债券的期限按规定最短期限为3年，最长期限为5年。

按照规定，上市公司发行可转换债券，在发行结束6个月后，持有人可以依据约定的条件随时将其转换为股票。重点国有企业发行的可转换债券，在该企业改制为股份有限公司且其股票上市后，持有人可以依据约定的条件随时将债券转换为股票。

可转换债券转换为股票后，发行公司股票上市的证券交易所应当安排股票上市流通。

2. 可转换债券的转换价格

可转换债券的转换价格是指以可转换债券转换为股票的每股价格。这种转换价格通常由发行公司在发行可转换债券时约定。

按照我国的有关规定，上市公司发行可转换债券的，以发行可转换债券前一个月股票的平均价格为基准，上浮一定幅度作为转换价格。重点国有企业发行可转换债券的，以拟发行股票的价格为基准，折扣一定比例作为转换价格。

可转换债券持有人请求转换时，其所持债券面额有时发生不足以转换为1股股票的余额，发行公司应当以现金偿付。例如，前例每份可转换债券的面额1000元，转换价格在发行时为25元，发行后根据有关情况变化决定调整为每股27元。某持有人持有10份可转换债券，总面额10 000元，决定转换为股票，则其转换股票股数为370股(即10 000/27)，同时可转换债券总面额尚有不足以转换为1股股票的余额10元，在这种情况下，发行公司应对该持有人交付股票370股，另付现金10元。

(四)可转换债券筹资的优缺点

1. 可转换债券筹资的优点

发行可转换债券是一种特殊的筹资方式，其优点主要是：

(1)有利于降低资本成本。可转换债券的利率通常低于普通债券，故在转换前可转换债券的资本成本低于普通债券；转换为股票后，又可节省股票的发行成本，从而降低股票的资本成本。

(2)有利于筹集更多资本。可转换债券的转换价格通常高于发行时的股票价格，因此，可转换债券转换后，其筹资额大于当时发行股票的筹资额。另外也有利于稳定公司的股价。

(3)有利于调整资本结构。可转换债券是一种债权筹资和股权筹资双重性质的筹资方式。可转换债券在转换前属于发行公司的一种债务，若发行公司希望可转换债券持有人转股，还可以借助诱导，促其转换，借以调整资本结构。

(4)有利于避免筹资损失。当公司的股票价格在一段时期内连续低于转换价格超过某一幅度时，发行公司可按事先约定的价格赎回未转换的可转换债券，从而避免筹资上的损失。

2. 可转换债券筹资的缺点

可转换债券筹资也有不足，主要是：

(1)转股后可转换债券筹资将失去利率较低的好处。

(2)若确需股票筹资，但股价并未上升，可转换债券持有人不愿转股时，发行公司将承受偿债压力。

(3)若可转换债券转股时股价高于转换价格，则发行遭受筹资损失。

(4)回售条款的规定可能使发行公司招致损失。当公司的股票价格在一段时期内连续低于转换价格并达到一定幅度时，可转换债券持有人可按事先约定的价格将所持债券回售公司，从而致发行公司受损。

二、认股权证

发行认股权证是上市公司的一种特殊筹资手段，其主要功能是辅助公司的筹资股权性筹资，并可直接筹措现金。

(一)认股权证的特点

认股权证是由股份有限公司发行的可认购其股票的一种买入期权。它赋予持有者在一定期限内以事先约定的价格购买发行公司一定股份的权利。

对于筹资公司而言，发行认股权证是一种特殊的筹资手段。认股权证本身含有期权条款，其持有者在认购股份之前，对发行公司既不拥有债权也不拥有股权，而只是拥有股票认购权。尽管如此，发行公司可以通过发行认股权证筹得现金，还可用于公司成立时对承销商的一种补偿。

(二)认股权证的作用

在公司的筹资实务中，认股权证的运用十分灵活，对发行公司具有一定的作用。

(1)为公司筹集额外的现金。认股权证不论是单独发行还是附带发行，大多都为发行的公司，筹取一笔额外现金，增强公司的资本实力和运营能力。

(2)促进其他筹资方式的运用。单独发行的认股权证有利于将来发售股票。附带发行的认股权证可促进其所依附证券发行的效率。例如,认股权证依附于债券发行,用以促进债券的发售。

(三)认股权证的种类

在国内外的公司筹资实务中,认股权证的形式多种多样,可分为不同种类。

(1)长期与短期的认股权证。认股权证按允许认股的期限可分为长期认股权证和短期认股权证。长期认股权证的认股期限通常持续几年,有的是永久性的。短期认股权证的认股期限比较短,一般在90天以内。

(2)单独发行与附带发行的认股权证。认股权证按发行方式可分为单独发行的认股权证和附带发行的认股权证。单独发行的认股权证是指不依附于其他证券而独立发行的认股权证。附带发行的认股权证是指依附于债券、优先股、普通股或短期票据发行的认股权证。

(3)备兑认股权证与配股权证。备兑认股权证是每份备兑证按一定比例含有几家公司的若干股份。配股权是确认股东配股权的证书,它按股东的持股比例定向派发,赋予股东以优惠的价格认购发行公司一定份数的新股。

第六节　资金需要量预测

资金需要量预测是指企业根据生产经营的需求,对未来所需资金的估计和推测。企业筹集资金,首先要对资金需要量进行预测,即对企业未来组织生产经营活动的资金需要量进行估计、分析和判断,它是企业制定融资计划的基础。

一、资金需要量预测的步骤

资金需要量预测一般按以下几个步骤进行:

(一)销售预测

销售预测是企业财务预测的起点。销售预测本身不是财务管理的职能,但它是财务预测的基础,销售预测完成后才能开始财务预测。因此,企业资金需要量的预测也应当以销售预测为基础。

(二)估计需要的资产

资产通常是销售量的函数,根据历史数据可以分析出该函数关系。根据预计销售量和资产销售函数,可以预测所需资产的总量。某些流动负债也是销售的函数,相应的也可以预测负债的自发增长率,这种增长可以减少企业外部融资的数额。

(三)估计收入、费用和留存收益

收入和费用与销售额之间也存在一定的函数关系,因此,可以根据销售额估计收入和费用,并确定净利润。净利润和股利支付率,共同决定了留存收益所能提供的资金数额。

(四)估计所需要的追加资金需要量,确定外部融资数额

根据预计资产总量,减去已有的资金来源、负债的自发增长和内部提供的留存收益,得出应追加的资金需要量,以此为基础进一步确定所需的外部融资数额。

二、因素分析法

因素分析法是筹资数量预测的一种比较简单的方法。下面主要说明因素分析法的原理、运用以及需要注意的问题。

(一)因素分析法的原理

因素分析法,又称为分析调整法,是以有关资本项目上年度的实际平均需要量为基础,根据预测年度的经营业务和加速资本周转的要求,进行分析调整,来预测资本需要量的一种方法。这种方法计算比较简单,容易掌握,但预测结果不太精确,因此通常用于匡算企业全部资本的需要额,也可以用于品种繁多、规格复杂、用量较小、价格较低的资本占用项目的预测。采用这种方法时,首先应在上年度资本平均占用额基础上,剔除其中呆滞积压等不合理占用部分,然后根据预测期的经营业务和加速资本周转的要求进行测算。因素分析法的基本模型是:

资本需要额 =(上年度资本平均占用额 - 不合理平均占用额)×(1 ±预测年度销售增减的百分比)×(1 ±预测期资本周转速度变动率)　　(式4-2)

【例4-5】甲企业上年度资金平均占用额为2200万元,经分析,其中不合理部分200万元,预计本年度销售增长5%,资金周转加速2%。则:

预测年度资金需要量=(2200-200)×(1+5%)×(1-2%)=2058(万元)

(二)因素分析法的运用

根据因素分析法的基本模型,收集有关资料,就可以对筹资数量进行预测。

(三)运用因素分析法需要注意的问题

因素分析法比较简单,预测结果不太精确。因此,运用因素分析法预测筹资需要额,应当注意以下问题:

(1)在运用因素分析法时,应当对决定资本需要额的众多因素进行充分的分析研究,确定各种因素与资本需要额之间的关系,以提高预测的质量。

(2)因素分析法限于企业经营业务资本需要的预测,当企业存在新的投资项目时,应根据新投资项目的具体情况单独预测其资本需要额。

(3)运用因素分析法匡算企业全部资本的需要额,只是对资本需要额的一个基本估计。在进行筹资预算时,还需要采用其他预测方法对资本需要做出具体的预测。

三、销售百分比法

资金需要量与企业许多因素，特别是生产和销售规模之间存在着一定的内在数量关系。因此预测资金需要量应与企业生产经营规模相联系。生产规模扩大，销售数量增加，会引起资金需求增加；反之，则会使资金需求量减少。销售百分比法，是根据能够反映企业生产经营规模的销售因素与能够反映企业资金占用的资产因素之间的数量比例关系，来预计企业融资需求量的融资需求预测方法。

销售百分比法首先假设资产和部分负债与销售收入存在稳定的百分比关系，根据预计销售额和相应比例预计资产、负债和所有者权益，然后利用会计等式确定融资需求量。具体的计算方法有两种：

第一种是根据销售总额预计资产、负债和所有者权益的总额，然后确定融资需求；第二种是根据销售的增加额预计资产、负债和所有者权益的增加额，然后确定融资需求。

第二种方法基本思路：假设企业的资产、负债中有一部分是与收入同比例增减的。此方法是一个增量的预测方法，也就是在基期或上期期末的基础上去预测下一年度由于收入的增长所导致资产的增长，资产的增长也就是资金占用的增加，就会有资金来源的增加。在此基础上，去预测由于销售增长之后，从企业内部来看，增加的负债来源和增加的留存收益来源，这两部分增加的数额合在一起之后，与增加的资金来源的差额，这就是下一年度需要从外部筹集的资金量。主要是围绕资产负债表开展预测的。

外部资金需要量=增加的资产-增加的负债-增加的留存收益

增加的资产=增量收入×基期敏感资产占基期销售额的百分比

=基期敏感资产的合计数×销售增长率

增加的负债=增量收入×基期敏感负债占基期销售额的百分比

增加的留存收益=预计销售收入×销售净利润率×收益留存率（留存收益包括盈余公积和未分配利润）

即：

$$对外筹资的需要量=\frac{A}{S_0}\times\Delta S-\frac{B}{S_0}\times\Delta S-P\times E\times S_1 \qquad （式4-3）$$

式中，A 为随销售变化的资产（敏感资产）；B 为随销售变化的负债（敏感负债）；S_0 为基期销售额；S_1 为预测期销售额；ΔS 为销售的变动额；P 为销售净利润率；E 为收益留存比率；A/S_0 为单位销售额所需的资产数量，即敏感资产占基期销售额的百分比；B/S_0 为单位销售额所产生的自然负债数量，即敏感负债占基期销售额的百分比。

此方法的特点有：①假设资产和负债中有敏感性资产和敏感性负债；②核心问题是看清哪些资产、负债属于有敏感性的。

【例4-6】某公司2014年销售收入为1000万元，销售净利率为10%，净利润的60%分配给投资者。2014年12月31日的资产负债表（简表）见表4-5：

表 4-5 资产负债表(简表)

2014 年 12 月 31 日　　单位:万元

资产	期末余额	负债及所有者权益	期末余额
货币资金	100	应付账款	40
应收账款	200	应付票据	60
存货	300	长期借款	300
固定资产净值	400	实收资本	400
		留存收益	200
资产总计	1000	负债及所有者权益合计	1000

该公司 2015 年计划销售收入比上年增长 20%。据历年财务数据分析,公司流动资产与流动负债随销售额同比率增减,公司现有生产能力尚未饱和。假定该公司 2015 年的销售净利率和利润分配政策与上年保持一致。预测该公司 2015 年外部融资需求量。

分析:

外部资金需要量 ΔF=增加的资产-增加的自然负债-增加的留存收益

其中:

增加的资产=增量收入×基期敏感资产占基期销售额的百分比

$$=S\times\frac{A}{S_0}$$

=(1000×20%)×(100+200+300)/1000

=120(万元)

增加的自然负债=增量收入×基期敏感负债占基期销售额的百分比

$$=S\times\frac{B}{S_0}$$

=(1000×20%)×(40+60)/1000

=20(万元)

增加的留存收益=预计销售收入×计划销售净利润率×留存收益率

$$=S_1\times P\times E$$

$$=(S+S_0)\times P\times E$$

=1000×(1+20%)×10%×(1-60%)

=48(万元)

即:

外部资金需要量 ΔF=(敏感资产销售百分比×新增销售额)-(敏感负债销售百分比×新增销售额)-[预计销售额×计划销售净利润率×(1-股利支付率)]

$$=\frac{A}{S_0}\times S-\frac{B}{S_0}\times S-(S+S_0)P\times E$$

=120-20-48

=52(万元)

或：

外部融资需求量 ΔF = 基期变动资产×销售增长率－基期变动负债×销售增长率－[计划销售净利率×预计销售额×(1－股利支付率)]

$$= \frac{\Delta S}{S_0} \times A - \frac{\Delta S}{S_0} \times B - (\Delta S + S_0)P \times E$$

$$=(100+200+300)\times20\% -(40+60)\times20\% -1000\times(1+20\%)\times10\% \times(1-60\%)$$

$$=120-20-48$$

$$=52(\text{万元})$$

四、资金习性法

资金习性是指资金变动与产销量变动之间的依存关系。按照资金同产销量之间的依存关系，可以把资金区分为：不变资金、变动资金和半变动资金。

不变资金是指在一定的产销量范围内，不受产销量变化的影响，保持固定不变的那部分资金。包括为维持营业而占用的最低数额的现金，原材料的保险储备，必要的成品储备，以及厂房、机器设备等固定资产占用的资金。

变动资金是指随产销量的变动而同比例变动的那部分资金。包括直接构成产品实体的原材料、外购件等占用的资金，以及最低储备以外的现金、存货、应收账款等。

半变动资金指虽然受产销量变化影响，但不成同比例变动的资金。如一些辅助材料所占用的资金。

半变动资金可以分解为不变资金和变动资金，最终将资金总额分成不变资金和变动资金两部分，即：

$$\text{资金总额}(y)=\text{不变资金}(a)+\text{变动资金}(bx)$$

根据资金总额(y)和产销量(x)的历史资料，利用回归分析法或高低点法可以估计出资金总额和产销量直线方程中的两个参数 a 和 b。

(一)根据资金占用总额与产销量关系预测

这种方式是根据历史上企业资金占用总额与产销量之间的关系，把资金分为不变资金和变动资金两部分，然后结合预计的销售量来预测资金需要量。

设产销量为自变量 X，资金占用为因变量 Y，它们之间的关系可用下式表示：

$$Y = a + bx$$

式中，a 表示不变资金；b 表示单位产销量所需变动资金。

可见，只要求出 a 和 b，并知道预测期的产销量，就可以用上述公式测算资金需求情况。a 和 b 可用回归直线方程组求出。

【例 4-7】某企业 2014—2019 年历年产销量和资金变化情况如表 4-6 所示，根据表 4-6 整理出表 4-7。2020 年预计销售量为 1500 万件，需要预测 2020 年的资金需要量。

表 4-6　产销量与资金变化情况表

年度	产销量(X,单位:万件)	资金占用(Y,单位:万元)
2014	1200	1000
2015	1100	950
2016	1000	900
2017	1200	1000
2018	1300	1050
2019	1400	1100

表 4-7　资金需要量预测表(按总额预测)

年份	产销量(X,单位:万件)	资金占用(Y,单位:万元)	XY	X^2
2014	1200	1000	1 200 000	1 440 000
2015	1100	950	1 045 000	1 210 000
2016	1000	900	900 000	1 000 000
2017	1200	1000	1 200 000	1 440 000
2018	1300	1050	1 365 000	1 690 000
2019	1400	1100	1 540 000	1 960 000
合计 $n=6$	$\sum X = 7200$	$\sum Y = 6000$	$\sum XY = 7\ 250\ 000$	$\sum X^2 = 8\ 740\ 000$

$$a = \frac{\sum X^2 \sum Y - \sum X \sum XY}{n\sum X^2 - (\sum X)^2} = 400$$

$$b = \frac{n\sum XY - \sum X \sum Y}{n\sum X^2 - (\sum X)^2} = 0.5$$

解得:

$$Y = 400 + 0.5X$$

将 2020 年预计销售 1500 万件代入上式。得出 2020 年资金需要量为:

$$400 + 0.5 \times 1500 = 1150(\text{万元})$$

(二)采用逐项分析法预测

这种方式是根据各资金占用项目(如现金、存货、应收账款、固定资产)和资金来源项目同产销量之间的关系,把各项目的资金都分成变动资金和不变资金两部分,然后汇总在一起,求出企业变动资金总额和不变资金总额,进而来预测资金需求量。

【例 4-8】某企业历年现金占用与销售收入之间的关系如表 4-8 所示,需要根据两者的关系,来计算现金占用项目中不变资金和变动资金的数额。

表 4-8　产销量与资金变化情况表　　单位:元

年度	销售收入	现金占用
2015	2 000 000	110 000
2016	2 400 000	130 000
2017	2 600 000	140 000
2018	2 800 000	150 000
2019	3 000 000	160 000

根据表 4-8 的资料,采用高低点法计算现金占用项目中不变资金和变动资金的数额:

$$b = \frac{\text{最高收入期的资金占用量} - \text{最低收入期的资金占用量}}{\text{最高销售收入} - \text{最低收入}}$$

$$= \frac{160\ 000-110\ 000}{3\ 000\ 000-2\ 000\ 000}$$

$$=0.05$$

将 $b=0.05$ 的数据代入 2019 年 $Y=a+bX$,得:

$$a = 160\ 000 - 0.05 \times 3\ 000\ 000 = 10\ 000(\text{元})$$

存货、应收账款、流动负债、固定资产等也可以根据历史资料做这样的划分,然后汇总列于表 4-9 中。

表 4-9　资金需要量预测(分项预测)　　单位:元

项目	年度不变资金(a)	每 1 元销售收入所需变动资金(b)
流动资产:		
现金	10 000	0.05
应收账款	60 000	0.14
存货	100 000	0.22
小计	170 000	0.41
减:流动负债		
应付账款及应付费用	80 000	0.11
净资金占用	90 000	0.30
固定资产:		
厂房、设备	510 000	0
所需资金合计	600 000	0.30

根据表 4-9 的资料得出预测模型为：

$$Y=600\ 000+0.30X$$

如果 2020 年的预计销售额为 3 500 000 元，则：

2020 年的资金需要量 = 600 000+0.30×3 500 000 = 1 650 000(元)

(三)运用线性回归法需要注意的问题

进行资金习性分析，把资金划分为变动资金和不变资金两部分，从数量上掌握了资金同销售量之间的规律性，对准确地预测资金需要量有很大帮助。

运用线性回归法预测筹资需要，应当注意以下问题。

(1)资本需要额与营业业务量之间线性关系应符合历史实际情况，预期未来这种关系将保持下去。

(2)确定 a、b 两个参数的数值，应利用预测年度前连续若干年的历史资料，一般要有 3 年以上的资料，才能取得比较可靠的参数。

(3)应当考虑价格等因素的变动情况。在预期原材料、设备的价格和人工成本发生变动时，应相应调整有关预测参数，以取得比较准确的预测结果。

第七节　资本成本

一、资本成本的含义与作用

资本成本是衡量资本结构优化程度的标准，也是对投资获得经济效益的最低要求，通常用资本成本率表示。企业所得的资本付诸使用以后，只有项目的投资收益率高于资本成本率，才能表明所筹集的资本取得了较好的经济效益。

(一)资本成本的含义

1. 资本成本的概念

资本成本是指企业为筹集和使用资本而付出的代价，包括筹资费用和占用费用。资本成本是资本所有权与资本使用权分离的结果。对出资者而言，由于让渡了资本使用权，必须要求取得一定的补偿，资本成本表现为让渡资本使用权所带来的投资收益。资本成本也是投资者要求的必要报酬或最低报酬。

对筹资者而言，由于取得了资本使用权，必须支付一定代价，资本成本表现为取得资本使用权所付出的代价。在市场经济条件下，资本是一种特殊的商品，企业通过各种筹资渠道，采用各种筹资方式获得的资本往往是有偿的，需要承担一定的成本。资本成本可以用绝对数表示，也可以用相对数表示。用绝对数表示的资本成本，主要由以下两个部分构成。

2. 资本成本的内容

资本成本从绝对量的构成来看,包括用资费用和筹资费用两部分。

(1)筹资费。筹资费是指企业在资本筹措过程中为获取资本而付出的代价,如向银行支付的借款手续费,因发行股票、公司债券而支付的发行费等。筹资费用通常在资本集时一次性发生,在资本使用过程中不再发生,因此,视为筹资数额的一项扣除。

(2)占用费。占用费是指企业在资本使用过程中因占用资本而付出的代价,如向银行等债权人支付的利息,向股东支付的股利等。占用费用是因为占用了他人资金而必须支付的,是资本成本的主要内容。

(二)资本成本的作用

1. 资本成本是比较筹资方式、选择等资方案的依据

各种资本的资本成本率,是比较、评价各种筹资方式的依据。在评价各种筹资方式时,一般会考虑的因素包括对企业控制权的影响、对投资者吸引力的大小、融资的难易和风险、资本成本的高低等,而资本成本是其中的重要因素。在其他条件相同时,企业资应选择资本成本率最低的方式。

2. 平均资本成本是衡量资本结构是否合理的重要依据

企业财务管理目标是企业价值最大化,企业价值是企业资产带来的未来现金流量的贴现值。计算企业价值时,经常采用企业的平均资本成本作为贴现率,当平均资本成本最小时,企业价值最大,此时的资本结构是企业理想的资本结构。

3. 资本成本是评价投资项目可行性的主要标准

任何投资项目,如果它预期的投资收率超过该项目使用资金的资本成本率,则该项目在经济上就是可行的。因此,资本成本率是企业用以确定项目要求达到的投资收益率的最低标准。

4. 资本成本是评价企业整体业绩的重要依据

一定时期企业资本成本率的高低,不仅反映企业筹资管理的水平,还可作为评价企业整体经营业绩的标准。企业的生产经营活动,实际上就是所筹集资本经过投放后形成资产的营运,企业的总资产税后收益率应高于其平均资本成本率,这样才能带来剩余收益。

(三)资本成本的属性

资本成本作为企业的一种成本,具有一般商品成本的基本属性,又有不同于一般商品成本的某些特性。在企业正常的生产经营活动中,一般商品的生产成本是其生产所耗费的直接材料、直接人工和制造费用之和,对于这种商品的成本,企业须从其收入中获得补偿。资本成本也是企业的一种耗费,也须由企业的收益补偿,但它是为获得和使用资本而付出的代价,通常并不直接表现为生产成本。此外,产品成本需要计算其实际数,资本成本则只要求预测数或估计数。资本成本与货币的时间价值既有联系,又有区别。货币的时间价值是资本成本的基础,而资本成本既包括货币的时间价值,又包括投资的风险价值。因此,在有风险的条件下,资本成本也是投资者要求的必要报酬。

二、影响资本成本的因素

（一）总体经济环境

一个国家或地区的总体经济环境状况，表现在国民经济发展水平、预期的通货膨胀等方面，这些都会对企业的资本成本产生影响。如果国民经济保持健康、稳定、持续增长，整个社会经济的资金供给和需求相对均衡且通货膨胀水平低，资金所有者投资的风险小，预期收益率低，筹资的资本成本率相应就比较低。相反，如果经济过热，通货膨胀持续居高不下，投资者投资的风险大，预期收益率高，筹资的资本成本率就高。

（二）资本市场条件

资本市场条件包括资本市场的效率和风险。如果资本市场缺乏效率，证券的市场流动性低，投资者投资风险大，要求的预期收益率高，那么通过资本市场融通的资本，其成本水平就比较高。

（三）企业经营状况和融资状况

企业的经营风险和财务风险共同构成企业总体风险，如果企业经营风险高、财务风险大，则企业总体风险水平高，投资者要求的预期收益率高，企业筹资的资本成本相应就大。

（四）企业对筹资规模和时限的需求

在一定时期内，国民经济体系中资金供给总量是一定的，资本是一种稀缺资源。因此企业一次性需要筹集的资金规模大、占用资金时限长，资本成本就高。当然，融资规模、时限与资本成本的正向相关性并非线性关系。一般来说，融资规模在一定限度内并不会引起资本成本的明显变化，当融资规模突破一定限度时，才会引起资本成本的明显变化。

三、资本成本率的种类及计算

（一）资本成本率的种类

在企业筹资实务中，通常运用资本成本的相对数，即资本成本率。资本成本率是指企业用资费用与有效筹资额之间的比率，通常用百分比来表示。一般而言，资本成本率包括：

（1）个别资本成本率。个别资本成本率是指企业各种长期资本的成本率。例如，股票资本成本率、债券资本成本率、长期借款资本成本率。企业在比较各种筹资方式时，需要使用个别资本成本率。

（2）综合资本成本率。综合资本成本率是指企业全部长期资本的成本率。企业在进行长期资本结构决策时，可以利用综合资本成本率。

（3）边际资本成本率。边际资本成本率是指企业追加长期资本的成本率。企业在追加筹资方案的选择中，需要运用边际资本成本率

（二）个别资本成本的计算

个别资本成本是指单一融资方式本身的资本成本，包括银行借款资本成本、公司债券资本成本、融资租赁资本成本、优先股资本成本、普通股资本成本和留存收益成本等，其中前三类是债务资本成本，后三类是权益资本成本。个别资本成本的高低，用相对数即资本成本率表达。

为了便于分析比较，资本成本通常用不考虑货币时间价值的一般通用模型计算。计算时，将初期的筹资费用作为筹资额的一项扣除，扣除筹资费用后的筹资额称为筹资净额，一般模式通用的计算公式为：

$$\text{资本成本率}=\frac{\text{年资金占用费}}{\text{筹资总额}-\text{筹资费用}}=\frac{\text{年资金占用费}}{\text{筹资总额}(1-\text{筹资费用率})} \quad (\text{式}4\text{-}4)$$

对于金额大、时间超过1年的长期资本，更为准确一些的资本成本计算方式是采用贴现模式，即将债务未来还本付息或股权未来股利分红的贴现值与目前筹资净额相等时的贴现率作为资本成本率。即由：

$$\text{筹资净额现值}-\text{未来资本清偿额现金流量现值}=0 \quad (\text{式}4\text{-}5)$$

得：

$$\text{资本成本率}=\text{所采用的贴现率}$$

1. 银行借款的资本成本率

$$K_b=\frac{\text{年利率}\times(1-\text{所得税税率})}{1-\text{手续费率}}=\frac{i(1-T)}{1-f} \quad (\text{式}4\text{-}6)$$

式中，K_b 表示银行借款资本成本率；i 表示银行借款年利率；f 表示筹资费用率；T 表示所得税税率。

对于长期借款，考虑货币时间价值问题，还可以用贴现模式计算资本成本率。

【例4-9】某公司向银行取得5年期长期借款200万元，年利率10%，每年付息一次，到期一次还本，借款费用率0.2%，企业所得税率25%，该项借款的资本成本率为：

$$K_b=\frac{10\%\times(1-25\%)}{1-0.2\%}=7.52\%$$

考虑时间价值，该项长期借款的资本成本计算如下，设 M 为名义借款额，则：

$$M(1-f)=\sum_{t=1}^{n}\frac{I_t(1-T)}{(1+K_b)^t}+\frac{M}{(1+K_b)^n}$$

即：

$$200\times(1-0.2\%)=200\times10\%\times(1-25\%)\times(P/A,K_b,5)+200\times(P/F,K_b,5)$$

利用逐步测试和插值法，可求得：$K_b=7.56\%$

2. 公司债券的资本成本率

公司债券的资本成本，包括债券利息和借款发行费用。债券可以溢价发行，也可以折价发行，其资本成本率按一般模式计算为：

$$K_b=\frac{\text{年利息}\times(1-\text{所得税税率})}{\text{债券筹资总额}\times(1-\text{手续费率})}=\frac{I(1-T)}{L(1-f)} \quad (\text{式}4\text{-}7)$$

式中，L 表示公司债券筹资总额；I 表示公司债券年利息。

【例4-10】某公司以1100元的价格，溢价发行面值为1000元、期限5年、票面利率7%的公司债券一批。每年付息一次，到期一次还本，发行费用率3%，所得税率25%，该批债券的资本成本率为：

$$K_b = \frac{1000 \times 7\% \times (1 - 25\%)}{1100 \times (1 - 3\%)} = 4.92\%$$

考虑时间价值，该项公司债券的资本成本为：

$$1100 \times (1 - 3\%) = 1000 \times 7\% \times (1 - 25\%) \times (P/A, K_b, 5) + 1000 \times (P/F, K_b, 5)$$

利用逐步测试和插值法，可求得：$K_b = 3.76\%$

3. 优先股的资本成本率

优先股的资本成本主要是向股东支付的各期股利。对于固定股息率优先股而言，如果各期股利是相等的，优先股的资本成本率按一般模式计算：

$$K_s = \frac{D}{P_n(1 - f)} \qquad \text{（式4-8）}$$

其中，K_s 表示优先股的资本成本率；D 表示优先股年固定股息；P_n 表示优先股发行价格；f 表示筹资费用率，$P_n(1 - f)$ 即表示优先股筹资净额。

【例4-11】某公司拟发行一批优先股，每股发行价格105元，发行费用5元，预计每股年股息10元，则其资本成本率测算如下：

$$K_s = \frac{10}{105 - 5} = 10\%$$

【例4-12】某上市公司发行面值100元的优先股，规定的年股息息率为9%。该优先股溢价发行，发行价格120元；发行时筹资费用率为发行价的3%。则该优先股的资本成本率为：

$$K_s = \frac{100 \times 9\%}{120 \times (1 - 3\%)} = 7.73\%$$

由本例可见，该优先股票面股息率为9%，但实际资本成本率只有7.73%，主要原因是因为该优先股溢价1.2倍发行。

如果是浮动股息率优先股，则优先股的浮动股息率将根据约定的方法计算，并在公司章程中事先明确。由于浮动优先股各期股利是波动的，因此其资本成本率只能按照贴现模式计算，并假定各期股利的变化呈一定的规律性。此类浮动股息率优先股的资本成本率计算，与普通股资本成本的股利增长模型法计算方式相同。

4. 普通股的资本成本率

普通股资本成本主要是向股东支付的各期股利。由于各期股利并不一定固定，随企业各期收益波动，因此普通股的资本成本只能按贴现模式计算，并假定各期股利的变化呈一定规律性。如果是上市公司普通股，其资本成本还可以根据该公司股票收益率与市场收益率的相关性，按资本资产定价模型法估计。

(1)股利增长模型法。假定资本市场有效，股票市场价格与价值相等。假定某股票本期支付的股利为D_0，未来各期股利按g速度增长。目前股票市场价格为P_0，则普通股资本成本率为：

$$K_s = \frac{D_0(1+g)}{P_0(1-f)} + g = \frac{D_1}{P_0(1-f)} + g \quad (式4-9)$$

【例4-13】某公司普通股市价30元，资费用率2%，本年发放现金股利每股0.6元，预期利年增长率为10%。则：

$$K_s = \frac{0.6 \times (1+10\%)}{30 \times (1-2\%)} + 10\% = 12.24\%$$

(2)资本资产定价模型法。假定资本市场有效，股票市场价格与价值相等。假定无风险报酬率为R_f，市场平均报酬率为R_m，某股票贝塔系数为β，则普通股资本成本率为：

$$K_s = R_f + \beta(R_m - R_f) \quad (式4-10)$$

【例4-14】某公司普通β系数为1.5，此时一年期国债利率5%，市场平均收益率为15%，则该普通股资本成本率为：

$$K_s = 5\% + 1.5 \times (15\% - 5\%) = 20\%$$

5.留存收益的资本成本率

留存收益是由企业税后净利润形成的，是一种所有者权益，其实质是所有者向企业的追加投资。企业利用留存收益筹资无须发生筹资费用。如果企业将留存收益用于再投资，所获得的收益率低于股东自己进行一项风险相似的投资项目的收益率，企业就应该将其分配给股东。留存收益的资本成本率，表现为股东追加投资要求的回报率，其计算与普通股成本相同，也分为股利增长模型法和资本资产定价模型法，不同点在于不考虑筹资费用。

(三)综合资本成本率的计算

1.综合资本成本率的决定因素

综合资本成本率是指一个企业全部长期资本的成本率，通常是以各种长期资本的比例为权重，对个别资本成本率进行加权平均测算的，故亦称加权平均资本成本率。因此，综合资本成本率是由个别资本成本率和各种长期资本比例这两个因素决定的。个别资本成本率前已介绍。各种长期资本比例是指一个企业各种长期资本分别占企业全部长期资本的比例，即狭义的资本结构。例如，某公司的全部长期资本总额为10 000万元，其中长期借款2000万元占20%，长期债券3500万元占35%，股东权益4500万元占45%。当资本结构不变时，个别资本成本率越高，则综合资本成本率越高；反之，个别资本成本率越低，则综合资本成本率越低。因此，在资本结构一定的条件下，综合资本成本率的高低是由个别资本成本率决定的。当个别资本成本率不变时，资本结构中成本率较高资本的比例上升，则综合资本成本率提高；反之，成本率较低资本的比例上升，则综合资本成本率降低。因此，在个别资本成本率一定的条件下，综合资本成本率的高低是由各种长期资本比例（即资本结构）决定的。

2. 综合资本成本率的测算方法

根据综合资本成本率的决定因素，在已测算个别资本成本率，取得各种长期资本比例后，可按下列公式测算综合资本成本率：

$$K_w = \sum_{j=1}^{n} K_j W_j \qquad \text{（式 4-11）}$$

式中，K_w 表示综合资本成本率；K_j 表示第 j 种个别资本成本率；W_j 表示第 j 种个别资本在全部资本中的比重。

$$\sum_{j=1}^{n} W_j = 1$$

平均资本成本率的计算，存在着权数价值的选择问题，即各项个别资本按什么价值来确定资本比重。通常可供选择的价值形式有账面价值法、市场价值法、目标价值法等。

（1）账面价值法。即以各项个别资本的会计报表账面价值为基础类计算资本权数，确定各类资本占总资本的比重。其优点是：资料容易取得，可以直接从资产负债表中得到，而且计算结果比较稳定。其缺点是：当债券和股票的市价与账面价值差距较大时，导致按账面价值计算出来的资本成本不能反映目前从资本市场上筹集资本的现时机会成本，不适合评价现时的资本结构。账面价值反映的是公司发行证券时的原始出售价格，以账面价值为基础。计算的资本结构与证券市场价格的变化无关。事实上，账面价值与公司已存在的资本相关，或与历史融资成本相关。

（2）市场价值法。是以各类资本来源的市场价值为基础计算各类资本的市场价值占总资本市场价值的比重。并以此为权数计算全部资本的加权平均成本。市场价值反映的是证券当前的市场价格。以市场价值为基础计算的资本结构会随着证券价格的变化而变化。以市场价值为成本权数，代表了公司目前实际的资本成本水平，有利于财务决策，但由于证券市场价值处于经常变动之中，需要采用一定的方法进行预测。

（3）目标价值法。是以各类资本来源的目标市场价值为基础计算各类资本的目标市场价值占总资本市场价值的比重，并以此为权数计算全部资本的加权平均资本成本。

目标市场价值反映的是证券未来资本预计的市场价值。以目标市场价值为权数能体现期望的资本结构，而不像账面价值和市场价值权数那样只反映过去和现在的资本结构，所以按目标价值计算的加权平均资本成本更适用于公司筹措新的资本。然而，公司很难客观合理地确定证券的目标市场价值，这又使得这种计算方法的可操作性较差。

【例 4-15】某公司 2020 年末长期资本账面价值总额为 1000 万元，其中银行长期款 400 万元，占 40%；长期债券 150 万元，占 15%；股东权益 450 万元（共 200 万股，每股面值 1 元，市价 8 元），占 45%。个别资本成本分别为：5%、6%、9%。则公司的平均资本成本为：

按账面价值计算：

$$K_w = 5\% \times 40\% + 6\% \times 15\% + 9\% \times 45\% = 6.95\%$$

按市场价值计算：

$$K_w = \frac{5\% \times 400 + 6\% \times 150 + 9\% \times 1600}{400 + 150 + 1600} = 8.05\%$$

（四）边际本成本率的测算

1. 边际资本成本率的测算原理

边际资本成本率是指企业追加筹资的资本成本率，即企业新增1元资本所需负担的成本。在现实中可能会出现这样一种情况：当企业以某种筹资方式等资超过一定限度时，边际资本成本率会提高。此时，即使企业保持原有的资本结构，也有可能导致加权平均资本成本率上升。因此，边际资本成本率亦称随筹资额增加而提高的加权平均资本成本率。

企业追加筹资有时可能只采取某一种筹资方式。在筹资数额较大，或在目标资本结构既定的情况下，往往需要通过多种筹资方式的组合来实现等资目标。这时，边际资本成本率应该按加权平均法测算，而且其资本比例必须以市场价值确定。

【例4-16】某公司现有长期资本总额1000万元，其目标本结构（比例）为：长期债务0.20，优先股0.05，普通股权益（包括普通股和留用利润）0.75。现拟追加本300万元，仍按此资本结构筹资。经算，个别资本成本率分别为：长期债务7.50%，优先股11.80%，普通股权益14.80%。该公司追加筹资的边际资本成本率测算如表4-10所示。

表4-10 某公司追加筹资的边际资本成本率测算表

资本种类	目标资本比例（%）	资本价值（万元）	个别资本成本率（%）	边际资本成本率（%）
长期债务	20	60	7.50	1.50
优先股	5	15	11.80	0.59
普通股权益	75	225	14.80	11.10
合计	100	300	—	13.19

2. 边际资本成本率规划

企业在追加筹资时，为了便于比较、选择不同规模范围的筹资组合，可以预先测算边际资本成本率，并以表或图的形式反映。下面举例说明。

【例4-17】ZZ公司目前拥有长期资本1 000 000元。其中，长期债务200 000元，优先股50 000元，普通股（含留用利润）750 000元。为了适应追加投资的需要，公司准备筹措新资。试测算建立追加筹资的边际资本成本率规划。

第一步，确定目标资本结构。财务人员经分析测算后认为，ZZ公司目前的资本结构处于目标资本结构范围内，在今后增资时应予以保持，即长期债务0.20，优先股0.05，普通股权益0.75。

第二步，测算各种资本的成本率。财务人员分析了资本市场状况和公司的筹资能力，认定随着公司筹资规模的扩大，各种资本的成本率也会发生变动，测算结果见表4-11：

表4-11　ZZ公司追加筹资测算资料表

资本种类	目标资本结构(1)	追加筹资数量范围(元)(2)	个别资本成本率(%)(3)
长期债务	0.20	10 000以内 10 000～40 000 40 000以上	6 7 8
优先股	0.05	2500以内 2500以上	10 12
普通股权益	0.75	22 500以内 22 500～75 000 75 000以上	14 15 16

第三步，测算筹资总分界点。根据公司目标资本结构和各种资本的成本率变动的分界点，测算公司筹资总额分界点。其测算公式为：

$$BP_j = \frac{TF_j}{W_j} \qquad (\text{式} 4\text{-}12)$$

式中，BP_j表示筹资总额分界点；TF_j表示第j种本的成本发生变化的筹资额分界点；W_j表示目标资本结构中第j种资本的比例。

ZZ公司的追加筹资总额范围的测算结果如表4-12所示。

表4-12　ZZ公司筹资总额范围测算表

资本种类	个别资本成本率(%)	各种资本的筹资范围(元)	筹资总额分界点(元)	筹资总额范围(元)
长期债务	6 7 8	10 000以内 10 000～40 000 40 000以上	10 000/0.2=50 000 40 000/0.2=200 000	50 000以内 50 000～200 000 200 000以内
优先股	10 12	2 500以内 2 500以上	2 500/0.05=50 000	50 000以内 50 000以上
普通股权益	14 15 16	22 500以内 22 500～75 000 75 000以上	22 500/0.75=30 000 75 000/0.75=100 000	30 000以内 30 000～100 000以内 100 000以上

表4-13显示了特定种类资本成本率变动的分界点。例如，长期债务在10 000元以内时，其资本成本率为6%，而在目标资本结构中，债务资本的比例为20%。这表明，当债务资本成本率由6%上升到7%之前，企业可筹资50 000元；当筹资总额多于50 000元时债务资本成本率就要上升到7%。

第四步，测算边际资本成本率。根据以上步骤测算出筹资分界点，可以得出下列五个新的筹资总范围：①30 000元以内；②30 000～50 000元；③50 000～100 000元；④100 000～200 000元；⑤200 000元以上。对这五个筹资总额范围分别测算加权平均资本成本率，即可得到各种筹资总额范围的边际资本成本率，如表4-13所示。

表4-13 边际资本成本率规划表

序号	筹资总额范围(元)	资本种类	目标资本结构	个别资本成本率(%)	边际资本成本率(%)
1	30 000以内	长期债务	0.20	6	1.20
		优先股	0.05	10	0.50
		普通股权益	0.75	14	10.50
第一个筹资总额范围的边际资本成本率=12.20%					
2	30 000～50 000	长期债务	0.20	6	1.20
		优先股	0.05	10	0.50
		普通股权益	0.75	15	11.25
第二个筹资总额范围的边际资本成本率=12.95%					
3	50 000～100 000	长期债务	0.20	7	1.40
		优先股	0.05	12	0.60
		普通股权益	0.75	15	11.25
第二个筹资总额范围的边际资本成本率=13.25%					
4	100 000～200 000	长期债务	0.20	7	1.40
		优先股	0.05	12	0.60
		普通股权益	0.75	16	12.00
第四个筹资总额范围的边际资本成本率=14.00%					
5	200 000以上	长期债务	0.20	8	1.60
		优先股	0.05	12	0.60
		普通股权益	0.75	16	12.00
第五个筹资总额范围的边际资本成本率=14.20%					

第八节　资本结构决策

一、杠杆原理

杠杆效应与风险是企业资本结构决策的基本因素之一。企业的资本结构决策应当在杠杆效应(杠杆利益)与风险之间进行权衡。本小节将分析并衡量经营杠杆利益与风险、财务杠杆利益与风险,以及这两种杠杆利益与风险的综合——联合杠杆利益与风险。

(一)杠杆效应的含义

财务管理中存在着类似于物理学中的杠杆效应,表现为:由于特定固定支出或费用的存在,当某一财务变量以较小幅度变动时,另一相关变量会以较大幅度变动。财务管理中的杠杆效应,包括经营杠杆、财务杠杆和总杠杆三种效应形式。杠杆效应既可以产生杠杆利益,也可能带来杠杆风险。

(二)成本习性、边际贡献和息税前利润

1. 成本习性

成本习性亦称“成本性态”。成本总额变动与业务量变动之间的依存关系。有固定成本、变动成本和混合成本之分。

(1)固定成本。即指其总额在一定时期和一定业务量范围内不随业务量发生任何变动的那部分成本。属于固定成本的主要有按直线法计提的折旧费、保险费、管理人员工资、办公费等。单位固定成本将随产量的增加而逐渐变小。

固定成本还可进一步区分为约束性固定成本和酌量性固定成本两类:

1)约束性固定成本,属于企业“经营能力”成本,是企业为维持一定的业务量所必须负担的最低成本,如厂房和机器设备折旧费、长期租赁费等。企业的经营能力一经形成,在短期内很难有重大改变,因而这部分成本具有很大的约束性。

2)酌量性固定成本,属于企业“经营方针”成本,是企业根据经营方针确定的一定时期(通常为一年)的成本,如广告费、开发费、职工培训费等。

应当指出的是,固定成本总额只是在一定时期和业务量的一定范围(通常称为相关范围)内保持不变。

(2)变动成本。即指其总额随着业务量成正比例变动的那部分成本。直接材料、直接人工等都属于变动成本,但产品单位成本中的直接材料、直接人工将保持不变。

有些成本虽然也随业务量的变动而变动,但不成同比例变动,这类成本称为混合成本。混合成本按其与业务量的关系又可分为半变动成本和半固定成本。

1)半变动成本。它通常有一个初始量,类似于固定成本,在这个初始量的基础上随

产量的增长而增长，又类似于变动成本。

2）半固定成本。这类成本随产量的变化而呈阶梯形增长，产量在一定限度内，这种成本不变，当产量增长到一定限度后，这种成本就跳跃到一个新水平。

总成本习性模型：

$$y = a + bX \tag{式4-13}$$

式中，y 为总成本；a 为固定成本；b 为单位变动成本；X 为产销量（业务量）。

如果能求出公式中 a 和 b 的值，就可以利用这个直线方程来进行成本预测、成本决策和其他短期决策。

2. 边际贡献

边际贡献是指销售收入减去变动成本以后的差额。其计算公式为：

$$M = px - bx = (p - b)x = mx \tag{式4-14}$$

式中，M 为边际贡献；p 为销售单价；b 为单位变动成本；x 为产销量；m 为单位边际贡献。

边际贡献率——边际贡献在销售收入中所占的百分比。

边际贡献率的公式为：

$$\text{边际贡献率}=(\text{边际贡献}/\text{销售收入})\times100\% \tag{1}$$

如果是一种产品，则：

$$\text{边际贡献率}=(\text{单位边际贡献}/\text{单价})\times100\% \tag{2}$$

如果是多种产品，则：

$$\text{边际贡献率}=\sum(\text{每种产品的边际贡献率}\times\text{该产品销售收入占全部销售收入的比重}) \tag{3}$$

通常，边际贡献率是指产品边际贡献率。

$$\text{变动成本率}+\text{边际贡献率}=1$$

推导：

$$\begin{aligned}\text{变动成本率}&=[\text{变动成本}:\text{销售收入}]\times100\%\\&=(\text{单位变动成本}\times\text{销售量})\div(\text{单价}\times\text{销售量})\times100\%\\&=\text{单位变动成本}\div\text{单价}\times100\%\text{。}\end{aligned}$$

$$\begin{aligned}\text{变动成本率}+\text{边际贡献率}&=\text{单位变动成本}\div\text{单价}+\text{单位边际贡献}\div\text{单价}\\&=[\text{单位变动成本}+(\text{单价}-\text{单位变动成本})]\div\text{单价}\\&=1\end{aligned}$$

3. 息税前利润

息税前利润（earnings before interest and tax，EBIT）通俗地说就是不扣除利息也不扣除所得税的利润，也可以称为息前税前利润。息税前利润是指企业支付利息和缴纳所得税之前的利润。

成本按习性分类后，息税前利润可用下列公式计算：

$$EBIT = px - bx - a = (p - b)x - a = mx - a = M - a \tag{式4-15}$$

在上式的固定成本和变动成本中不包括利息费用。息税前利润也可以用利润总额加上利息费用求得。

（三）经营杠杆利益与风险

1. 经营杠杆原理

（1）经营杠杆的概念。经营杠杆（operating leverage），亦称营业杠杆或营运杠杆，是指由于企业经营成本中固定成本的存在而导致息税前利润变动率大于营业收入变动率的现象（这里的经营成本包括营业成本、税金及附加、销售费用、管理费用等）。企业经营成本按其与营业收入总额的依存关系可分为变动成本和固定成本两部分。其中，变动成本是指随着营业收入总额的变动而变动的成本。固定成本是指在一定的营业收入规模内，不随营业收入总额的变动而变动，保持相对固定不变的成本。企业可以通过扩大营业收入总额而降低单位营业收入的固定成本，从而增加企业的营业利润，如此形成企业的经营杠杆。企业利用经营杠杆，有时可以获得一定的经营杠杆利益，有时也承受着相应的营业风险（即遭受损失）。可见，经营杠杆是一把"双刃剑"。

（2）经营杠杆利益分析。经营杠杆利益是指在企业扩大营业收入总额的条件下，单位营业收入的固定成本下降而给企业增加的息税前利润（即支付利息和所得税之前的利润）。在企业一定的营业规模内，变动成本随着营业收入总额的增加而增加，固定成本则不随营业收入总额的增加而增加，而是保持固定不变。随着营业收入的增加，单位营业收入所负担的固定成本会相对减少，从而给企业带来额外的利润。

【例 4-18】AA 公司在营业收入总额为 2400 万～3000 万元的情况下，每年的固定成本总均为 800 万元，变动成本率为 60%。公司 2017—2019 年的营业收入总额分别为 2400 万元、2600 万元和 3000 万元。现测算其经营杠杆利益，如表 4-14 所示。

表 4-14　AA 公司经营杠杆效应测算表　　单位：万元

年份	营业收入总额	营业收入总额增长率（%）	变动成本	固定成本	息税前利润	息税前利润增长率（%）
2017	2400		1440	800	160	
2018	2600	8	1560	800	240	50
2019	3000	15	1800	800	400	67

由表 4-14 可见，AA 公司在营业收入总额为 2400 万～3000 万元的情况下，固定成本总额每年都是 800 万元，即保持不变。随着营业收入总额的增长，息税前利润以更快的速度增长。例如，AA 公司 2018 年与 2017 年相比，营业收入总额的增长率为 8%，同期息税前利润的增长率为 50%；2019 年与 2018 年相比，营业收入总的增长率为 15%，同期息税前利润的增长率为 67%。由此可知，由于 AA 公司有效地利用了经营杠杆，获得了较高的业杠杆利益，即息税前利润的增长幅度大于营业收入总额的增长幅度。

下面再对拥有不同经营杠杆的三家公司进行比较分析。其中,X公司的固定成本大于变动成本,Y公司的变动成本大于固定成本,Z公司的固定成本是X公司的2倍。现测算X,Y,Z三个公司的经营杠杆效应,如表4-15所示。

表4-15　X,Y,Z公司经营杠杆效应测算表　　单位:万元

	X公司	Y公司	Z公司
营业收入总额变动前:			
营业收入总额	10 000	11 000	19 500
经营成本:			
固定成本	7000	2000	14 000
变动成本	2000	7000	3000
息税前利润	1000	2000	2500
下年度营业收入总额增长50%后			
营业收入总额	15 000	16 500	29 250
经营成本:			
固定成本	7000	2000	14 000
变动成本	3000	10 500	4500
息税前利润	5000	4000	10 750
息税前利润增长率	400%	100%	330%

由表4-15可见,尽管下年度营业收入总额的增长率相同,都是50%,但由于X,Y,Z三家公司的具体情况不同,尤其是经营杠杆即固定成本比例的大小不同,息税前利润的增长率因此不等,其中X公司最高,为400%;Z公司次之,为330%;Y公司最低,为100%。由此可见经营杠杆对息税前利润的影响。

(3)经营风险分析。经营风险,亦称营业风险,是指与企业经营有关的风险,尤其是指企业在经营活动中利用经营杠杆而导致息税前利润下降的风险。由于经营杠杆的作用,当营业收入总额下降时,息税前利润下降得更快,从而给企业带来营业风险。

【例4-19】假定AA公司2017—2019年的营业收入总额分别为3000万元、2600万元和2400万元,每年的固定成本总额都是800万元,变动成本率为60%。下面以表4-16测算其经营风险。

表 4-16　AA 公司经营风险测算表

单位：万元

年份	营业收入总额	营业收入总额降低率（%）	变动成本	固定成本	息税前利润	息税前利润增长率（%）
2017	3000		1800	800	400	
2018	2600	13	1560	800	240	40
2019	2400	8	1440	800	160	33

由表 4-16 可见，AA 公司在营业收入总额为 2400 万～3000 万元的情况下，固定成本每年都是 800 万元，即保持不变，而随着营业收入总额的下降，息税前利润以更快的速度下降。例如，AA 公司 2018 年与 2017 年相比，营业收入总额的降低率为 13%，同期息税前利润的降低率为 40%；2019 年与 2018 年相比，营业收入总额的降低率为 8%，同期息税前利润的降低率为 33%。由此可知，由于 AA 公司没有有效地利用经营杠杆，导致了经营风险，即息税前利润的降低幅度大于营业收入总额的降低幅度。

影响企业经营风险的因素主要有：

产品需求——产品的需求越稳定，经营风险越小；

产品售价——售价变动越大，经营风险越小；

产品成本——产品成本变动越大的，经营风险越大；

调整价格的能力——企业具有较强的调整价格的能力，经营风险越小；

固定成本的比重——固定成本所占比重较大时，经营风险就较大。这一因素称为经营杠杆。

（4）经营杠杆系数。经营杠杆系数（degree of operational leverage，DOL）是指企业息税前利润的变动率相当于营业收入变动率的倍数。它反映了经营杠杆的作用程度。为了反映经营杠杆的作用程度，估计经营杠杆利益的大小，评价营业风险的高低，需要测算经营杠杆系数。其测算公式是：

$$DOL = \frac{\Delta EBIT/EBIT}{\Delta Q/Q} \tag{4-16}$$

式中，DOL 表示经营杠杆系数；$EBIT$ 表示息税前利润；$\Delta EBIT$ 表示息税前利润的变动额；Q 表示销售数量；ΔQ 表示销售数量的变动额。

假设成本-销量-利润保持线性关系。因为：

$$EBIT = Q(P - V) - F$$

其中，P 表示产品单位价格；V 为单位变动成本；F 为固定成本总额。

$$\Delta EBIT = \Delta Q(P - V)$$

所以：

$$DOL = \frac{Q(P - V)}{Q(P - V) - F} \tag{4-17}$$

或者：

$$DOL = \frac{S - VC}{S - VC - F} \tag{4-18}$$

其中，S 表示营业收入；VC 表示变动成本总额。

实务中，公式 4-17 可用于计算单一产品的经营杠杆系数；公式 4-18 除了可以计算单一产品外，还可用于计算多种产品的经营杠杆系数。

【例 4-20】某公司生产 A 产品，目前销售量为 30 000 件，单位售价为 10 元，单位变动成本为 6 元，固定成本为 100 000 元。假设销售单价以及成本水平保持不变，当销售量为 30 000件时，经营杠杆系数可计算如下：

$$DOL = \frac{30\ 000 \times (10 - 6)}{30\ 000 \times (10 - 6) - 100\ 000} = 6$$

表 4-17 列举了该公司 A 产品在不同的销售水平下的息税前利润和经营杠杆系数。

表 4-17　不同销售水平下的息税前利润和经营杠杆系数

销售量（件）	息税前利润（元）	经营杠杆系数（DOL）
25 000	0	无穷大
30 000	20 000	6
35 000	40 000	3.5
40 000	60 000	2.67
45 000	80 000	2.25
50 000	100 000	2
75 000	200 000	1.5
100 000	300 000	1.33

从表 4-17 可以看出：

（1）经营杠杆系数说明的是销售量的变动所引起的息税前利润的变动幅度（息税前利润对销售额变动的敏感程度）。销售量越大，经营杠杆系数越小，息税前利润对销售量变动的敏感程度也就越小，经营风险越小；反之，销售量越小，经营杠杆系数就越大，息税前利润对销售额变动的敏感程度也就越大，经营风险就越大。如上所述，经营风险是多种因素共同作用的结果。经营杠杆系数将放大这些因素对息税前利润变化的影响，但经营杠杆系数本身并非是这种“变化性”的唯一来源，如要公司保持固定的销售水平和成本水平，再高的经营杠杆系数也是没有意义的。事实上，是销售和成本水平的变动引起了息税前利润的变化。而经营杠杆系数只不过是放大了息税前利润的变化，也就是放大了公司的经营风险。因此，经营杠杆系数应当仅仅被看作对“潜在风险”的衡量，这种潜在风险只有在销售和成本水平变动的条件下才会被“激活”。

(2)当销售量超过公司的保本点销售量(25 000 件)并保持增长时,DOL 呈下降趋势。实际上,随着销售量超过保本点销售量并呈持续增长趋势,固定成本的存在对息税前盈余带来的放大效应逐渐减小。

(四)财务杠杆利益和风险

1. 财务杠杆原理

(1)财务杠杆的概念。财务杠杆(financial leverage)亦称筹资杠杆或资本杠杆,是指由于企业债务资本中固定利息费用的存在而导致普通股每股收益变动率大于息税前利润变动率的现象。企业的全部长期资本是由股权资本和债务资本构成的。股权资本成本是变动的,在企业所得税的税后利润中支付;而债务资本成本通常是固定的,并在企业所得税前扣除。不管企业的息税前利润是多少,首先都要扣除利息等债务资本成本,然后才归属于股权资本。因此,企业利用财务杠杆会对股权资本的收益产生一定的影响,有时可能给股权资本的所有者带来额外的收益(即财务杠杆利益),有时也可能造成一定的损失(即遭受财务风险)。

(2)财务杠杆利益分析。财务杠杆利益是指企业利用债务筹资这个财务杠杆而给股权资本带来的额外收益。在企业资本规模和资本结构一定的条件下,企业从息税前利润中支付的债务利息是相对固定的,当息税前利润增多时,每 1 元息税前利润所负担的债务利息会相应地降低,扣除企业所得税后可分配给企业股权资本所有者的利润就会增加,从而给企业所有者带来额外的收益。

【例 4-21】AA 公司 2017—2019 年的息税前利润分别为 160 万元、240 万元和 400 万元,每年的债务利息均为 150 万元,公司所得税税率为 25%。该公司财务杠杆利益的测算如表 4-18 所示。

表 4-18　AA 财务杠杆利益测算表　　单位:万元

年份	息税前利润	息税前利润增长率(%)	债务利息	所得税(25%)	税后利润	税后利润增长率(%)
2017	160		150	2.5	7.5	
2018	240	50	150	22.5	67.5	800
2019	400	67	150	62.5	187.5	178

由表 4-18 可见,在资本结构一定、债务利息保持固定不变的条件下,随着息税前利润的增长,税后利润以更快的速度增长,从而使企业所有者获得财务杠杆利益。在上例

中,AA 公司 2018 年与 2017 年相比,息税前利润的增长率为 50%,同期税后利润的增长率高达 800%;2019 年与 2018 年相比,息税前利润的增长率为 67%,同期税后利润的增长率为 178%。由此可知,由于 AA 公司有效地利用了财务杠杆,从而给企业股权资本所有者带来了额外的利益,即税后利润的增长幅度大于息税前利润的增长幅度。

(3)财务风险分析。财务风险亦称筹资风险,是指企业经营活动中与筹资有关的风险,尤其是指在筹资活动中利用财务杠杆可能导致企业股权资本所有者收益下降的风险,甚至可能导致企业破产的风险(我国财务学界对财务风险有各种界定,其中种认为财务风险包括筹资风险和投资风险。这里采用国际上通行的财务风险称谓)。由于财务杠杆的作用,当息税前利润下降时,税后利润下降得更快,从而给企业股权资本所有者带来财务风险。

【例 4-22】假定 AA 公司 2017—2019 年的息税前利润分别为 400 万元、240 万元和 160 万元,每年的债务利息都是 150 万元,公司所得税税率为 25%。该公司财务风险的测算如表 4-19 所示。

表 4-19 AA 财务杠杆利益测算表　　单位:万元

年份	息税前利润	息税前利润降低率(%)	债务利息	所得税(25%)	税后利润	税后利润降低率(%)
2017	400		150	62.5	187.5	
2018	240	40	150	22.5	67.5	64
2019	160	33	150	2.5	7.5	89

由表 4-19 可知,AA 公司 2017—2019 年每年的债务利息均为 150 万元,并保持不变,但随着息税前利润的下降,税后利润以更快的速度下降。例如,AA 公司 2018 年与 2017 年相比,息税前利润的降低率为 40%,同期税后利润的降低率为 64%;2019 年与 2018 年相比,息税前利润的降低率为 33%,同期税后利润的降低率为 89%。可见,AA 公司没有有效地利用财务杠杆,从而导致了财务风险即税后利润的降低幅度大于息税前利润的降低幅度。

2. 财务杠杆系数的测算

财务杠杆系数(degree of financial leverage)是指企业税后利润的变动率相当于息税前利润变动率的倍数,它反映了财务杠杆的作用程度。对股份有限公司而言,财务杠杆系数则可表述为普通股每股收益变动率相当于息税前利润变动率的倍数。反映每股收益对息税前利润变动的敏感程度。其计算公式为:

$$DFL = \frac{\Delta EPS/EPS}{\Delta EBIT/EBIT} \tag{4-19}$$

式中:DFL 表示财务杠杆系数;$\Delta EBIT$ 表示息税前利润变动额;$EBIT$ 表示息税前利

润额;ΔEPS 表示普通股每股收益变动额;EPS 表示普通股每股收益额。

$$EPS = (EBIT - I)(1 - T)/N$$

可推导出以下计算公式:

$$DFL = \frac{EBIT}{EBIT - I} \qquad (式4-20)$$

式中,I 为债务利息。

【例4-23】假设某公司是一家新开业的公司,公司潜在的股东已计算出公司必须投资200 000元购买必要的资产。所得税率为50%。现有三种融资方案:A. 发行2000股普通股,每股面值100元;B. 25%采用债务方式融资,利率为8%;C. 40%采用债务方式融资,利率为8%。当息税前盈余分别为20 000元、40 000元、60 000元、80 000元时,见表4-20。请计算每种融资方式下的财务杠杆系数并进行分析。

首先,来考虑公司按不同方案融资后的资本结构。

表4-20　三种融资方案的资本结构

项目	方案		
	A方案 债务0	B方案 债务25%,利率8%	C方案 债务40,利率8%
负债	0	50 000	80 000
股东权益	200 000	150 000	120 000
负债与股东权益合计	200 000	200 000	200 000

A方案只发行普通股融资,无财务风险。方案B的财务风险介于方案A和方案C之间。而方案C的财务风险是最高的。

其次,计算不同融资方式下财务杠杆系数。当 $EBIT$ 为20 000元时,利用公式4-20可以计算出每种方案下的财务杠杆系数:

方案A:

$$DFL = \frac{20\,000}{20\,000 - 0} = 1$$

方案B:

$$DFL = \frac{20\,000}{20\,000 - 4000} = 1.25$$

方案C:

$$DFL = \frac{20\,000}{20\,000 - 6400} = 1.47$$

同理可计算出三种不同方案在不同的息税前利润下的财务杠杆系数,见表4-21。

表 4-21 公司不同 EBIT 水平下的财务杠杆效应分析

方案	EBIT(元)	利息(元)	税前利润(元)	所得税(元)	净利润(元)	EPS	DFL
A	20 000	0	20 000	10 000	10 000	5.00	1
	40 000	0	40 000	20 000	20 000	10.00	1
	60 000	0	60 000	30 000	30 000	15.00	1
	80 000	0	80 000	40 000	40 000	20.00	1
B	20 000	4000	16 000	8000	8000	5.33	1.25
	40 000	4000	36 000	18 000	18 000	12.00	1.11
	60 000	4000	56 000	28 000	28 000	18.67	1.07
	80 000	4000	76 000	38 000	38 000	25.83	1.05
C	20 000	6400	13 600	6800	6800	5.67	1.47
	40 000	6400	33 600	16 800	16 800	14.00	1.19
	60 000	6400	53 600	26 800	26 800	22.33	1.12
	80 000	6400	73 600	36 800	36 800	30.67	1.09

表 4-21 显示了在每种融资方式下财务杠杆对每股收益的影响。它说明以下问题:

(1)财务杠杆系数表明的是息税前盈余所引起的每股收益的变动幅度。如果息税前利润从 20 000 元增长到 40 000 元,则在 A 方案下,每股收益也将增长 100%;在 B 方案下,每股收益将增长 125%;在 C 方案下,每股收益将增长 147%。在 B 方案和 C 方案中,息税前利润 100% 的增长被放大为每股收益高于 100% 的增长。

(2)在资本总额、息税前利润相同的情况下,负债比率越高,财务杠杆系数越大,财务风险也越大;反之,负债比率越低,财务杠杆系数越小,财务风险也越小。

(3)在资本总额、资本结构不变的情况下,息税前盈余越大,财务杠杆系数越小,财务风险就越小;反之,息税前盈余越小,则财务杠杆系数越大,财务风险就越大。

由以上论述可知,财务杠杆系数越大,每股收益因息税前盈余变动而变动的幅度就越大;反之则越小。较大的财务杠杆可以为公司带来较强的每股收益扩张能力,但固定筹资费用越多按期支付的可能性就越小,由此引发的财务风险就越大。如果公司全部资产收益率低于固定筹资费率,那么普通股收益率就会低于公司投资收益率或出现资本亏损的情况。

(五)总杠杆利益和风险

1. 总杠杆效应分析

总杠杆主要反映销售量(营业收入)与普通股每股收益之间的关系,用于衡量销售量的变动对普通股每股收益变动的影响程度。经营杠杆反映销售的变动对息税前盈余的影响,财务杠杆反映的息税前盈余的变动对普通股每股收益的影响,如果两种杠杆联合起作用,那么销售量的变动将会对每股收益产生更大的影响。在两种杠杆的共同作用下，当销售量增加时，普通股股东可得收益会有更高幅度的增加，这是两种杠杆共同作用产生的总杠杆利益；当销售量减少时，普通股股东则会有更高幅度的损失，这是两种杠杆产生的总风险。

公司的经营风险和财务风险的总和构成了公司的总风险。经营风险是由公司的投资决策所决定的，即公司的资产结构中各资产的风险系数共同决定了公司整体的经营风险。财务风险则是由公司的融资决策决定的。与经营风险不同的是，财务风险不是由单项资产而产生的，而是有公司整体决定的，如果公司完全通过股权融资，则它只存在经营风险，没有财务风险。公司可以通过融资决策在合理的范围内来控制其财务风险。

2. 总杠杆系数

总杠杆系数（degree of total leverage），是指经营杠杆和财务杠杆的联合作用，是指普通股每股收益变动率相当于销售量（营业收入）变动率的倍数。反映每股收益对销售量变动的敏感程度。

其计算公式为：

$$DTL = \frac{\Delta EPS/EPS}{\Delta Q/Q} \tag{式 4-21}$$

推导出下列公式：

$$DTL = \frac{Q(P - V)}{Q(P - V) - F - I} \tag{式 4-22}$$

$$DTL = \frac{S - VC}{S - VC - F - I} \tag{式 4-23}$$

另外，由于总杠杆是经营杠杆与财务杠杆的共同作用，所以也可用下面的公式计算总杠杆系数：

$$DTL = DOL \times DFL \tag{式 4-24}$$

实务中，公司对经营杠杆和财务杠杆的运用可以有各种不同的组合。一般来说，公司选择经营杠杆的难度是比较大的，因为尽管公司可以在对投资项目或资产的选择中确定经营杠杆，但对项目或者资产的选择通常会受到一些限制，技术上的某些问题会迫使公司使用一些固定费用或变动费用占较大比例的生产工艺（有些产品只有一种生产方法，别无选择）。另一方面，虽然公司可以通过财务政策的选择（资本结构的选择及债务到期日的选择等）在合理的范围内确定财务杠杆，但是公司在使用财务杠杆时也会受到限制，因为当负债比率超过某一点时，财务成本和代理成本的增加将会导致公司资本成本的上升，这些增加的成本将会抵销总杠杆所带来的收益，从而导致公司价值的减少。因此，这就需要公司在大量的经营杠杆和财务杠杆之间进行权衡，以合理的方式组合以得到一个理想的总杠杆水平和总风险水平。

二、资本结构决策

资本结构决策是企业财务决策的核心内容之一。企业资本结构决策是结合企业有关情况，分析有关因素的影响，运用一定方法确定最佳资本结构。从理论上讲，最佳资本结构是指企业在适度财务风险的条件下，使其预期的综合资本成本率最低，同时企业价值最大的资本结构，它应作为企业的目标资本结构。

(一)资本结构的概念与影响因素

1. 资本结构的概念

在财务管理实务中，企业在一定时期采用各种筹资方式组合筹资的结果，就形成一定的资本结构。因此，资本结构是指企业各种资本的价值构成及其比例关系，是企业一定时期筹资组合的结果。

资本结构有广义和狭义之分。广义的资本结构是指企业全部资本的构成及其比例关系。企业一定时期的资本可分为债务资本和股权资本、短期资本和长期资本。一般而言，广义的资本结构包括：债务资本与股权资本的结构、长期资本与短期资本的结构，以及债务资本的内部结构、长期资本的内部结构和股权资本的内部结构等。

狭义的资本结构是指企业各种长期资本的构成及其比例关系，尤其是指长期债务资本与(长期)股权资本之间的构成及其比例关系。

2. 资本结构的影响因素

长期有息债务与权益资本的组合形成了企业的资本结构。债务融资虽然可以实现抵税收益，但在增加债务的同时也会加大企业的风险，并最终要由股东承担风险的成本。因此，企业资本结构决策的主要内容是权衡债务的收益与风险，实现合理的目标资本结构，从而实现企业价值最大化。

根据负债融资的利弊，影响公司资本结构决策的因素见表4-22。

表4-22　影响资本结构的决策因素

主要/次要因素		负债筹资的有利因素
主要因素	公司所得税	债务筹资的最大优点是可以享受利息减税优惠，而股权筹资却不具备这一优势，但考虑个人所得税后会降低利息减税的影响
次要因素	股权代理成本	负债筹资会相对减少股东的监督成本，减少经营者现金流量支配权的“在职消费”，偿债压力和破产机制迫使经营者努力工作，以提高公司价值
	保持控制权	负债筹资可以使当前所有者保持对公司的控制权，防止股权稀释
	信息不对称	负债筹资可解决经营者与外部投资者之间的信息不对称问题。相对股票筹资而言，在信息不对称条件下，债务筹资给市场传递的是“好消息”
	筹资成本	债权人要求的收益率低于股票投资，加上利息减税，使债务筹资成本相对较低负债筹资的有利因素
主要因素	财务危机成本	过度负债会加大财务危机发生的概率，降低公司价值，特别是有大量无形资产和非流动资产的公司、息税前收益波动很大的公司更易发生财务危机

续表 4-22

<table>
<tr><th colspan="2">主要/次要因素</th><th>负债筹资的有利因素</th></tr>
<tr><td rowspan="3">次要因素</td><td>负债代理成本</td><td>过度负债会引起股东与债权人之间的利益纷争，加大债务合约成本和监督成本，以及各种限制条款产生的机会成本</td></tr>
<tr><td>股利政策</td><td>过度负债会影响公司采取股利支付的稳定性</td></tr>
<tr><td>财务弹性</td><td>过度负债会降低公司再筹资能力，可能会丧失投资机会</td></tr>
</table>

影响资本结构的因素较为复杂，大体可以分为企业的内部因素和外部因素。内部因素通常有营业收入、成长性、资产结构、盈利能力、管理层偏好、财务灵活性以及股权结构等；外部因素通常有税率、利率、资本市场、行业特征等。一般而言，收益与现金流量波动较大的企业要比现金流量较稳定的类似企业的负债水平低；成长性好的企业因其快速发展，对外部资金需求比较大，要比成长性差的类似企业的负债水平高；盈利能力强的企业因其内源融资的满足率较高，要比盈利能力较弱的类似企业的负债水平低；一般性用途资产比例高的企业因其资产作为债务抵押的可能性较大，要比具有特殊用途资产比例高的类似企业的负债水平高；财务灵活性大的企业要比财务灵活性小的类似企业的负债能力强。这里财务灵活性是指企业利用闲置资金和剩余的负债能力以应付可能发生的偶然情况和把握未预见机会（新的好项目）的能力。

（二）资本结构决策的分析方法

适当利用负债可以降低公司资本成本，但当债务比率过高时，杠杆利益会被债务成本抵消，公司面临较大财务风险。因此，企业应该确定其最佳的债务比率（资本结构），使加权平均资本成本最低，企业价值最大。由于每个公司都处于不断变化的经营条件和外部经济环境中，使得确定最佳资本结构十分困难。资本结构决策分析有不同的方法，常用的方法有资本成本比较法与每股收益分析法。

1. 资本成本比较法

资本成本比较法，是指在不考虑各种融资方式在数量与比例上的约束以及财务风险差异时，通过计算各种基于市场价值的长期融资组合方案的加权平均资本成本，并根据计算结果选择加权平均资本成本最小的融资方案，确定为相对最优的资本结构。

【例 4-24】某公司需要筹集 10 000 万元长期资本，可以从贷款、发行债券、发行普通股三种方式筹资，其个别资本成本率已分别测定，有关资料如表 4-23 所示：

首先，分别计算三个方案的综合资本成本：

$$A\ 方案，K = 40\% \times 6\% + 10 \times 8\% + 50\% \times 9\% = 7.7\%$$

$$B\ 方案，K = 30\% \times 6\% + 15 \times 8\% + 55\% \times 9\% = 7.95\%$$

$$C\ 方案，K = 20\% \times 6\% + 20 \times 8\% + 60\% \times 9\% = 8.2\%$$

表 4-23 某公司资本成本及资本结构 单位:%

筹资方式	资本结构			个别资本成本率
	A 方案	B 方案	C 方案	
贷款	40	30	20	6
债券	10	15	20	8
普通股	50	55	60	9
合计	100	100	100	

其次,根据企业筹资评价的其他标准,考虑企业的其他因素,对各个方案进行修正;之后,再选择其中成本最低的方案。这个例子中假设其他因素对方案选择的影响甚小,则 A 方案的综合成本最低,这样,该公司筹资的资本结构为贷款 4000 万元、发行债券 1000 万元、发行普通股 5000 万元。

2. 每股收益分析法

判断资本结构是否合理的一种方法是分析每股收益的变化。该方法假定能提高每股收益的资本结构是合理的,反之则不合理。实际上每股收益的高低不仅受资本结构的影响,还受销售或息税前盈余的影响,处理它们之间的关系需要运用融资的每股收益分析法。

每股收益分析法是利用每股收益的无差别点进行的。所谓每股收益无差别点是指每股收益不受融资方式影响的销售水平或息税前盈余水平。根据每股收益无差别点可以分析判断在什么样的销售水平或息税前盈余水平下应采用何种融资方式。每股收益无差别点可以通过计算得出。

每股收益的计算为:

$$EPS = \frac{(S - VC - F - I)(1 - T)}{N} = \frac{(EBIT - I)(1 - T)}{N} \qquad (式 4\text{-}25)$$

在每股收益无差别点上,无论是采用长期债务融资还是采用权益融资,每股收益都是相等的。若以 EPS_1 代表债务融资, EPS_2 代表权益融资,则:

$$EPS_1 = EPS_2$$

即:

$$\frac{(EBIT - I_1)(1 - T)}{N_1} = \frac{(EBIT - I_2)(1 - T)}{N_2} \qquad (式 4\text{-}26)$$

式中,$EBIT$ 表示息税前利润平衡点,即每股收益无差别点;I_1 、I_2 表示两种筹资方式下的债务利息;N_1 、N_2 表示两种筹资方式下的普通股股数;T 表示所得税税率。

能使上式成立的息税前利润为每股收益无差别点的息税前利润,称之为每股收益无差别点息税前利润。

也可以用销售额表示:

$$\frac{(S - VC_1 - F_1 - I_1)(1 - T)}{N_1} = \frac{(S - VC_2 - F_2 - I_2)(1 - T)}{N_2} \qquad (式 4\text{-}27)$$

式中，S 表示销售额平衡点；VC_1、VC_2 表示两种筹资方式下的变动成本；F_1、F_2 表示固定成本；I_1、I_2 表示两种筹资方式下的债务利息；N_1、N_2 表示两种筹资方式下的普通股股数；T 表示所得税税率。

能使上式成立的销售额称之为每股收益无差别点销售额。

【例4-25】某公司原有资本700万元其中债务资本200万元（每年负担利息24万元），普通股资本500万元（发行普通股10万股，每股面值50元）。公司的变动成本率为60%固定成本为180万元所得税率为33%。由于扩大业务，需追加筹资300万元，其融资方式有两种：

一是全部发行普通股，增发6万股，每股面值50元。

二是全部长期债务筹资，利率12%，利息36万元。

首先求出每股收益无差别点，将资料中有关数据代入公式 $\frac{(S-0.6S-180-24)(1-33\%)}{10+6}=\frac{(S-0.6S-180-24-36)(1-33\%)}{10}$，求得 $S=750$（万元）。

此时每股收益：

$$EPS=\frac{(750-750\times0.6-180-24)\times(1-33\%)}{16}=4.02(\text{元})$$

具体可以利用图形分析来使决策者直观地看到不同的融资方式下销售水平对每股收益的影响。此例可以画图示意（图4-2）：

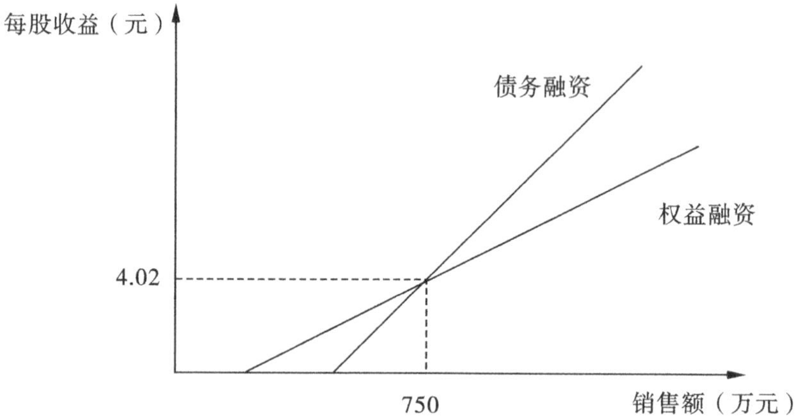

图4-2 每股收益无差别点分析图

由以上计算及图4-2可以看出，公司两种融资方式的每股收益无差别点销售水平为750万元，当销售额高于750万元时，运用债务融资可获得较高的每股收益；当销售额低于750万元时，运用权益融资可以获得较高的每股收益。

每股收益分析法的测算原理比较容易理解，测算过程比较简单，它以普通股每股收益为最高决策标准，也没有具体测算财务风险，其决策目标实际上是股东财富最大化或股票价值最大化，而不是公司价值最大化，可用于资本规模不大、资本结构不太复杂的股份有限公司。

(3)公司价值分析法。以上两种方法都是从账面价值的角度进行资本结构优化分析。没有考虑市场反应亦即没有考虑风险因素。公司价值分析法是在考虑市场的基础上,以公司市场价值为标准,进行资本结构优化。即能够提升公司价值的资本结构,就是合理的资本结构。这种方法主要用于对现有资本结构进行调整,适用于资本规模较大的上市公司资本结构优化分析。同时,在公司价值最大的资本结构下公司的平均成本率也是最低的。

设:V 表示公司价值,B 表示债务资金价值,S 表示权益资本价值。公司价值应该等于资本的市场价值,即:

$$V = B + S \qquad (式4-28)$$

为简化分析,假设公司各期的 $EBIT$ 保持不变,债务资金的市场价值等于其面值,权益资本的市场价值可通过下式计算:

$$S = \frac{(EBIT - I)(1 - T)}{K_s} \qquad (式4-29)$$

且:

$$K_s = R_f + \beta(R_m - R_f) \qquad (式4-30)$$

此时,$K_w = K_b \times \frac{B}{V} + K_s \times \frac{S}{V}$。

【例4-26】某公司息税前利润为400万元,资本总额账面价值为2000万元。假设无风险收益率为6%,证券市场平均收益率为10%,所得税税率为25%。债务市场价值等于面值,经测算,不同债务水平下的权益资本成本率和税前债务利息率(假设税前债务利息率等于税前债务资本成本)如表4-24所示:

表4-24 不同债务水平下的利息率与权益资本成本率

债务市场价值B(万元)	税前债务利息率(%)	股票β系数	权益资本成本率K_s
0	—	1.50	12.0
200	8.0	1.55	12.2
400	8.5	1.65	12.6
600	9.0	1.80	13.2
800	10.0	2.00	14.0

根据表4-24,可计算出不同资本结构下的公司总价值和平均资本成本率,如表4-25所示。

表 4-25 不同资本结构下公司价值与平均资本成本率

债务市场价值（万元）	股票市场价值（万元）	公司总价值（万元）	税后债务资本成本（%）	普通股资本成本（%）	平均资本成本（%）
0	2500	2500	—	12.0	12.00
200	2361	2561	6.00	12.2	11.72
400	2179	2579	6.38	12.6	11.64
600	1966	2566	6.75	13.2	11.69
800	1714	2514	7.50	14.0	11.93

可以看出，在没有债务资本的情景下，公司的总价值等于股票的账面价值。当公司增加一部分债务时，财务杠杆开始发挥作用，公司总价值上升，平均成本率下降。在债务资本达到 400 万元时，公司总价值最高，平均资本成本率最低。债务资本超过 400 万元后，随着利息率的不断上升，财务杠杆作用逐步减弱甚至显现负面影响，公司总价值下降，平均资本成本率上升。因此，债务资本为 400 万元时的资本结构是公司的最优资本结构。

【练习题】

一、已知某公司 2012 年销售收入为 20 000 万元，销售净利润率为 12%，净利润的 60% 分配给投资者。2012 年 12 月 31 号的资产负债表（简表）如下：

资产负债表

2012 年 12 月 31 日　　单位：万元

资产	期末余额	负债及所有者权益	期末余额
货币资金	1000	应付账款	1000
应收账款净额	3000	应付票据	2000
存货	6000	长期借款	9000
固定资产净额	7000	实收资本	4000
无形资产	1000	留存收益	2000
资产总计	18 000	负债及所有者权益总计	18 000

该公司 2013 年计划销售收入比上年增长 30%，为实现这一目标，公司需新增设备一台，价值 148 万元。据历年财务数据分析，公司流动资产与流动负债随销售额同比率增减。公司如需对外筹资，可按面值发行票面利率为 10%、期限为 10 年、每年末付息的公

司债券解决。假定该公司2013年的销售净利率和利润分配政策与上年保持一致,公司债券的发行费用可忽略不计,使用的所得税率25%。

要求:

1. 计算2013年公司需增加的营运资金。

2. 预测2013年需要对外筹集的资金量。

3. 计算发行债券的资金成本。

二、ABC公司欲从银行取得一笔长期借款1000万元,手续费0.1%,年利率5%,期限3年,每年结息一次,到期一次还本。公司所得税率25%。计算该笔银行借款的资金成本。

三、某企业发行一笔期限为10年的债券,债券面值为1000万元,票面利率为12%,每年付息一次,发行费率为3%,所得税率为25%,请分别计算债券按1200元、1000元、800元价格发行时的成本。

四、某企业按面值发行100万元的优先股,筹资费率为4%,每年支付12%的现金股利,计算该优先股的成本。

五、东方公司拟发行一批普通股,发行价格12元,每股筹资费用2元,预定每年分派现金股利每股1.2元,计算其资金成本率。

六、宏达公司准备增发普通股,每股发行价格15元,筹资费率20%。预定第一年分派现金股利每股1.5元,以后每年股利增长2.5%,计算其资金成本率。

七、假定强生股份公司普通股股票的β值为1.2,无风险利率为5%,市场投资组合的期望收益率为10%,计算该公司按资本资产定价模型计算的普通股资金成本。

八、假定兴发股份公司普通股的风险溢价估计为8%,而无风险利率为5%,请按无风险利率加风险溢价法计算该公司普通股股票筹资的资金成本。

九、某企业共有资金100万元,其中债券30万元,优先股10万元,普通股40万元,留存收益20万元,各种资金成本分别为6%、12%、15.5%和15%。试计算该企业加权平均资金成本。

十、某企业年销售净额为280万元,息税前利润为80万元,固定成本为32万元,变动成本率为60%,资本总额为200万元,债权资本比例为40%,债务利率为12%,试分别计算该企业的经营杠杆系数、财务杠杆系数和联合杠杆系数。

十一、某公司目前年销售额10 000万元,变动成本率70%,全部固定成本和费用为2000万元,普通股股数为2000万股,该公司目前总资产为5000万元,资产负债率40%,目前的平均负债利息率为8%,假设所得税率为40%。该公司拟改变经营计划,追加投资4000万元,预计每年固定成本增加500万元,同时可以使销售额增加20%,并使变动成本率下降至60%。该公司以提高每股收益的同时降低总杠杆系数作为改进经营计划的标准。

要求:

1. 计算目前的每股收益、利息保障倍数、经营杠杆、财务杠杆和总杠杆系数。

2. 所需资金以追加股本取得,每股发行价2元,计算追加投资后的每股收益、利息保障倍数、经营杠杆、财务杠杆和总杠杆系数,判断应否改变经营计划。

3. 所需资金以 10% 的利率借入,计算追加投资后的每股收益、利息保障倍数、经营杠杆、财务杠杆和总杠杆系数,判断应否改变经营计划。

4. 若不考虑风险,两方案相比,哪种方案较好。

十二、某公司目前有 300 万元的债务流通在外,利率为 12%。现在准备为一个 400 万元的扩张项目融资,有三种方案。方案 1:按照 14% 的利率增发债务。方案 2:发行股利率为 12% 的优先股。方案 3:按照每股 16 元发行普通股。公司目前有 80 万股普通股流通在外,适用的税率为 40%,公司目前的息税前利润为 150 万元。假定营业利润并没有立即增加,试计算三种方案的每股收益是多少?

十三、某公司目前的资金来源包括面值 1 元的普通股 800 万股和平均利率为 10% 的 3000 万元债务。该公司现在拟投产甲产品,该项目需要筹资 4000 万元,预期投产后每年可增加息税前利润 400 万元。该项目有两个备选的筹资方案:

方案一,按 11% 的利率发行债券;

方案二,按 20 元/股的价格增发普通股。

该公司目前的息税前利润为 1600 万元,所得税税率为 40%,证券发行费用可忽略不计。

要求:

1. 计算按不同方案筹资后的普通股每股收益。

2. 计算增发普通股和债券筹资的每股收益无差别点(以息税前利润表示)。

3. 计算筹资前的财务杠杆系数和按两个方案筹资后的财务杠杆系数。

4. 根据以上计算结果分析,该公司应当选择哪一种筹资方案? 为什么?

5. 如果由甲产品可提供 1000 万元的新增息税前利润,在不考虑财务风险的情况下,公司应选哪一种筹资方案?

第五章

投资决策

【学习目标】

1. 理解长期投资的含义
2. 了解企业投资的分类、投资管理的原则
3. 充分认识现金流量的概念及其估计原则
4. 掌握项目投资的静态和动态评价指标
5. 掌握投资决策指标的应用

第一节　长期投资概述

一、长期投资概念

长期投资(long-term investments)是指不准备随时变现,持有时间超过1年的企业对外投资,即公司对现在所持有资金的一种运用,如投入经营资产或购买金融资产,或者是取得这些资产的权利,其目的是在未来一定时期内获得与风险相匹配的报酬。在市场经济条件下,公司能够把筹集到的资金投放到报酬高、回收快、风险小的项目上去,对企业的生存和发展十分重要。企业管理层取得长期投资的目的在于持有而不在于出售,这是与短期投资的一个重要区别。

(一)企业投资是实现财务管理目标的基本前提

企业财务管理的目标是不断提高企业价值,为股东创造财富。因此要采取各种措施增加利润,降低风险。企业要想获得利润,就必须进行投资,在投资中获得效益。

(二)企业投资是公司发展生产的必要手段

在科学技术、社会经济迅速发展的今天,企业无论是维持简单再生产还是实现扩大再生产,都必须进行一定的投资。要维持简单再生产的顺利进行,就必须及时对所使用

的机器设备进行更新,对产品和生产工艺进行改造,不断提高职工的科学技术水平等;要实现扩大再生产,就必须新建、扩建厂房,增添机器设备,增加职工人数,提高人员素质,等等。企业只有通过系列的投资活动,才能创造增强实力、广开财源的不可缺少的条件。

(三)企业投资是公司降低经营风险的重要方法

公司把资金投向生产经营的关键环节或薄弱环节,可以使各种生产经营能力配套、平衡,形成更大的综合生产能力。如把资金投向多个行业,实行多元化经营,则更能增加公司销售和盈余的稳定性。这些都是降低公司经营风险的重要方法。

二、长期投资的特征

这里的长期投资,是指企业对经营性固定资产的投资,即企业的内部投资。它具有以下特征。

(一)投资的主体是企业

企业投资不同于个人或专业投资机构的投资。企业投资是直接投资,即现金直接投资于生产性资产,然后用其开展经营活动并获取现金。个人或专业投资机构是把现金投资于企业,然后企业用这些现金再投资于经营性资产,属于间接投资。

直接投资的投资人(企业)在投资以后继续控制实物资产,因此,可以直接控制投资回报;间接投资的投资人(企业的债权人和股东)在投资以后不直接控制经营性资产,因此,只能通过契约或更换代理人间接控制投资回报。

(二)投资的对象是经营性资产

经营性资产包括建筑物、厂房、机器设备、存货等。经营性资产投资有别于金融资产投资。金融资产投资的对象主要是股票、债券、各种衍生金融工具等,习惯上也称证券投资。经营资产和证券投资的分析方法不同,前者的核心是净现值原理,后者的核心是投资组合原理。

前面相对详细地分析了投资股票可能出现失败的操作和长期投资的基础压力等问题。我们需要进一步讨论长期投资的步调和方法。

经营性资产投资的对象,包括固定资产和流动资产两类。固定资产投资的现金流出至现金流入的时间超过 1 年,属于长期投资;流动资产投资的现金流出至现金流入的时间不超过 1 年,属于短期投资。长期投资和短期投资的原则、程序和方法有较大区别。

(三)投资的目的是获取经营活动所需的实物资源

长期投资的目的是获取生产经营所需的固定资产等劳动手段,以便运用这些资源赚取营业利润。投资的目的不是获取固定资产的再出售收益,而是要使用这些固定资产。有的企业也会投资于其他公司,主要目的是控制其经营和资产以增加本企业的价值,而不是为了获取股利。

公司对于子公司的股权投资是经营性投资,目的是控制其经营,而不是期待再出售收益。合并报表将这些股权投资抵销,可以显示其经营性投资的本来面目。对于子公司投资的评价方法,与直接投资经营性资产相同。对于非子公司控股权的投资也属于经营性投资,目的是控制其经营,其分析方法与直接投资经营性资产相同。非金融企业长期持有少数股权证券或债券,在经济上缺乏合理性,没有取得正的现金值的依据,不如让股东自己去投资,还可以节约一些交易成本。有时企业也会购买一些风险较低的证券,将其作为现金的替代品,其目的是在保持流动性的前提下降低闲置现金的机会成本,或者对冲汇率、利率等金融风险,并非真正意义上的证券投资行为。

三、企业投资的分类

根据不同的划分标准,企业投资可作如下分类。

(一)直接投资与间接投资

按投资与企业生产经营的关系,企业投资可分为直接投资和间接投资两类。在非金融性企业中,直接投资所占比重很大。间接投资又称证券投资,是指把资金投入证券等金融资产,以取得利息、股利或资本利得收入的投资。随着我国金融市场的完善和多渠道筹资的形成,企业间接投资将越来越广泛。

(二)长期投资与短期投资

按投资回收时间的长短,企业投资可分为短期投资与长期投资两类。短期投资又称流动资产投资,是指能够并且也准备在一年以内收回的投资,主要是指对现金、应收账款、存货、短期有价证券等的投资,长期证券如能随时变现亦可作为短期投资。长期投资则是指一年以上才能收回的投资,主要是指对厂房、机器设备等固定资产的投资,也包括对无形资产和长期有价证券的投资。由于长期投资中固定资产所占的比重较大,因此,长期投资有时专指固定资产投资。

(三)对内投资和对外投资

根据投资的方向,企业投资可分为对内投资和对外投资两类。对内投资是指把资金投向公司内部,购置各种生产经营用的资产的投资。对外投资是指公司以现金、实物、无形资产等方式或者以购买股票、债券等有价证券方式向其他单位的投资。对内投资都是直接投资,对外投资主要是间接投资,也可以是直接投资。

(四)初创投资和后续投资

根据投资在生产过程中的作用,企业投资可分为初创投资和后续投资。初创投资是在建立新企业时所进行的各种投资。它的特点是投入的资金通过建设形成企业的原始资产,为企业的生产、经营创造必要的条件。后续投资则是指为巩固和发展企业再生产所进行的各种投资,主要包括为维持企业简单再生产所进行的更新性投资,为实现扩大再生产所进行的追加性投资,为调整生产经营方向所进行的转移性投资等等。

(五)其他分类方法

根据不同投资项目之间的相互关系,可以将投资分为独立项目投资、相关项目投资和互斥项目投资。独立项目的选择既不要求也不排斥其他的投资项目。假如接受某一个项目就不能投资于另一个项目,则这些项目之间就是互斥的。若某一项目的实施依于其他项目,这些项目就是相关项目,如要想增加一条生产线就必须新盖一栋厂房来安装生产线,则生产线的投资与厂房的投资属于相关项目投资。根据投资项目现金流入与流出的时间,可以将投资分为常规项目投资和非常规项目投资。常规项目是指只有一期初始现金流出,随后是一期或多期现金流入的项目。非常规项目的现金流量形式在某些方面与常规项目有所不同,如现金流出不发生在期初,或者期初和以后各期有多次现金流出等。

四、企业投资管理的原则

企业投资的根本目的是谋求利润、增加企业价值。企业能否实现这一目标,关键在于能否在风云变幻的市场环境下,抓住有利的时机,做出合理的投资决策。为此,企业在投资时必须坚持以下原则。

(一)认真进行市场调查,及时捕捉投资机会

捕捉投资机会是企业投资活动的起点,也是企业投资决策的关键。在市场经济条件下,投资机会不是固定不变的,而是不断变化的,它受到诸多因素的影响,其中最主要的是市场需求的变化。企业在投资之前,必须认真进行市场调查和市场分析,寻找最有利的投资机会。市场是不断变化、发展的,对于市场和投资机会的关系,也应从动态的角度加以把握。正是由于市场的不断变化和发展,才有可能产生一个新的投资机会。随着经济不断发展,人民收入水平不断提高,人们对消费的需求也发生了很大的变化,无数的投资机会正是在这些变化中产生的。

(二)建立科学的投资决策程序,认真进行投资项目的可行性分析

在市场经济条件下,企业的投资决策都会面临一定的风险。为了保证投资决策的正确有效,必须按科学的投资决策程序,认真进行投资项目的可行性分析。投资项目可行性分析的主要任务是对投资项目技术上的可行性和经济上的有效性进行论证,运用各种方法计算出有关指标,以合理确定不同项目的优劣,财务部门是对企业的资金进行规划和控制的部门,财务人员必须参与投资项目的可行性分析。

(三)及时足额地筹集资金,保证投资项目的资金供应

企业的投资项目,特别是大型投资项目,其建设工期长,所需资金多,一旦开工就必须有足够的资金供应,否则,就会使工程建设中断,出现“半截子工程”,造成很大的损失。因此,在投资项目开始建设之前,必须科学预测投资所需资金的数量和时间,采用适当的方法,筹措资金,保证投资项目顺利完成,尽快产生投资效益。

(四)认真分析风险和报酬的关系,适当控制企业的投资风险

报酬和风险是共存的。一般而言,报酬越高,风险也越大,报酬的增加是以风险的增

大为代价的,而风险的增加将会引起企业价值的下降,不利于财务目标的实现。企业在进行投资时,必须在考虑报酬的同时认真考虑风险情况,只有在报酬和风险达到均衡时,才有可能不断增加企业价值,实现财务管理的目标。

五、企业投资过程分析

投资能为企业带来报酬,但投资是一项具体而复杂的系统工程,按照时序的方法,可以将投资过程分为事前、事中和事后三个阶段。事前阶段也称投资决策阶段,主要包括投资方案的提出、评价与决策;事中阶段的主要工作是实施投资方案并对其进行监督与控制;事后阶段是指在投资项目结束后对投资效果进行的事后审计与评价。

(一)投资项目的决策

投资决策阶段是整个投资过程的开始阶段,也是最重要的阶段,此阶段决定了投资项目的性质、资金的流向和投资项目未来获得报酬的能力。

1. 投资项目的提出

产生新的有价值的创意,进而提出投资方案是非常重要的。新创意可以来自公司的各级部门。一般来说,公司的高层管理人员提出的投资多数是大规模的战略性投资,如兴建一座厂房;而中层或基层人员提出的主要是战术性投资项目,如生产部门提出更新设备。

2. 投资项目的评价

投资项目的评价主要包括以下几部分:①将提出的投资项目进行分类,为分析评价做好准备;②估计各个项目每一期的现金流量状况;③按照某一个评价指标,对各个投资项目进行分析并根据某一标准排队;④考虑资本限额等约束因素,编写评价报告,并做出相应的投资预算,报请审批。

3. 投资项目的决算

投资项目经过评价后,要由公司的决策层做出最后决策。决策一般分为以下三种情况:①接受这个投资项目;②拒绝这个项目,不进行投资;③发还给提出项目的部门,由其重新调查和修改后再做处理。

(二)投资项目的实施与监控

一旦决定接受某一个或某一组投资项目,就要积极地实施并进行有效的监督与控制,具体要做好以下工作。

(1)为投资方案筹集资金。

(2)按照拟定的投资方案有计划分步骤地实施投资项目。

(3)实施过程中的控制与监督,在项目的实施过程中,要对项目的实施进度、工程质量、施工成本等进行控制和监督,以使投资按照预算规定如期完成。

(4)投资项目的后续分析。在项目的实施过程中,要定期进行后续分析。将实际的现金流量与报酬和预期的现金流量与报酬进行对比,找出差异,分析差异存在的原因,并根据不同情况做出不同的处理,这实际上就是投资过程中的选择权问题。

1)延迟投资。若是因为投资时机不恰当,如出现了突发事件,使得当前的经济形势不适合投资此项目,但在可预见的将来,该项目仍有投资价值,则可以考虑延迟投资。有时延迟投资是为了获取更多的信息,等待最佳投资时机。

2)放弃投资。在项目的实施过程中,如果发现某项目的现金流量状况与预期的相差甚远,以至于继续投资会产生负的净现值,给公司带来巨大的投资损失,或者此时放弃投资所获得的报酬大于继续执行该投资项目带来的报酬,公司就应该及时放弃该投资项目。

3)扩充投资与缩减投资。如果某投资项目的实际情况优于预期值,则可以考虑为该项目提供额外的发展资源。例如,某项目的实际报酬比预期值高出50%,则应考虑扩充投资;反之,如果项目的投资效果不理想,则可以考虑缩减投资。

(三)投资项目的事后审计与评价

投资项目的事后审计主要由公司内部审计机构完成。将投资项目的实际表现与原来的预期相对比,通过对其差额的分析可以更深入地了解某些关键性的问题、执行情况和预算的精确度,查找项目执行过程中存在的漏洞,找出影响投资效果的敏感因素,总结成功的经验,等等。

依此审计结果还可以对投资管理部门进行绩效评价,并据此建立相应的激励制度,以持续提高投资管理效率。通过对比项目的实际值和预测值,事后审计还可以把责任引进投资预测的过程。需要说明的是,某一项目的实际值和预测值的偏差并不应该作为评价预测者能力的唯一标准,然而,如果持续地产生预测错误,则表明该分析人员的预测技术确实需要改进。

第二节　投资现金流量的分析

长期投资决策中所说的现金流量是指与长期投资决策有关的现金流入和流出的数量,它是评价投资方案是否可行时必须事先计算的一个基础性指标。

一、现金流量的概念

(一)现金流量的定义

现金流量是指项目在其计算期内因资本循环而可能或应该发生的各项现金流入量与现金流出量的统称。项目投资决策所使用的现金概念,是广义的现金。它不仅包括各种货币资金,而且还包括项目需要投企业拥有的非货币资源的变现价值(或重置成本)。在理解现金流量的概念时,应注意以下几个方面的内容:第一,财务管理的项目投资现金流量,针对特定投资项,不针对特定会计期间。第二,内容既包括流入量也包括流出量,是个统称。第三,从广义角度讲,不仅包括货币资金,还包括非货币资源的变现价值。例如,某企业正在考虑是购买一新设备(价值100万元)生产产品,还是继续使用旧设备生产产品。如果选择继续使用旧设备(系5年前购买),实际上没有现金流出。虽然继续使用旧设备没有货币资金流出,但如果在购买新设备的同时变卖旧设备,可以发生现金流入。但是,因为是使用旧设备,并没有变卖,所以无法取得变现的10万元。从机会成本的角度看这属于一种支出,因此应当将这一变现价值作为使用旧设备方案的现金流出。

(二)现金流量的作用

(1)现金流量可以时序动态地反映项目投资的流向与回收之间的产出关系,使决策者处于投资主体的立场上,便于更完整、准确、全面地评价具体投资项目的经济效益。

(2)用现金流量代替利润指标。可以摆脱权责发生制带来的弊端(由于会计方法的不同,利润指标没有可比性;没有考虑资金的时间值)。

(3)不考虑非现金流量的资本运动,简化了有关评价指标的计算。

(三)确定现金流量的假设

(1)投资项目类型的假设。假设投资项目只包括单纯固定资产投资项目、完整工业投资项目和更新改造投资项目三种类型。

(2)财务可行性分析假设。在实际工作中,评价一个项目是否可行,不仅仅从财务角度考虑,也要从环境角度考虑,还有技术上是否可行,人力能否跟上等各方面。在财务管理工作中,当评价一个项目是否可行时,假设已具备了国民经济可行性和技术可行性,只考虑财务可行性的问题。

(3)全投资假设。即使实际存在借入资金,也将其作为自有资金对待。项目投资直接主体是企业。

(4)建设期投入全部资金假设。

(5)经营期与折旧年限一致假设。

(6)时点指标假设。为便于利用资金时间价值的形式,不论现金流量具体内容所涉及的价值指标实际上是时点指标还是时期指标,均假设按照年初或年末的时点指标处理。其中:建设期投资在建设期内有关年度的年初或年末发生;流动资金投资则在建设期末发生;经营期内各年的收入、成本折旧、费用摊销、利润、税金等项目的确认均在年末发生;项目最终报废或清理均发生在终结点(但更新改造项目除外)。

二、现金流量的构成和估算原则

在投资决策中,资金无论是投向公司内部形成各种资产,还是投向公司外部形成联营投资,都需要用特定指标对投资的可行性进行分析,这些指标的计算都是以投资项目的现金流量为基础的。因此,现金流量是评价投资方案是否可行时必须事先计算的一个基础性数据。

按照现金流动的方向,可以将投资活动的现金流量分为现金流入量、现金流出量和净现金流量。一个方案的现金流入量是指该方案引起的企业现金收入的增加额;净现金流出量是指该方案引起的企业现金收入的减少额;净现金流量是指一定时间内现金流入量与现金流出量的差额。现金流入量大于现金流出量,净现金流量为正值;反之,净现金流量为负值。

(一)现金流量的构成

按照现金流量的发生时间,投资活动的现金流量又可以分为初始现金流量、营业现金流量和终结现金流量。因为使用这种分类方法计算现金流量比较方便,所以下面将详细分析这三种现金流量包括的主要内容。

1. 初始现金流量

初始现金流量一般包括如下几个部分。

(1)投资前费用。投资前费用是指在正式投资之前为做好各项准备工作而花费的费用。主要包括勘察设计费、技术资料费和其他费用。投资前费用的总额要在综合考虑以上费用的基础上,合理加以预测。

(2)设备购置费用。设备购置费用是指为购买投资项目所需各项设备而花费的费用。企业财务人员要根据所需设备的数量、规格、型号、性能、价格、运输费用等预测设备购置费的多少。

(3)设备安装费用。设备安装费用是指安装各种设备所需的费用。这部分费用主要根据安装设备的多少、安装的难度、安装的工作量、当地安装的收费标准等因素进行预测。

(4)建筑工程费用。建筑工程费是指进行土建工程所花费的费用。这部分费用要根据建筑类型、建筑面积的大小、建筑质量的要求、当地的建筑造价标准进行预测。

(5)营运资本的垫支。投资项目建成后,必须垫支一定的营运资本才能投入运营。这部分垫支的营运资本一般要到项目寿命终结时才能收回。所以,这种投资应看作长期投资,而不属于短期投资。

(6)原有固定资产的变价收入扣除相关税金后的净收益。变价收入主要是指固定资产更新时变卖原有固定资产所得的现金收入。

(7)不可预见费用。不可预见费是指在投资项目正式建设之前不能完全估计到的,但又很可能发生的一系列费用,如设备价格的上涨、出现自然灾害等。这些因素也要合理预测,以便为现金流量预测留有余地。

2. 营业现金流量

营业现金流量一般以年为单位计算。这里,现金流入一般是指营业现金收入。现金流出是指营业现金支出和缴纳的税金。如果一个投资项目的每年销售收入等于营业现金收入,付现成本(指不包括折旧的成本)等于营业现金支出,那么,年营业净现金流量(NCF)可用下列公式计算:

每年营业净现金流量 = 年营业收入 − 年付现成本 − 所得税 = 税后净利 + 折旧

(式5-1)

3. 终结现金流量

终结现金流量主要包括:①固定资产的残值收入或变价收入(指扣除了所需要上缴的税金等支出后的净收入);②原有垫支在各种流动资产上资金的收回;③停止使用的土地的变价收入等。

(二)现金流量估算原则

在实际经济生活中,失败的投资项目屡见不鲜。既存在客观因素,也存在人为因素,即缺乏正确的现金流量分析技术,存在现金流量估计偏见等。掌握一些估算现金流量的基本原则,可以避免或减少在预测中的错误。

1. 现金流量是增量的现金流量

估算项目现金流量应当遵循的主要原则是增量原则,又称为相关或不相关原则。根据该原则,在估计项目现金流量时应当具有总体观,即从公司整体的角度不是项目本身来考虑投资决策带来的收益。

为此有必要将以各种形式发生的现金流分为两类,一类是相关现金流,另一类是不相关现金流。所谓相关现金流是指由于项且投资决策实施而引起公司未来现金流变化的现金流,即增量现金流。顾名思义,它是与项目有关的现金流,而其他的现金流都是不相关的现金流。按照增值原则,决策者需要考虑的只是相关现金流,不相关现金流则可忽略。

因此,项目净现金流应当等于相关现金流入减去相关现金流出的净额。

在估计增量现金流量时,应注意以下三个问题:

(1)沉没成本不是增量成本。这是因为沉没成本是指已经发生的成本,由于它是过去发生过的,所以并不因接受或拒绝某个项目的决策而改变。分析的投资项目都是公司可能在将来实施的项目,投资项目未来发生的现金流量是我们关注的焦点。项目中也会使用项目投资前已控制的资产,这些资产的账面价值或在取得时的支出都是已付出的沉没成本,对决策没有直接影响。但是,它会给项目的现金流带来直接影响。例如,由于实施投资项目,需要变卖旧资产,资产的账面价值与处理收入间的差额形成资本利得或资本损失,会影响到公司的所得税支出。

(2)机会成本是增量现金流量。机会成本是指由于放弃其他的投资机会所发生的损失,是一个只有通过比较才会计算出的量,因此它是增量现金流量,在资本预算时应考虑这一成本。

(3)投资项目对公司其他方面的影响应作为增量现金流量。新项目生产的产品或提供的服务,与公司现有的产品或服务在功能上相关时,也许重叠,也许互补。当重叠时,新产品或服务项目会挤掉原有的份额或争夺原有产品的经营资源,减少原有产品或服务为公司带来的现金流量。相反,当互补时,新项目的实施会增加原有产品或服务为公司带来的现金流量。因此,投资项目对公司其他方面的影响是增量现金流量。

2. 现金流量是所得税后的现金流量

如果公司须向政府交税,在评价投资项目时所使用的现金流量应当是税后现金流,因为只有税后现金流量才与投资者的利益相关。

3. 相关注意事项

在计算现金流量增量时应注意，折旧是非现金费用，应当加回；融资的各项费用特别是利息费用，在计算现金流量时不应计入，防止重复计算。

三、现金流量的计算

为了正确评价投资项目的优劣，必须正确计算现金流量。

（一）初始现金流量的预测

预测初始现金流量最关键的问题是预测投资额，预测投资额的方法有很多，现介绍最常用的几种方法。

1. 逐项测算法

逐项测算法就是对构成投资额基本内容的各个项目先逐项测算其数额，然后进行汇总来预测投资额的一种方法。

【例5-1】某企业准备建一条新的生产线，经过认真调查研究和分析，预计各项支出如下：投资前费用10 000元；设备购置费用500 000元；设备安置费用100 000元；建筑工程费用400 000元；投产时需垫支营运资本50 000元；不可预见费按上述总支出的5%计算，则该生产线的投资总额为：

$$(10\ 000+500\ 000+100\ 000+400\ 000+50\ 000)\times(1+5\%)=1\ 113\ 000（元）$$

2. 单位生产能力评估法

单位生产能力估算法是根据同类项目的单位生产能力投资额和拟建项目的生产能力来估算投资额的一种方法。生产能力是指投资项目建成投产后每年达到的产量，如生产电视机10 000台、生产服装50 000套等。一般来说，生产能力越大，所需投资额越多，两者之间存在一定的数量关系。可用下列公式预测投资额：

$$\text{拟建项目投资总额}=\text{同类项目单位生产能力投资额}\times\text{拟建项目生产能力} \quad（式5-2）$$

利用以上公式进行预测时，需要注意下列几个问题：

（1）同类项目单位生产能力投资额可从有关统计资料中获得，如果国内没有可供参考的有关资料，可以国外投资的有关资料为参考标准，但要进行适当调整。

（2）如果通货膨胀比较明显，要合理考虑物价变动的影响。

（3）作为对比的同类工程项目的生产能力与拟建的投资项目的生产能力应比较接近，否则会有较大误差。

（4）要考虑投资项目在地理环境、交通条件等方面的差别，并相应调整得出预测的投资额。

3. 装置能力指数法

装置能力指数法是根据有关项目的装置能力和装置能力指数来预测项目投资额的

一种方法。装置能力是指以封闭型的生产设备为主体所构成的投资项目的生产能力，如制氧生产装置 、化肥生产装置等。装置能力越大，所需投资额越多。装置能力和投资额之间的关系可用公式表示为：

$$Y_2 = Y_1 \times (\frac{X_2}{X_1})^t \times \alpha \qquad \text{（式 5-3）}$$

式中：Y_2 表示拟建项目投资额；Y_1 表示类似项目投资额；X_2 表示拟建项目装置能力；X_1 表示类似项目装置能力；t 表示装置能力指数；α 表示新旧项目之间的调整系数。

式中的装置能力指数可以根据经验来取。例如，装置压力较高并带有较多台数大中型压缩机泵及工业炉的装置取 0.85；压力较低的装置取 0.7；一般情况下可取 0.8。

【例 5-2】某化肥厂原有一套生产尿素的装置，装置能力为年产尿素 10 万吨，5 年前投资为 1000 万元，现该化肥厂拟增加一套生产能力为 8 万吨的尿素装置，根据经验，装置能力指数取 0.8，因价格上涨，需要对投资进行调整，取调整系数为 1.4。试预测 8 万吨尿素装置的投资额。

$$Y_2 = Y_1 \times (\frac{X_2}{X_1})^t \times \alpha = 1000 \times (\frac{8}{10})^{0.8} \times 1.4 = 1171 \text{（万元）}$$

（二）全部现金流量的确定

企业投资项目全部现金流量的计算，下面案例假定初始投资是已知的，主要讨论营业现金流量问题。

【例 5-3】ABC 公司准备购入一设备以扩充生产能力，现有甲乙两个方案可供选择：甲方案需投资 10 万元，使用寿命为 5 年，采用直线法计提折旧，五年后设备无残值，五年中每年销售收入为 6 万元，每年的付现成本为 2 万元；乙方案需投资 12 万元，采用直线法计提折旧，使用寿命也是 5 年，五年后有残值收入 2 万元。五年中每年的销售收入为 8 万元，付现成本第一年 3 万元，以后逐年将增加修理费用 4000 元，另需垫支流动资金 3 万元；所得税率 25%，试计算两个方案的现金流量

甲方案的现金流量计算过程如下：

（1）初始现金流量 = -10（万元）。

（2）营业现金流量的计算。先计算每年的折旧额 = 10÷5 = 2（万元），编制营业现金流量表，见表 5-1：

表 5-1 甲方案营业现金流量表 单元：万元

T（年份）	1	2	3	4	5
销售收入（1）	6	6	6	6	6
付现成本（2）	2	2	2	2	2
折旧（3）	2	2	2	2	2

续表 5-1 单元:万元

T(年份)	1	2	3	4	5
税前利润(4)=(1)-(2)-(3)	2	2	2	2	2
所得税(5)=(4)×25%	0.5	0.5	0.5	0.5	0.5
税后净利(6)=(4)-(5)	1.5	1.5	1.5	1.5	1.5
营业净现金流量(7)=(3)+(6)=(1)-(2)-(5)	3.5	3.5	3.5	3.5	3.5

(3)终结现金流量=0。

因此,甲方案的现金流量如表 5-2 所示:

表 5-2 甲方案综合现金流量表 单元:万元

年份	0	1	2	3	4	5
初始现金流量	-10					
营业现金流量		3.5	3.5	3.5	3.5	3.5
终结现金流量						0
现金流量合计	-10	3.5	3.5	3.5	3.5	3.5

乙方案的现金流量计算过程如下:

(1)初始现金流量=(-12)+(-3)=-15(万元)。

(2)营业现金流量的计算:

先计算每年的折旧额=(12-2)/5=2(万元)。营业现金流量的计算过程见表 5-3。

表 5-3 乙方案营业现金流量表 单元:万元

T(年份)	1	2	3	4	5
销售收入(1)	8	8	8	8	8
付现成本(2)	3	3.4	3.8	4.2	4.6
折旧(3)	2	2	2	2	2
税前利润(4)=(1)-(2)-(3)	3	2.6	2.2	1.8	1.4
所得税(5)=(4)×25%	0.75	0.65	0.55	0.45	0.35
税后净利(6)=(4)-(5)	2.25	1.95	1.65	1.35	1.05
营业净现金流量(7)=(3)+(6)=(1)-(2)-(5)	4.25	3.95	3.65	3.35	3.05

(3)终结现金流量=2+3=5(万元)。

因此,乙方案的现金流量如表5-4所示:

表5-4　乙方案综合现金流量表　　单元:万元

年份	0	1	2	3	4	5
初始现金流量	-15					
营业现金流量		4.25	3.95	3.65	3.35	3.05
终结现金流量						5
现金流量合计	-15	4.25	3.95	3.65	3.35	8.05

四、投资决策中使用现金流量的原因

传统的财务会计按权责发生制计算企业的收入和成本,并以收入减去成本后的利润作为收益,用来评价企业的经济效益。在长期投资决策中则不能以按这种方法计算的收入和支出作为评价项目经济效益高低的基础,而应以现金流入作为项目的收入,以现金流出作为项目的支出,以净现金流量作为项目的净收益,并在此基础上评价投资项目的经济效益。投资决策之所以要以按收付实现制计算的现金流量作为评价项目经济效益的基础,主要有以下两方面的原因。

(一)采用现金流量有利于科学地考虑资金的时间价值因素

科学的投资决策必须认真考虑资金的时间价值,这就要求在决策时一定要弄清每笔预期收入款项和支出款项的具体时间,因为不同时间的资金具有不同的价值。因此,在衡量方案优劣时,应根据各投资项目寿命周期内各年的现金流量,按照资本成本率,结合资金的时间价值来确定,而利润的计算并不考虑资金收付的时间,它是以权责发生制为基础的。利润与现金流量的差异具体表现在以下几个方面:①购置固定资产付出大量现金时不计入成本;②将固定资产的价值以折旧或折耗的形式逐期计入成本时,却又不需要付出现金;③计算利润时不考虑垫支的流动资产的数量和回收的时间;④销售行为一旦确定,就确认为当期的销售收入,尽管其中有一部分并未于当期收到现金;⑤项目寿命终了时,以现金的形式回收的固定资产残值和垫支的流动资金在计算利润时也得不到反映。

可见,要在投资决策中考虑时间价值因素,就不能用利润来衡量项目的优劣,而必须采用现金流量。

(二)采用现金流量才能使投资决策更符合客观实际情况

在长期投资决策中,应用现金流量能更科学、更客观地评价投资方案的优劣,利润则明显地存在不科学、不客观的成分。这是因为:①利润的计算没有一个统一的标准,在一定程度上要受存货估价、费用分摊和不同折旧计提方法的影响。因而，利润的计算比现金流量的计算有更大的主观随意性，以此作为决策的主要依据不太可靠。②利润反映的是某一会计期间“应计”的现金流量，而不是实际的现金流量。若以未实际收到的现金收入作为报酬，具有较大风险，容易高估投资项目的经济效益，存在不科学、不合理的成分。

第三节　投资决策评价指标

一、折现现金流方法

折现现金流量指标主要有净现值、内含报酬率、获利指数、折现的投资回收期等。对于这类指标的使用，体现了折现现金流量的思想，即将未来的现金流量折现，使用现金流量的现值计算各种指标，并据以进行决策。

（一）净现值

投资项目投入使用后的净现金流量，按资本成本率或企业要达到的报酬率折算为现值，减去初始投资以后的余额叫作净现值（net present value，NPV），其计算公式为：

$$NPV=\sum_{t=1}^{n}\frac{NCF_t}{(1+r)^t}-I \qquad \text{（式 5-4）}$$

式中，NPV 表示净现值；NCF_t 表示第 t 年的净现金流量；r 表示折现率（资本成本率或公司要求的报酬率）；n 表示项目预计使用年限；I 表示初始投资额。

1. 净现值的计算步骤

净现值的计算可按下列步骤进行：

第一步，计算每年的营业净现金流量。

第二步，计算未来现金流量的总现值。这又可分成三步：

（1）将每年的营业净现金流量折算成现值；如果每年的 NCF 相等，则按年金法折算成现值；如果每年的 NCF 不相等，则先对每年的 NCF 进行折现，然后加以合计。

（2）将终结现金流量折算成现值。

（3）计算未来现金流量的总现值。

第三步，计算净现值。其计算公式为：

净现值=未来现金流量的总现值-初始投资　（式 5-5）

【例 5-4】 利用例[5-3]的资料，假设资本成本率 8%，两种方案的 NPV 计算如下：

$NPV_{甲}=3.5\times(P/A,8\%,5)-10=3.9745$；

$NPV_{乙}=-15+4.25\times(P/F,8\%,1)+3.95\times(P/F,8\%,2)+3.65\times(P/F,8\%,3)+3.35\times(P/F,8\%,4)+8.05\times(P/F,8\%,5)=2.7447$。

列表法计算乙项目的净现值如表5-5所示：

表5-5 乙方案*NPV*列表计算结果

项目计算期	建设期	经营期					合计
	0	1	2	3	4	5	
…	…	…	…	…	…	…	
净现金流量	-15	4.25	3.95	3.65	3.35	8.05	
8%的复利现值系数	1	0.9259	0.8573	0.7722	0.7084	0.6499	
NPV	-15	3.9351	3.3863	2.8185	2.3731	5.2317	2.7447

列表法和公式法计算结果相同。

2. 净现值法的决策规则

净现值法的决策规则是，在只有一个备选方案时，净现值为正者则采纳，净现值为负者不采纳。在有多个备选方案的互斥项目选择决策中，应选用净现值是正值中的最大者。

(1)对独立投资项目进行采纳与否决策时：若净现值大于或等于零，说明该项目贴现以后的现金流入大于或等于贴现以后的现金流出，说明该投资项目的投资报酬率大于或等于预定的贴现率，该方案可行；如果净现值小于0，说明该项目贴现后的现金流入小于贴现后的现金流出，该项目的投资报酬率小于预定的贴现率，该方案不可行。

(2)在互斥项目选择的决策中，应采用净现值是正值中的最大者。

(3)在资本无限量的情况下，在多个不相关项目选择中，应选择净现值为正的所有投资项目。资本有限量、多个不相关项目选择中，应以净现值为基础，结合获利指数来进行项目投资组合的决策。

3. 折现率的确定

(1)以投资项目的资金成本率为折现率。

(2)以投资的机会成本为折现率。

(3)以行业基准收益率为折现率。

(4)以社会平均资金收益率为折现率。

如果折现率过低，会使效益差的项目入选；如果折现率过高，又会使效益好的项目落选。

4. 净现值法的优缺点

净现值法的优点是：考虑了货币的时间价值，能够反映各种投资方案的净收益，是一种较好的方法。净现值法的缺点是：净现值法并不能揭示各个投资方案本身可能达到的实际报酬率是多少，内含报酬率法则弥补了这一缺陷。

(二)净现值率

1. 净现值率的定义与计算

净现值率(net present value rate,记作 NPVR)是投资项目的净现值占原始投资额现值的比率,亦可将其理解为单位原始投资的现值所创造的净现值。

$$NPVR = \frac{投资项目的净现值}{原始投资额现值} \times 100\% \tag{式5-6}$$

【例5-5】利用例5-3的资料,接例5-4:

$$NPVR_{甲} = \frac{3.9745}{10} \times 100\% = 39.75\%$$

$$NPVR_{乙} = \frac{2.7447}{15} \times 100\% = 18.3\%$$

2. 决策标准

(1)在独立投资项目是否采纳的决策中,净现值率大于或等于零的方案,其净现值必定大于或等于0,该方案可行;反之,净现值率小于0的方案,其净现值必定小于0,该方案不可行。

(2)不同方案比较时,净现值率高的方案,说明其单位投资获取净现值的能力较强,方案较优;反之,净现值率低的项目,说明其单位投资获取净现值的能力较低,方案较差。

3. 净现值率的特点

净现值率的优点在于可以从动态的角度反映项目投资的资金投入与资产产出之间的关系;其缺点是与净现值相似,同样无法直接反映投资项目的实际收益率。

(三)获利指数

1. 定义

获利指数(profit index,PI)又称现值指数,是指投产后按行业基准折现率或设定折现率折算的各年净现金流量的现值合计与原始投资的现值合计之比。

或者:投资项目未来报酬的总现值与初始投资额现值的比。

$$PI = \frac{各年净现金流量的现值合计}{原始投资额现值合计} = 1 + NPVR \tag{式5-7}$$

【例5-6】利用例5-3的资料:

$$PI_{甲} = 13.9745 \div 10 = 1.3975$$

$$PI_{乙} = 17.7447 \div 15 = 1.183$$

2. 决策标准

(1)对于独立投资项目采纳的决策,如果投资项目的获利指数大于或等于1,表明该方案贴现的收支相比较,收益大于或等于投资,该方案可行;反之,如果投资项目的获利指数小于1,与表明该方案贴现的收支相比较,收益小于投资,该方案不可行。

(2)如果几个方案的获利指数均大于1,那么获利指数越大,投资方案越好。

(3)在投资额不同的方案进行比较时,净现值法和获利指数法可能会得相反的结论。

如投资额小的项目,其净现值也小,但其获利指数比较高;投资额大的项目,其净现值较大,但获利指数较小。

如果是两个互斥方案进行比较,一般应选择净现值大的项目。因为企业财务管理的目标是追求企业价值最大化而不是收益率最大化。

3. 获利指数的优缺点

(1)优点:能够从动态的角度反映项目投资的资金投入与总资产产出之间的关系。

(2)缺点:不能够直接反映投资项目的实际收益水平,计算起来比净现值率麻烦一些,口径也不一致。

(四)内含报酬率

内含报酬率(internal rate of return,IRR)也称内部报酬率,是指对投资方案未来每年的现金净流量进行贴现,使所得的现值恰好与原始投资额现值相等,从而使净现值等于零时的贴现率。内含报酬率实际上反映了投资项目的真实报酬,目前越来越多的企业使用该项指标对投资项目进行评价。

内含报酬率法的基本原理是:在计算方案的净现值时,以必要投资报酬率作为贴现率计算,净现值的结果往往是大于零或小于零,这就说明方案实际可能达到的投资收益率大于或小于必要投资收益率;而当净现值为零时,说明两种收益率相等。根据这个原理,内含报酬率法就是要计算出使净现值等于零时的贴现率,这个贴现率就是投资方案实际可能达到的投资收益率。

内含报酬率的计算公式为:

$$\sum_{t=1}^{n} \frac{NCF_t}{(1+r)^t} - I = 0 \qquad \text{(式5-8)}$$

式中,NCF_t 表示第 t 年的净现金流量;r 表示内含报酬率;n 表示项目使用年限;I 表示初始投资额。

1. 内含报酬率的计算步骤

(1)每年的 NCF 相等时,则按下列步骤计算。

第一步,计算年金现值系数。

$$\text{年金现值系数} = \frac{\text{初始投资额}}{\text{每年 } NCF} \qquad \text{(式5-9)}$$

第二步,查年金现值系数表,在相同的期数内,找出与上述年金现值系数相邻近的较大和较小的两个折现率。

第三步,根据上述两个邻近的折现率和已求得的年金现值系数,采用插值法计算出该投资方案的内含报酬率。

【例5-7】A公司拟购入一台新型设备,购价为160万元,使用年限10年,无残值。该方案的最低投资收益率要求为12%(以此作为贴现率)。使用新设备后,估计每年产生净现金流量30万元。则使用内含报酬率指标评价该方案是否可行?

由式5-9可知:

$$300\,000 \times 年金现值系数 - 1\,600\,000 = 0$$

$$年金现值系数 = 5.3333$$

根据使用年限10年，查年金现值系数表，可查得：时期10，系数5.3333所对应的贴现率在12%～14%，用插值法求得*IRR*=13.46%。

此内含报酬率高于最低投资收益率12%，方案可行。

(2)如果每年的NCF不相等，则需要按下列步骤计算。

第一步，先预估一个折现率，并按此折现率计算净现值。如果计算出的净现值为正数，则表示预估的折现率小于该项目的实际内含报酬率，应提高折现率，再进行测算；如果计算出的净现值为负数，则表明预估的折现率大于该方案的实际内含报酬率，应降低折现率，再进行测算。经过如此反复测算，找到净现值由正到负并且比较接近于零的两个折现率。

第二步，根据上述两个邻近的折现率用插值法，计算出方案的实际内含报酬率。

【例5-8】B公司有一投资方案，需一次性投资120 000元，使用年限为4年，每年净现金流量分别为：30 000元、40 000元、50 000元、35 000元。

求该投资方案的内含报酬率，并判断该方案是否可行。

由于每年的净现金流量不同，可以预估一个贴现率，逐步测试见表5-6，然后再用插值法。

表5-6　净现值的逐步测试　　单位：元

年数	每年净现金流量	第一次测算8%		第二次测算12%		第三次测算10%	
1	30 000	0.926	27 780	0.893	26 790	0.909	27 270
2	40 000	0.857	34 280	0.797	31 880	0.826	33 040
3	50 000	0.794	39 700	0.712	35 600	0.751	37 550
4	35 000	0.735	25 725	0.636	22 260	0.683	23 905
未来净现金流量合计			127 485		116 530		121 765
减：原始投资额现值			120 000		120 000		120 000
净现值			7485		-3470		1765

第一次测算，采用贴现率8%，净现值为正数，说明方案的内涵报酬率高于8%。第二次测算采用贴现率12%，净现值为负值，说明方案的内涵报酬率低于12%。第三次测算采用贴现率10%，净现值为负值，但比较接近于零，从而可以看出我们要求的内涵报酬率处于10%～12%，用插值法可求得IRR=10.67%。

2. 内含报酬率法的决策规则

内含报酬率法的决策规则是，在只有一个备选方案的采纳与否决策中，如果计算出的内含报酬率大于或等于公司的资本成本率或必要报酬率，就采纳；反之，则拒绝。在有多个备选方案的互斥选择决策中，选择内含报酬率超过资本成本率或必要报酬率最多的投资项目。

3. 内含报酬率法的优缺点

(1)内含报酬率法的主要优点在于：第一，内含报酬率反映了投资项目可能达到的收益率，易于被高层决策人员所理解。第二，对于独立投资方案的比较决策，如果各方案原始投资额现值不同，可以通过计算各方案的内含报酬率，反映各独立投资方案的获利水平。

(2)内含报酬率法的主要缺点在于：第一，计算复杂，不易直接考虑投资风险大小。第二，在互斥投资方案决策时，如果各方案的原始投资额现值不相等，有时无法做出正确的决策。某一方案原始投资额低，净现值小，但内含报酬率可能较高；而另一方案原始投资额高、净现值大，但内含报酬率可能较低。

二、非折现现金流方法

(一)投资回收期

1. 投资回收期法的计算

投资回收期(payback period，PP)代表收回投资所需的年限。回收期越短，方案越有利。在初始投资一次支出，且每年的净现金流量(NCF)相等时，投资回收期可按下列公式计算：

$$投资回收期=\frac{初始投资额}{每年\ NCF} \qquad (式 5-10)$$

如果每年净现金流量(NCF)不相等，那么，计算回收期要根据每年年末尚未回收的投资额加以确定。

【例 5-9】金星公司欲进行一项投资，初始投资额 10 000 元，项目为期 5 年，每年净现金流量有关资料详见表 5-7，试计算该方案的投资回收期。

表 5-7　金星公司投资回收期的计算表　　单位：元

年次(t)	每年净现金流量	年末尚未回收的投资额
1	3000	7000
2	3000	4000
3	3000	1000
4	3000	0
5	3000	—

从表 5-7 中可以看出，由于该项目每年的净现金流量均为 3000 元，因此该项目的投资回收期为：3+1000/3000=3.33(年)。

2. 投资回收期法的优缺点

投资回收期法的概念容易理解，计算也比较简单，但这一指标的缺点在于它不仅忽视了货币的时间价值，而且没有考虑回收期满后的现金流量状况。事实上，有战略意义的长期投资往往早期收益较低，而中后期收益较高。回收期法总是优先考虑急功近利的项目，它是过去评价投资方案最常用的方法，目前仅作为辅助方法使用，主要用来测定投资方案的流动性而非营利性。现以下列案例说明投资回收期法的缺陷。

【例 5-10】假设有两个方案的预计现金流量，如表 5-8 所示。试计算投资回收期，并比较优劣。

表 5-8　两个方案的预计现金流量　　单位：元

项目	第 0 年	第 1 年	第 2 年	第 3 年	第 4 年	第 5 年
A 方案现金流量	-10 000	4000	6000	6000	6000	6000
B 方案现金流量	-10 000	4000	6000	8000	8000	8000

两个方案的投资回收期相同，都是 2 年，如果用投资回收期指标进行评价，两者的投资回收期相等，但实际上 B 方案明显优于 A 方案。

为了克服投资回收期法忽视货币时间价值的缺陷，人们提出折现回收期法（动态回收期），在考虑货币时间价值的情况下来计算回收期。

【例 5-11】仍以表 5-7 中金星公司的投资项目为例说明折现回收期法的使用，假定折现率为 10%，如表 5-9 所示。

表 5-9　折现回收期的计算　　单位：元

项目	第 0 年	第 1 年	第 2 年	第 3 年	第 4 年	第 5 年
净现金流量	-10 000	3000	3000	3000	3000	3000
折现系数	1	0.909	0.826	0.751	0.683	0.621
折现后现金流量	-10 000	2727	2478	2253	2049	1863
累计折现后现金流量	-10 000	-7273	-4795	-2542	-493	1370

从表 5-9 中可以看出，在考虑货币时间价值后，该方案的折现回收期为：4+493/1863=4.26（年）。

（二）投资利润率

1. 投资利润率的含义与计算

投资利润率（return on investment，ROI）又称投资报酬率，是指达到产期正常年度利润或年均利润占投资总额的百分比。

$$ROI = \frac{达产期年均利润}{投资资额} \times 100\% \quad （式5-11）$$

年均利润是达产期的年平均利润（会计年均利润）或者生产期的年平均利润。投资总额包含资本化利息，不是原始投资额。ROI越高，投资项目的经济效益越好。

2. 投资利润率的优缺点

（1）优点。投资利润率能反映综合盈利能力，由于剔除了因投资额不同而导致的利润差异的不可比因素，因而具有横向可比性；此外，投资利润率可以作为选择投资机会的依据，有利于优化资源配置。简单、明了、易于计算。

（2）缺点。没有考虑资金时间价值，不能正确反映建设期长短及投资方式不同对项目的影响；该指标的分子分母其时间价值特征不一致，年均利润是时期指标，而投资总额是时点指标，计算口径不一致；该指标计算无法直接利用净现金流量信息。

三、投资决策评价指标的比较

（一）独立方案的对比与优先

独立方案是指方案之间存在着相互依赖的关系，但又不能相互取代的方案。在只有一个投资项目可供选择的条件下，只需评价其经济上是否可行。常用的评价指标有净现值、净现值率、获利指数和内含报酬率。如果评价指标同时满足以下条件，则项目是可行的；否则，应放弃该项目投资。

$$净现值 \geq 0，净现值率 \geq 0，现值指数 \geq 1，内部收益率 \geq 贴现率$$

投资回收期与投资利润率可作为辅助指标评价投资项目。

（二）互斥方案的对比与优先

项目投资决策中的互斥方案是指在决策时涉及的多个相互排斥、不能同时实施的投资方案。由于各个投资备选方案的投资额、项目使用期不相一致，因而要根据各个方案的使用期、投资额相等与否，采用不同的方法做出选择。

（1）投资额相同且项目使用期相等的互斥方案比较决策，可选择净现值或内含报酬率大的方案。

（2）投资额不相等而项目使用期相等的互斥方案比较决策，可选择差额净现值法或差额内含报酬率法来评价方案的好坏。

（3）投资额与项目使用期都不相同的互斥方案比较决策，可采用年等额净回收额法，也就是计算年均限值，哪个方案年均净现值大，哪个方案就是最优。

（三）在投资组合中应注意两个问题

（1）某项投资组合不能超过资本限量。

（2）在投资组合中不能有互斥方案。

（四）折现现金流量指标广泛应用的主要原因

（1）非折现现金流量指标把不同时间点上的现金收入和支出当作毫无差别的资金进行对比，忽略了资金的时间价值因素，这是不科学的。折现现金流量指标则把不同时间点收入或支出的现金按照统一的折现率折算到同一时间点上，使不同时期的现金具有可比性，这样才能做出正确的投资决策。

（2）非折现现金流量指标中的投资回收期法只能反映投资的回收速度，不能反映投资的主要目标——净现值的多少。同时，由于投资回收期没有考虑时间价值因素，因而高估了投资的回收速度。

（3）投资回收期、平均报酬率等非折现现金流量指标对使用寿命不同、资金投入的时间和提供收益的时间不同的投资方案缺乏鉴别能力。折现现金流量指标法则可以通过净现值、内含报酬率和获利指数等指标进行综合分析，从而做出正确合理的决策。

（4）非折现现金流量指标中的平均报酬率等指标，由于没有考虑资金的时间价值，实际上夸大了项目的盈利水平。折现现金流量指标中的报酬率是以预计的现金流量为基础，考虑了货币的时间价值以后计算出的真实报酬率。

（5）在运用投资回收期这一指标时，标准回收期是方案取舍的依据，但标准回收期一般都是以经验或主观判断为基础来确定的，缺乏客观依据。折现现金流量指标中的净现值和内含报酬率等指标实际上都是以企业的资本成本率为取舍依据的，任何企业的资本成本率都可以通过计算得到，因此，这一取舍标准符合客观实际。

（6）管理人员水平的不断提高和电子计算机的广泛应用，加快了折现现金流量指标的推广使用。在二十世纪五六十年代，只有很少企业的财务人员能真正了解折现现金流量指标的真正含义。而今天，几乎所有大型企业的高级财务人员都明白这一方法的科学性和正确性。电子计算机的广泛应用使折现现金流量指标中的复杂计算变得非常容易，加快了折现现金流量指标的推广应用。

（五）折现现金流量指标的比较

通过以上对比可知，折现现金流量指标是科学的投资决策指标。折现现金流量指标中有各种方法——净现值法、内含报酬法，哪一种更好呢？

净现值法和内含报酬法的比较：

在多数情况下，运用净现值法和内含报酬法这两种方法得出的结论是相同的。但在如下两种情况下，有时会产生差异。

1. 互斥项目

对于常规的独立项目，净现值法和内含报酬率法的结论是完全一致的，但对于互斥项目，有时会不一致。造成不一致的原因主要有以下两点：

（1）投资规模不同。当一个项目的投资规模大于另一个项目时，规模较小的项目的内含报酬率可能较大但净现值可能较小。例如，假设项目 A 的内含报酬率为 30%，净现值为 100 万元，而 B 项目的内含报酬率为 20%，净现值为 200 万元。在这两个互斥项目之间的选择,实际上就是在更多的财富和更高的内含报酬率之间进行选择,很显然,决策者将选择财富。所以,当互斥项目投资规模不同并且资金可以满足投资规模要求时,净现值决策规则优于内含报酬率决策规则。

(2)现金流量发生的时间不同。有的项目早期现金流入量比较大,而有的项目早期现金流入量比较小。之所以会产生现金流量发生时间不同的问题,是因为"再投资率假设",即两种方法假定投资项目使用过程中产生的现金流量进行再投资时会产生不同的报酬率。净现值法假定产生的现金流入量重新投资会产生相当于企业资本成本率的利润率,而内含报酬率法却假定现金流入量重新投资产生的利润率与此项目特定的内含报酬率相同。

2. 非常规项目

在本章第 1 节的"企业投资的分类"内容里,我们给出了非常规项目的定义:非常规项目的现金流量形式在某些方面与常规项目有所不同,如现金流出不发生在期初,或者期初和以后各期有多次现金流出等。非常规项目可能会导致净现值决策规则和内含报酬率决策规则产生的结论不一致。一种比较复杂的情况是:当不同年度的未来现金流量有正有负时,就会出现多个内含报酬率的问题。例如,企业付出一笔初始投资后,在项目经营过程中会获得正的现金流量,而在项目结束时需要付出一笔现金进行环境清理;在项目存续期间需要一次或多次大修理的项目也属于这种情况。

【练习题】

一、某公司准备购入一套设备以扩充生产能力,现有甲、乙两个方案可供选择:甲方案需投资 30 000 元,使用寿命为 5 年,采用直线法折旧,5 年后设备无残值。5 年中每年销售收入为 15 000 元,每年付现成本为 5000 元。乙方案需投资 36 000 元,采用直线法计提折旧,使用寿命也是 5 年,5 年后有残值收入 6000 元,5 年中每年销售收入为 17 000 元,付现成本第一年为 6000 元,以后随着设备陈旧,逐年将增加修理费 300 元,另外需垫支流动资金 3000 元。假设所得税税率 40%,资金成本为 10%。

要求:

1. 计算两个方案的年折旧额。
2. 计算两个方案的营业现金流量。
3. 计算两个方案的全部现金净流量。
4. 计算两个方案的净现值、净现值率、获利指数、内含报酬率、投资回收期和投资报酬率。

二、某公司投资 63 000 元购入一台设备。该设备预计残值为 3000 元,可使用 3 年,按直线法计提折旧。设备投产后每年销售收入增加额分别为:45 000 元、48 000 元、52 000元,付现成本增加额分别为 12 000 元、13 000 元、10 000 元。企业适用的所得税率为 40%,要求的最低投资报酬率为 10%,目前年税后利润为 25 000 元。

要求：

1. 假设企业经营无其他变化，预测未来3年每年的税后利润。

2. 计算该投资方案的净现值。

三、某企业拟建设一项生产设备。预计建设期为1年，所需原始投资200万元于建设起点一次投入。该设备预计使用寿命5年，试用期满报废清理时无残值。该设备折旧方法采用直线法。该设备投产后每年增加净利润60万元。假定该企业使用的行业基准折现率为10%。

要求：

1. 计算项目计算期内各年净现金流量。

2. 计算项目净现值并评价其财务可行性。

四、已知一公司拟于2013年初用自有资金购置一台设备，需一次性投资100万元。经测算，该设备使用寿命为5年，设备投入使用后每年可新增净利润20万元。假定该设备按直线法计提折旧，预计的净残值率为5%，公司适用25%所得税率。

要求：

1. 计算使用期内各年净现金流量。

2. 计算该设备的静态投资回收期、投资利润率。

3. 如果以10%作为折现率，计算该投资项目的净现值。

五、某公司现有甲、乙、丙、丁四个投资项目，有关资料如下表：

某公司资料表

单位：万元

项目	原始投资	净现值	净现值率(%)
甲	300	90	30
乙	200	70	35
丙	100	28	28
丁	100	45	45

要求分别就以下不相关情况做出多方案组合决策：

1. 投资总额不受限制。

2. 投资总额受到限制，分别为300万元、500万元。

第六章 营运资本管理

【学习目标】

1. 了解营运资本的内涵及特点
2. 掌握现金管理及其成本
3. 掌握应收账款的管理模型
4. 掌握存货管理的模型
5. 了解短期筹资的特点
6. 掌握短期筹资的方式

第一节　营运资本管理概述

一、营运资本的概念

营运资本是指在企业生产经营活动中用在流动资产上的资金。营运资本有广义和狭义之分。广义的营运资本是指总营运资本，简单来说就是指在生产经营活动中的短期资产；狭义的营运资本则是指净营运资本，是短期资产减去短期负债的差额。通常所说的营运资本多指后者。

(一)流动资产

流动资产是指可以在1年以内或超过1年的一个营业周期内变现或运用的资产。流动资产具有占用时间短、周转快、易变现等特点。企业拥有较多的流动资产，可在一定程度上降低财务风险。流动资产按不同的标准可进行不同的分类，常见分类方式如下：

(1)按占用形态不同，分为现金、以公允价值计量且其变动计入当期损益的金融资产、应收及预付款项和存货等。

(2)按在生产经营过程中所处的环节不同，分为生产领域中的流动资产、流通领域中的流动资产以及其他领域中的流动资产。

（二）流动负债

流动负债是指需要在 1 年或者超过 1 年的一个营业周期内偿还的债务。流动负债又称短期负债，具有成本低、偿还期短的特点，必须加强管理。流动负债按不同标准可做不同分类，最常见的分类方式如下：

1. 以应付金额是否确定为标准

可以分成应付金额确定的流动负债和应付金额不确定的流动负债。应付金额确定的流动负债是指那些根据合同或法律规定到期必须偿付、并有确定金额的流动负债，如短期借款、应付票据、应付短期融资券等；应付金额不确定的流动负债是指那些要根据企业生产经营状况，到一定时期或具备一定条件时才能确定的流动负债，或应付金额需要估计的流动负债，如应交税费、应付产品质量担保债务等。

2. 以流动负债的形成情况为标准

可以分成自然性流动负债和人为性流动负债。自然性流动负债是指不需要正式安排，由于结算程序或有关法律法规的规定等原因而自然形成的流动负债；人为性流动负债是指由财务人员根据企业对短期资金的需求情况，通过人为安排所形成的流动负债，如短期银行借款等。

3. 以是否支付利息为标准

可分为有息流动负债和无息流动负债。

二、营运资本的特点

为了有效地管理企业的营运资本，必须研究营运资本的特点，以便有针对性地进行管理。营运资本一般具有如下特点：

（一）营运资本的来源具有多样性

企业筹集长期资金的方式一般较少，只有吸收直接投资、发行股票、发行债券等方式。与筹集长期资金的方式相比，企业筹集营运资金的方式较为灵活多样，通常有银行短期借款、短期融资券、商业信用、应交税费、应付股利、应付职工薪酬等多种内外部融资方式。

（二）营运资本的数量具有波动性

流动资产的数量会随企业内外条件的变化而变化，时高时低，波动很大。季节性企业如此，非季节性企业也如此。随着流动资产数量的变动，流动负债的数量也会相应发生变动。

（三）营运资本的周转具有短期性

企业占用在流动资产上的资金，通常会在 1 年或超过 1 年的一个营业周期内收回，对企业影响的时间比较短。根据这一特点，营运资金可以用商业信用、银行短期借款等短期筹资方式来加以解决。

(四)营运资本的实物形态具有变动性和易变现性

企业营运资金的占用形态是经常变化的,营运资金的每次循环都要经过采购、生产、销售等过程,一般按照现金、材料、在产品、产成品、应收账款、现金的顺序转化。为此,在进行流动资产管理时,必须在各项流动资产上合理配置资金数额,做到结构合理,以促进资金周转顺利进行。同时,以公允价值计量且其变动计入当期损益的金融资产、应收账款、存货等流动资产一般具有较强的变现能力,如果遇到意外情况,企业出现资金周转不灵、现金短缺时,便可迅速变卖这些资产,以获取现金;这对财务上应付临时性资金需求具有重要意义。

营运资本管理主要解决两个问题:一是如何确定短期资产的最佳持有量;二是如何筹措短期资金。具体而言,这两个问题分别又涉及每一种短期资产以及每一种短期负债的管理方式与管理策略的制定。因此,从本质上看,营运资本管理包括短期资产和短期负债的各个项目,体现了对公司短期性财务活动的统筹管理。通过对营运资本的分析,我们可以了解公司流动性、短期资产变现能力和短期偿债能力。

三、营运资本与现金周转

营运资本项目在不断地变现和再投入,而各项目的变化会直接影响公司的现金周转,同时,恰恰是由于现金的周转才使得营运资本不断循环运转,使公司成为一个活跃的经济实体,两者相辅相成。

由于现金收入和支出的时间差异,即使盈利的公司也会有现金方面的困境。现金周转指的是持续的现金流动,这种流动主要是通过营运资本的各项目循环实现的,包括现金、应收账款、存货、应付账款、应计费用等。现金的周转过程大体上包括存货周转、应收账款周转和应付账款周转等程序,如图 6-1 所示。

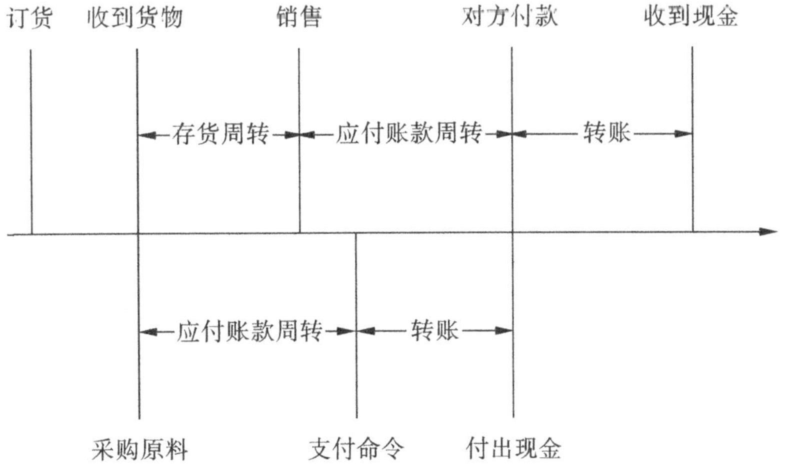

图 6-1 公司现金周转图

图6-1说明,营运资本各项目的变化与现金周转乃至现金流量密不可分,互相依存。

公司的非现金性短期资产一旦转化为现金,就会形成公司的现金流入;而公司偿还短期负债需要支付现金,这就形成了公司的现金流出。现金的流动不平衡,就会出现现金不足而导致短期偿付困难,或者因现金过剩而使公司的资产获利能力下降。所以,通过营运资本管理来控制短期资产和短期负债,使现金流入和流出尽量协调,实现现金的平衡流动,就成为公司日常管理的重要内容。

由于现金流入量与现金流出量具有非同步性和不确定性,这就使公司的现金流入与现金流出无法在时间上相互匹配,从而导致公司未来经营活动的不确定性,加大了财务人员对现金流量进行准确预测的难度。因此,储备适当的营运资本,可以使公司资金的日常收付形成良性循环。

四、营运资本管理的原则

对营运资本进行管理,既要保证有足够的资金满足企业生产经营需要,又要保证企业能按时按量地偿还各种到期债务。在营运资本管理过程中,企业要遵循以下原则:

(一)认真分析生产经营状况,合理确定营运资本的需要数量

企业营运资本的需要量取决于生产经营规模和营运资本的周转速度,同时也受到市场及产、供、销情况的影响。企业应综合考虑各种因素,合理确定营运资本的需要量。

(二)在保证生产经营需要的前提下,节约使用资金

营运资本具有流动性强的特点,但是流动性越强的资产其收益性就越差。例如,如果企业的资产全部都是现金,则不能带来任何投资收益(将现金存入银行而获得的利息收入对于企业而言算不上真正的投资收益)。如果企业的营运资本持有过多,会降低企业的收益。因此,企业在保证生产经营需要的前提下,要控制流动资金的占用,使其纳入计划预算的良性范围,既要满足经营需要,又不能因为安排过量而造成浪费。

(三)加速营运资本的周转,提高资金的利用效率

当企业的生产经营规模一定时,短期资产的周转速度与流动资金的需要量呈反向变化。适度加快存货的周转,缩短应收账款的收款期,延长应付账款的付款期,可以减少营运资本的需求量,从而提高资金的利用效率。

(四)合理安排短期资产与短期负债的比例关系,保障企业有足够的短期偿债能力

企业的短期负债主要是用短期资产来偿付。当企业的短期资产相对短期负债过少时,一旦短期负债到期,而企业又无法通过其他途径筹措到短期资金时,就容易出现到期无法偿债的情况。因此,企业要安排好二者的比例关系,从而保证有足够的资金偿还短期负债。

五、营运资金的管理策略

企业需要评估营运资金管理中的风险与收益，制定流动资产的投资策略和融资策略。实际上，财务管理人员在营运资金管理方面必须做两项决策：一是需要拥有多少流动资产；二是如何为需要的流动资产融资。在实践中，这两项决策一般同时进行且相互影响。

（一）流动资产的投资策略

由于销售水平、成本、生产时间、存货补给时从订货到交货的时间、顾客服务水平、收款和支付期限等方面存在不确定性，流动资产的投资决策至关重要。企业经营的不确定性和风险忍受程度决定了流动资产的存量水平，表现为在流动资产账户上的投资水平。流动资产账户通常随着销售额的变化而立即变化。销售的稳定性和可预测性反映了流动资产投资的风险程度。销售额越不稳定，越不可预测，则投资于流动资产上的资金就应越多，以保证有足够的存货和应收账款占用来满足生产经营和顾客的需要。稳定性和可预测性的相互作用非常重要。即使销售额是不稳定的，但也可以预测，如属于季节性变化，那么将没有显著的风险。然而，如果销售额不稳定而且难以预测，例如石油和天然气的开采以及许多建筑企业，就会存在显著的风险，从而必须维持一个较高的流动资产存量水平，保持较高的流动资产与销售收入比率。如果销售既稳定又可预测，则只需维持较低的流动资产投资水平。

一个企业必须选择与其业务需要和管理风格相符合的流动资产投资策略。如果企业管理政策趋于保守，就会保持较高的流动资产与销售收入比率，保证更高的流动性（安全性），但盈利能力也更低；如果管理者偏向于为了更高的盈利能力而愿意承担风险，那么将保持一个低水平的流动资产与销售收入比率。

流动资产的投资策略有三种基本类型，可见图6-2。

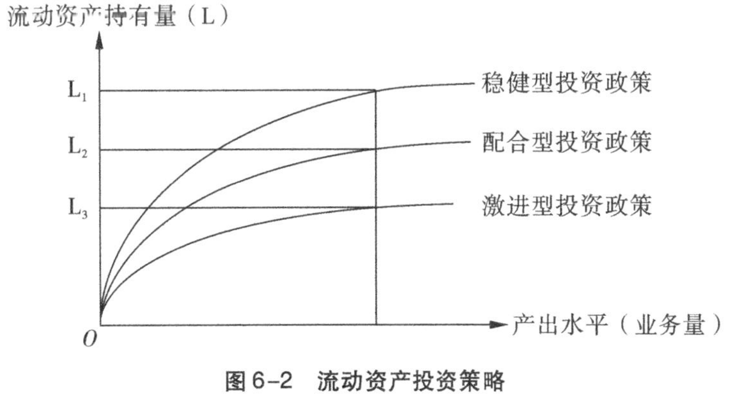

图6-2　流动资产投资策略

1. 激进型流动资产投资策略

激进型流动资产投资策略又叫紧缩型的流动资产投资策略，在激进型的流动资产投资策略下，企业维持低水平的流动资产与销售收入比率。需要说明的是，这里的流动资产通常只包括生产经营过程中产生的存货、应收款项及现金等生产性流动资产，此时企业的现金、短期有价证券、存货和应收账款等短期资产降到最低限度，可降低资金占用成本，增加企业收益，但同时也可能出现由于资金不足造成拖欠货款或不能偿还到期债务等不良情况，加大企业风险。激进型的持有政策要求企业在一定的销售水平上保持较少的短期资产，这种政策的特点是报酬高、风险大。在外部环境相对稳定，企业能非常准确地预测未来的情况下，可采用该政策。理论上说，如果企业面对的所有内外情况都是一定的，比如销售额、订货时间、付款时间等，那么企业只需要持有能够满足需要的最低数量的短期资产。超过这个最低数量的短期资产不仅不会增加企业利润，而且会使企业发生额外的管理费用；低于这个最低数量的短期资产会使企业出现存货短缺、支付困难等情况或者必须制定严格的应收账款管理政策。

2. 配合型的流动资产投资策略

配合型的流动资产投资策略要求企业在一定的销售水平上保持适中的短期资产，既不过高也不过低，流入的现金恰好满足支付的需要，存货也恰好满足生产和销售所用。这种政策的特点是报酬和风险的平衡。在企业能够比较准确地预测未来经济状况时，可采用该政策。

3. 稳健型流动资产投资策略

稳健型流动资产投资策略又叫宽松型投资策略，在宽松的流动资产投资策略下，企业通常会维持高水平的流动资产与销售收入比率。也就是说，企业将保持高水平的现金和有价证券、高水平的应收账款（通常给予客户宽松的付款条件）和高水平的存货（通常源于补给原材料或不愿意因为产成品存货不足而失去销售）。在这种策略下，由于较高的流动性，企业的财务与经营风险较小。但是，过多的流动资产投资，无疑会承担较大的流动资产持有成本，提高企业的资金成本，降低企业的收益水平。制定流动资产投资策略时：

首先，需要权衡的是资产的收益性与风险性。增加流动资产投资会增加流动资产的持有成本，降低资产的收益性，但会提高资产的流动性。反之，减少流动资产投资会降低流动资产的持有成本，增加资产的收益性，但资产的流动性会降低，短缺成本会增加。因此，从理论上来说，最优的流动资产投资应该是使流动资产的持有成本与短缺成本之和最低。

其次，制定流动资产投资策略时还应充分考虑企业经营的内外部环境。通常，银行和其他借款人对企业流动性水平非常重视，因为流动性是这些债权人确定信用额度和借款利率的主要依据之一。他们还会考虑应收账款和存货的质量，尤其是当这些资产被用来当作一项贷款的抵押品时。有些企业因为融资困难，通常采用紧缩的流动资产投资策略。

此外，一个企业的流动资产投资策略可能还受产业因素的影响。在销售边际毛利较高的产业,如果从额外销售中获得的利润超过额外应收账款所增加的成本,宽松的信用政策可能为企业带来更为可观的收益。流动资产占用具有明显的行业特征。

(二)流动资产的融资策略

一个企业对流动资产的需求数量,一般会随着产品销售的变化而变化。例如,产品销售季节性很强的企业,当销售处于旺季时,流动资产的需求一般会更旺盛,可能是平时的几倍;当销售处于淡季时,流动资产需求一般会减弱,可能是平时的几分之一;即使当销售处于最低水平时,也存在对流动资产最基本的需求。在企业经营状况不发生大的变化的情况下,流动资产最基本的需求具有一定的刚性和相对稳定性,我们可以将其界定为流动资产的永久性水平。当销售发生季节性变化时,流动资产将会在永久性水平的基础上增加。因此,流动资产可以被分解为两部分:永久性部分和波动性部分。永久性流动资产是指满足企业长期最低需求的流动资产,其占有量通常相对稳定;波动性流动资产或称临时性流动资产,是指那些由于季节性或临时性的原因而形成的流动资产,其占用量随当时的需求而波动。与流动资产的分类相对应,流动负债也可以分为临时性负债和自发性负债。一般来说,临时性负债,又称为筹资性流动负债,是指为了满足临时性流动资金需要所发生的负债,如商业零售企业春节前为满足节日销售需要,超量购入货物而去借的短期银行借款。临时性负债一般只能供企业短期使用。自发性负债,又称为经营性流动负债,是指直接产生于企业持续经营中的负债,如商业信用筹资和日常运营中产生的其他应付款,以及应付职工薪酬、应付利息、应交税费等,自发性负债可供企业长期使用。一般来说,永久性流动资产的水平具有相对稳定性,需要通过长期来源解决;而波动性部分的融资则相对灵活,最经济的办法是通过低成本的短期融资解决,如采用1年期以内的短期借款或发行短期融资券等融资方式。融资决策主要取决于管理者的风险导向,此外它还受短期、中期、长期负债的利率差异的影响。

公司的流动资产融资政策一般是针对不同类型的资产来说的。从以上论述中我们已经知道,按照周转时间的长短(即流动性)可以把公司的资产分为两大类:一类是短期资产,另一类是长期资产(在这里主要指固定资产)。进一步,按照短期资产的用途,又可以将短期资产划分为临时性短期资产和永久性短期资产。

公司的流动资产融资政策也就是对临时性短期资产、永久性短期资产和固定资产的来源进行管理。通常,有以下三种可供公司选择的筹资政策。

1. 配合型筹资政策

配合型筹资政策是指公司的负债结构与公司资产的寿命周期相对应,其特点是:临时性短期资产所需资金用临时性短期负债筹集,永久性短期资产和固定资产所需资金用自发性短期负债和长期负债、权益资本筹集。配合型筹资政策的基本思想是公司将资产和资金来源在期限和数额上相匹配,以降低公司不能偿还到期债务的风险,同时,采用较多的短期负债融资也可以使资本成本保持较低水平。这一政策可以用图6-3示意;也可以用两个公式来表示:

$$临时性流动资产 = 临时性短期负债 \quad (式6-1)$$

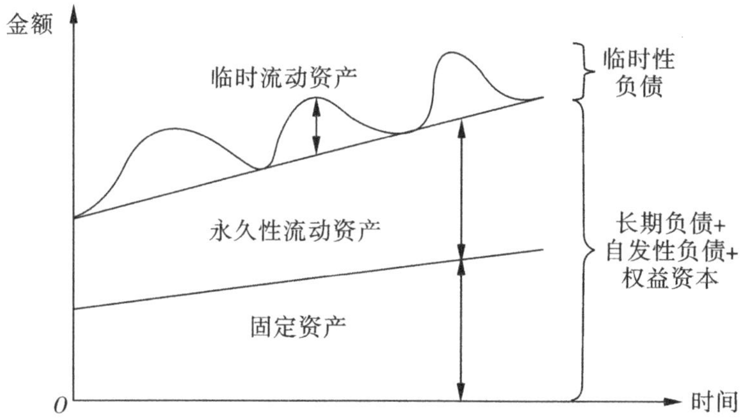

图 6-3　配合型筹资政策

永久性短期资产 + 固定资产 = 自发性短期负债 + 长期负债 + 股权资本　（式 6-2）

在这种政策下，只要公司短期融资计划严密，实现现金流动与预期安排一致，则在经营低谷时，公司除自发性短期负债外没有其他短期负债，在经营高峰期，公司再举借临时性短期负债。

但是在公司的经济活动中，由于现金流动和各类资产使用寿命的不确定性，往往做不到资产与负债的完全配合。在公司的生产经营高峰期内，一旦公司的销售和经营不理想，未能取得预期的现金收入，便会发生难以偿还临时性负债的情况。因此，配合型筹资政策是一种理想的融资模式，在实际生活中较难实现。

2. 激进型筹资政策

激进型筹资政策的特点是：临时性短期负债不但要满足临时性短期资产的需要，还要满足一部分永久性短期资产的需要，有时甚至全部短期资产都要由临时性短期负债支持。激进型筹资政策参见图 6-4。

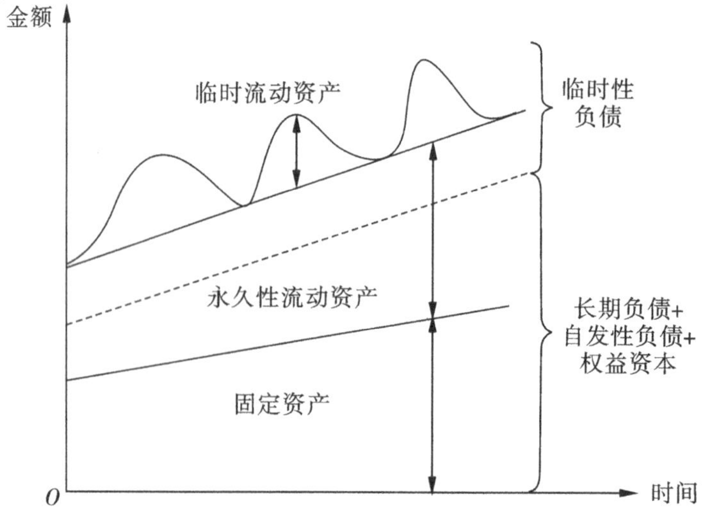

图 6-4　激进型筹资政策

对于激进型筹资政策可用以下两个计算公式来表示：

临时性短期资产 + 部分永久性短期资产 = 临时性短期负债 （式6–3）

永久性短期资产 – 靠临时性短期负债筹得的部分 + 固定资产 = 自发性短期负债 + 长期负债 + 股权资本 （式6–4）

由于临时性短期负债的资本成本相对于长期负债和权益资本来说一般较低，而激进型筹资政策下临时性短期负债所占比例较大，所以该政策下，公司的资本成本低于配合型筹资政策。但另一方面，由于公司为了满足永久性短期资产的长期、稳定的资金需要，必然要在临时性短期负债到期后重新举债或申请债务展期，不断地举债和还债加大了筹资和还债的风险。所以，激进型筹资政策是一种收益高、风险大的营运资金筹集政策。

3. 稳健型筹资政策

稳健型筹资政策的特点是：临时性短期负债只满足部分临时性短期资产的需要，其他短期资产和长期资产用自发性短期负债、长期负债和权益资本筹集满足。稳健型筹资政策可见图6–5示意。

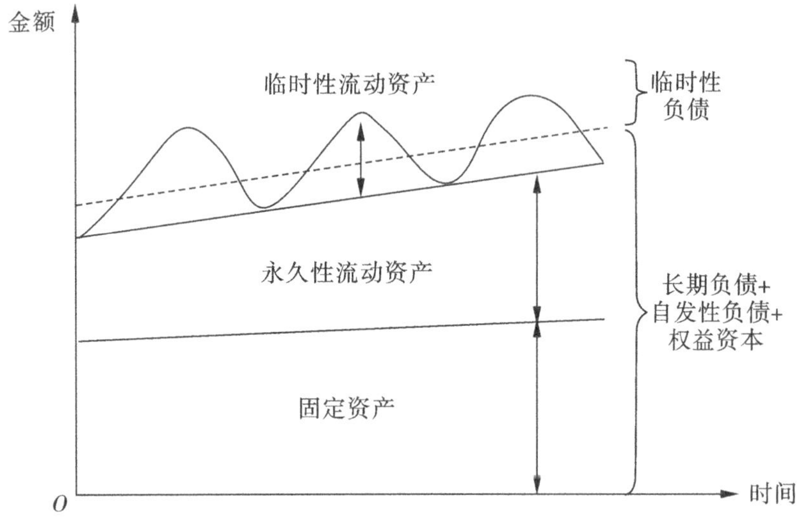

图6–5 稳健型筹资政策

稳健型筹资政策可以用以下两个计算公式来表示：

部分永久性短期资产 = 临时性短期负债 （式6–5）

永久性短期资产 + 靠临时性短期负债未筹足的临时性短期资产 + 固定资产 = 自发性短期负债 + 长期负债 + 股权资本 （式6–6）

这种政策下，临时性短期负债在公司的全部资金来源中所占比例较小，公司保留较多营运资金，可降低公司无法偿还到期债务的风险，同时，蒙受短期利率变动损失的风险也较低。但降低风险的同时也降低了公司的收益，因为长期负债和权益资本在公司的资金来源中比重较高，并且两者的资本成本高于临时性短期负债的资本成本，在生产经营淡季，公司仍要负担长期债务的利息。即使将过剩的长期资金投资于短期有价证券，其投资收益一般也会低于长期负债的利息，所以稳健型筹资政策是一种风险低、收益也低的筹资政策。

一般来说，如果公司对营运资金的使用能够达到游刃有余的程度，则最有利的筹资政策就是采用收益和风险相匹配的配合型筹资政策。

第二节　现金管理

现金是比较特殊的资产，一方面其流动性最强，代表着企业直接的支付能力和应变能力；另一方面，其收益性最弱。现金管理的过程就是管理人员在现金的流动性与收益性之间进行权衡选择的过程，既要维护适度的流动性，又要尽可能提高其收益性。

一、现金管理的动机与内容

（一）现金的概念

现金是指企业以各种货币形态占用的资产，包括库存现金、银行存款及其他货币资金。现金管理的目标在于如何在现金的流动性和收益性之间进行合理选择，即在保证正常业务经营需要的同时，尽可能降低现金的占用量，并从暂时闲置的现金中获得最大的投资收益。

（二）持有现金的动机

企业持有现金往往是出于以下考虑：

1. 交易动机

在企业的日常经营中，为了正常的生产销售周转必须保持一定的现金余额。销售产品得到的收入往往不能马上收到现金，而采购原材料、支付工资等则需要现金支持，为了进一步的生产交易需要一定的现金余额。所以，基于这种企业购、产、销行为需要的现金，就是交易动机要求的现金持有。

2. 补偿动机

银行为企业提供服务时，往往需要企业在银行中保留存款余额来补偿服务费用。同时，银行贷给企业款项也需要企业在银行中有存款以保证银行的资金安全。这种出于银行要求而保留在企业银行账户中的存款就是补偿动机要求的现金持有。

3. 谨慎动机

现金的流入和流出经常是不确定的，这种不确定性取决于企业所处的外部环境和自身经营条件的好坏。为了应付一些突发事件和偶然情况，企业必须持有一定的现金余额来保证生产经营的安全顺利进行，这就是谨慎动机要求的现金持有。

4. 投资动机

企业在保证生产经营正常进行的基础上，还希望有一些回报率较高的投资机会，此时也需要企业持有现金。这就是投资动机对现金的需求。大多数企业持有的现金余额都是出于以上四方面的考虑。但是，由于各种条件的变化，每一种动机需要的现金数量是很难确定的，而且往往一笔现金余额可以服务于多个动机，如出于谨慎或投资动机持有的现金就可以在需要时用于企业采购。所以，企业必须综合考虑多方面因素，合理分析企业的现金状况。

（三）现金管理的内容

现金管理的主要内容包括：编制现金收支计划，以便合理估计未来的现金需求；对日常的现金收支进行控制，力求加速收款，延缓付款；用特定的方法确定最佳现金余额，当企业实际的现金余额与最佳的现金余额不一致时，采用短期融资策略或采用归还借款和投资于有价证券等策略来达到理想状况。现金管理的内容如图 6-6 所示。

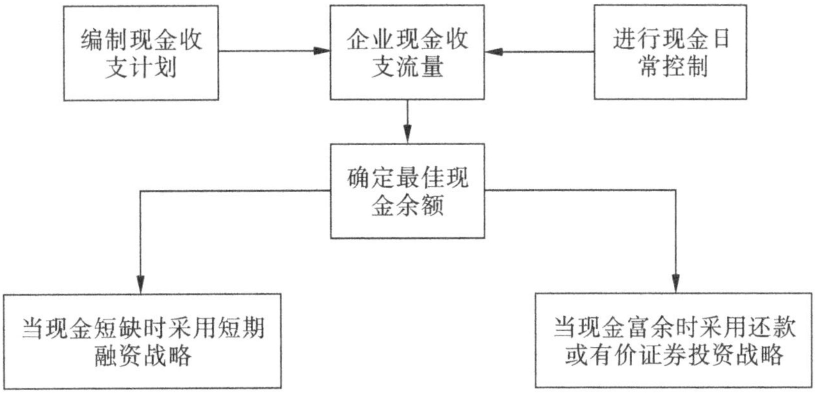

图 6-6　现金管理的内容

二、现金预算管理

现金预算管理是现金管理的核心环节和方法。

（一）现金预算的概念

现金预算就是在企业的长期发展战略基础上，以现金管理的目标为指导，充分调查和分析各种现金收支影响因素，运用一定的方法合理估测企业未来一定时期的现金收支状况，并对预期差异采取相应对策的活动。

现金预算可按月、周或日为基础进行编制，也可覆盖几个月至一年。这主要根据企业生产经营特点与管理要求而定。

（二）现金预算的作用

企业现金持有量不足或过多，都说明现金管理不力，所以对现金的流入和流出进行有效设计和管理,使现金持有量接近最优水平就显得尤为重要。为了使企业能够实现并保持已确定的最佳现金水平,需要对未来可能的现金收支数量和时间进行预测,编制现金预算。

现金预算在现金管理上的作用表现在:

(1)可以揭示现金过剩或现金短缺的时期,使资金管理部门能够将暂时过剩的现金转入投资或在短缺时期来临之前安排筹资,以避免不必要的资金闲置或不足,减少机会成本。

(2)可以在实际收支实现以前了解经营计划的财务结果,预测未来时期企业对到期债务的直接偿付能力。

(3)可以对其他财务计划提出改进建议,企业应当保持一定的现金来防止可能的现金短缺,但又不能把过多的现金置于这种没有收益的用途上。通过编制现金预算可以较为有效地预计未来现金流量,是现金收支动态管理的一种有效方法。

(三)现金预算的编制方法

现金预算编制的主要方法有两种:收支预算法和调整净收益法。

1. 收支预算法

又称直接法,是目前最为流行、应用最为广泛的现金预算编制方法。其基本原理是通过将预算期内可能发生的一切现金收支分类列入现金预算表内,从而确定收支差异并采取适当财务对策。它具有直观、简便、便于控制等特点。

在收支预算法下,现金预算主要分为四个步骤进行:

(1)计算预算期内现金收入,即根据企业收入预算(包括销售收入预算、投资收入预算及其他收入预算)计算企业在预算期内所能获得的现金收入;

(2)计算预算期内现金支出,即根据企业现金支出计划(例如采购原材料、支出工资、支付期间费用、支付税金等)计算企业在预算期内的现金支出;

(3)计算现金不足或结余,即根据下列公式估算企业在预算期内的现金余缺水平:

预算期内现金结余 = 预算期初现金余额 + 预算期内现金流入 − 预算期内现金流出 − 预算期内现金余额 (式6-7)

(4)现金融通,即根据计算出的期末现金结余情况进行短期投融资。如果现金不足,则提前安排筹资(比如向银行借款等),若现金富余,则提前归还贷款或投资于有价证券,以增加收益。

2. 调整净收益法

又称间接法,是指将企业按权责发生制计算的会计净收益调整为按收付实现制计算的现金净收益,并在此基础上加减有关现金收支项目,使净收益与现金流量相互关联,从而确定预算期现金余缺并做出财务安排。

采用此方法编制现金预算,首先应编制预计利润表,求出预算期的净收益;然后逐笔处理影响损益及现金收支的各会计事项;最后计算出预算期现金余额。这个计算过程类似于从净利润入手编制现金流量表。

调整净收益法将权责发生制基础上计算的净收益与现金收付实现制基础上计算的净收益统一起来，克服了收益额与现金流量不平衡的缺点，但是现金余额增加额不能直观地、明细地反映在生产过程中，一定程度上影响了对现金预算执行情况的分析和控制。

三、现金持有量决策

在现金预算中，为了确定预算期末现金资产的余缺状况，除了要合理估计预算期内的现金收入与支出项目，还应当确定期末应当保留的最佳现金余额，这就是现金持有量决策所要解决的主要问题，也是现金管理最首要的任务之一。企业出于各种动机的要求而持有一定货币，但出于成本和收益关系的考虑，必须确定最佳现金持有量。

当前应用较为广泛的现金持有量决策方法主要包括成本分析模型、存货模型和随机模型。

（一）成本分析模型

成本分析模型是根据现金有关成本，分析预测其总成本最低时现金持有量的一种方法。企业持有现金资产需要负担一定的成本，其中与现金持有量关系最为密切的是机会成本和短缺成本。

机会成本，是指企业因保留一定的现金余额而增加的管理费用及丧失的投资收益。这种投资收益是企业不能用该现金进行其他投资获得的收益，与现金持有量呈正比例关系：

$$机会成本 = 现金持有量 \times 有价证券利率 \qquad （式6-8）$$

短缺成本，是指在现金持有量不足且又无法及时将其他资产变现而给企业造成的损失，包括直接损失和间接损失。现金的短缺成本与现金持有量呈反比例变动关系。

图6-7对这两种现金持有成本与现金持有量的关系进行了描述，当两种成本之和，也即总成本达到最小值时，企业所持有的现金水平为最佳持有量。

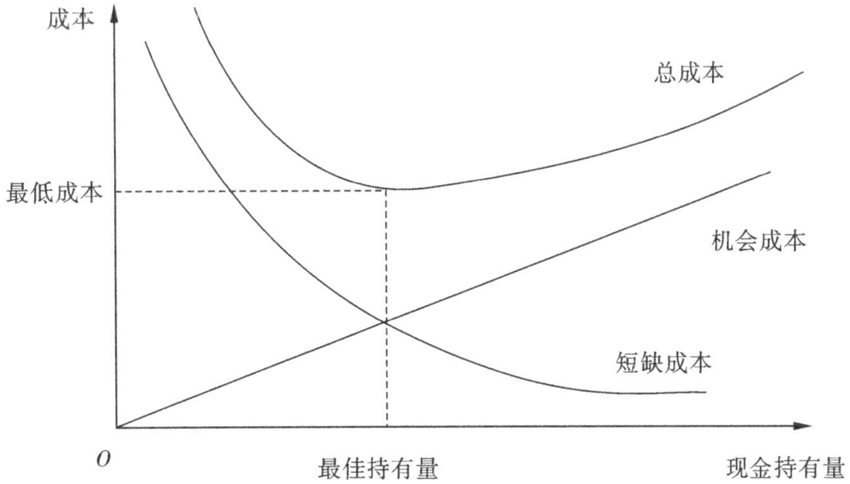

图6-7　现金持有成本与最佳现金持有量

成本分析模型的计算步骤是:①根据不同现金持有量测算各备选方案的有关成本数值;②按照不同现金持有量及其有关部门成本资料,计算各方案的持有成本和短缺成本之和,即总成本,并编制最佳现金持有量测算表;③在测算表中找出相关总成本最低时的现金持有量,即最佳现金持有量。

【例6-1】某企业现有A、B、C、D四种现金持有方案,有关成本信息资料如表6-1所示。

表6-1 现金持有量备选方案

单位:元

项目	A	B	C	D
现金持有量	100 000	200 000	300 000	400 000
机会成本率	10%	10%	10%	10%
短缺成本	48 000	25 000	10 000	8000

根据表6-1,采用成本分析模型编制该企业最佳现金持有量测算表,见表6-2。

表6-2 最佳现金持有量测算表

单位:元

方案及现金流持有量	机会成本	短缺成本	相关总成本
A(100 000)	10 000	48 000	58 000
B(200 000)	20 000	25 000	45 000
C(300 000)	30 000	10 000	40 000
D(400 000)	40 000	8000	45 000

通过分析表6-2,对比总成本可知,C方案的总成本最低,因此该企业持有300 000元的现金时各方面的总代价最低,300 000元是现金最佳持有量。

(二)存货模型

确定现金最佳余额的存货模型来源于存货的经济批量模型。这一模型最早由美国学者鲍莫尔(W. J. Baumol)于1952年提出,因此又称鲍莫尔模型。

存货模型假设企业的现金收入每隔一段时间发生一次,而现金支出则是在一定时期内均匀发生的。在此期间,企业可通过销售有价证券获得现金。图6-8形象地描述了这一过程:假设企业0时点持有现金N元,由于现金流入的速度小于现金流出的速度,第t时点企业的现金余额下降为零,此时,企业通过出售价值N元的有价证券补充现金。随后,当现金余额在t时点再次下降为零时,企业再次出售价值N元的有价证券;这一过程不断重复。

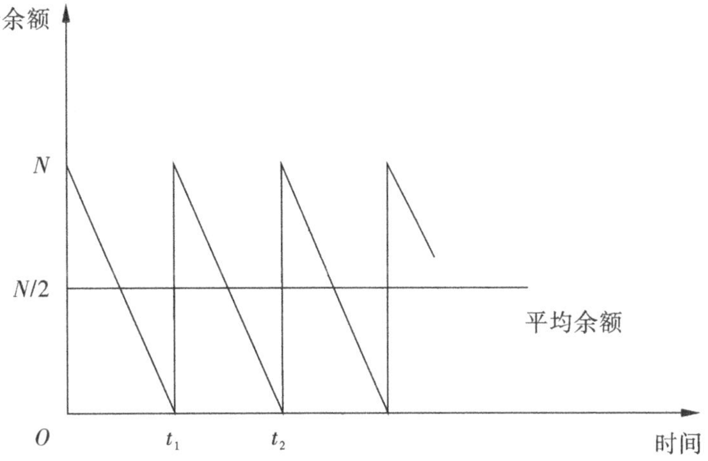

图 6-8　确定现金余额的存货模型

在存货模型下，持有现金资产的总成本包括两个方面：一是持有成本，也即机会成本，是指持有现金所放弃的收益，这种成本通常为有价证券的利息率，它与现金余额呈正比例变化；二是转换成本，也即交易成本，是指现金与有价证券转换的固定成本，包括经纪人费用、捐税及其他管理成本，这种成本只与交易的次数有关，而与现金的持有量无关。

如果现金期初余额较大，那么持有现金的机会成本较高，但转换成本减少；如果现金期初余额较小，那么持有现金的机会成本低，但转换成本上升。两种成本合计最低条件下的现金余额即为最佳现金余额。存货模型的目的就是求出这一最佳现金余额。

假设：TC 表示总成本；D 表示现金与有价证券的转换成本；T 表示特定时间内的现金需求总额；Q 表示理想的现金转换数量（最佳现金余额）；i 表示短期有价证券利息率（投资报酬率）。

则有：

$$TC = \frac{Q}{2} \times i + \frac{T}{Q} \times D \qquad \text{（式 6-9）}$$

对此式求一阶导数，可求出令总成本 TC 最小的 Q 值，即令 $TC = 0$，则有可得：

$$Q = \sqrt{\frac{2TD}{i}} \qquad \text{（式 6-10）}$$

于是：

$$TC = \sqrt{2TDi} \qquad \text{（式 6-11）}$$

【例 6-2】某企业收支状况比较稳定，预计 2021 年全年（360 天）需要现金 4 000 000 元，现金与有价证券的转换成本为每次 400 元，有价证券的年利率为 8%。

最佳现金持有量计算如下：

$$Q=\sqrt{2\times 4\ 000\ 000\times \frac{400}{8\%}}=200\ 000(元)$$

最低现金管理相关总成本：

$$TC=\sqrt{2\times 4\ 000\ 000\times 400\times 8\%}=16\ 000(元)$$

其中：

$$转换成本=(4\ 000\ 000\div 200\ 000)\times 400=8000(元)$$

$$持有机会成本=(200\ 000\div 2)\times 8\%=8000(元)$$

有价证券交易次数：4 000 000 ÷ 200 000 = 20（次）。

有价证券交易间隔期：360 ÷ 20 = 18（天）。

（三）随机模式

随机模式是在现金需求量难以预知的情况下进行现金持有量控制的方法。对企业来讲，现金需求量往往波动大且难以预知，但企业可以根据历史经验和现实需要，测算出一个现金持有量的控制范围，即制定出现金持有量的上限和下限，将现金量控制在上下限之内。当现金量达到控制上限时，用现金购入有价证券，使现金持有量下降；当现金量降到控制下限时，则抛售有价证券换回现金，使现金持有量回升。若现金量在控制的上下限之内，便不必进行现金与有价证券的转换，保持它们各自的现有存量。这种对现金持有量的控制，如图 6-9 所示。

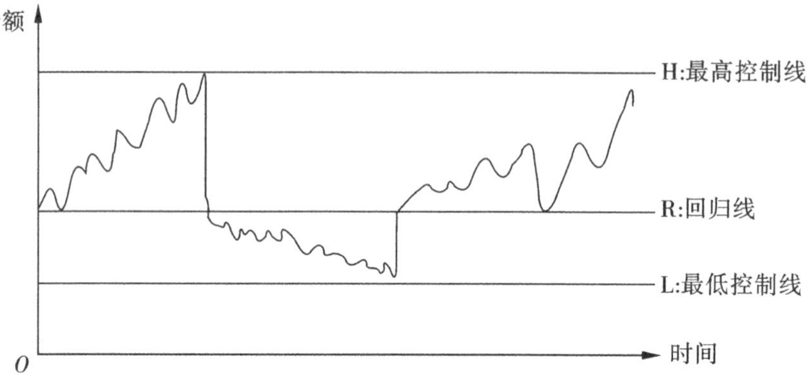

图 6-9　现金最佳持有量随机模式

图 6-9 中，H 为现金存量的上限（最高控制线），L 为现金存量的下限（最低控制线），R 为最优现金返回线（回归线）。从图中可以看到，企业的现金存量（表现为现金每日余额）是随机波动的，当其达到 H 线时，即达到了现金控制的上限，企业应用现金购买有价证券使现金持有量回落到现金返回线（R 线）的水平；当现金存量降至 L 线时即达到了现金控制的下限，企业则应转让有价证券换回现金，使其存量回升至现金返回线的水平。现金存量在上下限之间的波动属控制范围内的变化，是合理的。以上关系中的上限 H、现金返回线 R 可按下列公式计算：

$$R=\sqrt[3]{\frac{3b\delta^2}{4i}}+L \qquad （式6-12）$$

$$H=3R-2L \qquad （式6-13）$$

式中，b 是每次有价证券的固定转换成本；i 是有价证券的日利息率；δ 是预期每日现金余额变化的标准差（可根据历史资料测算）。

【例6-3】假定某公司有价证券的年利率为9%，每次固定转换成本为50元，公司认定任何时候其银行活期存款及现金余额不能低于1000元，又根据以往经验测算出现金余额波动的标准差为800元。最优现金返回线R、现金控制上限H的计算如下。

$$有价证券日利率=9\%\div360=0.025\%$$

$$R=\sqrt[3]{\frac{3b\delta^2}{4i}}+L=\sqrt[3]{\frac{3\times50\times800^2}{4\times0.025\%}}+1000=5579（元）$$

$$H=3R-2L=3\times5579-2\times1000=14\ 737（元）$$

这样，当公司的现金余额达到14 737元时，即应以9158元（14 737-5579）的现金去购买有价证券，使现金持有量回落到5579元；当公司的现金余额降至1000元时，则应转让4579元（5579-1000）的有价证券，使现金持有量回升为5579元。

随机模式建立在企业的现金未来需求总量和收支不可预测的前提下，因此计算出来的现金持有量比较保守。

四、现金管理模式

（一）“收支两条线”的管理模式

“收支两条线”原本是政府为了加强财政管理和整顿财政秩序对财政资金采取的一种管理模式。当前企业，特别是大型集团企业，也纷纷采用“收支两条线”资金管理模式。

企业作为追求价值最大化的营利组织，实施“收支两条线”主要出于两个目的：第一，对企业范围内的现金进行集中管理，减少现金持有成本，加速资金周转，提高资金使用效率；第二，以实施“收支两条线”为切入点，通过高效的价值化管理来提高企业效益。

构建企业“收支两条线”资金管理模式，可从规范资金的流向、流量和流程三个方面入手：

（1）资金的流向方面：企业“收支两条线”要求各部门或分支机构在内部银行或当地银行设立两个账户（收入户和支出户），并规定所有收入的现金都必须进入收入户（外地分支机构的收入户资金还必须及时、足额地回笼到总部），收入户资金由企业资金管理部门（内部银行或财务结算中心）统一管理，而所有的货币性支出都必须从支出户里支付，支出户里的资金只能根据一定的程序由收入户划拨而来，严禁现金坐支。

（2）资金的流量方面：在收入环节上要确保所有收入的资金都进入收入户，不允许有私设的“账外小金库”。另外，还要加快资金的结算速度，尽量压缩资金在结算环节的沉淀量；在调度环节上通过动态的现金流量预算和资金收支计划实现对资金的精确调度；

在支出环节上,根据"以收定支"和"最低限额资金占用"的原则从收入户按照支出预算安排将资金定期划拨到支出户,支出户平均资金占用额应压缩到最低限度。有效的资金流量管理将有助于确保及时、足额地收入资金,合理控制各项费用支出和有效调剂内部资金。

(3)资金的流程方面:资金流程是指与资金流动有关的程序和规定。它是"收支两条线"内部控制体系的重要组成部分,主要包括以下几个部分:①关于账户管理、货币资金安全性等规定;②收入资金管理与控制;③支出资金管理与控制;④资金内部结算与信贷管理与控制;⑤"收支两条线"的组织保障等。

需要说明的是,"收支两条线"作为一种企业的内部资金管理模式,与企业的性质、战略、管理文化和组织架构都有很大的关系。因此,企业在构建"收支两条线"管理模式时,一定要注意与自己的实际相结合,以管理有效性为导向。

(二)集团企业资金集中管理模式

企业集团下属机构多,地域分布广,如果子分公司多头开户,资金存放分散,会大大降低资金的使用效率。通过资金的集中管理、统一筹集、合理分配、有序调度,能够降低融资成本,提高资金使用效率,确保集团战略目标的实现,实现整体利益的最大化。

资金集中管理,也称司库制度,是指集团企业借助商业银行网上银行功能及其他信息技术手段,将分散在集团各所属企业的资金集中到总部,由总部统一调度、统一管理和统一运用。资金集中管理在各个集团的具体运用可能会有所差异,但一般包括以下主要内容:资金集中、内部结算、融资管理、外汇管理、支付管理等。其中资金集中是基础,其他各方面均建立在此基础之上。目前,资金集中管理模式逐渐被我国企业集团所采用。资金集中管理模式的选择,实质上集团管理是集权还是分权管理体制的体现;也就是说,在企业集团内部所属各子企业或分部是否有货币资金使用的决策权、经营权,这是由行业特点和本集团资金运行规律决定的。现行的资金集中管理模式大致可以分为以下几种:

1. 统收统支模式

在该模式下,企业的一切现金收入都集中在集团总部的财务部门,各分支机构或子企业不单独设立账号,一切现金支出都通过集团总部财务部门付出,现金收支的批准权高度集中。统收统支模式有利于企业集团实现全面收支平衡,提高资金的周转效率,减少资金沉淀,监控现金收支,降低资金成本。但是该模式不利于调动成员企业开源节流的积极性,影响成员企业经营的灵活性,以致降低整个集团经营活动和财务活动的效率,而且在制度的管理上欠缺一定的合理性,如果每笔收支都要经过总部财务部门之手,那么总部财务部门的工作量就大了很多。因此,这种模式通常适用于企业规模比较小的企业。

2. 拨付备用金模式

拨付备用金模式是指集团按照一定的期限统拨给所有所属分支机构或子企业备其使用的一定数额的现金。各分支机构或子企业发生现金支出后,持有关凭证到集团财务部门报销以补足备用金。拨付备用金模式相比统收统支模式具有一定的灵活性,但这种模式也通常适用于那些经营规模比较小的企业。

3. 结算中心模式

结算中心通常是企业集团内部设立的,办理内部各成员现金收付和往来结算业务的专门机构。结算中心通常设于财务部门内,是一个独立运行的职能机构。结算中心是企业集团发展到一定阶段,应企业内部资金管理需求而生的一个内部资金管理机构,是根据集团财务管理和控制的需要在集团内部设立的,为成员企业办理资金融通和结算,以降低企业成本、提高资金使用效率的服务机构。结算中心帮助企业集中管理各分子公司的现金收入和支出。分子公司收到现金后就直接转账存入结算中心在银行开立的账户。当需要资金的时候,再进行统一的拨付,有助于企业监控资金的流向。

4. 内部银行模式

内部银行是将社会银行的基本职能与管理方式引入企业内部管理机制而建立起来的一种内部资金管理机构,它将“企业管理”“金融信贷”和“财务管理”三者融为一体,一般是将企业的自有资金和商业银行的信贷资金统筹运作,在内部银行统一调剂、融通运用。通过吸纳企业下属各单位闲散资金,调剂余缺,减少资金占用,活化与加速资金周转速度,提高资金使用效率、效益。内部银行通常具有三大职能:结算、融资信贷和监督控制。内部银行一般适用于具有较多责任中心的企事业单位。

5. 财务公司模式

财务公司是一种经营部分银行业务的非银行金融机构,它一般是集团公司发展到一定水平后,需要经过中国人民银行审核批准才能设立的。其主要职责是开展集团内部资金集中结算,同时为集团成员企业提供包括存贷款、融资租赁、担保、信用证、债券承销、财务顾问等在内的全方位金融服务。集团设立财务公司是把一种市场化的企业关系或银企关系引入集团资金管理中,使得集团各子公司具有完全独立的财权,可以自行经营自身的现金,对现金的使用行使决策权。另外集团对各子公司的现金控制是通过财务公司进行的,财务公司对集团各子公司进行专门约束,而且这种约束是建立在各自具有独立的经济利益基础上的。集团公司经营者(或最高决策机构)不再直接干预子公司的现金使用和取得。

五、现金收支日常管理

(一)现金周转期

企业的经营周期是指从取得存货开始到销售存货并收回现金为止的时期。其中,从收到原材料,加工原材料,形成产成品,到将产成品卖出的这一时期,称为存货周转期;产品卖出后到收到顾客支付的货款的这一时期,称为应收账款周转期或收账期。

(二)收款管理

1. 收款系统

一个高效率的收款系统能够使收款成本和收款浮动期达到最小,同时能够保证与客户汇款及其他现金流入来源相关的信息的质量。

(1)收款成本:收款成本包括浮动期成本、管理收款系统的相关费用(例如银行手续费)及第三方处理费用或清算相关费用。在获得资金之前,收款在途项目使企业无法利用这些资金,也会产生机会成本。信息的质量包括收款方得到的付款人的姓名,付款的内容和付款时间。信息要求及时、准确地到达收款人一方,以便收款人及时处理资金,做出发货的安排。

(2)收款浮动期:收款浮动期是指从支付开始到企业收到资金的时间间隔。收款浮动期主要是由纸基支付工具导致的,有下列三种类型:①邮寄浮动期:从付款人寄出支票到收款人或收款人的处理系统收到支票的时间间隔。②处理浮动期:是指支票的接受方处理支票和将支票存入银行以收回现金所花的时间。③结算浮动期:是指通过银行系统进行支票结算所需的时间。

2. 收款方式的改善

电子支付方式对比纸基(或称纸质)支付方式是一种改进。电子支付方式提供了如下好处:①结算时间和资金可用性可以预计;②向任何一个账户或任何金融机构的支付具有灵活性,不受人工干扰;③客户的汇款信息可与支付同时传送,更容易更新应收账款;④客户的汇款从纸质方式转向电子方式,减少或消除了收款浮动期,降低了收款成本,收款过程更容易控制,并且提高了预测精度。

(三)付款管理

现金支出管理的主要任务是尽可能延缓现金的支出时间。当然,这种延缓必须是合理合法的。控制现金支出的目标是在不损害企业信誉条件下,尽可能推迟现金的支出。

1. 使用现金浮游量

现金浮游量是指由于企业提高收款效率和延长付款时间所产生的企业账户上的现金余额和银行账户上的企业存款余额之间的差额。

2. 推迟应付款的支付

推迟应付款的支付是指企业在不影响自己信誉的前提下,充分运用供货方所提供的信用优惠,尽可能地推迟应付款的支付期。

3. 汇票代替支票

汇票分为商业承兑汇票和银行承兑汇票,与支票不同的是,承兑汇票并不是见票即付。这一方式的优点是它推迟了企业调入资金支付汇票的实际所需时间。这样企业就只需在银行中保持较少的现金余额。它的缺点是某些供应商可能并不喜欢用汇票付款,银行也不喜欢处理汇票,它们通常需要耗费更多的人力。同支票相比,银行会收取较高的手续费。

4. 改进员工工资支付模式

企业可以为支付工资专门设立一个工资账户,通过银行向职工支付工资。为了最大限度地减少工资账户的存款余额,企业要合理预测开出支付工资的支票到职工去银行兑现的具体时间。

5. 透支

企业开出支票的金额大于活期存款余额。它实际上是银行向企业提供的信用。透支的限额,由银行和企业共同商定。

6. 争取现金流出与现金流入同步

企业应尽量使现金流出与流入同步,这样就可以降低交易性现金余额,同时可以减少有价证券转换为现金的次数,提高现金的利用效率,节约转换成本。

7. 使用零余额账户

即企业与银行合作,保持一个主账户和一系列子账户。企业只在主账户保持一定的安全储备,而在一系列子账户不需要保持安全储备。当从某个子账户签发的支票需要现金时,所需要的资金立即从主账户划拨过来,从而使更多的资金可以用作他用。

第三节　应收账款管理

应收账款是企业短期资产的一个重要项目。账款在短期资产中所占比重不大,不是管理重点。近年来,随着商业信用的推行,企业应收账款数额明显增多。在高度集中的计划经济体制下,随着市场经济的发展,应收账款的管理问题已成为短期资产管理中一个日益重要的问题。

一、应收账款的功能、成本与管理目标

企业提供商业信用,采取赊销、分期收款等销售方式,可以扩大销售、增加利润。但应收账款的增加,也会造成资金成本、坏账损失等费用的增加。应收账款管理的基本目标,就是在充分发挥应收账款功能的基础上,降低应收账款投资的成本,使提供商业信用、扩大销售所增加的收益大于有关的各项费用。

(一)应收账款的功能

应收账款的功能是指它在生产经营中的作用。主要有以下两个方面:

1. 增加销售的功能

在市场竞争比较激烈的情况下,赊销是促进销售的一种重要方式。进行赊销的企业,实际上是向顾客提供了两项交易:第一,向顾客销售产品;第二,在一个有限的时期内向顾客提供资金。虽然赊销仅仅是影响销售量的因素之一,但在银根紧缩、市场疲软、资金匮乏的情况下,赊销的促销作用是十分明显的,特别是在企业销售新产品、开拓新市场时,赊销更具有重要的意义。

2. 减少存货的功能

企业持有产成品存货,要追加管理费、仓储费和保险费等支出;相反,企业持有应收

账款,就不需要上述支出。因此,无论是季节性生产企业还是非季节性生产企业,当产成品存货较多时,一般都可采用较为优惠的信用条件进行赊销,把存货转化为应收账款,减少产成品存货,节约各种支出。

(二)应收账款的成本

持有应收账款,也要付出一定的代价。应收账款的成本包括以下三部分。

1. 应收账款的机会成本

企业资金如果不投放于应收账款,便可用于其他投资并获得收益,如投资于有价证券便会有利息收入。这种因投放于应收账款而放弃的其他收入,即为应收账款的机会成本,这种成本一般按有价证券的利息率计算。

2. 应收账款的管理成本

主要包括:①调查顾客信用情况的费用;②收集各种信息的费用;③账簿的记录费用;④收账费用;⑤其他费用。

3. 应收账款的坏账成本

应收账款因故不能收回而发生的损失,就是坏账成本。此项成本一般与应收账款的数量成正比。

(三)应收账款的管理目标

应收账款管理的基本目标是:通过应收账款管理发挥应收账款强化竞争、扩大销售的功能;同时,尽可能降低应收账款投资的机会成本、坏账损失与管理成本,最大限度地提高应收账款投资的效益,如图6-10所示。

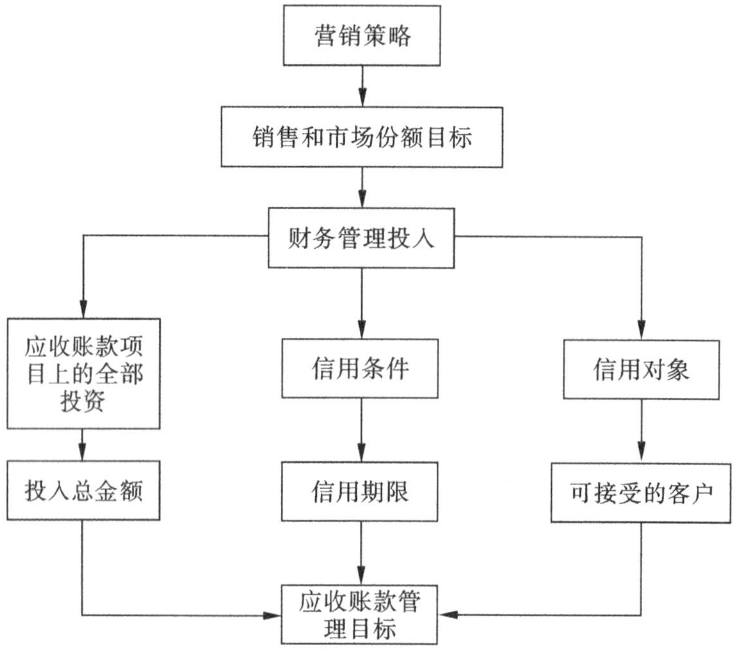

图6-10 应收账款的管理体系

二、应收账款政策的制定

有许多因素会影响企业的信用政策。在许多行业,信用条件和政策已经成为标准化的惯例,因此,某一家企业很难采取与其竞争对手不同的信用条件。企业还必须考虑提供商业信用对现有贷款契约的影响。因为应收账款的变化可能会影响流动比率,可能会导致违反贷款契约中有关流动比率的约定。企业的信用条件、销售额和收账方式决定了其应收账款的水平。应收账款的占用必须要有相应的资金来源,因此,企业对客户提供信用的能力与其自身的借款能力相关。不适当地管理应收账款可能会导致顾客延期付款进而导致流动性问题。然而,当应收账款被用于抵押贷款或作为债务担保工具出售时,应收账款也可以成为流动性的来源。信用政策包括信用标准、信用条件和收账政策三个方面。

(一)信用标准

信用标准是企业同意向顾客提供商业信用而提出的基本要求。通常以预期的坏账损失率作为判别标准。如果企业的信用标准较严,只对信誉很好、坏账损失率很低的顾客给予赊销,则会减少坏账损失,减少应收账款的机会成本,但这可能不利于扩大销售量,甚至会使销售量减少;反之,如果信用标准较宽,虽然会增加销售,但会相应增加坏账损失和应收账款的机会成本。企业应根据具体情况进行权衡。

1. 信息来源

企业进行信用分析时,必须考虑信息的类型、数量和成本。信息既可以从企业内部收集,也可以从企业外部收集。无论信用信息从哪儿收集,都必须将成本与预期的收益进行对比。企业内部产生的最重要的信用信息来源是信用申请人执行信用申请(协议)的情况和企业自己保存的有关信用申请人还款历史的记录。企业可以使用各种外部信息来源来帮助其确定申请人的信誉。申请人的财务报表是该种信息主要来源之一,由于可以将这些财务报表及其相关比率与行业平均数进行对比,因此,它们都提供了有关信用申请人的重要信息。获得申请人付款状况的第二个信息来源是一些商业参考资料或申请人过去获得赊购的供货商。另外,银行或其他贷款机构(如商业贷款机构或租赁公司)可以提供申请人财务状况和可使用信用额度方面的标准化信息。最后,一些地方性和全国性的信用评级机构收集、评价和报告有关申请人信用状况的历史信息。这些信用报告包括以下内容的信息:还款历史、财务信息、最高信用额度、可获得的最长信用期限和所有未了解的债务诉讼。

2. 信用的定性分析

信用的定性分析是指对申请人"质"的方面的分析。常用的信用定性分析法是5C信用评价系统,即评估申请人信用品质的五个方面:品质、能力、资本、抵押和条件。

(1)品质(character)。品质是指个人申请人或企业申请人管理者的诚实和正直表现。品质反映了个人或企业在过去的还款中所体现的还款意图和愿望,这是5C中最主要的因素。通常要根据过去的记录结合现状调查来进行分析,包括企业经营者的年龄、文化、技术结构、遵纪守法情况，开拓进取及领导能力，有无获得荣誉奖励或纪律处分，团结协作精神及组织管理能力。

(2)能力(capacity)。能力是指经营能力，通常通过分析申请者的生产经营能力及获利情况，管理制度是否健全，管理手段是否先进，产品生产销售是否正常，在市场上有无竞争力，经营规模和经营实力是否逐年增长等来评估。

(3)资本(capital)。资本是指如果企业或个人当前的现金流不足以还债，他们在短期和长期内可供使用的财务资源。企业资本雄厚，说明企业具有强大的物质基础和抗风险能力。因此，信用分析必须调查了解企业资本规模和负债比率，反映企业资产或资本对于负债的保障程度。

(4)抵押(collateral)。抵押是指当企业或个人不能满足还款条款时，可以用作债务担保的资产或其他担保物。信用分析必须分析担保抵押手续是否齐备，抵押品的估值和出售有无问题，担保人的信誉是否可靠等。

(5)条件(condition)。条件是指影响申请者还款能力和还款意愿的经济环境。经济环境对企业发展前途具有一定影响，也是影响企业信用的一项重要的外部因素。信用分析必须对企业的经济环境，包括企业发展前景、行业发展趋势、市场需求变化等进行分析，预测其对企业经营效益的影响。

3. 信用的定量分析

进行商业信用的定量分析可以从考察信用申请人的财务报表开始。通常使用比率分析法来评价顾客的财务状况。常用的指标有：流动性和营运资本比率(如流动比率、速动比率以及现金对负债总额比率)、债务管理和支付比率(利息保障倍数、长期债务对资本比率、带息债务对资产总额比率，以及负债总额对资产总额比率)和盈利能力指标(销售回报率、总资产回报率和净资产收益率)。将这些指标和信用评级机构及其他协会发布的行业标准进行比较，可以观察申请人的信用状况。

(二)信用条件及其决策

信用条件是指企业要求顾客支付赊销款项的条件，包括信用期限、折扣期限和现金折扣。

1. 信用期限、折扣期限和现金折扣

信用期限是企业为顾客规定的最长付款时间，折扣期限是为顾客规定的可享受现金折扣的付款时间，现金折扣是在顾客提前付款时给予的优惠。例如，账单中的“2/10，*n*/30”就是一项信用条件，它规定如果在发票开出后10天内付款，可享受2%的现金折扣；如果不想取得折扣，这笔货款必须在30天内付清。在这里，30天为信用期限；10天为折扣期限；2%为现金折扣。提供比较优惠的信用条件能增加销售量，但也会带来额外的负担，如会增加应收账款机会成本、坏账成本、现金折扣成本等。

2. 利用信用条件进行信用方案决策

虽然企业在信用管理政策中，已对可接受的信用风险水平作了规定，当企业的生产经营环境发生变化时，就需要对信用管理政策中的信用期限和现金折扣进行修改和调整并对改变条件的各种备选方案进行认真的评价。

(1)信用期限的确定，主要是分析改变现行信用期对收入和成本的影响。

在分析时，先计算放宽信用期得到的收益，然后计算增加的成本，最后根据两者的比较结果做出判断。

首先，计算信用期限改变后，收益的增加量。

收益的增加量=销量的增加量×边际贡献　　（式6-14）

或者：

收益的增加量=信用期限改变后的毛利润-信用期限改变前的毛利润

其次，计算信用期限改变前后成本的增加量。

应收账款占用资金的应计利息（机会成本）的计算：

由：

应收账款平均余额=日销售额×平均收现期

应收账款占用资金=应收账款平均余额×变动成本率

可知：

应收账款机会成本=应收账款占用资金×资本成本=日销售额×平均收现期×变动成本率×资金成本率　　（式6-15）

收账费用的增加量=信用期限改变后的收账费用-信用期限改变前的收账费用　　（式6-16）

坏账损失的增加量=信用期限改变后的坏账损失-信用期限改变前的坏账损失　　（式6-17）

【例6-4】某企业预测的2007年度销额为3600万元，其信用条件是：*n*/30，变动成本率为60%，资金成本率（或有价证券利息率）为10%。假设企业收账政策不变，固定成本总额不变。该企业准备了三个信用条件的备选方案：

A：维持 *n*/30 的信用条件。

B：将信用条件放宽到 *n*/60。

C：将信用条件放宽到 *n*/90。

为各种备选方案估计的赊销水平、坏账百分比和收账费用等有关数据见表6-3。

表6-3　信用条件备选方案表　　单位：万元

有关数据	方案		
	A(*n*/30)	B(*n*/60)	C(*n*/90)
年赊销额	3600	3960	4200
应收账款平均收账天数	30	60	90
应收账款平均余额	3600÷360×30=300	3960÷360×60=660	4200÷360×90=1050
维持赊销业务所需资金	300×60%=180	660×60%=396	1050×60%=630

续表 6-3

有关数据	方案		
	A(n/30)	B(n/60)	C(n/90)
坏账损失/年赊销额	2%	3%	6%
坏账损失	3600×2% =72	3960×3% =118.8	4200×6% =252
收账费用	36	80	144

根据以上资料,计算如下指标,得表 6-4。

表 6-4　信用条件备选方案表　　单位:万元

有关数据		方案		
		A(n/30)	B(n/60)	C(n/90)
年赊销额		3600	3960	4200
变动成本		2160	2376	2520
信用成本前收益		1440	1584	1680
信用成本	应收账款机会成本	180×10% =18	396×10% =39.6	630×10% =63
	坏账损失	72	118.8	252
	收账费用	36	80	144
小计		126	218.4	459
信用成本后收益		1314	1365.6	1221

从表 6-4 可以看出 B 方案最优。

【例 6-5】某公司现在采用 30 天按发票金额付款的信用政策,拟将信用期放宽至 60 天,仍按发票金额付款,假设该公司的最低投资报酬率为 15%,其他有关数据如表 6-5:

表 6-5　某公司信用期限方案表

有关数据	30 天	60 天
销售量(件)	100 000	120 000
销售额(元,单价 5 元)	500 000	600 000
销售成本(元)		
变动成本(每件 4 元)	400 000	480 000
固定成本(元)	50 000	50 000
毛利(元)	50 000	70 000
可能发生的收账费用	3000 元	4000 元
可能发生的坏账损失	5000 元	9000 元

在分析时，先计算放宽信用期得到的收益，然后计算增加的成本，最后根据两者的比较结果做出判断。

第一步，收益的增加=销售量的增加×单位边际贡献=(12-10)×(5-4)=2(万元)。

第二步，应收账款占用资金的应计利息增加。

根据式6-9计算：

30天信用期应计利息(机会成本)=5000(元)

60天信用期应计利息(机会成本)=12 000(元)

所以应收账款的机会成本增加=12 000-5000=7000(元)。

第三步，收账费用和坏账损失增加，收账费用增加=4000-3000=1000(元)；坏账损失增加=9000-5000=4000(元)。

第四步，改变信用期的税前损益=收益增加-成本费用增加=20 000-(7000+1000+4000)=8000(元)。

由于收益的增加大于成本的增加，故应采用新的信用期。

(2)现金折扣的确定，主要是分析现金折扣对收入和成本的影响。现金折扣政策是对顾客在商品价格上所作的扣减。主要目的在于吸引顾客为享受优惠而提前付款，缩短企业的平均收款期；也可以招揽一些视折扣为减价出售的顾客前来购货，借此扩大销售量。

不论是信用期间还是现金折扣，都可能给企业带来收益，但亦会增加成本。现金折扣增加的成本指的是价格折扣损失。

企业采用什么程度的现金折扣，要与企业的信用期间结合起来考虑，在成本与收益之间权衡利弊，抉择决断。

具体方法是：把所提供的延期付款时间和折扣综合起来，看各方案的延期与折扣能取得多大的收益增量，再计算各方案带来的成本变化，最终确定最佳方案。

【例6-6】沿用上例：假定该公司在放宽信用期的同时，为了吸引顾客尽早付款，提出了0.8/30，n/60的现金折扣条件，估计会有一半的顾客(按60天信用期所能实现的销售量计)将享受现金折扣优惠。

第一步，收益的增加=20 000(元)

第二步，应收账款占用资金的应计利息(机会成本)增加：

30天信用期应计利息=5000元

提供现金折扣的应计利息=日销售额×加权平均收现期×变动成本率×资金成本率

=9000(元)

应计利息(机会成本)增加=9000-5000=4000(元)

第三步，收账费用和坏账损失增加5000元。

第四步，估计现金折扣成本的变化。

现金折扣成本增加=新的销售水平×新的现金折扣率×享受现金折扣的顾客比例-旧的销售水平×旧的现金折扣率×享受现金折扣的顾客比例

$$=600\ 000\times0.8\%\times50\%\times500\ 000\times0\times0=2400(元)$$

第五步，提供现金折扣后的税前损益=收益增加-成本费用增加=20 000-(4000+1000+4000+2400)=8600(元)。

由于可以获得税前收益，故应当放宽信用期，提供现金折扣。

（三）收账政策

收账政策是指信用条件被违反时，企业所采取的收账策略。企业如果采用较积极的收账政策，可能会减少应收账款投资，减少坏账损失，但会增加收账成本。如果采用较消极的收账政策，则可能会增加应收账款投资，增加坏账损失，但会减少收账费用。在实际工作中，可参照测算信用标准、信用条件的方法来制定信用政策。

一般而言，收账费用支出越多，坏账损失越少，但这两者并不一定存在线性关系。通常情况是：

(1)开始花费一些收账费用，应收账款和坏账损失有小部分降低；

(2)收账费用继续增加，应收账款和坏账损失明显减少；

(3)收账费用达到某一限度后，应收账款和坏账损失的减少就不再明显了，这个限度称为饱和点，如图6-11中的点P。在制定信用政策时，应权衡增加收账费用与减少应收账款机会成本和坏账损失之间的得失。

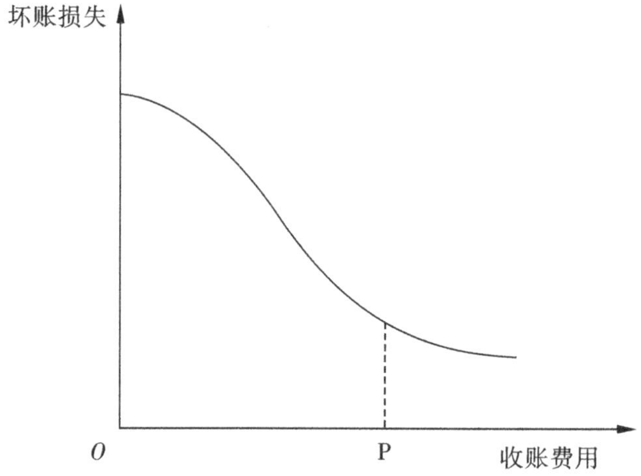

图6-11 收账费用与坏账损失的关系图

（四）综合信用政策

以上分析的都是单项信用政策，但要制定最优的信用政策，应把信用条件、信用标准、收账政策结合起来，考虑信用条件、信用标准、收账政策的综合变化对销售额、应收账款机会成本、坏账成本和收账成本的影响，决策的原则仍是赊销的总收益大于赊销所带来的总成本。综合决策的计算相当复杂，计算中几个变量都是预计的，有相当大的不确定性。因此，信用政策的制定并不能仅靠数量分析，在很大程度上要由管理经验来判断决定。

实施信用政策时，企业需监督和控制每一笔应收账款和应收账款总额。例如，可以运用应收账款周转天数衡量企业需要多长时间收回应收账款，可以通过账龄分析表追踪每一笔应收账款，可以采用 ABC 分析法来确定重点监控的对象等。监督每一笔应收账款的理由是：第一，在开票或收款过程中可能会发生错误或延迟；第二，有些客户可能故意拖欠到企业采取追款行动才付款；第三，客户财务状况的变化可能会改变其按时付款的能力，并且需要缩减该客户未来的赊销额度。

企业也必须对应收账款的总体水平加以监督，因为应收账款的增加会影响企业的流动性，还可能导致额外融资的需要。此外，应收账款总体水平的显著变化可能表明业务方面发生了改变，这可能影响企业的融资需要和现金水平。企业管理部门需要分析这些变化以确定其起因并采取纠正措施。可能引起重大变化的事件包括销售量的变化、季节性、信用政策的修改、经济状况的波动以及竞争对手采取的促销等行动。最后，对应收账款总额进行分析还有助于预测未来现金流入的金额和时间。

1. 应收账款周转天数

应收账款周转天数或平均收账期是衡量应收账款管理状况的一个指标。将企业当前的应收账款周转天数与规定的信用期限、历史趋势以及行业正常水平进行比较，可以反映企业整体的收款效率。然而，应收账款周转天数可能会被销售量的变动趋势和剧烈的销售季节性所破坏。

2. 账龄分析表

账龄分析表将应收账款划分为未到信用期的应收账款和以 30 天为间隔的逾期应收账款，这是衡量应收账款管理状况的另外一种方法。企业既可以按照应收账款总额进行账龄分析，也可以分别为顾客进行账龄分析。账龄分析法可以确定逾期应收账款，随着逾期时间的增加，应收账款收回的可能性变小。假定信用期限为 30 天。

3. 应收账款账户余额的模式

账龄分析表可以用于进一步建立应收账款余额的模式，这是重要的现金流预测工具。应收账款账户余额的模式反映一定期间（如 1 个月）的赊销额，在发生赊销的当月月末及随后的各月仍未偿还的百分比。企业收款的历史决定了其正常的应收账款余额的模式。

企业管理部门通过将当前的模式和过去的模式进行对比来评价应收账款余额模式的任何变化。企业还可以运用应收账款账户余额的模式来计划应收账款金额水平，衡量应收账款的收账效率以及预测未来的现金流。

4. ABC 分析法

ABC 分析法是现代经济管理中广泛应用的一种“抓重点、照顾一般”的管理方法，又称为重点管理法。它是将企业的所有欠款客户按其金额的多少进行分类排队，然后分别采用不同的收账策略的一种方法。它一方面能加快应收账款收回，另一方面能将收账费用与预期收益联系起来。

三、应收账款的日常控制

评价工作信用政策建立以后，企业要做好应收账款的日常控制工作，进行信用调查和信用评估，以确定是否同意顾客赊欠货款，当顾客违反信用条件时，还要做好账款催收工作。

（一）企业的信用调查

对顾客的信用进行评价是应收账款日常管理的重要内容。只有正确地评价顾客的信用状况，才能合理地执行企业的信用政策。要合理地评价顾客的信用，必须对顾客信用进行调查，搜集有关的信息资料。信用调查有两类：

1. 直接调查

直接调查是指调查人员直接与被调查单位接触，通过当面采访、询问、观看、记录等方式获取信用资料的一种方法。直接调查能保证搜集资料的准确性和及时性，但若不能得到被调查单位的合作，则会使调查资料不完整。

2. 间接调查

间接调查是以被调查单位以及其他单位保存的有关原始记录和核算资料为基础，通过加工整理获得被调查单位信用资料的一种方法。这些资料主要来自：

（1）财务报表。有关单位的财务报表是信用资料的重要来源。通过财务报表分析，基本上能掌握一个企业的财务状况和盈利状况。

（2）信用评估机构。许多国家都有信用评估的专门机构，定期发布有关企业的信用等级报告，如邓白氏（Dun & Bradstreet）就是美国一家著名的信用评估机构。

我国的信用评估机构目前有三种形式：①独立的社会评估机构，它们只根据自身的业务吸收有关专家参加，不受行政干预和集团利益的牵制，独立自主地开办信用评估业务；②政策性银行负责组织的评估机构，一般由银行有关人员和各部门专家进行评估；③由商业银行组织的评估机构，由商业银行组织专家对其客户进行评估。

在评估等级方面，目前主要有两种：①采用三类九级制（即把企业的信用情况分为AAA，AA，A，BBB，BB，B，CCC，CC，C九等，AAA为最优等级，C为最差等级）；②采用三级制（即分成AAA，AA，A）。专门的信用评估部门通常评估方法先进，评估调查细致，评估程序合理，可信度较高。

（3）银行。银行是信用资料的一个重要来源，许多银行都设有信用部为其顾客提供服务。但银行的资料一般仅愿在同业之间交流，而不愿向其他单位提供。因此，如外地有一笔较大的买卖，需要了解顾客的信用状况。最好通过当地开户银行向其征询有关信用资料。

（4）其他。如财税部门、消费者协会、工商管理部门、企业的上级主管部门、证券交易部门等。另外，书籍、报纸、杂志等也可提供有关顾客的信用情况。

（二）企业的信用评估

搜集好信用资料后，要对这些资料进行分析，并对顾客信用状况进行评估。

信用评估的方法很多,这里介绍两种常见的方法:5C 评估法和信用评分法。

1.5C 评估法

所谓5C 评估法,是指重点分析影响信用的五个方面的一种方法。五个方面分别是品德(character)、能力(capacity)、资本(capital)、抵押品(collateral)和情况(condition),其英文的第一个字母都是 c,故称之为 5C 评估法。

(1)品德。指顾客愿意履行其付款义务的可能性。顾客是否愿意尽自己最大努力来归还货款,直接决定着账款的回收速度和数量。品德因素在信用评估中是最重要的因素。

(2)能力。指顾客偿还货款的能力。这主要根据顾客的经营规模和经营状况来判断。

(3)资本。指一个企业的财务状况。这主要根据有关的财务比率进行判断。

(4)抵押品。指顾客能否为获取商业信用提供担保资产。如有担保资产,则对顺利收回货款比较有利。

(5)情况。指一般的经济情况对企业的影响,或某一地区的一些特殊情况对顾客偿还能力的影响。

通过以上五个方面的分析,便基本上可以判断顾客的信用状况,为最后决定是否向顾客提供商业信用做好准备。

2. 信用评分法

信用评分法是先对一系列财务比率和信用情况指标进行评分,然后进行加权平均,得出顾客综合的信用分数,并以此进行信用评估的一种方法。进行信用评分的基本公式为:

$$Y = a_1 x_1 + a_2 x_2 + a_3 x_3 + \cdots + a_n x_n = \sum_{i=1}^{n} a_i x_i \tag{式6-18}$$

式中,Y 表示该企业的信用评分,a_i 表示事先拟定的对第 i 种财务比率和信用品质进行加权的权数 $\sum_{i=1}^{n} a_i = 1$;x_i 表示第 i 种种财务比率和信用品质的评分。

(三)应收账款的日常管理

应收账款发生后,企业应采取各种措施,尽量争取按期收回款项,否则会因拖欠时间过长而发生坏账,使企业蒙受损失。因此,企业必须在对收账的收益与成本进行比较分析的基础上,制定切实可行的收账政策。通常企业可以采取寄发账单、电话催收、派人上门催收、法律诉讼等方式进行催收应收账款,然而催收账款要发生费用,某些催款方式的费用还会很高。一般来说,收账的花费越大,收账措施越有力,可收回的账款应越多,坏账损失也就越小。因此制定收账政策,又要在收账费用和所减少坏账损失之间做出权衡。制定有效、得当的收账政策很大程度上是靠有关人员的经验。从财务管理的角度讲,也有一些数量化的方法可以参照。根据应收账款总成本最小化的原则,可以通过比较各收账方案成本的大小对其加以选择。

(四)应收账款保理

保理是保付代理的简称,是指保理商与债权人签订协议,转让其对应收账款的部分或全部权利与义务,并收取一定费用的过程。保理又称托收保付,是指卖方(供应商或出口商)与保理商间存在的一种契约关系。根据契约,卖方将其现在或将来的基于其与买方(债务人)订立的货物销售(服务)合同所产生的应收账款转让给保理商,由保理商提供下列服务中的至少两项:贸易融资、销售账户管理、应收账款的催收、信用风险控制与坏账担保。可见,保理是一项综合性的金融服务方式,其同单纯的融资或收账管理有本质区别。

应收账款保理是企业将赊销形成的未到期应收账款,在满足一定条件的情况下转让给保理商,以获得流动资金,加快资金的周转。保理可以分为有追索权保理(非买断型)和无追索权保理(买断型)、明保理和暗保理、折扣保理和到期保理。有权保理指供应商将债权转让给保理商,供应商向保理商融通货币资金后,如果购货商拒绝付款或无力付款,保理商有权向供应商要求偿还预付的货币资金,如购货商破产或无力支付,只要有关款项到期未能收回,保理商都有权向供应商进行追索,因而保理商具有全部"追索权",这种保理方式在我国采用较多。无追索权保理是指保理商将销售合同完全买断,并承担全部的收款风险。明保理是指保理商和供应商需要将销售合同被转让的情况通知购货商,并签订保理商、供应商、购货商之间的三方合同。暗保理是指供应商为了避免让客户知道自己因流动资金不足而转让应收账款,并不将债权转让情况通知客户,货款到期时仍由销售商出面催款,再向银行偿还借款。折扣保理又称为融资保理,即在销售合同到期前,保理商将剩余未收款部分先预付给销售商,一般不超过全部合同额的70% ~90%。到期保理是指保理商并不提供预付账款融资,而是在赊销到期时才支付,届时不管货款是否收到,保理商都必须向销售商支付货款。

应收账款保理对于企业而言,其财务管理作用主要体现在:

1. 融资功能

应收账款保理,其实质也是一种利用未到期应收账款这种流动资产作为抵押从而获得银行短期借款的一种融资方式。对于那些规模小、销售业务少的企业来说,向银行贷款将会受到很大的限制,而自身的原始积累又不能支撑企业的高速发展,通过保理业务进行融资可能是企业较为明智的选择。

2. 减轻企业应收账款的管理负担

推行保理业务是市场分工思想的运用,面对市场的激烈竞争,企业可以把应收账款让与专门的保理商进行管理,使企业从应收账款的管理之中解脱出来,由专业的保理企业对销售企业的应收账款进行管理,他们具备专业技术人员和业务运行机制,会详细地对销售客户的信用状况进行调查,建立一套有效的收款政策,及时收回账款,使企业减轻财务管理负担,提高财务管理效率。

3. 减少坏账损失、降低经营风险

企业只要有应收账款就有发生坏账的可能性,以往应收账款的风险都是由企业单独承担，而采用应收账款保理后，一方面可以提供信用风险控制与坏账担保，帮助企业降低其客户违约的风险；另一方面可以借助专业的保理商去催收账款，能够在很大程度上降低坏账发生的可能性，有效地控制坏账风险。

4. 改善企业的财务结构

应收账款保理业务是将企业的应收账款与货币资金进行置换。企业通过出售应收账款，将流动性稍弱的应收账款置换为具有高度流动性的货币资金，增强了企业资产的流动性，提高了企业的债务清偿能力。

（五）监控应收账款

由于投资规模相当大，应收账款的监控相当重要。如果应收账款质量高或低得惊人，就会产生几个相关的问题：公司的信用标准太高还是太低？总的经济状况的变化是否影响了顾客的信誉？评估制度是否发生了根本性错误？在任何情况下，有关应收账款恶化的提早警告，可以促使企业采取行动以阻止进一步恶化。相反，有关应收账款质量提高的提早暗示，则可能激励企业在应收账款政策上更富有进取性。

企业控制应收账款的最好方法是拒绝向具有潜在风险的客户赊销商品，或在某些情况下，特别是对耐用消费品的销售，可将赊销的商品作为附属担保品进行有担保销售。对于已发生的应收账款，则必须加强收账工作的管理，及时了解账款回收情况，根据客户偿付货款的不同情况做出反应，这主要通过账龄分析、观察应收账款平均账龄等来实现。

1. 账龄分析表

账龄分析表是在把所有的应收账款按账龄分为几类后，显示每一类的总数额和所占比例的表格，它勾画出了没有收回的应收账款的质量。这种表格通常将应收账款按账龄分为 0 ~30 天、30 ~60 天、60 ~90 天和 90 天以上等几个层次分别列示。

账龄分析表能够反映出企业所提供的信用条件、顾客的付款习惯以及最近的销售趋势。如果企业改变其信用条件，如延长顾客的信用期限，账龄分析表则会对这一变化做出反应。如果顾客的付款速度加快，则时间最近的那一类应收账款的百分比会增加，而时间较远的应收账款的百分比会下降。同样，企业销售收入的变化也会影响账龄分析表。如果当月的销售收入增加，账龄为 0 ~30 天的应收账款的比例将增加；相反，当月的销售收入下降有可能减少账龄为 0 ~30 天的应收账款的比例。

2. 应收账款平均账龄

除了账龄分析表外，财务经理常常计算应收账款平均账龄，即该企业的所有未得到清偿的应收账款的平均账龄。对应收账款平均账龄的计算有两种普遍采用的方法。

第一种方法是计算所有个别的没有清偿的发票的加权平均账龄。使用的权数是个别的发票占应收账款总额的比例。

另一种简化的方法是利用账龄分析表。这里假设账龄在 0 ~30 天的所有应收账款账龄为 15 天（0 天和 30 天的中点），账龄为 30 ~60 天的应收账款账龄为 45 天，而账龄为 60 ~90 天的所有应收账款账龄为 75 天。于是，通过采用 15，45 和 75 的加权平均数，就能够计算出平均账龄,权数是账龄为0~30天、30~60天、60~90天的应收账款占全部应收账款的比例。

(六)催收拖欠款项

企业对不同过期账款的收款方式,包括准备为此付出的代价,构成其收账政策,这是信用管理中重要的一个方面。一般的方式是:对过期较短的客户,不宜过多打扰,以免以后失去市场;对过期稍长的客户,可写信催款;对过期很长的顾客,则频繁催款,且措辞严厉。

由于收取账款的各个步骤都要发生费用,因而收账政策还要在收账费用和所减少的坏账损失之间权衡,这一点在很大程度上要依靠企业管理人员的经验,也可根据应收账款总成本最小化的原理,通过各收账方案成本大小的比较,确定收账方式。

企业在收款过程中所遵循的一系列特定步骤,取决于账款过期多久、负债的大小和其他因素。典型的收款过程可包括以下步骤:

1. 信件

当账款过期几天时,可以向对方发送“温馨提示”。如果仍然没有收到付款,可以发出1~2封甚至更多的邮件,措辞可以更为严厉和迫切。

2. 电话

在送出最初的几封信后,给顾客打电话。如果顾客有财务上的困难,可能找出折中的办法。收回一部分货款要比完全收不回来更好。

3. 个人拜访

促成这笔销售的销售人员可以拜访顾客,请求付款。除销售人员外,还可以派出其他的特别收款员。

4. 收款机构

可以把应收账款交由专门催收过期账款的收款机构负责。收款机构一般要收费,比如所收回账款的一半,并且它们所收回的仅是它们所追讨的账款的一部分。因此,企业的应收账款可能遭受较大比例的损失。

5. 诉讼程序

如果账款数额相当大,可以通过法律途径来解决。对应收账款的催收要遵循几个原则:收款努力的顺序应该是从成本最低的手段开始,只有在前面的方法失败后才继续采用成本较高的方法;早期的收款接触要友好,语气也弱一些,后来的联系则可以逐渐严厉;收款决策遵循成本收益原则,一旦继续收款的努力所产生的现金流量小于继续收款所追加的成本,那么,停止向顾客追讨是正确的决策。

第四节 存货管理

一、存货的概念、功能与成本

(一)存货管理目标

存货是指企业在生产经营过程中为销售或者耗用而储备的物资,包括材料、燃料、低值易耗品、在产品、半成品、产成品、协作件、商品等。存货管理水平的高低直接影响着企业的生产经营能否顺利进行,并最终影响企业的收益、风险等状况。因此,存货管理是财务管理的一项重要内容。企业持有存货的原因一方面是为了保证生产或销售的经营需要,另一方面是出自价格的考虑,零购物资的价格往往较高,而整批购买在价格上有优惠。但是,过多的存货要占用较多资金,并且会增加包括仓储费、保险费、维护费、管理人员工资在内的各项开支,因此存货管理的目标,就是在保证生产或销售经营需要的前提下,最大限度地降低存货成本。具体包括以下几个方面。

1. 保证生产正常进行

生产过程中需要的原材料和在产品,是生产的物质保证。为保障生产的正常进行,必须储备一定量的原材料,否则可能会造成生产中断、停工待料现象。尽管当前部分企业的存货管理已经实现计算机自动化管理,但要实现存货为零的目标实属不易。

2. 有利于销售

一定数量的存货储备能够增加企业在生产和销售方面的机动性和适应市场变化的能力。当企业市场需求量增加时,若产品储备不足就有可能失去销售良机。同时,由于顾客为节约采购成本和其他费用,一般成批采购;企业为了达到运输上的最优批量也会组织成批发运。所以保持一定量的存货是有利于市场销售的。

3. 便于维持均衡生产,降低产品成本

有些企业产品属于季节性产品或者需求波动较大的产品,此时若根据需求状况组织生产,则可能使生产能力得不到充分利用,有时又超负荷生产,造成产品成本的上升。为了降低生产成本,实现均衡生产,就要储备一定的产成品存货,并应相应地保持一定的原材料存货。

4. 降低存货取得成本

一般情况下,当企业进行采购时,进货总成本与采购物资的单价和采购次数有密切关系。而许多供应商为鼓励客户多购买其产品,往往在客户采购量达到一定数量时,给予价格折扣,所以企业通过大批量集中进货,既可以享受价格折扣,降低购置成本,也因减少订货次数,降低了订货成本,使总的进货成本降低。

5. 防止意外事件的发生

企业在采购、运输、生产和销售过程中，都可能发生意料之外的事故，保持必要的存货保险储备，可以避免和减少意外事件的损失。

（二）存货功能

存货包括各类材料、商品、在产品、半成品、产成品等，可以分为三大类：原材料存货、在产品存货和产成品存货。

存货的功能是指存货在生产经营过程中的作用，具体包括：

1. 储存必要的原材料和在产品，可以保证生产正常进行

生产过程中所需要的原材料，是生产中必需的物质资料。为了保证生产顺利进行，必须适当地储备一些材料。尽管有些企业自动化程度很高，并借助电脑加强管理，提出了零存货管理的目标，但要完全达到这一目标并非易事。存货在生产不均衡和商品供求波动时，可起到缓和矛盾的作用。即使生产能按事先规定好的程序来进行，但要每天都采购材料也不现实，经济上也不一定合算。所以，为了保证生产正常进行，储存适当的原材料是必需的。在产品也因同样原因需要保持一定的储备。

2. 储备必要的产成品，有利于销售

企业的产品，一般不是生产一件出售一件，而是要组织成批生产、成批销售才经济合算。这是因为：一方面，顾客为节约采购成本和其他费用，一般要成批采购；另一方面，为了达到运输上所需要的最低批量也应组织成批发运。此外，为了应付市场上突然到来的需求，也应适当储存一些产成品。

3. 适当储存原材料和产成品，便于组织均衡生产，降低产品成本

有的企业生产的产品属于季节性产品，有的企业产品需求很不稳定。如果根据需求状况时高时低地进行生产，有时生产能力可能得不到充分利用，有时又会出现超负荷生产，这些情况都会使生产成本提高。为了降低生产成本，实行均衡生产，就要储备一定的产成品存货，也要相应地保持一定的原材料存货。

4. 留有各种存货的保险储备，可以防止意外事件造成的损失

采购、运输、生产和销售过程中，都可能发生意外事故，保持必要的存货保险储备，可避免或减少损失。

（三）存货的成本

要持有一定数量的存货，必定会有一定的成本支出。存货成本有以下几项：

1. 订货成本

订货成本是指企业向供货方订购存货而发生的成本，包括订购手续费、差旅费、邮电费、通讯费等。订货成本中有一部分与订货次数无关，如常设采购机构的基本开支等，成为订货的固定成本。另一部分与订货次数有关，如差旅费、邮资等成订货的变动成本。订货成本的公式如下：

$$TC_a = F_1 + \frac{D}{Q} \times K \quad （式6-19）$$

式中，F_1 表示订货的固定成本，D 表示年需求量用，Q 表示每次进货量，K 表示每次订货的变动成本，

2. 采购成本

采购成本由买价、运杂费以及其他使存货送至公司库存状态所花费的开支等构成。采购成本一般与采购数量呈正比例变化。它通常以数量和单价的乘积来确定。假设年需求量用 D 表示，单价用 U 表示，采购成本公式表示如下式6-20。

$$TC_b = DU \quad （式6-20）$$

3. 储存成本

指在物资储存过程中发生的仓储费、搬运费、保险费、占用资金一定时期内的储存成本总额，等于该期内平均存货量与单位储存成本之积。企业要想降低储存成本，则需要小批量采购，减少储存数量。此外，企业还应考虑由于物资储存过多、时间过长而发生的变质与毁损的损失，以及由于物资储存过少不能满足生产和销售需要而造成的损失。

$$TC_c = F_2 + \frac{Q}{2} \times K_c \quad （式6-21）$$

式中，TC_c 储存成本，F_2 表示储存固定成本，K_c 表示储存标动成本。

4. 短缺成本

存货短缺成本是指由于存货供应中断而造成的损失，包括停工待料损失、企业紧急采购代用材料而发生的额外购入成本、延迟交货须承担的罚金和企业信誉损失等。存货短缺成本用 TC_s 表示。总成本公式为：

$$TC = TC_a + TC_b + TC_c + TC_s = F_1 + \frac{D}{Q} \times K + DU + F_2 + \frac{Q}{2} \times K_c + TC_s$$

（式6-22）

企业存货最优化时，即是 TC 值最小。

二、存货管理方法

存货规划所要解决的主要问题是，企业怎样采购存货？这包括两个方面的内容：一是应当订购多少；二是应当何时开始订货。进行有效的存货规划对于维持正常生产经营、合理控制资金占用水平、降低营运成本具有重要意义。

（一）经济批量基本模型

经济批量（economic order quantity ，EOQ），又称经济订货量，是指一定时期储存成本和订货成本总和最低的采购批量。

从前述存货成本的构成可以发现，储存成本和订购成本与订货量之间具有相反的关系。订购批量越大，企业储存的存货就越多，这会使存货储存成本上升；与此同时，由于订货次数减少，总订货成本将会降低。反之，降低订货批量能够降低储存成本，但由于订

货次数增加，订货成本将会上升。下图对两种成本与订货量之间的关系进行了描述。可见，随着订购批量的变化，这两种成本此消彼长。确定经济批量的目的，就是要寻找使这两种成本之和最小的订购批量，也即是图 6-12 中的 Q^*。

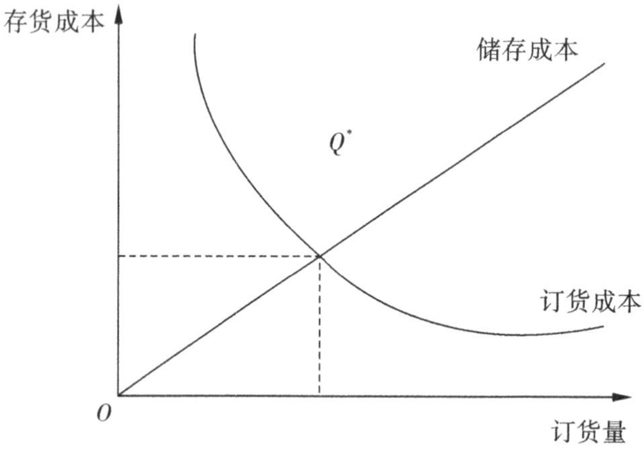

图 6-12　存货成本与订货量之间的关系

基本经济批量模型假设：

第一，能够及时补充存货，即企业在有订货需求时能够立即购得足够存货；

第二，所订购的全部存货能够一次到位，不需陆续入库；

第三，没有缺货成本；

第四，没有固定订货成本和固定储存成本；

第五，需求量稳定且能准确预测；

第六，存货供应稳定且单价不变；

第七，企业现金充足，不会因为现金短缺而影响进货，缺货成本为 0。

在上述假设的基础上，根据式 6-16，短缺成本不考虑，订货成本与储存成本是决定存货经济批量的两大因素，而与批量无关的固定的订货成本、固定的储存成本，在确定经济批量时不考虑。采购成本 DU 也是常数。经济批量也就可以通过使订货变动成本和储存变动成本之和最小的计算方法求得。

要 TC 最小，可对 Q 求导，可得：

$$经济批量(Q^*)=\sqrt{\frac{2KD}{K_C}} \qquad (式 6-23)$$

$$相关总成本(TC_{Q^*})=\sqrt{2KDK_C} \qquad (式 6-24)$$

【例 6-7】某企业一年某种材料需求量为 3600 吨，每次进货成本为 250 元，单位储存成本为 20 元，每吨材料的单价为 1000 元，且每次材料订货均一次到齐，在订货间隔期均匀耗用。则经济批量为：

$$Q^*=\sqrt{\frac{2KD}{K_C}}=\sqrt{\frac{2\times3600\times250}{20}}=300(吨)$$

经济批量下相关总成本：

$$TC_{Q^*}=\sqrt{2KDK_C}=\sqrt{2\times3600\times250\times20}=6000(\text{元})$$

最佳订货次数：

$$N^*=D/Q^*=\frac{3600}{300}=12(\text{次})$$

最佳订货间隔期：

$$T^*=\frac{360\text{ 天}}{12\text{ 次}}=30(\text{天/次})$$

经济订货量下平均占用资金：

$$I^*=\frac{Q^*}{2}\times u=150\times1000=150\ 000(\text{元})$$

（二）销售折扣情况下的经济批量

在市场经济条件下，供应商为了扩大销售量，通常用销售折扣的方式进行销售，即规定当一次采购量达到一定数额时给购货方一定的价格优惠。在这种情况下，单位采购成本就不是固定不变的，它也随着采购数量的增减变化而变化，此时企业在确定经济批量时，就要比较享受折扣与放弃折扣两种情况下的总成本，选择总成本较低者。此时的批量视为经济批量。

【例 6-8】利用［例 6-7］资料，供应商规定每次购货量达到 360 吨以上，就给予 10% 的销售折扣，则经济订货批量应为多少？

在这种情况下，采购成本与每次采购的数量有一定的关系。因此，企业在确定经济批量时必须将此因素考虑进去，来计算两种情况下的总成本。

$$TC_{(300)}=1000\times3600+\frac{300}{2}\times20+\frac{3600}{300}\times250=3\ 606\ 000(\text{元})$$

$$TC_{(360)}=1000\times(1-10\%)\times3600+\frac{360}{2}\times20+\frac{3600}{360}\times250=3\ 246\ 100(\text{元})$$

通过上述计算可知，当每次订货量为 360 吨时的总成本低于 300 吨时的总成本。因此企业应选择 360 吨作为每次购批量而不应选择 300 吨。通过上述分析可以了解到在确定经济批量的分析中，只要与经济批量有关的成本因素都应该考虑进去，否则会出现决策错误。相应的订货次数、订货周期都要进行调整：

$$N=\frac{3600}{360}=10(\text{次})$$

（三）基本模型的扩展

1. 订货提前期、再订货点情况下的经济订货量

（1）订货提前期。计算经济订货量的基本模型假设可以立即到货，实际上从发出订单到货物到达，往往需要一定的间隔期。从发出订单到货物验收入库为止所需要的时间称为订货提前期，又称交货期。在考虑订货提前期的情况下，对经济订货量的基本模型没有什么影响，只是应在存货用完之前组织订货。订货提前期的确定可以根据从发出订

单到货物到达并验收入库所需的时间来确定。

(2)再订货点。在考虑订货提前期的条件下,不能等到存货用完时再组织订货,而应在存货达到某一点时就应组织订货。企业必须立即组织订货的存货的库存数量或金额点称为再订货点。

如果不考虑保险储备,再订货点的计算公式为:

$$R = L \times d$$

式中,R 为再订货点;d 为每天平均需要量;L 为订货提前期。

(3)保险储备。经济订货量的基本模型是假设每天存货需要量是均匀稳定的,实际上每天的存货需要量可能是不均匀的,存货在途时间可能由于种种原因被拖延,因此,在确定再订货点时应当考虑必要的保险储备。保险储备是为了防止耗用量突然增加或交货延期而建立的最低储备量。它取决于订货提前期、每天需求的变化情况。在不允许缺货的情况下,保险储备的计算公式是:

$$\text{保险储备}(u) = (m - d) \times L$$

式中,m 为每天最大需要量。则:

$$R = L \times d + u = m \times L$$

【例 6-9】某企业每天正常耗用甲材料 30 千克,该材料从发出订单到货物验收入库需要 10 天,每天最大需要量估计为 40 千克。

则,甲材料的保险储备量为:

$$(40 - 30) \times 10 = 100(\text{千克})$$

甲材料的再订货点为:

$$30 \times 10 + 100 = 400(\text{千克})$$

或:

$$40 \times 10 = 400(\text{千克})$$

2. 存货陆续供应和使用

在建立基本模型时,假设存货一次全部入库,故存量增加时存量变化为一条垂直的直线。但实际上,企业各批存货可能是陆续入库,使存量陆续增加。尤其是产成品入库和产成品转移,几乎总是陆续供应和陆续耗用的。在这种情况下需要对基本模型进行一定的修改。

【例 6-10】某零件年需求量(D)为 3600 件,每日送货量(P)为 30 件,每日耗用量(d)为 10 件,单价(U)为 10 元,一次订货成本(K)为 25 元,单位存变动成本(K_C)为 2 元,存货数量变动如图 6-13 所示。

设每批订货数为 Q,由于每日送货量为 P,故该批货物全部送达所需天数为 Q/P,称之为送货期。因零件每日耗用量为 d,故送货期内的全部耗用量为$(Q/P) \times d$。由于零件边用边送,所以每批送完时,最高库存量为 $Q - \frac{Q}{P} \times d$ 。平均存量则为 $\frac{1}{2}(Q - \frac{Q}{P} \times d)$ 。

这样,与批量有关的总成本为:

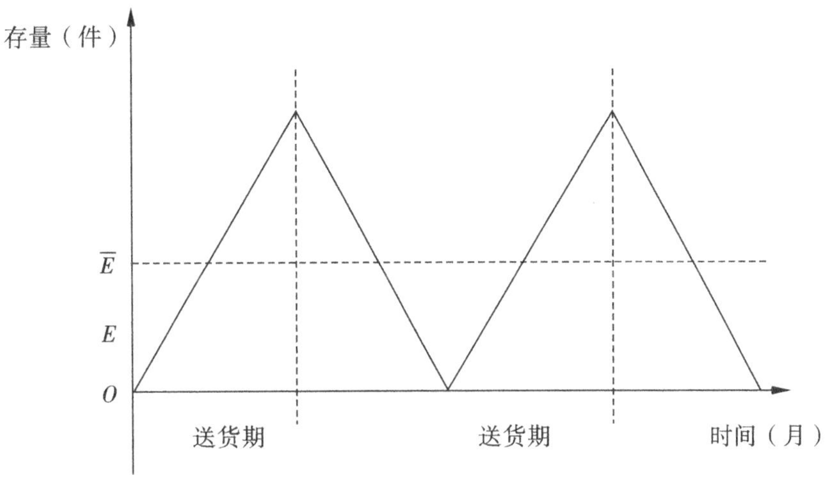

图 6-13 存货数量变动

$$TC_{(Q)}=\frac{D}{Q}\times K+\frac{Q}{2}(1-\frac{d}{P})\times K_C$$

在订货变动成本与储存变动成本相等时，$TC_{(Q)}$ 有最小值，故存货陆续供应和使用的经济订货批量为：

$$\frac{D}{Q}\times K=\frac{Q}{2}(1-\frac{d}{p})\times K_c$$

$$Q^*=\sqrt{\frac{2KD}{K_C}\times\frac{p}{p-d}}$$

$$TC_{(Q^*)}=\sqrt{2KDK_C(1-\frac{d}{p})}$$

在[例 6-10]中，其经济批量为：

$$Q^*=\sqrt{\frac{2\times25\times3600}{2}\times\frac{30}{30-10}}=367(件)$$

$$TC_{(Q^*)}=\sqrt{2\times25\times3600\times2\times(1-\frac{30}{10})}=490(元)$$

应当注意，陆续供应和陆续使用的存货经济批量模型，同样适用于企业产品的自制和外购的决策。企业自制零件与边送边用的情况，单位成本可能很低，但每批零件投产的准备成本比一次外购订货的成本可能高许多。外购零件的单位成本可能很高但订货成本却可能很低。因此，企业要在自制和外购零部件之间进行选择，必须比较两种方法的总成本，才能做出正确的决策。此时，企业可以利用陆续供应的模型进行分析决策。

【例 6-11】某企业生产使用 A 零部件，可以外购，也可以自制。如果外购该零件的单价 5 元，一次订货成本为 12 元；如果自制，单位成本为 4 元，每次生产准备成本为 660 元，日产量为 50 件。零件全年的需求量为 3600 件，储存零件的变动成本为零件价值的

20%，每日平均需求量为10件。那么，企业应选择自制还是外购的方案？

外购零件时：

$$Q^* = \sqrt{\frac{2KD}{K_C}} = \sqrt{\frac{2 \times 12 \times 3600}{5 \times 0.2}} = 294(\text{件})$$

$$TC_{(Q^*)} = \sqrt{2 \times 12 \times 3600 \times 5 \times 0.2} = 294(\text{元})$$

$$TC = DU + TC_{(Q^*)} = 3600 \times 5 + 294 = 18\ 294(\text{元})$$

自制零件时：

$$Q^* = \sqrt{\frac{2KD}{K_C} \times \frac{p}{p-d}} = \sqrt{\frac{2 \times 660 \times 3600}{4 \times 0.2} \times \frac{50}{50-10}} = 2725(\text{件})$$

$$TC_{(Q^*)} = \sqrt{2KDK_C(1-\frac{d}{p})} = \sqrt{2 \times 660 \times 3600 \times 4 \times 0.2 \times (1-\frac{10}{50})} = 1744(\text{元})$$

$$TC = DU + TC_{(Q^*)} = 3600 \times 4 + 1744 = 16\ 144(\text{元})$$

从上面计算可以看出，自制零件的总成本低于外购零件总成本，因此企业应自制零件。

三、存货控制

存货控制是指在日常生产经营过程中，按照存货计划的要求，对存货的使用和周转情况进行的组织、调节和监督。

（一）存货的归口分级控制

存货的归口分级控制，是加强存货日常管理的一种重要方法。这一管理方法包括如下三项内容：

1. 在企业管理层领导下，财务部门对存货资金实行统一管理

企业必须加强对存货资金的集中、统一管理，促进供、产、销互相协调，实现资金使用的综合平衡，加速资金周转。财务部门的统一管理主要包括如下几方面工作：①根据国家财务制度和企业具体情况，制定企业资金管理的各种制度；②认真测算各种资金占用数额，汇总编制存货资金计划；③把有关计划指标进行分解，落实到有关单位和个人；④对各单位的资金使用情况进行检查和分析，统一考核资金的使用情况。

2. 实行资金的归口管理

根据使用资金和管理资金相结合、物资管理和资金管理相结合的原则，每项资金由哪个部门使用，就归哪个部门管理。各项资金归口管理的分工为：①原材料、燃料、包装物等资金归供应部门管理；②在产品和自制半成品占用的资金归生产部门管理；③产成品资金归销售部门管理；④工具用具占用的资金归工具部门管理；⑤修理用备件占用的资金归设备动力部门管理。

3. 实行资金的分级管理

各归口的管理部门要根据具体情况将资金计划指标进行分解，分配给所属单位或个

人,层层落实,实行分级管理。具体分解过程为:①原材料资金计划指标可分配给供应计划、材料采购、仓库保管、整理准备各业务组管理;②在产品资金计划指标可分配给各车间、半成品库管理;③成品资金计划指标可分配给销售、仓库保管、成品发运各业务组管理。

（二）ABC 分类管理

存货 ABC 分类管理是意大利经济学家巴雷特于 19 世纪首创的,是一种实际应用较多的方法。经过不断发展和完善,ABC 法已经广泛用于存货管理、成本管理和生产管理。

所谓 ABC 分类管理就是按照一定的标准,按照重要性程度,将企业存货划分为 A,B,C 三类,分别实行按品种重点管理、按类别一般控制和按总额灵活掌握的存货管理方法。进行存货分类的标准主要有两个:金额标准和品种数量标准,其中金额标准是基本的,品种数量标准仅供参考。划分时按照企业确定的标准,通过列表、计算、排序等具体步骤确定各种物品所属类别。通过对存货进行这样的分类,可以使企业分清主次,采取相应的对策进行经济有效的管理、控制。

运用 ABC 管理方法一般有如下几个步骤:①计算每一种存货在一定时间内(一般为 1 年)的资金占用额;②计算每一种存货资金占用额占全部资金占用额的百分比,并按大小顺序排列,编成表格;③根据事先测定好的标准,把最重要的存货划为 A 类,把一般存货划为 B 类,把不重要的存货划为 C 类,并画图表示出来;④对 A 类存货进行重点规划和控制,对 B 类存货进行次重点管理,对 C 类存货只进行一般管理。

把存货分为 A,B,C 三大类,目的是对存货占用资金进行有效的管理。A 类存货种类虽少,但占用的资金多,应集中主要力量管理,对其经济批量要认真规划,对其收入、发出要严格控制;C 类存货虽然种类繁多,但占用的资金不多,不必耗费大量人力、物力、财力去管理;B 类存货介于 A 类和 C 类之间,也应给予相当的重视,但不必像 A 类那样进行非常严格的控制。

（三）适时制管理

适时制(JIT)起源于 20 世纪 20 年代美国底特律福特汽车公司所推行的集成化生产装配线。后来适时制在日本制造业得到有效的使用,随后又重新在美国推广开来。

适时制的基本原理强调:只有在使用之前才要求供应商送货,从而将存货数量减到最少;公司的物资供应、生产和销售应形成连续的同步运动过程;消除企业内部存在的所有浪费;不间断地提高产品质量和生产效率等。

适时制原本是为了提高生产质量而逐步形成的,其要旨是将原材料的库存量减少到一个生产班次恰好需要的数量。在适时制下,库存是没有替代品的,其所生产的每一个零部件都必须是合格品。适时制在按订单生产的制造业中使用最为广泛。不过,它在零售业中也开始显示其优越性,对零售业者预测消费需求和提高营运效益有一定的作用。

适时制的成功取决于以下几个因素:

1. 计划要求

JIT 要求具备一份对于整个企业而言协调、完整的计划。通过仔细计划与规划,实施 JIT 可以使企业不必保有保险储备存货,从而节约成本。同时,JIT 完备的运行环境也可以在其他方面产生极大的节约,比如缩短存货在途时间、降低仓储成本等。当然,高度的协调和计划对于某些企业是很难实现的,那么 JIT 也就无法发挥作用。

2. 与供应商的关系

为了使 JIT 有效运行,企业应与其供应商紧密合作。送货计划、数量、质量和及时联系都是制度的组成部分。该制度要求按所需的数额和订单的要求频繁送货,而且要求仔细标记每项货物(通常采用条形码的形式)。因此,JIT 的实行要求企业必须和供应商保持良好的关系。

3. 准备成本

通过降低生产期的长度,重新设计的生产过程更加灵活。在生产中,每一批产品生产前总存在固定的准备成本,生产的最优批量受准备成本的影响(就像存货的订货成本受固定的订货成本影响一样)。通过降低准备成本,企业可以采用更短的生产期,因而获得更大的灵活性。

4. 其他的成本因素

因为 JIT 要求仔细管理和控制,所以采用 JIT 的企业常常为了降低成本而限制供应商的数目。为了做到 JIT 的要求,供应商必须提高质量、经常送货、花费更多成本,所以很多企业在采用 JIT 降低其存货储存成本的同时,必须承担更高的采购价格。不过对于很多采用 JIT 的企业来说,获得的利益远远大于采购价格提高带来的负面影响。

5. 电子数据互换

没有电子数据互换(electronic data interchange ,EDI),JIT 就不能实施,因为从采购到生产再到销售的过程中,许多环节都是用电子系统处理的,商业信用也自动化了。当采用了电子信用条件(举例来说,就是货款不是在发票日的 30 天后支付,而是在交货和使用材料之后很短的时间内支付),就基本上消除了企业的应付账款,而这是其短期筹资额的主要来源。同时,电子收款也消除了供应商的应收账款。

第五节　短期筹资管理

一、短期筹资的概述

(一)短期筹资的概念与特征

短期筹资是指筹集在一年内或者超过一年的一个营业周期内到期的资金,通常是指短期负债筹资。短期负债筹资通常具有如下特征：

1. 筹资速度快

由于短期筹资的到期日较短，债权人承担风险相对较低，往往顾虑较少，不需要和长期筹资一样对筹资方进行全面、复杂的财务调查，因此短期资金更容易筹集。

2. 筹资弹性好

在筹集长期资金时，资金提供者出于资金安全的考虑通常会向筹资方提出较多的限制性条款或相关约束条件；短期筹资的相关限制和约束相对较少，使得筹资方在资金的使用和配置上显得更加灵活、富有弹性。

3. 筹资成本低

当筹资到期日较短时，债权人所承担的利率风险也相对较低，因此向筹资方索取的资金使用成本也相对较低。

4. 筹资风险大

短期筹资通常需要在短期内偿还，因而要求筹资方在短期内拿出足够的资金偿还债务，这对筹资方的资金营运和配置提出了较高的要求，如果筹资企业在资金到期时不能及时归还款项，就有陷入财务危机的可能。此外，短期负债利率通常波动较大，无法在较长时期内将筹资成本锁定在某个较低水平，因此也有可能高于长期负债的利率水平。

（二）短期筹资的分类

按不同标准可将短期筹资分为不同类型，其最常见的分类方式有以下几种：

1. 以应付金额是否确定为标准

可以把短期负债分成应付金额确定的短期负债和应付金额不确定的短期负债。应付金额确定的短期负债是指那些根据合同或法律规定，到期必须偿付，并有确定金额的短期负债，如短期借款、应付票据、应付账款等；应付金额不确定的短期负债是指那些要根据公司生产经营状况，到一定时期才能确定的短期负债或应付金额需要估计的短期负债，如应交税费、应交利润等。

2. 以短期负债的形成情况为标准

可以分成自然性短期负债和临时性短期负债。自然性短期负债是指产生于公司正常的持续经营活动中，不需要正式安排，由于结算程序的原因自然形成的那部分短期负债。在公司生产经营过程中，由于法定结算程序的原因，使一部分应付款项的支付时间晚于形成时间，这部分已经形成但尚未支付的款项便成为公司的短期负债，如商业信用、应付工资、应交税费等；临时性短期负债是因为临时的资金需求而发生的负债，由财务人员根据公司对短期资金的需求情况，通过人为安排形成，如短期银行借款等。

（三）短期筹资的主要形式

短期筹资最主要的形式是短期借款、商业信用和短期融资券。各种来源具有不同的获取速度、灵活性、成本和风险。

二、短期借款

企业的借款通常按其流动性或偿还时间的长短，划分为短期借款和长期借款。短期借款是指企业向银行或其他金融机构借人的期限在1年以内（含1年）的各种借款。目前我国短期借款按照目的和用途分为生产周转借款、临时借款、结算借款、票据贴现借款等。按照国际惯例，短期借款往往按偿还方式不同分为一次性偿还借款和分期偿还借款；按利息支付方式不同分为收款法借款、贴现法借款和加息法借款；按有无担保可分为抵押借款和信用借款。短期借款可以随企业的需要安排，便于灵活使用，但其突出的缺点是短期内要归还，且可能会附带很多附加条件。

（一）短期借款的信用条件

银行等金融机构对企业贷款时，通常会附带一定的信用条件。短期借款所附带的一些信用条件主要有：

1. 信贷额度

信贷额度亦即贷款限额，是借款企业与银行在协议中规定的借款最高限额，信贷额度的有限期限通常为1年。一般情况下，在信贷额度内，企业可以随时按需要支用借款。但是，银行并不承担必须支付全部信贷数额的义务。如果企业信誉恶化，即使在信贷限额内，企业也可能得不到借款。此时，银行不会承担法律责任。

2. 周转信贷协定

周转信贷协定是银行具有法律义务地承诺提供不超过某一最高限额的贷款协定。在协定的有效期内，只要企业借款总额未超过最高限额，银行必须满足企业任何时候提出的借款要求。企业要享用周转信贷协定，通常要对贷款限额的未使用部分付给银行一笔承诺费用。

【例6-12】某公司与银行商定的周转信贷额度为5000万元，年度内实际使用了2800万元，承诺费率为0.5%，该公司应向银行支付的承诺费为：

$$信贷承诺费 = (5000 - 2800) \times 0.5\% = 11（万元）$$

周转信贷协定的有效期通常超过1年，但实际上贷款每几个月发放一次，所以这种信贷具有短期借款和长期借款的双重特点。

3. 补偿性余额

补偿性余额是银行要求借款企业在银行中，按贷款限额或实际借用额一定比例（通常为10%～20%）计算的最低存款余额。对于银行来说，补偿性余额有助于降低贷款风险，补偿其可能遭受的风险；对借款企业来说，补偿性余额则提高了借款的实际利率，加重了企业负担。

【例6-13】某公司向银行借款800万元，利率为6%，银行要求保留10%的补偿性余额，则该公司实际可动用的贷款为720万元，则该借款的实际利率为：

$$借款实际利率 = \frac{800 \times 6\%}{720} = 6.67\%$$

4. 借款抵押

为了降低风险，银行发放贷款时往往需要有抵押品担保。短期借款的抵押品主要有应收账款、存货、应收票据、债券等。银行将根据抵押品面值的30% ~90%发放贷款，具体比例取决于抵押品的变现能力和银行对风险的态度。

5. 偿还条件

贷款的偿还有到期一次偿还和在贷款期内定期(每月、季)等额偿还两种方式。一般来讲，企业不希望采用后一种偿还方式，因为这会提高借款的实际年利率；而银行不希望采用前一种偿还方式，是因为这会加重企业的财务负担，增加企业的拒付风险，同时会降低实际贷款利率。

6. 其他承诺

银行有时还会要求企业为取得贷款而做出其他承诺，如及时提供财务报表、保持适当的财务水平(如特定的流动比率)等。若企业违背所做出的承诺，银行可要求企业立即偿还全部贷款。

(二)短期借款的成本

短期借款的成本主要包括利息、手续费等。短期借款成本的高低主要取决于贷款利率的高低和利息的支付方式。短期贷款利息的支付方式有收款法、贴现法和加息法三种，付息方式不同，短期借款成本计算也有所不同。

1. 收款法

收款法也叫利随本清法，是在借款到期时向银行支付利息的方法。银行向企业贷款一般都是采用这种方法收取利息。采用收款法时，短期贷款的实际利率就是名义利率。

2. 贴现法

贴现法又称折价法，是指银行向企业发放贷款时，先从本金中扣除利息部分，到期时借款企业偿还全部贷款本金的一种利息支付方法。在这种利息支付方式下，企业可以利用的贷款只是本金减去利息部分后的差额，因此，贷款的实际利率要高于名义利率。

【例6-14】某企业从银行取得借款10 000元，期限1年，年利率(名义利率)为8%，利息额800元，按照贴息法付息，企业实际可利用的贷款为9200元，该项贷款的实际利率为：

$$\frac{800}{10\ 000-800}\times 100\% = 8.7\%$$

3. 加息法

加息法是银行发放分期等额偿还贷款时采用的利息收取方法。在分期等额偿还贷款情况下，银行将根据名义利率计算的利息加到贷款本金上，计算出贷款的本息和，要求企业在贷款期内分期偿还本息之和。由于贷款本金分期均衡偿还，借款企业实际上平均使用了贷款本金的一半，却支付了全额利息。这样企业所负担的实际利率便要高于名义利率大约1倍。

【例6-15】某企业借入年利率为12%的贷款20 000元，分12个月等额偿还本息。该借款的实际利率为：

$$\frac{20\ 000 \times 12\%}{20\ 000 \div 2} \times 100\% = 24\%$$

【例6-16】大华公司正与银行协商一笔价格为12万元的一年期贷款，银行提供了下列贷款条件以供选择。如果你是财务经理，试帮公司总经理决策一下，哪种贷款条件下的实际利率最低？

(1)年利率13%，没有补偿性余额规定，并且利率费用在年末支付。

(2)年利率为12%，补偿性余额为贷款额的15%，利息费用年末支付。

(3)年利率为11%，贴现法付息，并且补偿性余额为贷款额的10%。

(4)年利率为9%，利息费用在年末支付，借款人每月平均偿还10 000元的贷款本金。

相关计算如下：

(1)年利率13%，没有补偿性余额规定，并且利率费用在年末支付，这是收款法。

$$实际利率 = 名义利率 = 13\%$$

(2)年利率为12%，补偿性余额为贷款额的15%，利息费用年末支付。实际使用额为贷款的85%

$$实际利率 = \frac{12 \times 12\%}{12 \times 85\%} = 14.12\%$$

(3)年利率为11%，贴现法付息，并且补偿性余额为贷款额的10%

$$实际利率 = \frac{12 \times 11\%}{12 \times (1 - 11\% - 10\%)} = 13.92\%$$

(4)年利率为9%，利息费用在年末支付，借款人每月平均偿还10 000元的贷款本金。

$$实际利率 = \frac{12 \times 9\%}{12 \div 2} = 18\%$$

根据计算结果，可知选择第一种方案。

(三)企业对银行的选择

随着金融信贷业的发展，可向企业提供货款的银行和非银行金融机构增多，企业有可能在各贷款机构之间做出选择，以图对已最为有利选择银行时，重要的是要选用适宜的借款种类、借款成本和借款条件，此外还应考虑下列有关因素：

(1)银行对贷款风险的政策。通常银行对其货款风险有着不同的政策，有的倾向于保守，只愿承担较小的货款风险；有的富于开拓，敢于承担较大的货款风险。

(2)银行对企业的态度。不同银行对企业的态度各不一样，有的银行肯于积极地为企业提供建议，帮助分析企业潜在的财务问题，有着良好的服务，乐于为具有发展潜力的企业发放大量货款，在企业遇到困难时帮助其渡过难关；也有的银行很少提供咨询服务，在企业遇到困难时一味地为清偿贷款而施加压力。

(3)货款的专业化程度。一些大银行设有不同的专业部门，分别处理不同类型、行业的贷款。企业与这些拥有丰富专业化贷款经验的银行合作会更多地受益。

(4)银行的稳定性。稳定的银行可以保证企业的借款不致中途发生变故。银行的稳定性取决于它的资本规模、存款水平波动程度和存款结构。一般来讲,资本雄厚、存款水平波动小、定期存款比重大的银行稳定性好;反之则稳定性差。

(四)短期借款的优缺点

1. 短期借款的优点

(1)银行资金充足,实力雄厚,能随时为企业提供比较多的短期借款。而那些规模大、信誉好的大企业,更可以用比较低的利率借入资金。

(2)银行短期借款具有较好的弹性,可在资金需要增加时借入,在资金需要减少时还款。

2. 短期借款的缺点

(1)资金成本较高。与商业信用、短期融资券相比高出许多。而抵押借款因需要支付管理和服务费用,成本更高。

(2)限制较多。

三、商业信用

商业信用是指企业在商品或劳务交易中,以延期付款或预收货款方式进行购销活动而形成的借贷关系,是企业之间的直接信用行为,也是企业短期资金的重要来源。商业信用产生于企业生产经营的商品、劳务交易之中,是一种“自动性筹资”。

(一)商业信用的形式

1. 应付账款

应付账款是供应商给企业提供的一种商业信用。由于购买者往往在到货一段时间后才付款,商业信用就成为企业短期资金来源。如企业规定对所有账单均见票后若干日付款,商业信用就成为随生产周转而变化的一项内在的资金来源。当企业扩大生产规模时,其进货和应付账款相应增长,商业信用就提供了增产需要的部分资金。

商业信用条件通常包括以下两种:第一,有信用期,但无现金折扣。如“*n*/30”表示30天内按发票金额全数支付。第二,有信用期和现金折扣,如“2/10,*n*/30”表示10天内付款享受现金折扣2%,若买方放弃折扣,30天内必须付清款项。供应商在信用条件中规定有现金折扣,目的主要在于加速资金回收。企业在决定是否享受现金折扣时,应仔细考虑。通常,放弃现金折扣的成本是很高的。

(1)放弃现金折扣的信用成本。倘若买方企业购买货物后在卖方规定的折扣期内付款,可以获得免费信用,这种情况下企业没有因为取得延期付款信用而付出代价。例如,某应付账款规定付款信用条件为“2/10,*n*/30”,是指买方在10天内付款,可获得2%的付款折扣;若在10~30天内付款,则无折扣;允许买方付款期限最长为30天。

【例6-17】某企业按“2/10,*n*/30”的条件购入货物10万元。如果该企业在10天内付款，便享受了10天的免费信用期，并获得折扣0.2万元（10×2%），免费信用额为9.8万元（10-0.2）。

若买方企业放弃折扣，在10天后（不超过30天）付款，该企业便要承受因放弃折扣而造成的隐含利息成本（是一种机会成本）。一般而言，放弃现金折扣的成本可由式6-25求得：

$$放弃现金折扣成本=\frac{折扣百分比}{1-折扣百分比}\times\frac{360}{信用期-折扣期} \quad （式6-25）$$

用式6-25可计算得：

该企业放弃折扣的成本：

$$\frac{2\%}{1-2\%}\times\frac{360}{30-10}=36.73\%$$

式6-25表明：放弃现金折扣的成本与折扣百分比的大小、折扣期的长短同方向变化，与信用期的长短反方向变化。

所以，如果买方企业放弃折扣而获得信用，其代价是很高的。然而，企业在放弃折扣的情况下，推迟付款的时间越长，其成本就会越小。

（2）放弃现金折扣的信用决策。我们可以利用现金折扣的成本进行决策：

第一，如果能以低于放弃折扣的隐含利息成本的利率借入资金，便应在现金折扣期内用借入的资金支付货款，享受现金折扣；反之，则应放弃折扣。

第二，如果在折扣期内将应付账款用于短期投资，所得的投资收益率高于放弃折扣的隐含利率成本，则应放弃折扣而去追求更高的收益。

第三，如果企业因缺乏资金而欲展延付款期，则需在降低了的放弃折扣成本与展延付款带来的损失之间做出选择（展延付款带来的损失主要是指因企业信誉恶化而丧失供应商乃至其他货款人的信用，或日后招致苛刻的信用条件）。

第四，如果面对两家以上提供不同信用条件的卖方，用通过衡量放弃折扣成本的大小，选择信用成本最小（或所获利益最大）的一家。

【例6-18】某公司计划购入10万元A材料，销货方提供的信用条件是“2/20，*n*/60”，针对以下两种情况，请为该公司是否享受现金折扣提供决策依据：

（1）公司现金不足，需用贷款资金支付购货款，此时银行贷款利率为12%。

（2）公司有支付能力，但有一短期投资机会，预计投资报酬率为20%。

根据：

$$商业信用成本=\frac{2\%}{1-2\%}\times\frac{360}{60-20}=18.36\%$$

第一种情况：12% < 18.36%，应该贷款。

第二种情况：20% > 18.36%，应该投资。

2. 应付票据

应付票据是指企业在商品购销活动和对工程价款进行结算中，因采用商业汇票结算方式而产生的商业信用。商业汇票是指由付款人或存款人（或承兑申请人）签发，由承兑人承兑，并于到期日向收款人或被背书人支付款项的一种票据，它包括商业承兑汇票和银行承兑汇票；应付票据按是否带息分为带息应付票据和不带息应付票据两种。

3. 预收货款

预收货款是指销货单位按照合同和协议规定，在发出货物之前向购货单位预先收取部分或全部货款的信用行为。购买单位对于紧俏商品往往乐于采用这种方式购货；销货方对于生产周期长、造价较高的商品，往往采用预收货款方式销货，以缓和本企业资金占用过多的矛盾。

4. 应计未付款

应计未付款是企业在生产经营和利润分配过程中已经计提但尚未以货币支付的款项。主要包括应付职工薪酬、应交税费、应付利润或应付股利等。以应付职工薪酬为例，企业通常以半月或月为单位支付薪酬，在应付职工薪酬已记，但未付的这段时间，就会形成应计未付款。它相当于职工给企业的一个信用。应交税费、应付利润或应付股利也有类似的性质。应计未付款随着企业规模扩大而增加，企业使用这些自然形成的资金无须付出任何代价。但企业不是总能控制这些款项，因为其支付是有一定时间的，企业不能总拖欠这些款项。所以，企业尽管可以充分利用应计未付款项，但并不能控制这些账目的水平。

（二）商业信用筹资的优缺点

1. 商业信用筹资的优点

（1）商业信用容易获得。商业信用的载体是商品购销行为，企业总有一批既有供需关系又有相互信用基础的客户，所以对大多数企业而言，应付账款和预收账款是自然的、持续的信贷形式。商业信用的提供方一般不会对企业的经营状况和风险作严格的考量，企业无须办理像银行借款那样复杂的手续便可取得商业信用，有利于应对企业生产经营之急需。

（2）企业有较大的机动权。企业能够根据需要，选择决定筹资的金额大小和期限长短，同样要比银行借款等其他方式灵活得多，甚至如果在期限内不能付款或交货时，一般还可以通过与客户的协商，请求延长时限。

（3）企业一般不用提供担保。通常，商业信用筹资不需要第三方担保，也不会要求筹资企业用资产进行抵押。这样，在出现逾期付款或交货的情况时，可以避免像银行借款那样面临抵押资产被处置的风险，企业的生产经营能力在相当长的一段时间内不会受到限制。

2. 商业信用筹资的缺点

（1）商业信用筹资成本高。在附有现金折扣条件的应付账款融资方式下，其筹资成本与银行信用相比较高。

（2）容易恶化企业的信用水平。商业信用的期限短，还款压力大，对企业现金流量管理的要求很高。如果长期和经常性地拖欠账款，会造成企业的信誉恶化。

（3）受外部环境影响较大。商业信用筹资受外部环境影响较大，稳定性较差，即使不考虑机会成本，也是不能无限利用的。一是受商品市场的影响，当求大于供时，卖方可能停止提供信用。二是受资金市场的影响，当市场资金供应紧张或有更好的投资方向时，商业信用筹资就可能遇到障碍。

四、短期融资券

短期融资券是由企业依法发行的无担保短期本票。在我国，短期融资券是指企业依照《银行间债券市场非金融企业债务融资工具管理办法》的条件和程序，在银行间债券市场发行和交易并约定在一定期限内还本付息的有价证券，是企业筹措短期（1 年以内）资金的直接融资方式。

（一）短期融资券在我国资本市场的发展历程

20 世纪 80 年代中后期，我国有些企业为解决流动资金的不足，开始采用短期融资券筹集资金。1989 年，中国人民银行下发了《关于发行短期融资券有关问题的通知》，以文件的形式肯定了各地发行融资券的做法。这一举措对于拓宽企业筹资渠道、优化企业短期资金来源、加快社会资金周转速度、优化资金投向具有重要意义，为了规范短期融资券市场、提升社会资金配置效率都有重大意义，2005 年 5 月中国人民银行发布了《短期融资券管理办法》《短期融资券承销规程》《短期融资券信息披露规程》对短期融资券的发行、登记、托管、交易、结算、兑付、信息披露、监督管理等做出了明确规定，极大地促进了短期融资券的发行。

为进一步完善银行间债券市场管理，促进非金融企业直接债务融资发展，2008 年 4 月中国人民银行颁布实施了《银行间债券市场非金融企业债务融资工具管理办法》，同时废止了 2005 年 5 月发布的《短期融资券管理办法》及相关规定。另外，在具体操作上，还要参考 2016 年发布的《非金融企业债务融资工具注册发行规划》《非金融企业债务融资工具公开发行注册工作规程》《非金融企业债务融资工具公开发行注册文件表格体系》等。

（二）发行短期融资券的相关规定

（1）发行人为非金融企业，发行企业均应经过在中国境内工商注册且具备债券评级能力的评级机构的信用评级，并将评级结果向银行间债券市场公示。

（2）发行和交易的对象是银行间债券市场的机构投资者，不向社会公众发行和交易。

（3）融资券的发行由符合条件的金融机构承销，企业不得自行销售融资券，发行融资券募集的资金用于本企业的生产经营。

（4）融资券采用实名记账方式在中央国债登记结算有限责任公司（简称中央结算公司）登记托管，中央结算公司负责提供有关服务。

（5）债务融资工具发行利率、发行价格和所涉费率以市场化方式确定，任何商业机构不得以欺诈、操纵市场等行为获取不正当利益。

（三）短期融资券的种类

（1）按发行人分类，短期融资券分为金融企业的融资券和非金融企业的融资券。在我国，目前发行和交易的是非金融企业的融资券。

（2）按发行方式分类，短期融资券分为经纪人承销的融资券和直接销售的融资券。非金融企业发行融资券一般采用间接承销方式进行，金融企业发行融资券一般采用直接发行方式进行。

（3）按融资券的发行和流通范围，可分为国内融资券和国际融资券。国内融资券是一国发行者在其国内金融市场上发行的融资券。发行这种融资券一般只要遵循本国法规和金融市场惯例即可。国际融资券是一国发行者在其本国以外的金融市场上发行的融资券。发行这种融资券，必须遵循有关国家的法律和国际金融市场惯例。在美国货币市场和欧洲货币市场上，这种国际短期融资券很多。

（四）短期融资券发行程序

在我国，企业发行短期融资券，一般要按如下程序进行。

1. 做出筹资决策

根据我国法律的相关规定，企业必须符合一定的条件才具有申请发行融资券的资格，主要包括：①是在中华人民共和国境内依法设立的企业法人；②具有稳定的偿债资金来源，最近一个会计年度盈利；③流动性良好，具有较强的到期偿债能力；④发行融资券募集的资金用于本企业生产经营；⑤近三年没有违法和重大违规行为；⑥近三年发行的融资券没有延迟支付本息的情形；⑦具有健全的内部管理体系和募集资金的使用偿付管理制度；⑧中国人民银行规定的其他条件。

在充分了解金融市场状况和自身经营现状的基础上，企业财务部门将短期融资券列为可行的筹资方案，向总经理或董事会提出申请，并按规定程序进行最后决策。

2. 选择承销商

我国企业短期融资券的发行必须由符合条件的金融机构承销，企业自身不具有销售融资券的资格。因此，企业在发行方案经总经理或董事会批准之后，应选择拥有承销资格的金融机构作为主承销商。

主承销商应当是具备中国人民银行所规定的相关资格的金融机构，在短期融资券的发行过程中全面承担与发行直接相关的工作，包括与发行人就有关发行方式、日期、利率、价格、发行费用等进行磋商，并达成一致；编制向主管机构提供的有关文件；组织承销团；筹划组织召开承销会议；协助发行人申办有关法律方面的手续向认购人交付融资券并清算价款等。企业如需变更主承销商，还应当报中国人民银行备案。

3. 办理信用评级

信用评级是由专家、学者组成专门的机构，运用科学的综合分析方法，对企业及金融工具的信用情况进行评定和估价。根据规定，我国企业在发行短期融资券时，应当由在中国境内注册且具备债券评级资质的评级机构进行信用评级。

短期融资券信用评级的主要步骤可以分为：

(1)由发行企业将与融资券发行相关的基础性资料提交给评级机构。

(2)评级机构在对基础材料的真实性、可靠性、一致性进行核定的基础上，对发行企业的信用质量以及融资券本身的特点和实际情况进行分析、评定，将评级结论归结到发债人对短期融资券本息的偿付能力上，并出具信用评级报告。

(3)评级机构在遵守保密原则并征得发行人同意的前提下，通过报刊、网络、媒体等信息平台向投资者与资本市场发布信用评级报告。

4. 向审批机关提出申请

中国人民银行总行与各省、自治区、直辖市分行是我国企业发行融资券的审批、管理机关。企业发行短期融资券，必须通过其主承销商向各级人民银行的金融管理部门提出申请，经过批准后才能发行。在申请书及其附件中必须提供如下资料：①发行融资券的备案报告；②董事会同意发行融资券的决议或具有相同法律效力的文件；③主承销商推荐函(附尽职调查报告)；④融资券募集说明书(附发行方案)；⑤信用评级报告全文及跟踪评级安排的说明；⑥经注册会计师审计的企业近三个会计年度的资产负债表、利润表、现金流量表及审计意见全文；⑦律师出具的法律意见书(附律师工作报告)；⑧偿债计划及保障措施的专项报告；⑨关于支付融资券本息的现金流分析报告；⑩承销协议及承销团协议；⑪企业法人营业执照(副本)复印件；⑫中国人民银行要求提供的其他文件。

5. 审批机关审查和批准

中国人民银行的金融管理部门接到企业申请后，要对如下内容进行认真审查：

(1)审查发行资格。主要包括：审查发行单位是否在工商行政管理部门登记并领有营业执照；审查发行单位是否有足够的自有资产；审查发行单位是否有可靠的还款来源；审查信用担保人的资格和担保契约书的内容。

(2)审资金用途。企业发行融资券所筹集的资金只能用于解决企业临时性、季节性流动资金不足，不能用于企业资金的长期周转和固定资产投资。

(3)审查会计报表的内容。主要包括：审查会计报表是否经注册会计师签字；审查会计报表中的资金来源和资金占用是否合理；审查企业盈利情况如何；审查企业的主要财务比率是否健康。

(4)审查融资券的票面内容。融资券票面一般要载明如下内容：企业名称、地址；融资券票面金额；票面利率；还本期限和方式：利息支付方式；融资券的发行日期和编号；发行企业签章和企业法人代表签章等。审查通过后，中国人民银行将根据规定的条件和程序向企业下达备案通知书，并核定该企业发行融资券的最高余额。

6. 正式发行，取得资金

经审查机关审查同意后，发行企业便可正式发行短期融资券。在承销发行方式下，主要发行步骤包括：

(1)发行融资券的企业与经纪人协商融资券的有关事项，并签订委托发行协议。

(2)经纪人按协议中的有关条件和承销方式，发布公告并进行其他宣传活动。

(3)投资者购买融资券,资金存入经纪人账户。

(4)经纪人将资金划转至发行融资券的企业账户中,并按协议中的规定处理未售完的融资券。

(五)短期融资券的成本

短期融资券的成本主要由以下几部分组成。

(1)支付给投资者的利息,一般通过发行利率来反映。短期融资券的发行利率主要受央行票据利率、市场供应量、主承销商议价能力、企业信用评级水平、规模大小、从事行业、所有制性质、是否为上市公司等因素影响,它将随市场变化而变动。

(2)中介机构费用。主要包括承销费、律师费、评级费、会计师费用。承销费是支付给承销商的手续费,央行规定承销费率不得低于发行金额的 0.4%;律师费、会计师费是指律师及会计师为出具相关法律意见书和财务报告承诺书应支付的服务费;评级费用是指评级公司为企业出具满足央行要求的评级报告需支付的服务费用

(3)发行登记费、兑付费:发行登记费为发行金额的 0.06% ~0.07%(30 亿元以上部分 0.06%,30 元以下部分 0.07%),兑付费为发行金额的 0.05%。2016 年度一年期短期融资券的平均发行利率与一年期银行间固定利率国债到期收益率的走势大致接近,但受到违约风险持续暴露和流动性阶段性趋势的影响,一年期短期融资券的发行利率相对波动较大。一年期短期融资券的平均发行利率 3.78%,较 2015 年平均发行利率(4.67%)降幅明显,并且绝大多数时间低于一年期款的基准利率。

(六)短期融资券的筹资特点

(1)短期融资券的筹资成本较低。相对于发行企业债券筹资而言,发行短期融资券的筹资成本较低。

(2)短期融资券筹资数额比较大。相对于银行借款筹资而言,短期融资券一次性的筹资数额比较大。

(3)发行短期融资券的条件比较严格。只有具备一定的信用等级的实力强的企业,才能发行短期融资券筹资。

【练习题】

一、某公司为保障日常现金收支的需要,任何时候银行结算户存款和库存现金余额均不能低于 2500 元,公司有价证券的年利率为 10.8%,每次固定转换成本平均为 30 元,根据历史资料测算出现金余额波动的标准差为 600 元。

要求:

1. 计算公司的最优现金返回线。

2. 计算公司现金控制的上限。

二、某公司预计的年度销售额为 2400 万元,目前的信用期为:$n/30$,坏账损失率为

2%，收账费 24 万元，变动成本率为 65%，资本成本为 10%。为扩大销售，增强公司竞争力，准备了两个信用期间的备选方案：A 方案为 $n/60$，销售额能增加到 2640 万元，坏账损失率为 3%，收账费为 40 万元；B 方案为 $n/90$，销售额能增加到 2800 万元，坏账损失率 5%，收账费为 56 万元。采用新政策后，变动成本率和资本成本均不变。

要求：通过计算选择最有利的方案。

三、某公司目前的信用条件为 $n/60$，即无现金折扣，预计销售收入为 2640 万元，估计坏账占销售额的 3%，收账费用为 40 万元。为加速应收账款收回，决定将信用条件改为“2/10，1/20，$n/60$”，估计约有 60% 的客户会利用 2% 的折扣；15% 的客户将利用 1% 的折扣，坏账损失率将降低为 2%，收账费用降低为 30 万元。该公司的变动成本率为 65%，资本成本为 10%。

要求：通过计算分析评价该公司是否应改变目前的信用条件。

四、某企业的年赊销额为 240 万元，平均收现期为 60 天，坏账损失率为 3%，收账费用为 1.8 万元。该企业拟采用新的收账政策，将收账费用增加到 3.2 万元，以使平均收现期降到 45 天，坏账损失率降为 2%。该企业变动成本率为 80%，资金成本率为 25%。

要求：通过计算说明该企业是否应改变目前的收账政策。

五、某企业每年需要耗用甲材料 8000 吨。该材料购入价格为每吨 1500 元。每订购一次的订货变动成本为 400 元，材料在仓库中的每吨储存变动成本为 40 元。假设保险储备为零。

要求：

1. 填写下表各项。

进货批量（吨）	项目				
	平均存量（吨）	储存成本（吨）	订货次数（次）	订货成本（元）	相关总成本（元）
200					
500					

2. 每次购入甲材料多少吨，可使全年与进货批量相关的总成本达到最低？此时相关的总成本是多少？

六、某公司本年度耗用乙材料 36 000 千克，该材料采购成本为 200 元/千克，年度储存成本为 16 元/千克，平均每次进货费用为 20 元。

要求：

1. 计算本年度乙材料的经济进货批量。
2. 计算本年度乙材料经济进货批量下的相关总成本。
3. 计算本年度乙材料经济进货批量下的平均资金占用额。
4. 计算本年度乙材料最佳进货批次。

七、某公司向银行借入短期借款 10 000 元，支付银行贷款利息的方式同银行协商后

的结果是:

1. 如采用收款法,则利息率为14%。

2. 如果采用贴现法,利息率为12%。

3. 如果采用补偿性余额,利息率降为10%,银行要求的补偿性余额比例为20%。

如果你是财务经理,你选择哪种支付方式?请说明理由。

八、某债券面值100元,票面利率为10%,每年支付利息,期限3年,当市场利率为8%、10%、12%时,计算该债券的发现价格。

九、某周转信贷协议额度为200万元,承诺费率为0.5%,借款企业年度内使用100万元,因此必须向银行支付承诺费多少?

十、某企业拟以“2/10,n/40”的信用条件购入一批货物,则放弃现金折扣的机会成本是多少?

十一、某企业赊购一批商品,价款80万元,供货商向企业提出的付款条件为:立即付款,付款780 800元;5天后付款781 200元;10天后付款781 600元;20天后付款783 000元;30天后付款785 000元;45天后付款790 000元;最后付款期为60天,全额付款。目前银行短期借款利率12%;

要求:请分别计算企业放弃现金折扣的资金成本及决策企业应该何时支付商品款最合适。

十二、某公司准备发行面值为500元的企业债券,年利率为8%,期限5年。有如下三种情况:

1. 每年计息一次。

2. 到期一次还本付息(单利)。

3. 无息折价债券。

请分别计算三种情况市场利率在6%、8%、10%条件下企业债券的发行价格。

第七章 股利政策

【学习目标】

1. 了解公司股利分配与收益留存之间的关系
2. 了解公司派发股利的基本程序
3. 掌握股利的种类
4. 理解股利无关论和股利相关论
5. 掌握影响公司股利政策的因素和可供公司选择的股利政策

第一节　股利政策概述

股利政策是确定公司的净利润如何分配的方针和策略。公司的净利润是公司从事生产经营活动所取得的剩余收益，是股东对公司进行投资应得的投资报酬。从权益上讲，公司实现的净利润属于全体股东的权益，无论是以现金的形式给股东分红，还是作为留存收益留在公司内部，都属于股东的财富。公司将净利润以现金股利的形式分配给股东，股东可以用这些现金进行其他的投资或者用于消费；公司将净利润留存在公司内部，实际上是股东对公司进行再投资。因此，无论如何分配都没有改变净利润是股东财富的性质。但是，通过股利理论分析可知，公司如何分配利润对股东财富具有现实的影响。这样，股利政策就成为公司财务管理的一项重要政策。

一、公司的利润分配

支付股利是对公司税后净利润的分配，但不是利润分配的全部。按照我国相关法律的规定，公司利润分配的项目包括以下内容：

(一)法定公积金

法定公积金是从净利润中提取形成的，主要用于弥补公司亏损、扩大公司生产经营或者转为增加公司资本。公司分配当年税后利润时应当按照10%的比例提取法定公积金；当法定公积金累计额为公司注册资本的50%以上的，可不再继续提取。我国《公司法》规定："公司从税后利润中提取法定公积金后，经股东会或者股东大会决议，还可以从税后利润中提取任意公积金。"任意公积金的提取与否及提取比例由股东会根据公司发展的需要和盈余情况决定，法律不做强制规定。

（二）股利

公司向股东支付股利，在提取公积金之后。股利的分配应以各股东持有股份的数额为依据，每一股东取得的股利与其持有的股份数成正比。股份公司原则上应从累计盈利中分派股利，无盈利不得支付股利，即所谓"无利不分"原则。但若公司用公积金弥补亏损后，为维护公司股票信誉，经股东大会特别决议，也可用公积金支付股利，不过支付股利后留存法定公积金不得低于转增前公司注册资本的25%。

公司向股东分派股利，应按以下顺序进行：

1. 计算可供分配的利润

将本年净利润与年初未分配利润合并，计算出可供分配的利润。如果可供分配的利润为负数，则不能进行后续分配；如果可供分配利润正数，则可以进行后续分配。

2. 计提法定公积金

按抵减年初累计亏损额后的本年净利润计提法定公积金。提取公积金的基数，不一定是可供分配的利润，也不一定是本年的税后净利润。只有不存在年初累计亏损时，才能按本年税后利润计算应提取数。这种"补亏"是按账面数字进行的，与所得税法亏损后转无关，关键在于不能用资本发放股利（资本的分配属于清算性股利），也不能在没有累计盈余的情况下提取公积金。

3. 计提任意盈余公积金

公司从税后利润中提取法定公积金后，经股东大会决议，还可以从税后利润中提取任意公积金。

法定公积金和任意公积金都是公司在从税后利润中提取的积累资本，是公司用于防范和抵御风险、提高经营能力的重要资本来源。从本质上看属于股东权益。公积金可以用于弥补亏损、公积金属于公司的留存收益，从性扩大生产经营或者转增公司股本，但转增股本后，所留存的法定公积金不得低于转增前公司注册资本的25%。

4. 向股东支付股利

公司在按照上述程序弥补亏损、提取公积金之后，所余当年利润与以前年度的未分配利润构成可供分配的利润，公司可根据股利政策向股东分配股利。

按照现行制度规定，股份有限公司依法回购后暂未转让或者注销的股份，不得参与利润分配；公司弥补以前年度亏损和提取公积金后，当年没有可供分配的利润时，一般不得向股东分配股利。

二、股利的种类

股份有限公司分派股利的形式一般有现金股利、股票股利、财产股利和负债股利等。后两种形式应用较少,我国有关法律规定,股份有限公司只能采用现金股利和股票股利两种形式。下面主要介绍这两种股利形式。

(一)现金股利

现金股利是股份有限公司以现金的形式从公司净利润中分配给股东的投资报酬,也称"红利"或"股息"。现金股利是股份有限公司最常用的股利分配形式。优先股通常有固定的股息率,在公司经营正常并有足够利润的情况下,优先股的年股利额是固定的。例如,某公司发行的优先股面值为1元,固定股息率为10%,那么在正常情况下,每股优先股可分得0.1元的现金股利。普通股没有固定的股息率,发放现金股利的次数和金额主要取决于公司的股利政策和经营业绩等因素。西方国家的许多公司按季度发放现金股利,一年发放4次。我国公司一般半年或一年发放一次现金股利。由于现金股利是从公司实现的净利润中支付给股东的,支付现金股利会减少公司的留存收益,因此发放现金股利并不会增加股东的财富总额。但是,不同的股东对现金股利的偏好是不同的,有的股东希望公司发放较多的现金股利,而有的股东则不愿意公司发放过多现金股利。现金股利的发放会对股票价格产生直接的影响,在除息日之后,一般来说股票价格会下跌。例如,某公司宣布每股发放1.25元现金股利,如果除息日的前一交易日收盘价为18.75元/股,则除息日股票除权后的价格应为17.50元/股。

(二)股票股利

股票股利是股份有限公司以股票的形式从公司净利润中分配给股东的股利。股份有限公司发放股票股利,须经股东大会表决通过,根据股权登记日的股东持股比例将可供分配利润转为股本,并按持股比例无偿地向各个股东分派股票,增加股东的持股数量。发放股票股利不会改变公司的股东权益总额,也不影响股东的持股比例,只是公司的股东权益结构发生了变化,未分配利润转为股本,因此会增加公司的股本总额。例如,海信公司发放股票股利之前的股本总额为20 000万股,公司按每10股送4股的比例发放股票股利,则发放股票股利后公司的股本总额增加到28 000万股。在公司发放股票股利时,除权后股票价格会相应下降。一般来说,如果不考虑股票市价的波动,发放股票股利后的股票价格,应当按发放的股票股利的比例而成比例下降。例如海信公司发放股票股利前的股价为每股21元,公司按照每10股送4股的比例发放股票股利,在除权日之后的海信公司的股票价格应降至每股15元。可见,分配股票股利,一方面扩张了股本,另一方面起到股票分割的作用。处于高速成长阶段的公司可以利用分配股票股利的方式来进行股票分割,以使股价保持在一个合理的水平,避免因股价过高而影响股票的流动性。

对于公司来说,分配股票股利不会增加其现金流出量,如果公司现金紧张或者需要大量的资本进行投资,可以考虑采用股票股利的形式。但应当注意的是,一直实行稳定的股利政策的公司，因发放股票股利而扩张了股本，如果以后继续维持原有的股利水平，势必会增加未来年度的现金股利支付。在公司净利润的增长速度低于股本扩张速度时，公司的每股利润就会下降，就可能导致股价下跌。对于股东来说，虽然分得股票股利没有得到现金，但是，如果发放股票股利之后，公司依然维持原有的股利水平，则股东在以后可以得到更多的股利收入，或者股票数量增加之后，股价走出了填权行情，股东的财富也会随之增长。

三、股利的发放程序

股份有限公司分配股利必须遵循法定的程序，一般是先由董事会提出股利分配预案，然后提交股东大会决议通过才能进行分配。股东大会决议通过股利分配预案之后，要向股东宣布发放股利的方案，并确定股权登记日、除息日和股利发放日，这几个日期对分配股利是非常重要的（图 7-1）。

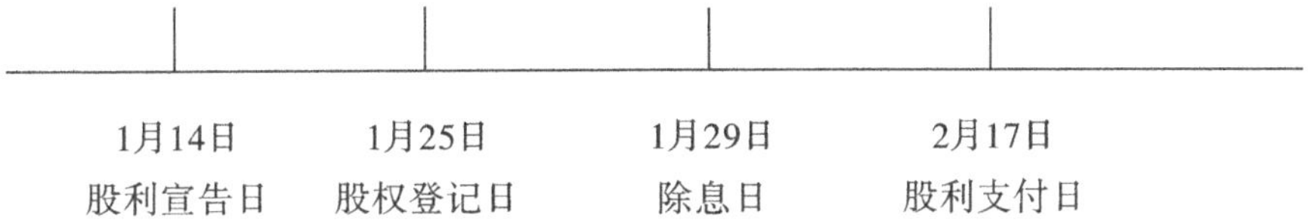

图 7-1　股利发放程序

（一）股利宣告日

宣布日就是股东大会决议通过并由董事会宣布发放股利的日期。公司董事会应先提出利润分配预案，并提交股东大会表决，利润分配方案经股东大会表决通过之后，董事会才能对外公布。在宣布股利分配方案时，应明确股利分配的年度、分配的范围、股利分配的形式、分配的现金股利金额或股票股利的数量，并公布股权登记日、除息日和股利发放日。

（二）股权登记日

股权登记日是有权领取本期股利的股东资格登记截止日期。公司规定股权登记日是为了确定股东能否领取本期股利的日期界限。因为股票是经常流动的，所以确定这个日期是非常必要的。凡是在股权登记日这一天登记在册的股东才有资格领取本期股利，而在这一天没有登记在册，即使是在股利发放日之前买入股票的股东，也无权领取本次分配的股利。在信息技术环境下，股权登记极其方便、快捷，一般在股权登记日交易结束的当天即可打印出股东名册。

（三）除息日

除息日，也称除权日，是指从股价中除去股利的日期，即领取股利的权利与股票分开的日期。在除息日之前的股票价格中包含了本次股利，在除息日之后的股票价格中不再包含本次股利，因此投资者在除息日之前购买股票，才能领取本次股利，在除息日当天或以后购买股票,则不能领取本次股利。除息日对股票价格有重要的影响,除息日股票价格因除权而相应下降,除息日股票的开盘参考价为前一交易日的收盘价减去每股股利。在西方国家,按照证券业的传统惯例,除息日一般确定在股权登记日的前4个工作日,之所以如此规定,是因为股票交易之后,办理股票过户登记手续需要几天的时间,为了保证在股权登记日办理完过户登记手续,投资者必须在除息日之前买入股票。而在除息日之后,股权登记日之前购买的股票,公司不能保证及时地得到股票所有权已经转让的通知,可能无法在股权登记日办理过户登记。但是,目前先进的计算机结算登记系统为股票的交割过户提供了快捷的手段,股票买卖交易的当天即可办理完交割过户手续,在这种交易结算条件下,除息日可确定为股权登记日的下一个工作日。

(四)股利发放日

股利发放日,也称股利支付日,是公司将股利正式支付给股东的日期。在这一天,公司应通过邮寄等方式将股利支付给股东。目前公司可以通过中央结算登记系统将股利直接打入股东在证券公司开立的保证金账户。

第二节　股利理论

在股份有限公司的利润分配实践中常常会面临两个重要问题:第一个是公司应当支付多少股利,即如何确定现金股利与留存收益之间的比例;第二个则是公司发放股利是否会影响公司价值,股东态度是怎样的。

长期以来,许多学者对这些问题进行了大量的研究,从不同的角度提出了许多观点,从而形成了不同的股利理论。公司的财务管理目标是实现公司价值最大化,股利分配也应当服从这一目标,如何分配股利、股利分配的数量和形式都应当以实现公司价值最大化为基本目标。股利理论就是研究股利分配与公司价值、股票价格之间的关系,探讨公司应当如何制定股利政策的基本理论。根据对股利分配与公司价值、股票价格之间关系的认识不同,股利理论可分为两大派别:股利无关理论和股利相关理论。

一、股利无关理论

(一)股利无关理论的基本内容

股利无关理论认为,公司的股利政策不会对公司价值产生任何影响。该理论是由美国经济学家米勒和莫迪利亚尼于1961年首先提出的,故这一理论也被称为MM股利无关理论。米勒和莫迪利亚尼采用数学推导的方法证明,在完美的资本市场条件下,如果公司的投资决策和资本结构保持不变,那么公司价值取决于公司投资项目的盈利能力和风险水平,而与股利政策不相关。因此,公司未来是否分配股利和如何分配股利都不会影响公司目前的价值，也不会影响股东财富总额。根据股利无关理论，投资者不会关心公司股利的分配情况，在公司有良好投资机会的情况下，如果股利分配较少，留存收益较多，投资者可以通过出售股票换取现金来自制股利；如果股利分配较多，留存收益较少，投资者获得现金股利后可寻求新的投资机会，而公司可以通过发行新股筹集所需资本。

假设下面两种情况都是在完美资本市场环境中进行的公平市场交易，我们来探讨为什么公司的股利分配不会影响公司价值和股东财富。

第一种情况是公司的投资决策和资本结构确定之后，需要向股东支付现金股利，但是，为了保证投资所需资本和维持现有资本结构不变，公司需要发行新股筹集资本。公司在支付现金股利后，老股东获得了现金，但减少了与现金股利等值的股东权益，股东的财富从对公司拥有的股东权益形式转化为手中持有的现金形式，二者价值相等，因而老股东的财富总额没有发生变化。同时，为了保持现有资本结构不变，公司必须发行新股筹集与现金股利等值的资本，以弥补因发放现金股利而减少的股权资本，新股东投入了现金，获得了与其出资额等值的股东权益。这样，公司支付股利而减少的资本刚好被发行新股筹集的资本所抵补，公司价值不会发生变化。公司支付相当于其净资产20%的现金股利而减少的公司价值，刚好被发行新股筹集的资本所抵补，老股东的持股比例由原来的100%降至80%，新股东拥有20%的股份。通过这两次交易，公司的普通股股数增加了，每股价格也相应下降了，虽然老股东持股比例下降，但其持有股票数量没有减少，其股票价值的减少刚好等于其获得的现金股利，因此，股东财富不变，公司价值也没有发生变化。

第二种情况是公司的投资决策和资本结构确定之后，公司决定将利润全部作为留存收益用于投资项目，不向股东分配现金股利。如果股东希望获得现金，可以将部分股票出售给新的投资者来换取现金，这种交易被称为自制股利。自制股利交易的结果相当于第一种情况中发放股利和发行新股两次交易的结果，原有股东将部分股权转让给新的投资者获取了现金，其股东财富不变，公司价值也不会发生变化。公司原有股东将20%的股份转让给新的股东获得了现金，实现了自制股利交易。通过这次交易，公司的普通股股数没有变化，股票价格也不会发生变化，虽然老股东的股票价值减少了20%，但其获得了等值的现金，因此，股东财富和公司价值均不变。

（二）股利无关理论的假设条件

股利无关理论（也称MM理论）建立在下列严格的假设基础之上。

1.假设存在完美资本市场

完美资本市场假设是股利无关理论的基本前提，只有在这样的市场环境中，公司的股利分配政策才不会影响公司价值。那么，什么样的资本市场才称得上是完美的市场呢？MM理论认为完美资本市场须符合以下七项条件：①没有妨碍潜在的资本供应者和使用者进入市场的障碍；②有完全的竞争，市场有足够多的参与者，并且每个参与者都没有能力影响证券价格；③金融资产无限可分；④没有交易成本和破产成本，证券发行与交易都不存在交易成本，公司也无财务危机成本和破产成本；⑤没有信息成本，信息是对称的，并且每个市场参与者都可自由、充分、免费地获取所有存在的信息；⑥没有不对称税负，股票的现金股利和资本利得没有所得税上的差异；⑦交易中没有政府或其他限制，证券可以自由地交易。

完美资本市场假设是理解股利无关理论的出发点。完美资本市场可以被理解为一个“无摩擦”的市场，就像一个不存在摩擦力的机器一样，能量可以被百分百地转换，不会发生任何损耗。在完美的资本市场中，资产在交易过程中不存在套利机会，也不会发生价值的损耗。但是，在现实世界里，不存在这样完美的市场。导致资本市场不完美的因素主要有三个：不对称税负、不对称信息和交易成本。

2. 假设公司的投资决策不受股利政策影响

根据这一假设，在公司既定的投资决策下，对于新投资项目所需筹资，无论采取内部融资还是外部融资，都不会改变公司的经营风险。由于理性投资者对公司的风险和报酬都有合理的预期，在公司经营风险不变的情况下，投资者的必要投资报酬率即股权资本的资本成本也不会改变，因此，公司的风险水平以及由风险水平所决定的投资者必要报酬率均不会受股利政策变化的影响，公司价值是以投资者必要报酬率为折现率对公司未来收益的折现值。根据这一假设，在计算公司价值时所用的折现率即投资者必要报酬率，不受公司股利分配的影响。

（三）股利无关理论的数学证明

数学推导可以更好地帮助我们理解股利无关理论。在以上严格的假设条件下，可以通过下列数学推导来论证股利无关理论。

模型中使用的符号定义如下：

P_0表示第 1 期期初的股票价格；

P_1表示第 1 期期末的股票价格；

M_0表示第 1 期期初的公司的股票股数；

S_1表示第 1 期期末公司增发的股票股数；

V_0表示目前的公司价值，即第 1 期期初的公司价值，等于 M_0 与 P_0 的乘积；

V_t表示第 t 期期末的公司价值；

d_1表示公司第 1 期期末支付的每股现金股利额；

D_1表示公司第 1 期期末支付的现金股利总额，等于 M_0 与 d_1 的乘积；

X_t表示公司第 t 期实现的净收益总额；

I_t表示公司第 t 期期末需要的投资总额；

r 表示折现率，即投资者的必要投资报酬率。

在完美资本市场条件下，不存在套利情况，故第 1 期期初的股票价格应等于第 1 期期末的每股现金股利与股票价格的现值，即

$$P_0 = \frac{r}{1+r}(d_1 + P_1) \quad （式 7-1）$$

这样，第 1 期期初的公司价值 V_0 就可用下式表示：

$$V_0 = M_0 P_0 = \frac{r}{1+r}(M_0 d_1 + M_0 P_1) = \frac{r}{1+r}(D_1 + M_0 P_1) \qquad (式7-2)$$

$V_1 = M_0P_1 + S_1P_1$，所以：

$$V_0 = \frac{r}{1+r}(D_1 + V_1 - S_1 P_1) \qquad (式7-3)$$

从上式可知，第1期期初的公司价值主要受四个因素影响：①折现率 r，而折现率主要取决于公司的投资方案及其风险水平，它独立于公司的股利分配政策；②第1期发放的现金股利 D_1，现金股利增加可以增加公司价值；③第1期期末的公司价值 V_1；④为满足公司投资经营所需资本而增发新股的筹资额 S_1P_1发行新股筹资会降低公司价值。

由此可知，发放股利与增发新股筹资对公司价值的影响是反向的，可以相互抵消。在公司投资预算一定的情况下，如果公司多支付现金股利，为了保证投资所需资本，就可能要增发新股或举借债务来筹资，这样对公司价值的影响是一增一减，相互抵消。那么，二者是否可以完全抵销掉？通过下面的推导可得到答案。

筹资额 S_1P_1 等于投资额减去留存收益后的差额，即：

$$S_1 P_1 = I_1 - (X_1 - D_1) \qquad (式7-4)$$

得：

$$V_0 = \frac{r}{1+r}[D_1 + V_1 - I_1 + (X_1 - D_1)] \qquad (式7-5)$$

$$V_0 = \frac{r}{1+r}(V_1 - I_1 + X_1) \qquad (式7-6)$$

同样，可推导出：

$$V_1 = \frac{r}{1+r}(V_2 - I_2 + X_2) \qquad (式7-7)$$

以至于：

$$V_t = \frac{r}{1+r}(V_{t+1} - I_{t+1} + X_{t+1}) \qquad (式7-8)$$

所以：

$$V_0 = \sum_{t=1}^{n} \frac{1}{(1+r)^t}(X_t - I_t) + \frac{V_{n+1}}{(1+r)^{n+1}} \qquad (式7-9)$$

当 n 趋于无穷大时，公司价值为：

$$V_0 = \sum_{t=1}^{\infty} \frac{1}{(1+r)^t}(X_t - I_t) \qquad (式7-10)$$

可知，公式中没有出现股利因素，公司价值取决于公司未来的盈利能力和投资决策，与股利分配无关。公司支付现金股利而增加的价值刚好完全被发行新股筹资而减少的价值所抵消，因此，公司是否支付股利、支付多少股利都不会影响公司价值。

由上述内容可知，股利无关理论是以严格的假设条件为前提的，在现实世界中，这些假设并不存在。在现实生活中，影响资本市场完美的因素主要有三个：

1. 不对称税率

在资本市场中，税率的差异是常见的，许多国家对现金股利和资本利得所征收的所得税税率是不同的。这种不对称税率不仅使投资者在股利与资本利得之间产生不同的偏好，也确实对股东财富产生不同的影响。

2. 不对称信息

尽管资本市场中的信息传递是公开和迅速的，但信息的获得并不是完全免费的，而且对于不同的市场参与者来说，信息仍然是不对称的，例如公司的董事和经理相对于普通的投资者来说就拥有信息优势。信息的不对称会降低市场效率，也会影响到投资者对风险和报酬的判断。

3. 交易成本

现实中的资本市场都存在交易成本，例如发行股票或债券要支付发行费用，证券交易要支付佣金和印花税等。不同类型的交易会产生不同的交易成本，这样就会影响人们的交易行为，也限制了市场的套利活动。

二、股利相关理论

现实生活中，完美资本市场的条件通常无法满足，如果我们逐步放宽这些假设条件，就会发现股利政策变得十分重要，公司价值和股票价格都会受到股利政策的影响，这就形成了各种股利相关理论。股利相关理论认为，在现实的市场环境下，公司的利润分配会影响公司价值和股票价格，因此，公司价值与股利政策是相关的。其代表性观点主要有“一鸟在手”理论、税收差别理论、信号传递理论、代理理论等。

(一)“一鸟在手”理论

“一鸟在手”理论是股利相关理论之一，该理论的主要代表人物是迈伦·戈登(Myron Gordon)和约翰·林特(John Linter)。“一鸟在手”理论认为，由于公司未来的经营活动存在诸多不确定性因素，投资者会认为现在获得股利的风险低于将来获得资本利得的风险，相对于资本利得而言，投资者更加偏好现金股利，因此，出于对风险的回避，股东更喜欢确定的现金股利，这样公司如何分配股利就会影响股票价格和公司价值，即公司价值与股利政策是相关的。当公司支付较少的现金股利而留存收益较多时，就会增加投资的风险，股东要求的必要投资报酬率就会提高，从而导致公司价值和股票价格下降；当公司支付较多的现金股利而留存收益较少时，就会降低投资风险，股东要求的必要报酬率就会降低，从而促使公司价值和股票价格上升。

“一鸟在手”理论是在传统的股利理论基础上发展而来的。关于股利政策的传统理论观点主张公司应支付较高的现金股利，认为在合理范围内投资者更愿意获得大额的现金股利。1962 年，戈登在传统理论基础上提出了著名的“戈登模型”，即前面所学过的股利贴现模型，其公式为：

$$V_0 = \sum_{t=1}^{n} \frac{D_t}{(1+k)^t} + \frac{V_n}{(1+k)^n} \qquad (式 7-11)$$

当 n 趋于无穷大时，公司价值为：

$$V_0 = \sum_{t=1}^{\infty} \frac{D_t}{(1+k)^t} \qquad （式 7-12）$$

式中，V_0 表示现在的公司价值；V_n 表示第 n 年末公司的价值；D_t 表示公司第 t 年支付的现金股利总额；k 表示折现率，即投资者要求的必要投资报酬率。

根据戈登模型可知，公司价值等于以投资者要求的必要投资报酬率 k 为折现率对未来股利的折现值。该模型是建立在投资者都是厌恶风险的假设基础之上的，投资者会认为当前的现金股利才是有把握的收益，风险较低，好比在手之鸟；而未来的股利和出售股票的资本利得是不确定的收益，风险较大，好比林中之鸟。“众鸟在林不如一鸟在手”，较高的股利支付率可以消除投资者心中对公司未来盈利风险的担忧，投资者所要求的必要投资报酬率也会降低，因而公司价值和股票价格都会上升；反之，较低的股利支付率则会使公司价值和股票价格下降。

由于戈登等学者的理论贡献，“一鸟在手”理论广为流行。但是，也有些学者对这种理论提出批评，他们指出：“一鸟在手”理论混淆了投资决策和股利政策对公司风险的不同影响，认为资本利得的风险高于股利的风险是不符合实际情况的，并将这一理论称为“一鸟在手谬论”。这些批评者认为，用留存收益再投资形成的资本利得风险取决于公司的投资决策，与股利支付率高低无关，在投资决策一定的情况下，公司如何分配利润并不会改变公司的投资风险。股东在收到现金股利后，仍然可以根据自己的风险报酬偏好进行再投资，例如，他们可以用现金股利重新购买公司发行的新股来进行再投资。因此，投资者所承担的风险最终是由公司的投资决策所决定的，而不会受股利政策影响。

（二）税收差别理论

股利无关理论的一个重要假设是现金股利和资本利得没有所得税的差异。实际上，二者的所得税税率经常是不同的。一般来说，股利收入的所得税税率要高于资本利得的所得税税率。

由于不对称税率的存在，股利政策就会影响公司价值和股票价格。研究税率差异对公司价值及股利政策影响的股利理论被称为税收差别理论，其代表人物主要有利森伯格尔（Lizenberger）和拉马斯瓦米（Ramaswamy）。税收差别理论认为，由于股利收入的所得税税率通常都高于资本利得的所得税税率，这种差异会对股东财富产生不同影响。出于避税的考虑，投资者更偏爱低股利政策，公司实行较低的股利支付率政策可以为股东带来税收利益，有利于增加股东财富，促进股票价格上涨，而高股利支付率政策将导致股票价格下跌。除了税率上的差异，股利收入和资本利得的纳税时间也不同，股利收入在收到股利时纳税，而资本利得只有在出售股票获取收益时才纳税，这样，资本利得的所得税是延迟到将来才缴纳，股东可以获得货币时间价值的好处。但是，股东出售股票自制股利时会发生交易成本，这会抵消其税收利益。所以，对于那些希望定期获取现金收益和享受较低税率的投资者而言，高现金股利仍然是较好的选择。

根据我国现行《个人所得税法》的相关规定，股东获得公司派发的现金股利需要按照

20%的税率缴纳个人所得税，由公司在支付股利时代扣代缴。2005年6月13日，财政部等部门批准股利所得暂时减半征收个人所得税，即实际税率为10%。但是，目前股东出售股票获得的资本利得收益，只需支付交易费用和印花税，不必缴纳个人所得税。所以，从税收的角度来看，在我国，公司向股东分派高额现金股利对股东是不利的。

由于税收差异的存在，股利政策可以产生顾客效应。税收差别理论认为投资者可根据偏好不同被分为不同的类型，每种类型的投资者都偏好某种特定的股利政策，并喜欢购买采用符合其偏好政策的公司股票，这就是顾客效应。顾客效应在许多方面都有所表现，例如表现在资本结构政策上，有的投资者偏爱高杠杆政策，有的投资者则偏爱低杠杆政策。顾客效应表现在股利政策上，就是有些投资者喜欢高股利支付率政策，而有些投资者则喜欢低股利支付率政策。米勒和莫迪利亚尼在研究税收差异对股利政策的影响时就已注意到顾客效应的存在，他们发现低税率等级的投资者往往持有高股利公司的股票，因此，MM理论认为公司有动机采取适当的股利政策，以最大限度地减少股东的税收。

产生顾客效应的一个重要原因是不同的投资者具有不同的边际税率。在美国，不同收入的投资者的个人所得税税率会有很大的差异，个人所得税的边际税率从15%到39.6%不等，年收入越高的投资者适用的所得税税率越高，而低收入的投资者适用的所得税税率较低，甚至免交所得税。正是因为投资者的边际税率等级不同，导致他们对股利政策表现出不同的偏好。大量经验数据证明，投资者根据各自不同的税率等级自然分成偏好高股利政策的顾客和偏好低股利政策的顾客。高收入的投资者希望公司少支付现金股利或不支付现金股利，而将利润作为留存收益进行再投资，以提高股票的价格，即使将来需要现金，出售股票获得的资本利得收益也比现在收到股利收入所缴的个人所得税要少；低收入的投资者以及享受免税优惠的养老金等机构投资者则喜欢公司支付较高的现金股利，一方面是因为他们可以免交所得税或税率较低，另一方面是这些投资者更希望保持较高的资本流动性，例如一些退休的投资者就希望公司支付较高而稳定的现金股利，以便他们安排日常的生活支出。

由于顾客效应的存在，任何股利政策都不可能满足所有投资者的要求，特定的股利政策只能吸引特定类型的投资者。采用高股利支付率政策，可以吸引低边际税率等级的追随者；采用低股利支付率政策，可以吸引高边际税率等级的追随者。当公司改变股利政策时，就会吸引喜欢这一股利政策的投资者购买其股票，而另一类不喜欢这一股利政策的投资者就会出售其股票。当购买数量大于出售数量时，公司股价就会上涨，反之就会下跌，直至市场达到均衡状态。

（三）信号传递理论

MM股利无关理论假设投资者可以自由、免费地获取各种信息，并且投资者和公司管理层之间是信息对称的。但在现实生活中，投资者与公司管理层之间存在信息不对称，公司管理层拥有更多的关于公司发展前景方面的内部信息，相对来说，投资者处于信息劣势，他们对公司未来发展前景、经营状况和风险情况等方面的信息知道得较少。信号传递理论认为，在投资者与管理层信息不对称的情况下，股利政策包含了公司经营状况和未来发展前景的信息,投资者通过对这些信息的分析来判断公司未来盈利能力的变化趋势,以决定是否购买其股票,从而引起股票价格的变化。因此,股利政策的改变会影响股票价格变化,二者存在相关性,实证研究的结果也证实了这一结论。如果公司提高股利支付水平,等于向市场传递了利好信息,投资者会认为公司的未来盈利水平将提高,管理层对公司的未来发展前景有信心,从而购买股票引起股票价格上涨;如果公司以往的股利支付水平一直比较稳定,现在突然降低股利,就等于向市场传递了利空信息,投资者会对公司做出悲观的判断,从而出售股票导致股票价格下跌。根据信号传递理论,稳定的股利政策向外界传递了公司经营状况稳定的信息,有利于公司股票价格的稳定,因此,公司在制定股利政策时,应当考虑市场的反应,避免传递易于被投资者误解的信息。

(四)代理理论

现代企业理论认为,企业是一组契约关系的联结。契约关系的各方成为企业的利益相关者,各利益相关者之间的利益和目标并不完全一致,在信息不对称的情况下,企业各利益相关者之间形成诸多委托-代理关系。在经济学上,"委托-代理关系定义为一种契约关系,在这种契约下,一人或多人(即委托人)聘用另一人(即代理人)代表他们来履行某种服务,包括把若干决策权托付给代理人"。在委托-代理关系中,委托人与代理人之间存在信息不对称,代理人拥有内部信息,处于信息优势地位,委托人处于信息劣势地位,在双方利益不一致的情况下,代理人可能会利用其信息优势损害委托人利益,这就产生了代理问题。代理问题会降低企业的效率,增加企业的成本,这种成本在经济学上称为代理成本。经济学将研究委托-代理关系下代理问题及代理成本的理论称为委托-代理理论或代理理论。

股利分配作为公司一种重要的财务活动,也会受到各种委托-代理关系的影响。与股利政策有关的代理问题主要有以下三类:股东与经理之间的代理问题、股东与债权人之间的代理问题和控股股东与中小股东之间的代理问题。

这三类代理问题都会产生代理成本。代理成本理论认为,公司分派现金股利可以有效地降低代理成本,提高公司价值,因此,在股利政策的选择上,主要应考虑股利政策如何降低代理成本。下面分别探讨这三类代理问题对公司股利政策的影响。

1. 股东与经理之间的代理问题

在股份有限公司中,股东作为公司的投资者并不直接参与公司的经营管理活动,而是聘用经理从事经营管理活动,这样,在股东和经理之间便形成了委托-代理关系。经理作为代理人比股东更了解公司的经营状况和发展前景,并且掌握公司的经营决策权,经理在进行经营决策时并非总是以股东的利益最大化为目标,他们可能会出于自身的利益做出有违股东利益的行为,例如将大量的现金浪费在追求个人奢侈的在职消费、盲目地扩张企业规模、进行缺乏效率的并购等,这就增加了公司的代理成本。詹森(Michael Jensen)在研究股东与经理之间的代理问题时,提出了自由现金流量假说。他将自由现金流量定义为公司所持有的超过投资所有净现值为正的项目所需资本的剩余现金,自由现金流量留在公司内部并不能为公司创造价值,也不能给股东带来收益,理所当然要以现金股利的形式支付给股东。而代理理论认为，公司经理一般不愿意将自由现金流量以股利的形式分配给股东，而是倾向于将其留在公司内部，或者用于投资一些效率低下的项目以从中获得私人利益，因此，发放现金股利有利于降低这种代理成本。通过提高现金股利。可以带来三方面的好处：

（1）减少了公司的自由现金流量，股东获得这些股利收入后可以寻找新的投资机会，有利于增加股东的财富。

（2）减少了经理利用公司资源牟取个人私利的机会。

（3）由于留存收益减少，当公司未来有好的投资机会而需要资本时，必须从外部资本市场筹集资本，这样就加强了资本市场对经理的监督约束。

2. 股东与债权人之间的代理问题

由于股东拥有公司控制权，而债权人一般不能干涉公司的经营活动，这样股东会利用其控制权的优势影响债权人的利益，以使自身利益最大化，例如股东可能会要求公司支付高额现金股利，从而减少了公司的现金持有量，增加了债权人的风险。这种代理问题也会产生代理成本，通常债权人可能会要求在借款合同中规定限制性条款，或者要求公司对债务提供担保，从而增加了公司的成本费用。这种代理问题也会影响到公司的股利政策，股东和债权人之间会在债务合同中达成一个双方都能接受的股利支付水平。

3. 控股股东与中小股东之间的代理问题

公司股权比较集中的情况下就存在控股股东，控股股东利用其持股比例的优势会控制公司的董事会和管理层，而中小股东在公司中的权利常常被忽视。控股股东的存在会带来两方面的影响：一方面，控股股东有强烈的动机对管理层进行监督，并对公司的经营决策施加影响，这样有利于减少经理的利益侵占；另一方面，产生了控股股东与中小股东之间的代理问题，控股股东可能利用其在公司中的控制权侵占公司的利益，例如大股东占用公司资产以牟取私利，这样就损害了中小股东的利益。针对这一问题，施莱费尔（Shleifer）等学者提出了掏空假说，将掏空定义为公司控股股东为了自己的利益将公司的资产或者利润转移出去的行为。代理理论认为，通过提高现金股利可以减少控股股东可支配的资本，降低掏空对公司利益的损害，从而保护中小股东的利益。

由此可见，代理理论主张高股利支付率政策，认为提高股利支付水平可以降低代理成本，有利于提高公司价值，但是，这种高股利支付率政策也会带来外部筹资成本增加和股东税负增加的问题。所以，在实践中，需要在降低代理成本与增加筹资成本和税负之间权衡，以制定出最符合股东利益的股利政策。

第三节　股利分配政策的选择

一、股利政策的内容

股利政策是确定公司的净利润如何分配的方针和策略。公司的净利润是公司从事生产经营活动所取得的剩余收益，是股东对公司进行投资应得的投资报酬。从权益上讲，公司实现的净利润属于全体股东的权益，无论是以现金的形式给股东分红，还是作为留存收益留在公司内部，都属于股东的财富。公司将净利润以现金股利的形式分配给股东，股东可以用这些现金进行其他的投资或者用于消费；公司将净利润留存在公司内部，实际上是股东对公司进行再投资。因此，无论如何分配都没有改变净利润是股东财富的性质。但是，通过前面的股利理论分析可知，公司如何分配利润对股东财富具有现实的影响。这样，股利政策就成为公司财务管理的一项重要政策。

在实践中，公司的股利政策主要包括四项内容：

(1)股利分配的形式，即采用现金股利还是股票股利；

(2)股利支付率的确定；

(3)每股股利额的确定；

(4)股利分配的时间，即何时分配和多长时间分配一次。

其中，每股股利与股利支付率的确定是股利政策的核心内容，它决定了公司的净利润中有多少以现金股利的形式发放给股东，有多少以留存收益的形式对公司进行再投资。一般来说，投资者对每股股利的变动会比较敏感，如果公司各年度之间的每股股利额相差较大，就给市场传递了公司经营业绩不稳定的信号，不利于公司股票价格的稳定。

二、股利政策的评价指标

投资者在购买股票进行投资时，通常会对公司的股利政策做出评价。用来评价公司股利政策的指标主要有两个：股利支付率和股利收益率。

(一)股利支付率

股利支付率是公司年度现金股利总额与净利润总额的比率，或者是公司年度每股股利与每股利润的比率。其计算公式表示为：

$$P_d = \frac{D}{E} \times 100\% \qquad (式7-13)$$

或：

$$P_d = \frac{DPS}{EPS} \times 100\% \qquad (式7-14)$$

式中：P_d表示股利支付率；D 表示年度现金股利总额；E 表示年度净利润总额；DPS 表示年度每股股利；EPS 表示年度每股利润。

股利支付率用来评价公司实现的净利润中有多少用于给股东分派红利。股利支付率反映了公司所采取的股利政策是高股利政策还是低股利政策。根据前面的股利理论可知，股利支付率的高低并不是区分股利政策优劣的标准。基于各种原因，不同的公司会选择不同的股利支付率。

与股利支付率相关的另一个指标是留存收益比率，用来评价公司净利润用于再投资的比例。留存收益比率是公司留存收益与净利润的比率，等于 1 减去股利支付率。

（二）股利收益率

股利收益率是公司年度每股股利与每股价格的比率。其计算公式表示为：

$$K_d = \frac{DPS}{P_0} \times 100\% \qquad \text{（式 7-15）}$$

式中：K_d表示股利收益率；DPS 表示年度每股股利；P_0表示每股价格。

股利收益率是投资者评价公司股利政策的一个重要指标，它反映了投资者进行股票投资所取得的红利收益，是投资者判断投资风险、衡量投资收益的重要标准之一。较高的股利收益率说明公司股票具有较好的投资回报，投资者通常倾向于购买高股利收益率的股票。

三、股利政策的影响因素

在公司利润分配的实践中，制定股利政策会受到各种因素的影响和制约，公司必须认真审查这些影响因素，以便制定出适合本公司的股利政策。一般来说，影响股利政策的主要有法律因素、债务契约因素、公司自身因素、股东因素、行业因素等。

（一）法律因素

为了保护投资者的利益，各国法律如《公司法》《证券法》等都会对公司的股利分配进行一定的限制。影响公司股利政策的主要法律因素有：

1. 资本保全的约束

资本保全是为了保护投资者的利益而做出的法律限制。股份公司只能用当期利润或留用利润来分配股利，不能用公司募集的资本发放股利，公司支付股利不能侵蚀公司的资本。这样的限制规定是为了保全公司的股东权益资本，以维护债权人的利益。

2. 企业积累的约束

这一规定要求股份公司在分配股利之前，应当按法定的程序先提取各种公积金。我国有关法律法规明确规定，股份公司应按税后利润的 10% 提取法定公积金，并且鼓励企业在分配普通股股利之前提取任意盈余公积金，只有当公积金累计数额已达到注册资本的 50% 时，才可不再提取。法律法规有关企业积累的规定有利于提高企业的生产经营能力，增强企业抵御风险的能力，维护了债权人的利益。

3. 企业利润的约束

利润是发放股利的基础，公司可以用当年利润或以前年度利润发放股利。但是，在公司以前年度的亏损没有全部弥补时，不能发放股利。按照我国法律法规的规定，只有以前年度利润弥补完之后，若还有剩余利润，才能用于分配股利。

4. 偿债能力的约束

这是规定公司在分配股利时，必须保持充分的偿债能力。公司分配股利不能只看利润表上的净利润的数额，还必须考虑到公司的现金是否充足。如果因分配现金股利而影响了公司的偿债能力或正常的经营活动，股利分配就要受到限制。

（二）债务契约因素

债权人为了防止公司过多发放现金股利，影响其偿债能力、增加债务风险，会在债务契约中规定限制公司发放现金股利的条款。这种限制性条款通常包括：

（1）规定每股股利的最高限额。

（2）规定未来股息只能用贷款协议签订以后的新增收益来支付，而不能动用签订协议之前的留存利润。

（3）规定企业的流动比率、利息保障倍数低于一定标准时，不得分配现金股利。

（4）规定只有当公司的盈利达到某一约定的水平时，才可以发放现金股利。

（5）规定公司的股利支付率不得超过限定的标准，等等。

债务契约的限制性规定，限制了公司的股利支付，促使公司增加留存收益，扩大再投资规模，从而增强公司的经营能力，保证公司能如期偿还债务。

（三）公司自身因素

公司自身因素的影响是指公司内部的各种因素及其面临的各种环境、机会对其股利政策产生的影响。主要包括现金流量、筹资能力、投资机会、资金成本、盈利状况、公司所处的生命周期等。

1. 现金流量

公司在经营活动中，必须有充足的现金流量，否则就会发生支付困难。公司在分配现金股利时，必须考虑到现金流量以及资产的流动性。如果公司的现金流量充足，特别是在满足投资所需资本后，仍然有剩余的自由现金流量时，就应当适当提高股利水平；反之，即使公司当期利润较多而现金流量不足，也应当限制现金股利的支付，过多地分配现金股利会减少公司的现金持有量，影响未来的支付能力，甚至可能导致公司出现财务困难。

2. 筹资能力

筹资能力是影响公司股利政策的一个重要因素。不同的企业在资本市场上的筹资能力会有一定的差异，公司在分配现金股利时，应当考虑到自身的筹资能力来确定股利支付水平。如果公司筹资能力较强，能够较容易地在资本市场上筹集到资本，就可以采取比较宽松的股利政策，适当提高股利水平；如果筹资能力较弱，就应当采取比较紧缩的股利政策，少发放现金股利，增加留存收益。

3. 投资机会

公司在制定股利政策时会考虑未来投资对资本的需求。在公司有良好的投资机会时,就应当考虑少发放现金股利,增加留存收益,将资本用于再投资,这样可以加速企业的发展,增加未来的收益,这种股利政策往往也易于为股东所接受。在企业没有良好的投资机会时,往往倾向于多发放现金股利。理论研究表明,成长快的公司经常采用低股利支付率政策,就是因为这样的公司有较多的投资机会,增加留用利润可以保证有更多的资本用于再投资。

4. 资金成本

资金成本是企业选择筹资方式的基本依据。留用利润是企业内部筹资的一种重要方式,同发行新股或举借债务相比,其具有资本成本低的优点。如果公司一方面大量发放现金股利,另一方面又要通过资本市场发行新股筹集资本,由于存在交易费用和所得税,这样会增加公司的综合资本成本,也会减少股东财富。因此,在制定股利政策时,应当充分考虑到公司对资本的需求以及资金成本等问题。

5. 盈利状况

公司的股利政策在很大程度上会受其盈利能力的影响。如果公司未来的盈利能力较强,并且盈利稳定性较好,公司就倾向于采用高股利支付率政策;反之,如果公司盈利能力较弱,盈利的稳定性较差,则公司会考虑应对未来经营和财务风险的需要,常常采用低股利支付率政策。

6. 公司所处的生命周期

公司的生命周期主要包括初创阶段、成长阶段、成熟阶段和衰退阶段四个时期。在不同的发展阶段,由于公司的经营状况和经营风险不同,对资本的需求情况会有很大差异,这必然会影响到公司股利政策的选择。公司所采取的股利政策理所当然地要符合其所处的发展阶段。表 7-1 列示了公司在不同发展阶段的经营活动和应选择的股利政策。

表 7-1　不同发展阶段的公司股利政策

因素	初创阶段	成长阶段	成熟阶段	衰退阶段
资金需求	受公司规模等因素限制	因为扩张的需要,资本需求量很大	公司规模基本稳定,资本需求量适中	资本需求量降低
盈利能力	无盈利或盈利过少	盈利逐步增加	盈利较好,且盈利稳定	盈利下降
现金流量	因为进行投资,现金流量是负的	有少量现金流量产生	现金流量增加	相对于公司价值来说,现金流量较高
股利政策	不发放现金股利	不发放现金股利或者采用低股利支付率政策	增加现金股利分配,采用稳定的股利支付率政策	采用特殊的股利政策,回购股票

(四)股东因素

公司的股利分配方案必须经过股东大会决议通过才能实施,股东对公司股利政策具有举足轻重的影响。一般来说,影响股利政策的股东因素主要有以下几个方面:

1. 追求稳定的收入,规避风险的需要

有的股东依赖于公司发放的现金股利维持生活,如一些退休者,他们往往要求公司能够定期支付稳定的现金股利,反对公司留用过多的利润。还有些股东是"一鸟在手论"的支持者,他们认为留用利润进行再投资,尽管可能会使股票价格上升,但是所带来的收益具有较大的不确定性,还是取得现实的现金股利比较稳妥,这样可以规避较大的风险,因此这些股东也倾向于多分配现金股利。

2. 担心控制权的稀释

有的大股东持股比例较高,对公司拥有一定的控制权,他们出于对公司控制权可能被稀释的担心,往往倾向于公司少分配现金股利,多留用利润。如果公司发放大量的现金股利,就可能造成未来经营所需的现金紧缺,导致公司不得不通过发行新股来筹集资本,虽然公司的老股东有优先认股权,但必须拿出一笔数额可观的现金,否则其持股比例就会降低,其对公司的控制权就有被稀释的危险,因此,他们宁愿少分现金股利,也不愿看到自己的控制权被稀释,当他们拿不出足够的现金认购新股时,就会对分配现金股利的方案投反对票。

3. 规避所得税

多数国家的红利所得税税率都高于资本利得所得税税率,有的国家红利所得税采用累进税率,边际税率很高。这种税率的差异会使股东更愿意采取可避税的股利政策。高收入的股东为了避税往往反对公司发放过多的现金股利,而低收入的股东因个人税负较轻甚至免税,可能会欢迎公司多分现金股利。按照我国《个人所得税法》等相关规定,股东从公司分得的红利应按20%的比例税率缴纳个人所得税,而对股票交易获得的资本利得收益目前还没有开征个人所得税,因而对股东来说,股票价格上涨获得的收益比分得现金股利更具有避税功能。

四、股利政策的类型

通过前面的分析可知,公司在制定股利政策时会受到多种因素的影响,并且不同的股利政策也会对公司的股票价格产生不同的影响。因此,对于股份公司来说,制定一个合理的股利政策是非常重要的,股利政策的选择既要符合公司的经营状况和财务状况,又要符合股东的长远利益。在实践中,股份公司常用的股利政策主要有五种类型:剩余股利政策、固定股利政策、稳定增长股利政策、固定股利支付率股利政策和低正常股利加额外股利政策。

(一)剩余股利政策

在制定股利政策时,公司的投资机会和筹资能力是两个重要的影响因素。剩余股利政策就反映了股利政策与投资、筹资之间的关系。在公司有良好的投资机会时，为了降低资本成本，公司通常会采用剩余股利政策。实证研究表明，公司的成长机会较多，由于可支配的现金流量相对较少，公司就会采取低股利支付率股利政策，而将较多的留用利润用于投资项目。也就是说，成长机会与股利支付水平负相关。所谓剩余股利政策，就是在公司确定的最佳资本结构下，税后净利润首先要满足项目投资所需要的股权资本，然后若有剩余才用于分配现金股利。剩余股利政策是一种投资优先的股利政策。采用这种股利政策的先决条件是公司必须有良好的投资机会，并且该投资机会的预期报酬率要高于股东要求的必要报酬率，这样才能为股东所接受。如果公司投资项目的预期报酬率不能达到股东要求的必要报酬率，则股东会更愿意公司发放现金股利，以便他们自己寻找其他的投资机会。

采取剩余股利政策的公司，因其有良好的投资机会，投资者会对公司未来的获利能力有较好的预期，因而其股票价格会上升，并且以留用利润来满足最佳资本结构下对股东权益资本的需要，可以降低企业的资本成本，也有利于提高公司价值。但是，这种股利政策不会受到希望有稳定的股利收入的投资者的欢迎，如那些依靠股利生活的退休者，因为剩余股利政策往往导致各期股利忽高忽低。

实行剩余股利政策，一般应按以下步骤来确定股利的分配额：

(1)根据选定的最佳投资方案，测算投资所需的资本数额。

(2)按照公司的目标资本结构，测算投资所需要增加的股东权益资本的数额。

(3)税后净利润首先用于满足投资所需要增加的股东权益资本的数额。

(4)在满足投资需要后的剩余部分用于向股东分配股利。

目标资本结构可视为公司的最佳资本结构，剩余股利政策要符合目标资本结构的要求，才能使公司的综合资本成本最低。如果破坏了最佳资本结构，就不能取得使公司的综合资金成本达到最低的效果。

【例 7-1】某公司 2017 年年初未分配利润-100 万，2017 年实现净利润 1200 万元。公司计划 2018 年新增加投资资本 1000 万元。公司的目标资本结构为权益资本占 70%，债务资本占 30%。按法律规定，公司须按净利润 10% 提取公积金。公司采用剩余股利政策。则公司应分配多少股利？

计算得：

$$利润留存=1000\times70\%=700(万元)$$

$$股利分配=1200-700=500(万元)$$

在剩余股利政策下，不需要考虑以前年度未分配利润的问题，因此 2017 年年初未分配利润-100 万元不影响 2017 年的利润分配。按净利润 10% 提取的公积金含在留存收益中了，不需要单独考虑。

(二)固定股利政策

固定股利政策是指公司在较长时期内每股支付固定股利额的股利政策。固定股利政策在公司盈利发生一般的变化时，并不影响股利的支付，而是使其保持稳定的水平；只有当公司对未来利润增长确有把握，并且这种增长被认为是不会发生逆转时，才会增加每股股利额。实行这种股利政策者都支持股利相关论，他们认为公司的股利政策会对公司股票价格产生影响，股利的发放是向投资者传递公司经营状况的某种信息。

实施固定股利政策的理由是：

1. 固定股利政策可以向投资者传递公司经营状况稳定的信息

如果公司支付的股利稳定，则说明该公司的经营业绩比较稳定，经营风险较小，这样可使投资者要求的必要报酬率降低，有利于股票价格上升；如果公司的股利政策不稳定，股利忽高忽低，则会给投资者传递公司经营不稳定的信息，从而导致投资者对风险的担心，会使投资者要求的必要报酬率提高，使股票价格下降。

2. 固定股利政策有利于投资者有规律地安排股利收入和支出

那些希望每期能有固定收入的投资者非常欢迎公司采取固定股利政策，这样，他们就可以有计划地安排其日常开支，而忽高忽低的股利政策可能会降低他们对这种股票的需求，从而会使股票价格下降。

3. 固定股利政策有利于股票价格的稳定

公司采取固定股利政策，为了维持稳定的股利水平，有时可能会使某些投资方案延期，或者使公司资本结构暂时偏离目标资本结构。但是，持固定股利政策观点的公司认为，即便这样，也比减少股利有利于股票价格的稳定。因为突然降低股利，会使投资者认为公司的经营出现了困难，业绩在下滑，从而可能使股票价格快速下跌，这对公司和股东更不利。然而也应当看到，尽管这种股利政策有股利稳定的优点，但它仍可能会给公司造成较大的财务压力，尤其是在公司净利润下降或现金紧张的情况下，公司为了保证股利的照常支付，容易导致现金短缺、财务状况恶化。在非常时期，可能不得不降低股利额。因此，这种股利政策一般适合经营比较稳定的公司采用。

（三）稳定增长股利政策

稳定增长股利政策是指在一定的时期内保持公司的每股股利额稳定增长的股利政策。采用这种股利政策的公司一般会随着公司盈利的增加，保持每股股利平稳地提高。公司确定一个稳定的股利增长率，实际上是给投资者传递该公司经营业绩稳定增长的信息，可以降低投资者对该公司风险的担心，从而有利于股票价格上升。公司在采取稳定增长股利政策时，要使股利增长率等于或略低于利润增长率，这样才能保证股利增长具有可持续性。稳定增长股利政策适合于处于成长或成熟阶段的公司，在公司的初创阶段或衰退阶段则不适合采用这种股利政策。行业特点和公司经营风险也是影响公司是否应当采用稳定增长股利政策的重要因素。通常，公共事业行业的公司经营活动比较稳定，受经济周期影响较小，比较适合采用稳定增长股利政策，而一些竞争非常激烈的行业，由于公司经营风险较大，经营业绩变化较快，一般不适合采用这种股利政策。

（四）固定股利支付率股利政策

固定股利支付率股利政策是一种变动的股利政策，公司每年都从净利润中按固定的股利支付率发放现金股利。持这种股利政策者认为，只有维持固定的股利支付率，才算真正公平地对待每一位股东，他们信守的格言是“公司赚2元，1元分给股东，1元留存公司”。这种股利政策使公司的股利支付与盈利状况密切相关：盈利状况好，则每股股利额增加；盈利状况不好，则每股股利额下降。股利随公司的经营业绩“水涨船高”。这种股利政策不会给公司造成较大财务负担，但是，公司的股利水平可能变动较大、忽高忽低，这样可能给投资者传递该公司经营不稳定的信息，容易使股票价格产生较大波动，不利于树立良好的公司形象。有的人认为这种股利政策不可能使公司价值达到最大，所以反对这种股利政策。但在实践中，许多公司都有一个长期稳定的目标股利支付率，虽然实际股利支付率可能会偏离这个目标股利支付率，但基本都是在一定的范围内变动，不会相差太大。

（五）低正常股利加额外股利政策

低正常股利加额外股利政策是一种介于固定股利政策与变动股利政策之间的折中的股利政策。这种股利政策每期都支付稳定的较低的正常股利额，当企业盈利较多时，再根据实际情况发放额外股利。这种股利政策具有较大的灵活性；在公司盈利较少或投资需要较多资本时，可以只支付较低的正常股利，这样既不会给公司造成较大的财务压力，又能保证股东定期得到一笔固定的股利收入；在公司盈利较多且不需要较多投资资本时，可以向股东发放额外的股利。低正常股利加额外股利政策，既可以维持股利的一贯稳定性，又有利于使公司的资本结构达到目标资本结构，使灵活性与稳定性较好地结合，因而为许多公司所采用。

五、股利政策制定的程序

股份有限公司在制定股利政策时，应遵循一定的程序，不同股利政策的制定程序有所不同。下面以固定股利支付率股利政策为例来说明股利政策制定的基本程序。

（一）测算公司未来剩余的现金流量

公司在制定股利政策时，首先应当预测公司未来年度的盈利和现金流量，预测的期限一般应为5年左右，这样才能保证经营活动的长期规划得以实现。预测未来的盈利和现金流量是一项比较复杂的工作，宏观经济形势、市场变化和公司自身经营状况都会影响对盈利和现金流量预测的准确性。因此，在做公司的经营预算和资本预算时，必须保持一定的弹性空间，公司要从股东的利益出发，在确保重要的经营活动和投资项目能够顺利完成的情况下，充分利用现金，提高资本利用效率。

（二）确定目标股利支付率

确定目标股利支付率是公司股利政策的一项重要内容。公司在确定股利支付率时，应考虑其发展阶段、经营规模、财务状况和股东构成等因素，并参照同行业具有可比性公司的股利支付率。在国外，同行业的公司通常具有“习惯性的股利支付率范围”，大多数公司在确定股利支付率时都会参照同类公司的股利政策。目标股利支付率一旦确定，通常在较长的时期内不宜变动太大。

(三)确定年度股利额

理论上,公司支付的现金股利额应等于投资于所有净现值为正的投资项目之后的剩余现金数量,但在实践中,考虑到投资预算的不确定性、股东的偏好、融资的约束等因素,现金股利额应在此基础上进行适当的调整。出于谨慎性考虑,公司一般会适当地增加留存收益,以预防盈利和现金流量的不确定性。如果公司该年盈利大幅度增加,根据信号传递理论,也应当参考以往年度的股利额来确定该年度股利支付数量,尽量保持股利政策的稳定性,以使投资者有稳定的预期。

(四)确定股利分派日期

在西方国家,许多公司按季度支付股利,我国公司大多半年或一年支付一次股利。现金股利分派会发生大量的现金流出,何时分派对公司财务状况会产生较大影响。公司确定了年度股利额之后,应当根据其经营预算、投资项目进展情况和现金流量状况合理地安排股利分派的日期。

1. 测算公司未来剩余的现金量

如庆余堂公司对中药注射剂项目进行评估,净现值为正,项目具有可行性,公司决定实施该项目。预计该项目需要的投资总额为 27 700 万元,在今后 5 年的投资额分别为:第 1 年为 4000 万元,第 2 年为 4500 万元,第 3 年为 5800 万元,第 4 年为 6400 万元,第 5 年为 7000 万元。在未来 5 年中,庆余堂公司的预期剩余现金量总额为 17 500 万元。

2. 确定目标股利支付率

如庆余堂公司预计未来 5 年的净利润总额为 37 600 万元,而预计剩余现金量为 17 500 万元,占净利润总额的 46.54%。该公司过去实施固定股利政策,股利支付率各年变化不大,大约为 50%。公司财务人员分析了制药行业公司的股利支付率在 40% 到 60% 之间,认为过去该公司的股利支付率 50% 是比较合理的。虽然今后 5 年公司业绩会平稳增长,但要发生大量的投资支出,因此财务经理建议董事会可适当降低股利支付率,认为股利支付率在 40% 到 48% 之间比较适当。

3. 分析不同的股利政策,确定年度股利额

说明了现行股利政策和两个备选股利政策对公司未来 5 年现金流量的影响。如果公司继续实施现行的固定股利政策,每年每股股利为 0.21 元,那么,公司未来 5 年的股利支付率会逐年降低,这样可能会引起股东的不满,并且这种股利政策会导致公司出现大量的现金结余,5 年预计现金结余总额为 7000 万元,因此,这种股利政策不符合股东利益。

备选股利政策 A 是固定股利支付率政策,维持目前 50% 的股利支付率。如果采用这种股利政策,5 年中预计发放的股利总额为 18 800 万元,这样会使公司投资项目无法用留用利润来实施,存在 1300 万元的现金短缺,必须从外部筹集资本。考虑到筹资费用和税收等因素影响,这种股利政策也不符合股东利益。

备选股利政策B是一个股利额稳定增长、股利支付率大约为46%的股利政策，经测算，采用这种股利政策，公司完全可以用留用利润满足项目的投资需要，并且不会导致公司出现大量的剩余现金量。这种股利政策既能满足股东对股利增长的要求，也不必通过外部筹资实施投资项目，是符合股东利益的。因此，董事会决定采用股利政策B。

4. 确定股利分派日期

如庆余堂公司根据往年股利分派的惯例，还是保持每半年分派一次股利，但具体分派月份需要根据各年投资进度及现金流量情况做出一些调整，以使公司现金流量保持平衡。

第四节　股票回购与股票分割

一、股票回购的概念

股票回购是股份公司出资购回本公司发行在外的股票，将其作为库藏股或进行注销的行为。20世纪70年代，美国政府对公司分配现金红利施加了限制，导致一些公司采用股票回购方式向股东分利。此后，股票回购成为公司一种特殊的利润分配形式。公司回购的股票可以注销，以减少公司的股本总额，也可以作为库藏股，公司持有的库藏股可以在将来出售或者用于实施股权激励计划。公司持有本公司的库藏股通常不能超过一定期限，这是为了避免公司管理层利用库藏股操纵每股利润或股票价格，库藏股也不能享有与正常的普通股相同的权利，例如没有投票权和分派股利的权利。我国2005年发布的《上市公司回购社会公众股份管理办法（试行）》规定，上市公司回购股票只能是为了减少注册资本而进行注销，不允许作为库藏股由公司持有。

股票回购常被看作对股东的一种特殊回报方式，但与发放现金股利还是存在差异的。公司通过股票回购减少了流通在外的普通股股数，从而使每股利润增加，股票价格也随之上涨，可为股东带来资本利得收益。如果不存在个人所得税和交易成本，股票回购和发放现金股利对股东财富的影响并无差异，但是，通常情况下，资本利得所得税税率要低于股利所得税税率，这样公司回购股票可以为股东规避部分税负，为股东带来税收利益。但是，现金股利毕竟是公司对股东一种长期稳定的回报方式，而股票回购不能经常采用，只在公司拥有大量闲置现金的情况下才能偶尔为之。

二、股票回购的动机

公司进行股票回购的主要动机在理论上有多种解释，信号理论、税差理论、代理理论和公司控制权市场理论等主流财务理论都对股票回购动因做出了各自的解释。

(一)传递股价被低估信号的动机

由于外部投资者与公司管理层之间存在信息不对称,二者对股票价值的认识可能会存在较大差异,当资本市场低迷时,公司的股价就有可能被低估。如果管理层认为本公司股票被严重低估时,公司就可以通过股票回购行为来传递这种信号,从而促使公司股价上涨。实际上,公司的股票回购公告发布之后,通常会令股票价格上涨。

(二)为股东避税的动机

前已述及,由于资本利得与现金股利存在税率差异,现金股利的税率通常高于资本利得的税率,公司为了减少股东缴纳的个人所得税,可以用股票回购的方式代替发放现金股利,从而为股东带来税收利益。

(三)减少公司自由现金流量的动机

当公司存在过多的自由现金流量的情况下,公司可以通过股票回购的方式将现金分配给股东。股票回购可以使公司流通在外的股票数量减少,由于每股利润增加,在市盈率不变的情况下,股价会上涨,股东所持有的股票总市值会增加,这等于向股东分配了现金。此外,由于公司的自由现金流量减少,也降低了公司的代理成本。

(四)反收购的动机

当公司的股票被低估时,就有可能成为被并购的目标,从而对现有股东的控制权产生威胁。为了维护原有股东对公司的控制权,预防或抵制敌意并购,公司可以通过股票回购方式,减少流通在外的股票股数,提高股票价格。实证研究表明,当公司成为被收购目标的风险越大时,就越有可能回购股票。

三、股票回购的方式

公司进行股票回购主要可以通过以下四种方式进行。

(一)公开市场回购

公开市场回购是指上市公司在证券市场上按照股票市场价格回购本公司的股票。通常公司回购股票时都会有一个最高限价,回购股票的数量也有明确的限定。通过公开市场回购的方式回购股票,很容易导致股票价格上涨,从而增加了回购成本。一般来说,当公司回购股票的目标已经达到的情况下,就可以停止回购。根据我国证监会2005年发布的《上市公司回购社会公众股份管理办法(试行)》的规定,上市公司可以采用证券交易所集中竞价交易方式回购股票,但须履行信息披露义务。如在回购股份期间,应当在每个月的前3个交易日内公告截至上月末的回购进展情况,并且当回购股份占公司总股本的比例每增加1%时,应当在两个交易日内进行公告。

(二)要约回购

要约回购是指公司通过公开向股东发出回购股票的要约来实现股票回购计划。要约回购的价格一般高于市场价格。在公司公告要约回购之后的限定期限内,股东可自愿决定是否按要约价格将持有的股票出售给公司。如果股东愿意出售的股数多于公司计划回购的股数,公司可以自行决定购买部分或全部股票。通常,在公司回购股票的数量较大时,可采用要约回购方式。根据《上市公司回购社会公众股份管理办法(试行)》的规定,上市公司采用要约回购方式回购股票,其要约价格不得低于回购报告书公告前30个交易日股票每日加权平均价的算术平均值,并且要约期限不得少于30日,不得超过60日。

(三)协议回购

协议回购是指公司与特定的股东私下签订购买协议回购其持有的股票。协议回购方式通常作为公开市场回购方式的补充。采用这种方式,公司必须公开披露股票回购的目的、数量等信息,并保证回购价格公平,以避免公司向特定股东进行利益输送,侵害其他股东利益。协议回购方式回购股票的价格通常低于当前市场价格,并且一次回购股票的数量较大,作为大宗交易在场外进行。

(四)转换回购

转换回购是指公司用债券或者优先股代替现金回购普通股的股票回购方式。采取转换回购方式,公司不必支付大量的现金,对于现金流量不十分充足的公司而言,这是一种可选的回购方式,而且采用这种回购方式还可以起到调整资本结构的作用。但是,由于债券或优先股的流动性比普通股要差,因而采用转换回购方式时,可能需要支付一定的溢价,因而提高了股票回购成本。

四、股票分割

(一)股票分割的概念

股票分割是指将面值较高的股票分割为几股面值较低的股票。例如将原来每股面值为10元的普通股分割为2股面值为5元的普通股。通过股票分割,公司股票面值降低,同时公司股票总数增加,股票的市场价格也会相应下降,因此,股票分割不会增加公司价值,也不会增加股东财富。

股票分割时,发行在外的股数增加,使得每股面额降低,每股盈余下降;但公司价值不变,股东权益总额、权益各项目的金额及其相互间的比例也不会改变。只是普通股股数提高了一倍。但是,股票分割对每股盈余的影响,以及对每股市价的影响却是明显的。

【例7-2】某人拥有1000股波音公司(BA)的股票,当公司宣布1∶2股票分割后,原有的1000股股票便会变为2000股:

$$1000\times2=2000(\text{股})$$

如果1股股票原先价钱是40美元,那么分割后的价钱便为:

$$40\times(1/2)=20(\text{美元})$$

基本上股票的总市值还是一样的(即原来的40元/股×1000=40 000美元与分割后的20美元/股×2000=40 000美元相等)。在股票未分割前它的价值是40 000美元

（1000 股×40 美元）。分割后它的总价值还是 40 000 美元（2000 股×20 美元）。

一般来说，公司进行股票分割主要有以下两种动机。

1. 通过股票分割使股票价格降低

有些公司股票价格过高，一些中小投资者由于资金量的限制不愿意购买高价股票，这样会使高价股的流动性受到影响。为了将股票价格降下来，公司就可以采用股票分割的办法。股票分割后，公司股票数量增加，股价降低，股票在市场上的交易会更加活跃。

2. 通过股票分割向投资者传递公司信息

与分配股利一样，股票分割也可以向投资者传递公司未来经营业绩变化的信息。一般来说，处于成长阶段的中小公司，由于业绩的快速增长，股价会不断上涨，此时公司进行股票分割，实际上表明公司未来的业绩仍然会保持良好的增长趋势，这种信息的传递也会引起股票价格上涨。

（二）股票分割与股票股利的比较

1. 相同点

对于公司来说，进行股票分割与发放股票股利都属于股本扩张政策，二者都会使公司股票数量增加，股票价格降低，并且都不会增加公司价值和股东财富。从这些方面来看，股票分割与股票股利是十分相似的，但二者也存在以下差异。股票分割降低了股票面值，而发放股票股利不会改变股票面值。这主要是因为股票分割是股本重新分拆，将原来的股本细分为更多的股份，因而每股面值会相应成比例降低，而股票股利是公司用实现的净利润向股东无偿分派股票，股票面值不会降低。

2. 不同点

会计处理不同。股票分割不会影响到资产负债表中股东权益各项金额的变化，只是股票面值降低，股票股数增加，因而股本的金额不会变化，资本公积金和留用利润的金额也不会变化。发放股票股利，公司应将股东权益中的留用利润的金额按照发放股票股利面值总数转为股本，因而股本的金额相应增加，而留用利润相应减少。

我国股份公司发行的普通股一般面值为 1 元，所以通常不进行股票分割。在实践中，我国公司常采用资本公积转增本和发放股票股利的方式进行股本扩张，基本能够与股票分割达到同样的目的。

【练习题】

2016 年某公司获得 1500 万元净利润，其中 300 万元用于支付股利。2016 年企业经营正常，在过去 5 年中，净利润增长率一直保持在 10%。然而，预计 2017 年净利润将达到 1800 万元，2017 年公司预期将有 1200 万元的投资机会。预计该公司未来无法维持 2017 年的净利润增长水平（2017 年的高水平净利润归因于当年引进的盈余水平超常的生产线），此后公司仍将恢复到 10% 的增长率。2016 年该公司的目标负债率为 40%，未来将维持在此水平。

要求：分别计算在以下各种情况下该公司2017年的预期股利。

1. 公司采取稳定增长的股利政策，2017年的股利水平设定旨在使股利能够按长期盈余增长率增长。

2. 公司保持2016年的股利支付率。

3. 公司采取剩余股利政策。

4. 公司采用低正常股利加额外股利政策，固定股利基于长期增长率，超额股利基于剩余股利政策（分别指明固定股利和超额股利）。

第八章 并购管理与杠杆并购

【学习目标】

1. 了解并购内涵与类型
2. 了解股权并购的不同模式
3. 掌握杠杆收购内涵特征等概念
4. 了解杠杆收购相关理论

第一节 并购的内涵与类型

一、并购的含义

并购指兼并(merger)和收购(acquisition)。兼并,又称吸收合并,指两家或更多的独立企业,公司合并组成一家企业,通常由一家占优势的公司吸收一家或多家公司。收购是指一家企业用现金或者有价证券购买另一家企业的股票或者资产,以获得对该企业的全部资产或者某项资产的所有权,或对该企业的控制权。与并购意义相关的另一个概念是合并(consolidation),是指两个或两个以上的企业合并成为一个新的企业,合并完成后,多个法人变成一个法人。

并购投资是公司对外投资的基本方式之一,在公司对外投资中占有很大比例。并购投资方式是指投资公司通过对已存在的目标公司实行股权并购或资产并购,使投资公司成为目标公司的控股股东或者接管目标公司的资产和业务的投资行为,由此可见,投资并购方式以目标企业的存在为前提,没有目标公司就不能进行投资。

并购投资方式的基本特点是:使用目标公司企业平台或者继续目标公司的业务;投资成本高,但并购后业务的起点也高;整合难度大,但整合效益也大。并购投资方式又衍生出股权并购和资产并购两种基本模式。从企业角度讲,并购投资,无论是股权并购还是资产并购，与新设投资方式相比最大的特点是，可以化竞争之“敌”为竞争之“友”，减弱市场竞争压力，使投资公司在目标市场取得超额利润。因此，并购投资方式要受到我国《反垄断法》的限制。

二、股权并购的含义

股权并购是指投资公司以投资自然人作为并购方，通过目标公司股东进行有关目标公司股权的交易，使投资公司成为目标公司的股东投资的投资行为。这种行为可以表现为股权受让、增资入股、公司合并等具体操作模式。或者说在实务中股权并购投资方式衍生出这三种具体操作模式。股权并购交易的标的和内涵是股东对目标公司的收益。不仅股权受让如此，增资并购和合并并购也如此，这是股权并购的本质特征，也是股权并购区别于资产并购的核心所在。股权并购程序复杂、风险大，不仅具有投资具有的投资风险，而且在并购过程中有其独有的风险。从实务中看，并购投资方式是公司对外投资的主要方式，而股权并购又是并购投资方式的主要形式。

三、股权并购的优点

讨论股权并购投资方式的优缺点，对于在实务中正确使用这种投资方式，趋利避害，防范投资风险具有重要意义，股权并购有以下优点：

(1)与新设投资方式和资产并购相比，无须履行新公司的设立程序，仅需履行对目标公司的股权变更程序即可以完成投资行为。一般来说，股权并购要求投资者继续使用目标公司这个经营平台，目标公司将存续下去。

(2)与新设投资方式相比，产品销售和业务开展的起步点高。这是因为在股权并购的情况下，公司名称不变，公司主体不变，仅仅是公司股东变化，产品销售的市场主体不变，仍是目标公司。公司投资后很容易就继承了目标公司原有的产品销售渠道和市场份额以及业务关系，产品销售和业务开展无须从零开始。

(3)与新设投资方式相比，技术、管理员工队伍和普通员工队伍是现成的，省去了大量的培训时间和培训经费。这是因为在股权并购的情况下，除目标公司的高管人员会有所调整外，其他员工与目标公司的劳动合同将会继续有效，除双方协议解除，否则将继续履行下去。

(4)对生产型企业来说，与新设投资方式相比，可以节约基本建设时间。因为在新设投资情况下，新公司需要在完成基本建设后才能从事生产经营活动，而这需要一年以上甚至几年的时间。而股权并购无须进行基本建设即可直接从事生产经营活动，很可能获得当年投资当年见效的成果。

(5)与新设投资方式相比，可以节约大量的新企业、新产品、新市场、新渠道的宣传费用和开发费用，因此一般不会出现新设公司在经营之处的亏损期。

(6)与新设投资方式相比，投资的现金流相对较小。这是因为股权并购是投资公司与目标公司股东之间对目标权益的交换，而权益则相当于目标公司总资产额减去总负债额。

(7)可以化竞争对手为受投资公司的友军，这是股权并购与新设投资相比最大的优点。在新设投资的方式下，目标市场的竞争对手照样存在，投资公司的加入只能使竞争更加激烈。而在股权并购的情况下，竞争对手减少了，而投资公司自己的队伍却壮大了，从而改变了竞争态势，投资公司容易获得垄断利润。

上述股权并购的优点是就一般意义而言的，具体到每一个股权并购的实务中，还要具体问题具体分析，不能一概而论。

四、股权并购的缺点

从实务中看，与新设投资方式比，股权并购主要存在如下缺点：

(1)由于并购前后目标公司作为民事主体是持续存在的，因而有关民事权利义务是延续的，因此，基于出让方披露不真实、不全面，导致目标公司遭受或然负债，使投资公司对目标公司的权益减损的风险是普遍存在的。

(2)由于目标公司的厂房、机器、设备往往是旧的，因此，虽然并购的现金流量相对新设投资较少，但并购后可能需要投入资金进行技术改造，否则可能难于提高目标公司产品的竞争力。

(3)由于目标公司与员工之间的劳动继续有效，并购后有公司冗员的处理，这不仅仅容易激化劳资矛盾，而且会增加目标公司的经济负担。

(4)并购程序复杂，受让股权需要征得目标公司存续股东的同意，修改目标公司的章程需要与存续股东进行谈判，为防避负债需要进行大量的尽职调查工作，因此，股权并购的工作成本较高。

(5)并购后的整合难度大，投资公司对目标公司行使管理权的阻力大。在投资公司并购目标公司全部股权持有者特别是仅为相对控股的情况下，并购后的整合及投资公司对目标公司行使管理权都会遇到困难。有人为说明股权并购后对目标公司整合和行使管理权的难度，形象地做了“嫁姑娘”的比喻，意思说投资公司是到人家过日子，而把资产并购比喻为“娶媳妇”，意思说目标公司的资产到投资公司家中来。

(6)股权并购受国家反垄断法的规范和限制。正确认识股权并购的优缺点，有利于在实务中扬长避短，更好地使用股权并购的投资方式。

五、适用股权并购的条件

从实务看，不是任何情况下都可以使用股权并购的，股权并购作为并购投资方式中的高级形式，对其使用的条件有着严格的要求。背离前提条件适用股权并购，不仅会使股权行不通，而且很可能使投资公司遭受损失。适用股权并购投资方式的前提条件如下：

(1)目标企业必须是公司类型的企业,而不能是合伙企业或私营企业。因为只有公司类型的企业才有完全独立的人格,股东才对公司债务承担有限责任,公司的权益股东对公司的权益才表现为股权,才可适用股权并购。而非公司类型的企业(包括一人有限责任公司),企业并没有完全独立的人格,投资人对企业的权益不表现为股权,故无股权并购可言;加上这类企业的投资人(或称股东)对企业负连带责任,公司不能成为这样企业的投资人;所以公司不能对这样的企业进行股权并购。

(2)对管理不规范的公司也不适宜用股权并购。虽然凡是公司类型的企业都可以适用股权并购投资方式,但是如果目标公司管理不规范,特别是没有规范、严谨的财务制度、财务记录、财务核算,或者资产、财务、纳税、合同管理混乱,最好不要适用股权并购而应适用资产并购。因为对这样的公司适用股权并购,对投资公司的风险太大。

(3)出让方无法或不愿意对目标公司进行披露,而投资公司又不能从其他渠道获得足够的信息资料,且目标公司的股份没有公允市价的情况下,也不适宜采取股权并购。

这是因为股权交易实质上是股东之间对其享有的对目标公司权益的交易,如果投资公司不能充分占有目标公司的信息资料,在目标公司的股份没有公允的市价的情况下,就没法对出让股份者对目标公司享有的权益做出正确的判断,也无法进行股权并购。

(4)目标公司的股东特别是出让股权股东不存在虚假出资和出资违约的情况,不存在依法应当对公司债务承担连带责任的情况。

(5)目标公司的产品、市场份额、销售渠道、品牌、机器设备、场地等应当对投资者有利用价值,如果没有利用价值,投资公司就没有并购的必要。

(6)在某些情况下,目标公司的资产横跨几个行业,其中有投资公司不需要的,或者投资公司不能持有的,或者有些已经是垃圾资产的。

在这种情况下,如果投资公司拟对目标公司进行股权并购,就应当要求目标公司对没有利用价值的资产或投资公司不能持有的资产、业务进行剥离,或者采用资产并购的方式将垃圾资产甩掉。

第二节　股权并购的三种模式

从实务中看,股权并购需要通过三种具体操作模式之一来实现,这三种操作模式就是:受让股权、增资并购和合并并购。这三种操作模式交易的标的和内涵相同,都是股东拥有的对目标公司股东权益,但适用的具体情况、操作流程各不相同。讨论股权并购的具体操作模式,有利于提高我们的实务工作能力。

一、受让股权

受让股权是指投资公司通过向目标公司的股东购买股权的方式,从而使自己成为目标公司的新股东的一种股权并购的操作模式。受让股权是股权并购三种操作模式中最简单、最基本、也是使用最多的一种。受让股权投资方式适用于目标公司有股东欲出让股权的情况,需要履行股权转让的有关法律程序。受让股权作为一种股权并购的操作模式,可以与其他操作模式并用,比如在受让目标公司股权的同时,向目标公司增资;在公司合并的同时向目标公司的部分股东受让股权,从而扩大公司在合并后公司中的持股比例等。受让股权的交易主体是投资公司和目标公司出让股权的股东,一般需要依照法律程序进行股权转让和修改公司章程及变更公司登记,需要目标公司的存续股东从放弃对交易股权的优先购买权和参与修改公司章程的角度介入。受让股权可以是购买目标公司的全部股权,也可以是购买目标公司的部分股权,以达到对目标公司的控制或共同控制的目标。

二、增资并购(增资扩股)

增资并购是指投资公司通过向目标公司投资增加目标注册资本,从而使投资公司成为目标公司新股东的一种股权并购操作模式。增资并购从表面上看投资公司不与目标公司的原股东发生股权交易关系,但实际上投资公司要与目标公司的全体股东之间发生权益对价关系,交易的实质仍是股东对目标公司的权益。增资并购(增资扩股)适用于目标公司需要扩大投资,且目标公司的股东同意吸纳投资公司为目标公司新股东情况。增资并购比受让股权并购复杂,操作难度大,需要履行目标公司原股东权益与投资公司增资额的比价程序和目标公司增资的法律程序。这种比价就是等额货币(投资公司持有)与等额资本(目标公司原股东持有)的价值比例问题,需要交易双方在协商基础上确定。增资并购有利于扩大目标公司的经营规模,可以为目标公司注入新的活力。增资并购也可以与其他操作模式并用,比如在向目标公司增资的同时受让目标公司部分股东的股权,在公司合并的同时向合并后的公司增资。增资并购的目标是通过向目标公司增资实现投资公司对目标公司控制或共同控制。

三、合并并购

合并并购是投资公司或者投资公司的子公司通过与目标公司合并,从而实现对目标公司决策或控制的一种股权并购操作模式。合并并购中,投资公司可以不对目标公司进行投资而采用单纯的合并形式,但由于会扩大投资公司股东的控制规模,从而也会给投资公司带来额外利益,故也是公司并购的一种操作模式。公司合并,从表面上看是公司与公司之间的关系,但实质上仍是参加合并的各公司股东权益的并接,仍需要按照各方拥有的权益确定其在合并后的公司中所持有的股份比例。所以合并并购仍属于股权并购的一种操作模式。合并并购以参加合并的各公司有合并的可能和需要,且各公司的股东同意公司合并为条件。合并并购需要履行公司合并的法律程序,重点和难点是参加合并的各公司股东之间的权益的比价,因为这决定股东在合并后公司中持有的股份的多少，从而关系到股东的切身利益。合并并购比增资并购更复杂，但可以再不增加投资的情况下扩大投资公司的控制规模。同样，合并并购也可以与其他并购操作模式同时并用。

【案例 8-1】甲公司与乙公司股东洽谈甲公司并购乙公司事宜，由于双方在市场处于竞争关系，乙公司不愿意对自己的经营情况、财务数据，特别是销售情况作全面的披露，甲公司只好选择资产并购方式。当双方初步谈妥转让资产的总价格，并在此基础上做详细测算时，乙公司股东发现采取资产并购模式不仅自己会多支付4000多万元的税金（营业税、增值税和企业所得税），而且公司出让资产后还需要履行清算程序，还需要大量的清算费用。故要求改变交易方式，同意按照规则进行全面披露，甲公司也愿意在乙公司股东对乙公司进行全面披露的基础上对乙公司进行股权并购。结果双方间顺利地完成了股权并购，甲公司受让了乙公司全体股东的全部股权。并购方式的变更使得乙公司全体股东增收4000多万元。

【案例 8-2】甲公司是一家外国企业，20世纪90年代陆续在中国境内投资设立独资或合资企业多家。21世纪初，甲公司在中国境内设立专事投资控股的外商投资性公司乙，并陆续由乙在中国境内设立独资或合资企业多家。由于持股平台不统一，给管理工作带来诸多不便。为了统一持股平台，经过反复论证和推演，决定由甲公司将其持有的全部投资所形成的股权转让给乙公司，并以该股权转让价款为乙公司增资。结果未动用一分货币，却实现了转股和增资，使甲公司在国内的全部投资统一到乙公司名下，实现了统一持股平台的目标。具体操作方法是：甲公司与乙公司签订股权转让协议，由甲公司将其持有的股权全部转让给乙公司（在转股协议中明确全部转股股价款用于对乙公司的增资），然后甲公司申请为乙公司增资（明确以受让股权价款作为甲公司对乙公司的增资），获得批准后，以相关转股文件及甲公司对各目标公司的出资证明为增资的验资材料。

四、资产并购及资产并购的特点

（一）资产并购

资产并购是指投资公司通过购买目标公司资产和业务的方式实现目标公司的一种投资方式。因此，股权并购的交易标的和内涵是股东持有的目标公司的股权，交易的对方是目标公司的股东；而资产并购交易的标的和内涵是目标公司的额资产，交易对方是目标公司，资产并购有新设并购（间接受让并购）和直接受让两种具体操作模式。

（二）资产并购的特点

（1）适用对象即目标企业不受企业类型的限制。股权并购要求企业必须是公司类型的企业，而资产并购可以适用各种类型的企业。合伙企业、私营企业、未改制的国营企业和未改制的集体企业均可采用资产并购方式，只要这些企业可以有效地出售资产即可。这是因为，股权并购是投资公司以股东的身份加入目标企业，从而实现对目标企业的持股和控制，而资产并购是投资公司将并购资产从目标企业买出来，故可以不问目标企业的组织形式，而只问能否有效地购买资产。

（2）可以不要求目标企业对其经营状况做全面的披露。由于资产并购的经营活动不借助于目标企业这个经营平台，而是另起炉灶设立新的经营平台，因此，可以不像股权并购那样必须对目标公司的经营状况做全面的了解，可以在资产出让方对企业经营、财务、管理机构等做有限披露的情况下，对目标企业进行资产并购。从实务中看投资公司只要对并购资产的构成、性能、效率、状况、市场、品牌竞争态势等有准确了解，能够确定目标公司出让资产的行为合法有效，就可以进行资产并购。

（3）资产并购一般不会遭受目标企业或然负债的损失，这是资产并购方式的最大特点和最大优点。

（4）资产并购与股权并购一样可以减少目标市场的竞争对手，改变目标市场的竞争态势。

（5）资产并购一般需要依照法律程序进行新公司设立和受让资产的行为。从实务看，绝大多数资产并购需要在资产所在地设立新的公司，以该新设公司为企业平台对并购资产进行运营。因此，从程序的角度说，资产并购要比简单的股权并购多履行一个法律程序。

（6）在多数情况下，出让资产目标公司需要履行清算程序。目标公司出让资产后，公司仅剩下一个空壳，但股东或投资者未经清算程序不能从公司取回投资，所以多数这类目标公司会走向清算解散。

（7）在采用资产并购的操作模式下，即使目标公司的资产和业务有投资公司不需要的或者不能持有的，也无须像股权并购那样必须进行剥离。投资公司可以需要什么买什么，不需要的给目标公司留下即可。

（8）资产并购税务负担比股权并购重。股权并购一般仅发生印花税，也可能发生所得税，但资产并购不仅会发生印花税和所得税，还可能要发生营业税和契税以及房地产增值税等税。

（9）并购后整合的难度大于新设投资方式，但难度小于股权并购方式。这主要是因为在资产并购的情况下，公司的架构、决策层和管理团队往往是全新的，是完全摆脱目标公司影响的。

（10）资产并购后投资公司一般需要对目标公司追加投资，或者进行技术改造，添置新的机器设备；或者追加流动资金，扩大经营规模。

（11）一般情况下员工需要与目标公司解除劳动合同，与接受资产的公司另行签订劳动合同。在资产并购的情况下，目标公司由于已经将资产出让，无法从事原有的经营活动，需要解除与员工的劳动合同可能会发生相关费用。而投资公司要组织生产经营活动，往往需要招聘原目标企业的员工，这就需要与这些员工订立劳动合同。在这个过程中，处理得好，投资公司会甩掉处理目标企业冗员的麻烦。

（12）资产并购与股权并购一样也要受到反垄断法的限制。

（三）使用资产并购的条件

(1)使用对象可以是公司制企业，也可以是非公司制企业，可以是管理规范的企业，也可以是不规范的企业

(2)关于出让方披露的要求，出让方对目标公司可做全面的披露，出让方未对目标公司作全面的披露，仅对资产作全面披露也可以。

(3)目标公司资产能够适应投资公司的需要。

(4)限制竞争。从实务看，在资产并购的情况下，投资公司之所以要购买目标公司的资产，并不一定是完全看中目标公司的资产，还在于承继目标公司产品的市场份额和已有业务，而要达到此目的，目标公司必须保证在出让资产后不在目标市场投资从事同类生产经营和业务活动。否则，目标公司前手将陈旧的资产高价卖给投资公司，后手再用所得价款建设新的工厂，生产销售相同的产品，投资公司并购目的无法实现。

（四）间接资产并购（受让）

间接资产受让是资产并购的一种操作模式。间接资产受让是指投资公司在资产并购谈判基本确定的情况下，在目标企业的所在地设立一家子公司，由该子公司受让并经营并购资产的经营模式。从实务看，多数资产并购采取新设公司受让目标公司资产的操作模式。这是因为多数目标企业和投资公司不在一个工商、税务管辖区，投资公司不能将并购资产移回投资公司所在地从事生产经营，只能在并购资产的原地从事生产经营活动。因此，必须在并购资产所在地设立企业平台。而如果待投资公司将并购资产买妥后再去设立新公司，不如在并购基本确定时就设立接受资产的新公司，由这个新公司直接受让资产，在取得资产后当即以该公司名义从事生产经营活动。间接资产受让虽然需要履行新公司设立、资产受让两个法律程序，但是能够做到购买目标公司资产和投资公司新设经营平台同时并举，达到水到渠成，并购经营两不误。所以，对资产并购而言，新设公司并购资产是一种比较好的操作模式。

（五）直接受让资产

一般只适用于并购停产企业或破产企业。

五、股权并购与资产并购的详细区别

股权并购与资产并购的区别是：收购股权是购买一家企业的股份，收购方成为被收购方的股东，因此要承担该企业的债权和债务；而收购资产则仅仅是一般资产的买卖行为，由于在收购目标公司资产时并未收购其股份，收购方无须承担该企业的债务。此处的股权并购和资产并购两种方式，具体详见案例8-3、8-4。

【案例8-3】某投资公司拟对某公司进行并购，鉴于资产并购的税负大，起初双方商定采取股权并购方式进行并购，并将该并购方式写入意向协议。但经过律师尽职调查后发现，目标公司管理混乱，股权结构复杂，为防避风险，反复研究商量，最后投资公司提出改变并购方式，以资产并购方式进行并购。在投资公司的再三说服下，目标公司终于同

意接受以资产并购方式并购公司。最后双方顺利完成了并购，投资公司有效地防避了并购的风险。

【案例 8-4】企业 B 具有较为先进的客车生产线，只是由于历史原因导致企业管理混乱、运营资金匮乏。企业 B 属于老国企，主要设备为客车生产线（价值2600 万元）、土地两块（其中一块地为划拨地）、拥有在岗职工 300 人，离岗在编、病退人员 121 人，对外欠款约4360 元，应收款项约 800 万元，拖欠职工工资及医药费 890 万元。企业 B 的主管机关（出资人）有意对客车厂进行改制，方式不限，但希望能够妥善解决其职工问题及对外负债问题。

鉴于上述情况，律师建议可以选择的并购方式有两种：其一是资产并购，即收购企业 B 的主要生产设备（客车生产线）自行生产客车，但是由于国家政策限制，上市公司无法取得客车的生产销售权，此方式基本不可行（如上市公司 A 已经拥有客车生产权，资产并购可用于扩大现有产能）。其二是股权并购，上市公司 A 通过参与客车厂 B 的改制工作获取改制后企业的股权。该方式可解决上市公司 A 的行业准入问题，但是却要面临企业改制所带来的国有资产管理、债权债务处理、职工安置等问题。

根据我们的经验，资产并购和股权并购各有优缺，要视具体情况而定。资产并购可以获得目标企业的特定资产，不涉及因股权并购所带来的种种潜在法律风险，但是该方式要以自身有相关行业经验为前提，否则就不能达到解决行业准入及快速进入该领域的目的。股权并购的积极意义不言自明，但是要以并购方进行充分的尽职调查为前提。只有通过尽职调查，才能发现各种潜在问题，充分估计并购带来的各种风险及计算并购成本。

六、并购的实质

并购的实质是在企业控制权运动过程中，各权利主体依据企业产权做出的制度安排而进行的一种权利让渡行为。并购活动是在一定的财产权利制度和企业制度条件下进行的，在并购过程中，某一或某一部分权利主体通过出让所拥有的对企业的控制权而获得相应的受益，另一个部分权利主体则通过付出一定代价而获取这部分控制权。企业并购的过程实质上是企业权利主体不断变换的过程。并购的动因产生并购行为最基本的动机就是寻求企业的发展。寻求扩张的企业面临这内部扩张和通过并购发展两种选择。内部扩张可能是一个缓慢而不确定的过程，通过并购发展则要迅速得多，尽管它会带来自身的不确定性。具体到理论方面，并购的最常见的动机就是协同效应（synergy）。并购交易的支持者通常会以达成某种协同效应作为支付特定并购价格的理由。并购产生的协同效应包括经营协同效应（operating synergy）和财务协同效应（financial synergy）。

在具体实务中，并购的动因，归纳起来主要有以下几类：

（1）扩大生产经营规模，降低成本费用。通过并购，企业规模得到扩大，能够形成有效的规模效应。规模效应能够带来资源的充分利用，资源的充分整合，降低管理，原料，生产等各个环节的成本，从而降低总成本。

(2)提高市场份额,提升行业战略地位。规模大的企业,伴随生产力的提高,销售网络的完善,市场份额将会有比较大的提高。从而确立企业在行业中的领导地位。

(3)取得充足廉价的生产原料和劳动力,增强企业的竞争力。通过并购实现企业的规模扩大,成为原料的主要客户,能够大大增强企业的谈判能力,从而为企业获得廉价的生产资料提供可能。同时,高效的管理,人力资源的充分利用和企业的知名度都有助于企业降低劳动力成本。从而提高企业的整体竞争力。

(4)实施品牌经营战略,提高企业的知名度,以获取超额利润品牌是价值的动力。同样的产品,甚至是同样的质量,名牌产品的价值远远高于普通产品。并购能够有效提高品牌知名度,提高企业产品的附加值,获得更多的利润。

(5)为实现公司发展的战略,通过并购取得先进的生产技术、管理经验、经营网络、专业人才等各类资源。并购活动收购的不仅是企业的资产,而且获得了被收购企业的人力资源、管理资源、技术资源、销售资源等。这些都有助于企业整体竞争力的根本提高,对公司发展战略的实现有很大帮助。

(6)通过收购跨入新的行业,实施多元化战略,分散投资风险。这种情况出现在混合并购模式中,随着行业竞争的加剧,企业通过对其他行业的投资,不仅能有效扩充企业的经营范围,获取更广泛的市场和利润,而且能够分散因本行业竞争带来的风险。但是纵观我国资本市场,如今大型并购的方向似乎开始向国外发展。前不久国内某企业要收购悍马,据说是双方合同都已经签订完成,但这次收购是否能够最终完成,并购完成之后是否能够盈利,我个人不持乐观态度。企业并购的动因在于协同增值效应,一如贝克尔(Gary Becker)所言的婚姻经济学,结婚在经济上的基本道理在于结合在一起生活比单独生活能够创造更大的价值。但也如同婚姻可能会失败一样,企业并购也存在不成功的可能。因此企业并购不能盲目。

第三节　并购估值与支付

一、企业价值评估方法的三大体系

企业价值评估是一项综合性的资产、权益评估,是对特定目的下企业整体价值、股东全部权益价值或部分权益价值进行分析、估算的过程。目前国际上通行的评估方法主要分为收益法、成本法和市场法三大类(图 8-1)。

收益法通过将被评估企业预期收益资本化或折现至某特定日期以确定评估对象价值。其理论基础是经济学原理中的贴现理论,即一项资产的价值是利用它所能获取的未来收益的现值,其折现率反映了投资该项资产并获得收益的风险的回报率。收益法的主要方法包括贴现现金流量法(DCF)、内部收益率法(IRR)、CAPM 模型和 EVA 估价法等。

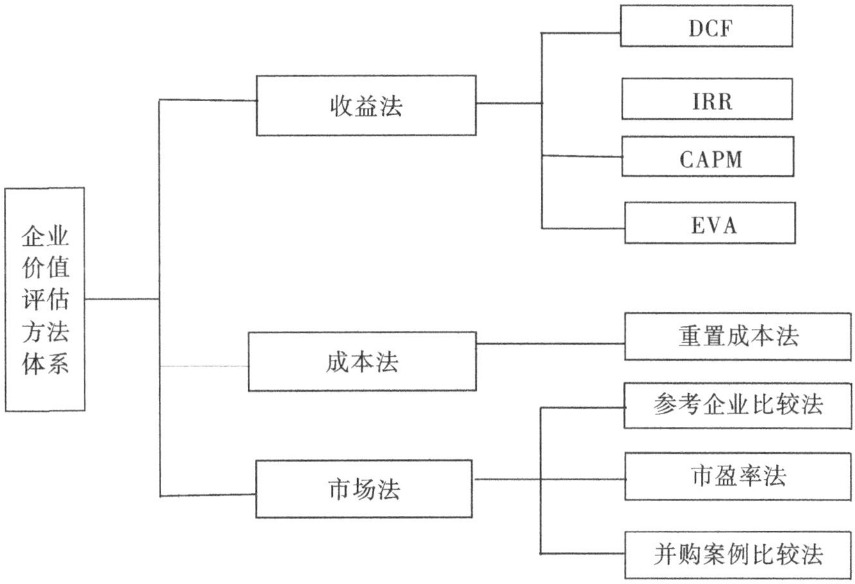

图 8-1　企业价值评估方法体系

成本法是在目标企业资产负债表的基础上，通过合理评估企业各项资产价值和负债从而确定评估对象价值。理论基础在于任何一个理性人对某项资产的支付价格将不会高于重置或者购买相同用途替代品的价格。主要方法为重置成本(成本加和)法。

市场法是将评估对象与可参考企业或者在市场上已有交易案例的企业、股东权益、证券等权益性资产进行对比以确定评估对象价值。其应用前提是假设在一个完全市场上相似的资产一定会有相似的价格。市场法中常用的方法是参考企业比较法、并购案例比较法和市盈率法。

二、企业价值评估核心方法

(一)注重货币时间价值的贴现现金流量法(DCF)

企业资产创造的现金流量也称自由现金流，它们是在一段时期内由以资产为基础的营业活动或投资活动创造的。但是未来时期的现金流是具有时间价值的，在考虑远期现金流入和流出的时候，需要将其潜在的时间价值剔除，因此要采用适当的贴现率进行折现。

DCF 方法的关键在于确定未来现金流和贴现率。该方法的应用前提是企业的持续经营和未来现金流的可预测性。DCF 法的局限性在于只能估算已经公开的投资机会和现有业务未来的增长所能产生的现金流的价值，没有考虑在不确定性环境下的各种投资机会，而这种投资机会在很大程度上决定和影响企业的价值。

(二)假定收益为零的内部收益率法(IRR)

内部收益率就是使企业投资净现值为零的那个贴现率。它具有 DCF 法的一部分特征,实务中最为经常被用来代替 DCF 法。它的基本原理是试图找出一个数值概括出企业投资的特性。内部收益率本身不受资本市场利息率的影响,完全取决于企业的现金流量,反映了企业内部所固有的特性。

但是内部收益率法只能告诉投资者被评估企业值不值得投资,却并不知道值得多少钱投资。而且内部收益率法在面对投资型企业和融资型企业时其判定法则正好相反:对于投资型企业,当内部收益率大于贴现率时,企业适合投资;当内部收益率小于贴现率时,企业不值得投资;融资型企业则不然。

一般而言,对于企业的投资或者并购,投资方不仅想知道目标企业值不值得投资,更希望了解目标企业的整体价值。而内部收益率法对于后者却无法满足,因此,该方法更多的应用于单个项目投资。

(三)完全市场下风险资产价值评估的 CAPM 模型

资本资产定价模型(CAPM)最初的目的是为了对风险资产(如股票)进行估价。但股票的价值在很大程度上取决于购进股票后获得收益的风险程度。其性质类似于风险投资,二者都是将未来收益按照风险报酬率进行折现。因此 CAPM 模型在对股票估价的同时也可以用来决定风险投资项目的贴现率。

资产的期望收益率取决于无风险收益率、市场组合收益率还有相关系数的大小。其中无风险收益率讲的是投资于最安全资产比如存款或者购买国债时的收益率;市场组合收益率是市场上所有证券品种加权后的平均收益率,代表的是市场的平均收益水平;相关系数表示投资者所购买的资产跟市场整体水平之间的关联性大小。所以,该方法的本质在于研究单项资产跟市场整体之间的相关性。

CAPM 模型的推导和应用是有严格前提的,对市场和投资者等都有苛刻的规定。在中国证券市场有待继续完善的前提下,CAPM 模型的应用受到一定的限制,但是其核心思想却值得借鉴和推广。

(四)加入资本机会成本的 EVA 评估法

EVA(economic value added)是近年来在国外比较流行的用于评价企业经营管理状况和管理绩效的重要指标,将 EVA 的核心思想引入价值评估领域,可以用于评估企业价值。

在基于 EVA 的企业价值评估方法中,企业价值等于投资资本加上未来年份 EVA 的现值,即:

$$\text{企业价值}=\text{投资资本}+\text{预期 EVA 的现值} \qquad (\text{式 }8\text{-}1)$$

根据斯腾斯特财务咨询公司的解释,EVA 是指企业资本收益与资本机会成本之间的差额。即:

$$\begin{aligned} EVA &= \text{税后营业净利润}-\text{资本总成本} \\ &= \text{投资资本}\times(\text{投资资本回报率}-\text{加权平均资本成本率}) \end{aligned} \qquad (\text{式 }8\text{-}2)$$

EVA 评估法不仅考虑到企业的资本盈利能力,同时深入洞察企业资本应用的机会成本。通过将机会成本纳入该体系而考察企业管理者从优选择项目的能力。但是,对企业机会成本的把握成为该方法的重点和难点。

(五)符合“1+1=2”规律的重置成本法

重置成本法将被评估企业视为各种生产要素的组合体,在对各项资产清查核实的基础上,逐一对各项可确指资产进行评估,并确认企业是否存在商誉或经济性损耗,将各单项可确认资产评估值加总后再加上企业的商誉或减去经济性损耗,就可以得到企业价值的评估值。即:

$$企业整体资产价值=\sum 单项可确指资产评估值+商誉(或-经济性损耗)$$

重置成本法最基本的原理类似于等式“1+1=2”,认为企业价值就是各个单项资产的简单加总。因此该方法的一个重大缺陷是忽略了不同资产之间的协同效应和规模效应。也就是说在企业经营的过程中,往往是“1+1>2”,企业的整体价值是要大于单项资产评估值的加总的。

(六)参考企业比较法和并购案例比较法

参考企业比较法和并购案例比较法通过对比与被评估企业处于同一或类似行业和地位的标杆对象,获取其财务和经营数据进行分析,乘以适当的价值比率或经济指标,从而得出评估对象价值。

但是在现实中,很难找到一个跟被评估企业具有相同风险和相同结构的标杆对象,因此,参考企业比较法和并购案例比较法一般都会按照多重维度对企业价值表现的不同方面进行拆分,并根据每一部分与整体价值的相关性强弱确定权重。即:

$$被评估企业价值=(a\times 被评估企业维度\times \frac{1}{标杆企业维度1}+b\times 被评估企业维度\times \frac{2}{标杆企业维度2}+\cdots)\times 标杆企业价值 \quad (式8-3)$$

(七)上市公司市值评估的市盈率乘数法

市盈率乘数法是专门针对上市公司价值评估的。即:

$$被评估企业股票价格=同类型公司平均市盈率\times 被评估企业股票每股收益$$

运用市盈率乘数法评估企业价值,需要有一个较为完善发达的证券交易市场,还要有行业部门齐全且足够数量的上市公司。由于我国证券市场距离完全市场还有一定距离,同时国内上市公司在股权设置和结构等方面又有较大差异,现阶段来讲,市盈率乘数法仅作为企业价值评估的辅助体系,暂时不适合作为独立方法对企业进行整体价值评估。但是在国外市场上,该方法的应用较为成熟。

三、国内企业价值评估体系的利弊

在企业价值评估中,由于历史原因,成本法成为我国企业价值评估实践中首选方法和主要方法广泛使用。但成本法在企业价值评估中也存在着各种利弊。有利之处主要是将企业的各项资产逐一进行评估然后加和得出企业价值,简便易行。不利之处主要在于:

(1)模糊了单项资产与整体资产的区别。凡是整体性资产都具有综合获利能力,整体资产是由单项资产构成的,但却不是单项资产的简单加总。企业中的各类单项资产,需要投入大量的人力资产以及规范的组织结构来进行正常的生产经营,成本加和法显然无法反映组织这些单项资产的人力资产及企业组织的价值。因此,采用成本法确定企业评估值,仅仅包含了有形资产和可以确指无形资产的价值,无法体现作为不可确指的无形资产——商誉。

(2)不能充分体现企业价值评估的评价功能。企业价值本来可以通过对企业未来的经营情况、收益能力的预测来进行评价。而成本法只是从资产购建的角度来评估企业的价值,没有考虑企业的运行效率和经营业绩,在这种情况下,假如同一时期的同一类企业的原始投资额相同,则无论其效益好坏,评估值都将趋向一致。这个结果是与市场经济的客观规律相违背的。

成本法、市场法、收益法是国际公认的三大价值评估方法,也是我国价值评估理论和实践中普遍认可、采用的评估方法。就方法本身而言,并无哪种方法有绝对的优势,就具体的评估项目而言,由于评估目的、评估对象、资料收集情况等相关条件不同,要恰当地选择一种或多种评估方法。因为企业价值评估的目的是为了给市场交易或管理决策提供标准或参考。评估价值的公允性、客观性都是非常重要的。

四、企业并购的支付方式

(一)现金支付

现金支付是指收购公司支付一定数量的现金来购买目标公司的资产或股权,从而实现并购交易的支付方式。它是许多中小型企业并购和敌意收购中最常用的支付方式,也是并购活动中最清晰、最方便、最快捷的一种支付方式。

从现金支付的资金来源来看,既可以采取内源融资,又可以采取外源融资。内源融资是指企业通过销售商品或劳务获得的盈利资金,通常是指自由现金流或留存收益。外源融资是指从企业外部获得的资金,包括银行贷款、向公众发行债券或股票等。所以,现金支付根据资金来源又可以细分为自由现金流支付、债务融资现金支付和权益融资现金支付。

(二)自由现金流支付

自由现金流是指超出所有以相关资本成本折现后净现值为正的投资项目对资金需求的一部分现金流量,即:自由现金流量等于来自销售的现金净额减去用以保持当前增长率所需的现金支出。它包括股权自由现金流和公司自由现金流两种类型。

对于任何一个有财务杠杆的公司而言,公司自由现金流通常高于股权自由现金流。但在企业并购中,规模扩张必须考虑到风险因素(原有债务必须能够偿还),因此不能以公司自由现金流作为并购支付的资金来源。

(三)权益融资现金支付

权益融资现金支付是指收购方通过向公众发行普通股募集权益资金,然后用募集的权益资金(现金)支付给目标公司以完成并购交易的支付方式。相对于债务融资现金支付来讲,权益融资现金支付所承担的资本风险较少,但有股权稀释的不利方面。现金支付可以采取一次性支付,也可以采取延期支付方式。

总之,现金支付的特点可概括为:对目标企业的股东而言,可以即时得到确定的收益,而非现金支付给股东带来的收益要受市场状况、风险等因素的影响。现金支付对目标企业的股东来说,即时形成纳税义务。对主并企业来说,现金支付最大的好处是:现有的股权结构不受影响,并购时间短、并购难度较低,并购成本低。但主并企业可能会有较沉重的现金负担。

(四)股权支付

股权支付也称为换取,是指收购方直接用股票作为支付工具来支付并购价款的支付方式。具体包括增资换股、库存股换股、股票回购换股三种形式。

增资换股是指收购方向目标公司定向增发新股(普通股或优先股)来替换目标公司原来的股票,从而达到收购的目的。增资换股的增资比例应根据目标公司的价值和收购方的股价来确定,增资换股后增加了收购方的总股本,但稀释了原有股东的股权。

库存股换股没有增加收购方的总股本,也不会导致从原有股东(通常母子公司)手中买回先前发行的股票,再按一定比例来换取目标公司的股票。

股票回购换股同样没有增加收购方的总股本,也不会导致原有股东的股权稀释。

股票支付的特点包括:并购公司不需要支付大量现金,因而不会影响并购公司的现金状况;收购完成后,目标公司的股东不会因此失去他们的所有者权益;股票收购常见于善意收购。

股票支付的影响因素包括:①并购公司的股权结构;②每股收益率的变化;③每股净产值的变动;④财务杠杆比率,即新发行股票会影响公司的财务杠杆比率;⑤当前股价水平,当前股价高有利;⑥当前股息收益率;⑦股息或货币的限制;⑧外国股权的限制;⑨上市规则的限制。

(五)混合证券支付

混合支付工具,意即一揽子支付工具。既然各种支付工具优劣互见,那么将若干种金融支付工具组合在一起,就能够集结各种支付工具的长处,克服短处,所以使用混合支付工具就在情理之中了。

1.具体的组合工具

(1)公司债券:即以公司债券作为支付方式。条件是公司债券要有一定的流通能力。

(2)认股权证:对收购公司而言,发行认股权证的好处是:可以因此而延期支付股利,从而为公司提供了额外的股本基础。但会影响未来公司控股权的改变。作为目标公司的股东,一般乐于接受认股权证,一是可以行使低价购买公司新股的权利,二是认股权证可以在市场上出售获益。

2. 采用可转换债券支付的优点

从收购公司的角度看，采用可转换债券支付的优点是：通过发行可转换债券，公司能以比普通债券更低的利率和较宽松的契约条件出售债券；提供一种能以比现行价格更高的价格出售股票的方式；当公司正在开发一种新产品或一种新的业务时，可转换债券特别有用，因为预期从这种新产品或新业务所获得的额外利润可能正好与转换期相一致。对于目标公司的股东而言，安全性和作为股票的收益性同时具有，在股价较低时，可以将其转换期延迟到预期股票价格上升的时期。

3. 其他方式（如优先股）

综合收购有一定的风险，若各种工具搭配不当，不但不能尽各种工具之长，反而有集他们之短的可能；有鉴于此，投资银行在辅助购并者设计一揽子支付工具时，要缜密计划，有必要做模拟分析以预测市场的反应。

首先，评估机构与投资者之间的差异可能由两方面构成：一方面是由于评估机构与投资者得出的企业价值在标的选择上存在一定差异。在“雪津神话”中，评估机构得出的企业净资产价值中并不包含雪津啤酒的商誉、商标等无形资产的价值，而投资者英博集团进行企业价值评估时就考虑了无形资产的影响，因此在评估机构与投资者得出的企业价值间的差异可能就包含了一部分雪津啤酒的无形资产的价值。另一方面，两者的差异有可能是来自于两者在价值类型选择上存在的差异。评估机构的企业价值评估可能建立在正常交易情况下的公开市场交易价值的基础上，因而选择的是市场价值，投资者则可能将其放在并购这一特殊交易市场上进行评估，即采用的是投资价值。所以，市场价值和投资价值间的本质区别在很大程度上是由于评估机构与投资者之间在价值评估方式选择上的差异（表8-1）。

表8-1　估值与价格差异的影响因素

并购对象估值与并购交易价格的差异	影响因素
并购对象估值方法选择的差异	现金流折现法：国际成熟市场惯用，要求市场有效性高，企业信息与财务透明度高
	相对估值类比法：我国常用，如果盈利能力差，目标项目方偏向选择净资产类比法，盈利能力强则偏向选择市盈率类比法
	清算价格法：亏损企业常用
并购交易价格除公允价值外的影响因素	项目被收购后产生的增量价值：如协同效应，并购后两家公司彼此相得益彰，在原有两家公司价值的基础上能产生增量价值，如规模效益、上下游成本控制等
	并购双方非财务动机因素：如市场占有率
	无形资产价值的估值差异与计入与否

目前最常见的国内价值评估方式与国外相比，是在控制权、人力资本和商誉等方面的缺失，这正是我国价值评估中忽略的因素。对于目标股权的价值评估国内外存在较大差异，对于股票不公开交易的企业，国际推行的做法是采取现金流量贴现法，注重市场价值的评估，充分考虑资产的未来盈利能力和市场综合因素。由于现金流量贴现法对股权进行定价的基本假设是有效市场假设，该方法在成熟市场条件下才被承认。我国上市公司的股权转让价格通常以每股净资产为基础，更注重历史静态的账面价值的评估，而且，我国国内监管机构普遍认可的是历史成本重置的评估价格。

公司并购中并购公司向目标公司支付溢价的主要原因是由于目标公司的发展远景及其被并购后所产生的协同效应，而企业的协同效应具体表现主要在企业资源的优化配置及企业竞争者的削弱。并购的参与各方由于所占有资源的不同，协同效应产生的预期也有所不同。

经营协同效应分析主要是分析并购双方现存业务间各种价值链联系和协同关系能否带来竞争优势。协同关系主要从以下两个角度来看：一是并购双方是否有战略协同关系；二是目标企业是否与并购企业的长期战略方向配合良好。当并购双方具有相关的技术、相似的价值链活动、交叉的分销渠道、共同的顾客或其他一些竞争性的有价值的联系时，并购企业就可以通过并购实现获得竞争优势潜力。

并购价格主要与下面四方面因素有关：①被收购企业的公允价值；②预期目标企业被收购后所产生的增量价值；③并购双方的各种非财务动机因素考虑；④双方企业的讨价还价。

首先，若被收购企业的独立价值越高，主并企业支付的价款也高。其次，如果收购目标公司，能为新集团产生巨额的增量价值，主并企业当然愿意支付较高的价款。再次，主并企业也可能出于某些战略动机的考虑，宁愿牺牲一些暂时的经济利益，而支付远远高于目标企业独立价值的价款，如为了占领市场。

第四节 杠杆收购的内涵、特征

一、杠杆收购的概念

收购是指一个公司通过产权交易取得其他公司一定程度的控制权，以实现一定经济目标的经济行为。收购是企业资本经营的一种形式，既有经济意义，又有法律意义。收购的经济意义是指一家企业的经营控制权易手，原来的投资者丧失了对该企业的经营控制权，实质是取得控制权。从法律意义上讲，我国《证券法》规定，收购是指持有一家上市公司发行在外的股份的30%时发出要约收购该公司股票的行为，其实质是购买被收购企业的股权。

杠杆收购(LBO)是指企业以少量的自有资金为基础,利用目标公司的现有资产、未来期间可产生的现金流及收益作为抵押,向外部发行债券(主要是次级债券和垃圾债券),或向投行等金融机构进行借贷融资,从而完成并购的创新性融资模式。杠杆收购的实质是举债收购,其并购活动所需资金的80%~90%都来自外部的资本市场,剩余的部分才由并购发起者本身承担,这种企业收购模式使得"蛇吞象"成为可能。

杠杆收购又称融资并购、举债经营收购,是一种企业金融手段,指公司或个体利用收购目标的资产作为债务抵押,收购此公司的策略。杠杆收购的主体一般是专业的金融投资公司,投资公司收购目标企业的目的是以合适的价钱买下公司,通过经营使公司增值,并通过财务杠杆增加投资收益。通常投资公司只出小部分的钱,资金大部分来自银行抵押借款、机构借款和发行垃圾债券(高利率高风险债券),由被收购公司的资产和未来现金流量及收益作担保并用来还本付息。如果收购成功并取得预期效益,贷款者不能分享公司资产升值所带来的收益(除非有债转股协议)。在操作过程中可能要先安排过桥贷款作为短期融资,然后通过举债(借债或借钱)完成收购。杠杆收购在国外往往是由被收购企业发行大量的垃圾债券,成立一个股权高度集中、财务结构高杠杆性的新公司。在中国由于垃圾债券尚未兴起,收购者大都是用被收购公司的股权做质押向银行借贷来完成收购的。

杠杆收购是指收购企业抵押被收购企业的资产和未来利润,以从金融机构及银行进行借债或发放利率高的风险债券来得到需要的收购资金,从而进行收购相关企业行为。杠杆收购的收购过程中,收购方收购被收购企业所采用的绝大部分资金通过负债等方式筹集,极少采用企业的本身资金。

二、杠杆收购的步骤

在具体应用杠杆收购一般是按以下步骤进行的。

第一阶段:杠杆收购的设计准备阶段,主要是由发起人制定收购方案,与被收购方进行谈判,进行并购的融资安排,必要时以自有资金参股目标企业,发起人通常就是企业的收购者。

第二阶段:集资阶段,并购方先通过企业管理层组成的集团筹集收购价10%的资金,然后以准备收购的公司的资产为抵押,向银行借入过渡性贷款,相当于整个收购价格的50%~70%的资金,向投资者推销约为收购价20%~40%的债券。

第三阶段:收购者以筹集到的资金购入被收购公司的期望份额的股份。

第四阶段:对并购的目标企业进行整改,以获得并购时所形成负债的现金流量,降低债务风险。

杠杆收购的前提是外部的资金支持,其主要目的是获取中长期财务回报。因此,杠杆收购的第一阶段主要有三方面内容:评估收购方案、筹集收购资金及设计一套管理人员的激励体系。

一般情况下,杠杆收购的收购方会先成立一个收购主体企业——壳企业,用于融资以便进行收购。收购企业的管理高层和收购集团通常提供约10%的资金,作为新企业的权益基础,并以股票权或认购权的形式向管理人员提供基于股票价格的激励报酬。其余资金由外部投资者提供。

第二阶段,收购目标企业的股权或资产,将目标企业转为非上市企业。如果能在收购完成后迅速降低库存并出售部分资产以偿还部分债务,降低负债规模,则有助于降低收购者的运营与财务风险。

第三阶段,企业管理层对企业的经营战略进行重新安排,例如重组生产流程,增强应收账款管理、改善产品质量与销售以及进行人事调整等,以尽量降低成本,增加企业的利润和现金流量。对于一个负债率极高的企业来说,能否迅速产生足够的现金流量以偿还债务,直接关系着企业的生死存亡,丝毫马虎不得。

第四阶段,杠杆收购企业又被其他企业收购或在时机成熟时寻求重新上市,实现“逆向杠杆收购”,这样做的目的是为现有股东提供流动性增加财富,同时也为企业的进一步发展创造更好的融资条件。

三、杠杆收购特征

杠杆收购的特征。杠杆收购与其他企业并购方式相比,独有的特点如下:

(1)负债性。杠杆收购所需资金的10%~20%由并购方承担,剩余部分需通过外部资本市场筹集,这就造成了并购方的负债。

(2)高风险性。杠杆收购的风险主要包括以下3种:市场信息风险、财务风险、操作风险。

(3)高收益性。一般来说,高收益通常伴随着高风险的出现。融资时,并购方由于资本投入小,加上存在杠杆作用,所以并购一旦获得成功,将获得超额回报。

(4)高投机性。由于杠杆收购具有高收益性,许多企业只是单纯地为了从中赚取利润而不是为了企业的发展需要。

四、杠杆收购的优缺点及作用

(一)杠杆收购的优点

杠杆收购方法的典型优点在于:

(1)并购项目的资产或现金要求很低。

(2)产生协同效应。

(3)将生产经营延伸到企业之外。

(4)运营效率得到提高。

(5)驱除过度多元化所造成的价值破坏影响。

(6)改进领导力与管理。有些管理人员管理公司的方式(通过控制、回报等管理手段来提高个人权威),往往是以牺牲公司股东利益和公司长远优势为代价的。通过并购可以让这些管理人员或者立马出局,或者遵守"规矩"。高额利息偿付的压力,迫使管理人员不得不想方设法提高运营绩效和生产效率。头脑里紧紧绷着“债务”这根弦,他们的注意力不得不时时集中在各种提高绩效的行动上,如剥离非核心业务、缩减规模、降低成本、投资技术改造,等等(注:由此而言,借贷不仅仅是一种金融手段,而且也是一种促进管理变革的有效工具)。

(二)杠杆收购的缺点

对于杠杆收购的批评主要集中在,并购公司通过盗用第三方的财富来榨取目标公司的额外现金流,如联邦政府。被收购公司由于支付利息而享受的免税政策,在随后的生产运营过程中只有很少的赋税,但股东分配到的股息享受不到这样的优惠。此外,与杠杆收购最大的风险存在于出现金融危机、经济衰退等不可预见事件,以及政策调整,等等。这将会导致定期利息支付困难、技术性违约、全面清盘。此外,如果被收购经营管理不善、管理层与股东们动机不一致都会威胁杠杆收购的成功。

(三)杠杆作用

当债务比率上升时,收购融资的股权就会做一定程度的收缩,使得私募股权投资公司只要付出整个交易20% ~40%的价格就能够买到目标公司。

五、杠杆收购的理论支持

杠杆收购的价值及风险主要通过融资杠杆和标的公司的财务杠杆体现。收购方通过高比例的债务资金和少量的权益资金这种高杠杆的融资结构,得以撬动大规模的收购交易,体现出了杠杆收购模式的强大融资功能。此外,在交易中收购方通过将收购融资的债务转移至标的公司,从而提高了标的公司的财务杠杆,为标的公司的经营及收购方带来价值及风险。杠杆收购的价值及风险可以通过以下理论进行分析。

(一)MM理论

MM理论是由莫迪利亚尼和米勒于1958年提出,认为在无税收、无破产成本、无代理成本和无不对称信息的有效市场等严格的假设条件下中,公司的资本结构不会影响其市场价值。在存在税收的情况下,债务利息在税前支付能带来税盾收益,从而降低企业资本成本,提升企业价值。

被杠杆并购的公司在交易完成后将承担融资债务及其本息偿还义务。标的公司通过支付利息可以获得税盾收益,从而成为杠杆收购的重要价值来源。这种价值的大小取决于债务带来的抵税利益,因此也进一步取决于负债的金额及期限。基于MM理论,杠杆收购完成后标的公司所承担的负债越大,公司的资本成本越低,公司价值越高。

(二)代理成本理论

詹森和梅克林(Meckling)认为,在所有权与经营权分离的公司治理结构下,股东与经理层之间的关系是典型的代理关系。代理关系的双方如果均是效益最大化者,那么经理层可能不会以股东的利益最大化为目标。为了防止经理层损害自己的利益，股东会通过协议安排、激励措施、支付约束成本和加强监督等方式来减少这种利益冲突。

公司现金流的使用是股东和经理层的利益冲突之一。詹森提出，管理层对现金流有很大的自由使用权，倾向于使用这些现金流来扩大公司以增加自己的权利，缺乏向股东分配的有效激励。在拥有大量现金流的公司里，这个矛盾更为凸显。被杠杆收购的公司将会承担巨额负债，债务的偿还和利息的支付将减少可供经理层支配的自由现金流量，从而使他们更加谨慎地评估投资机会，避免他们将现金投资于低收益项目或因组织低效而产生浪费，降低代理成本。基于杠杆收购后的企业存在的现金流限制的问题，詹森(1989)认为杠杆收购非常适合低增长率或传统行业的企业。对于这类公司，现金流的产生往往比投资更为重要，但它们通常存在着因为经营效率低下、项目投资水平低而浪费现金流的情况，通过债务的约束作用可以有效降低代理成本。

杠杆收购完成后标的公司需要承担大额负债，经营风险相应增加，从而驱动收购方加强对经理层的监督和控制。收购方一方面通过其控制权加强对经理层的监督，另一方面可以通过决定经理层的构成从而影响管理决策，改善其与经理层之间的信息不对称，降低代理成本。此外，债权人为了确保标的公司偿还债务和支付利息的能力，也会参与对标的公司的监督和管理。

（三）权衡理论

克劳斯(Kraus)和利特森伯格(Litzenberger)提出，MM 理论具有非常严格的假设条件，而在现实市场中，借入负债的公司同时承担着偿还的义务，若公司的利润不足以支付债务利息将会导致公司破产。权衡理论是在 MM 定理的基础上，结合破产成本、代理成本等公司财务困境成本发展起来的资本结构理论。权衡理论认为，债务利息的收益与财务困境成本达成平衡时，公司拥有最优资本结构。若债务资本占比过高，将可能给公司带来经营风险。

被杠杆收购的公司可以通过支付利息获得税收利益，但是债务的成本却有可能抵销这种收益(Samdani，Butler 和 McNish，2001)。此外，被收购后的公司现金流的使用受到限制，财务弹性降低，可能迫使公司管理层显著减少研发等必要的投资。高财务杠杆将会增加公司破产的风险，但格罗斯曼(Grossman)和哈特(Oliver Hart)认为，破产将导致管理层失去对公司的控制能力并有损他们的声誉，因此高杠杆的财务结构可以激励管理层关注公司现金流情况，改善公司经营情况，以降低破产风险。而霍尔特豪森(Robert Holthausen)和拉克尔(David Larcker)却持有相反的意见，他们认为风险厌恶型的管理层为了尽量减少违约风险，决策时会趋向保守，可能减少了企业的扩张和盈利增长机会。

上述理论从资本结构的角度分析了杠杆收购的价值创造作用及其风险。国外的杠杆收购主要是由私募股权基金实施，因而私募股权基金在杠杆收购中也发挥了重要作用。安德斯(Anders，1992)认为私募股权基金掌握了资本运作的专业金融知识，他们为所收购的公司提供银行贷款、债券承销、首次公开发行等资本方面的供帮助。私募股权基金具有强烈的获利退出预期，因此一方面他们会组建专业的行业和金融团队来判别具有吸引力的投资，并在收购后向标的公司指派专业的行业人士或重组标的公司管理层，实施包括成本缩减、效率提升、战略制定、收购机会等一系列旨在提升公司价值计划，帮助提高公司经营绩效。

第五节　杠杆收购角色、对象特征

一、杠杆收购的理想对象特征

企业进行杠杆收购的理想对象一般都具有以下特征：

(1)组织结构比较完善。

(2)长期负债不多。

(3)具有较高的市场占有率等。

二、进行杠杆收购应具备的条件

(1)企业经营计划周全合理。在通过杠杆收购之后，企业管理层需要具备较高的管理技能，并且能设定一系列有效的管理制度，积极参与其中。可以给予管理层适当的股份，使管理者从雇员转变为企业所有者，切身体会到企业经营管理中的风险，可有效保证企业顺利重组。

(2)持续盈利状态。在杠杆收购之前，收购企业应当有一个可靠的历史记录，即企业一直处于持续盈利状态。当企业经营状况相对稳定时，现金流量也处于稳定状态，则可确保其在进行杠杆收购时的负债较低。

(3)收购前企业具备大量有形资产。在杠杆收购之前，收购企业应当拥有大量的有形资产。并且，如果目标企业拥有比较容易出售的产业或非核心部门，则可在必要时将该产业或部门出售，以迅速获得偿债资金。

(4)杠杆收购必须考虑到债务的偿还能力，采用这种大量举债的收购方式，必须要有足够的信心偿还债务和利息。因为利息支出可在税前所得扣除，因此可减少税负，所以企业的实际价值比账面价值要高很多。杠杆收购的目标企业大都是具有较高而且稳定的现金流产生能力，或者是通过出售或关停目标公司部分不盈利业务和经过整顿后可以大大降低成本，提高利润空间的企业。因为杠杆收购需要通过借债完成，因此目标企业本身的负债比率必须较低。

(5)杠杆收购一般都兼有 MBO/MBI 的操作，也就是要组建一个可能包括目标企业内部管理层和引进管理层在内的新管理层。一方面很多 MBO(管理层收购)、MBI(管理层换购)和 IBO(杠杆收购)都是用杠杆收购的方式完成的；另一方面杠杆收购往往也有管理团队的参与(LMBO),这种LMBO与一般的MBO的区别在于管理团队只占很小一部分股份,而支持交易的机构投资者要占绝大部分股份。杠杆收购完成后,通常会以各种方式使管理人员的持股比例达到20%至30%,这样将大大提高管理人员的经营积极性,加快现金回流和偿还巨额债务。

第六节　杠杆收购经济分析

一、杠杆收购的运用方式

杠杆收购的具体运用方式多种多样:

(1)负债控股。收购方与银行商定独家偿还企业的长期债务,作为自己的实际投资,其中一部分银行贷款作为收购方的资本划到目标企业的股本之中并足以达到控股地位。

(2)连续抵押。即并购交易中以收购方的资产作抵押,向银行争取相当数量的贷款,待收购成功后再以目标企业的资产作抵押向银行申请新的贷款,如此连续抵押下去,直到获得足够资金。

(3)合资兼并。如果收购企业势单力薄,则可选择先与别家企业合资,壮大资本实力,再兼并比自己大的企业。

(4)以目标企业作抵押发行垃圾债券。收购方以目标方的重要资产做抵押发行垃圾债券,所筹资金用于支付目标企业的权益所有者。

(5)分期付款。一般做法是收购方根据目标企业的资产评估值收购其51%的股份,并以分期付款的方式在若干年内将款项付清。由此可见,杠杆收购与普通并购最重要的区别在于前者以激进型融资结构——高负债政策作为指导思想。杠杆收购交易结构的关键是确定最大的杠杆系数以保证高收益率,同时还要保持经营的灵活性和偿债能力的保险性。

二、杠杆收购的融资手段

私募资金应用于收购的融资结构较为复杂,一般涵盖差异性的贷款等级。用于杠杆收购筹资的资金债务中绝大多数情况下存在部分安全系数高且有担保的贷款,同时应用和伦敦同业拆借利率相关的浮动利率进行计息。该贷款通常交由投资银行规划,出资方为商业银行,贷款受者为基金经理。同时,杠杆收购的债务也存在部分安全系数低、没有担保的贷款。其筹集渠道多数是高利益债券。该类债务不如高级别债务,小型交易多借助夹层债向保险公司和一些专业贷款人筹集。杠杆收购筹资使用工具主要有下列几种:

(一)常规银行贷款

由A类贷款及循环信贷额度构成,即所谓"比例债务"。

(二)"机构债务"

包括第一留置权 B 类和 C 类、D 类贷款,其主要出售给机构债务投资人。此类贷款一般定价高于 A 类,期限更长且具有较长的赎回支付时间表。

(三)由债券、夹层债务、个人资金等组成的"臂长"债务

该债务以高回报为特征,承销者为投资银行。融资主要来源于机构及个人信贷投资者,比如对冲基金。大部分高回报债券无担保。

(四)夹层债务

表现为求偿等级低。开展融资或扩张时,要求更多的权益资本。此时私募股权投资者一般即选用此种方式,满足资本数量需求。由于其高风险,持有人通常对其也有更高回报率的要求。

三、杠杆收购的经济贡献

有别于公募投资者,政策并未要求私募资本投资公司向有关政府机构出具融资报告,这样就降低了交易成本,缓解了管理压力。公司投资者能灵活应用金融策略,采用先进管理方法,创造经济利益。

(一)私募股权投资公司具备专业性

观察发现,私募基金的卓越表现通常具备连续性,同时历史底蕴深厚、规模较大的基金业绩显著优于新设置的基金。私募股权投资基金可凭借比其他竞标者更低的价格实现收购口标。此外,规模大、发展成熟的私募股权投资公司可以生成更丰厚的回报。与公开上市的公司比较,收购过程中支付的溢价更低。

(二)严格的重组、监督及管理措施

调查发现,被收购公司三成以上的管理层将在开始的 100 天内被替换,约 2/3 的 CEO 存在周期不超过 4 年。总的来说,收购专家小组对被收购企业的经理人监督很严。除此之外,私募投资公司具有更小的董事会规模,因而通常情况下更有效率。公司董事会一般由私募股权所有者相关代表构成,普遍责任心强、具备充足的专业知识,增加了债权人获益的概率。

(三)经营业绩

杠杆收购后其经营表现基本良好。统计显示,20 世纪 80 年代以来,收购后口标公司营销收入与销售额的比例提升了一成到二成,现金流与销售额的比例也有大幅度上升,公司价值也随之提高。不过,在"公转私"杠杆收购方面,经营业绩虽有改善,但幅度有限。

四、杠杆收购的经济影响

(一)私募股权投资公司的专业性

研究发现,那些被收购的公司在有差不多三分之一以上的管理人员会在三个月之内被陆续换掉,有三分之二的CEO存在的周期不会超过四年。从这点可以看出收购专家对被收购企业的管理人员要求是非常严格的。除此之外,私募股权投资公司还会派遣一些更加专业的人员参与到新公司的董事会中,这样可以很大程度上提高工作效率。私募股权在那些历史长久、规模较大的基金业绩表现良好,尤其是相对于新设基金项目,这更加证明了私募基金的优秀表现是可持续并且长久的,同时对于上市股公司来说,私募股投资公司在收购过程中支付的溢价更低。

(二)重组、监督和管理

对于一个公司的发展来说,最重要的就是管理,尤其是对一个刚收购的新公司来说,重组、监督和管理是非常重要地。所以私募股权投资公司会挑选责任心强、具备充足的专业知识的人员参与到新公司的监督管理中。私募股投资公司的董事会相对于其他公司来说具有会议频繁及人员精简的特点,因此决定了其能拥有更专业的、负责人的董事会来监督管理层,同时使债权人从中收取很大的收益。

(三)经营表现

通过多数的被收购之后的经营表现证据,杠杆收购的目标总体发展趋势都是很好的。其中大多数公司的销售额上升了10%至20%左右,同时公司的价值也随之大幅度提高。但同时根据新的数据显示,杠杆收购公转私的公司中,经营业绩的改善也是有限的。

第七节 杠杆收购融资

一、杠杆收购的融资来源

融资来源为企业完成并购采用的资金筹集形式,包括内部融资、债务融资和权益融资三种独立方式,杠杆收购中,资金主要来源于各种债务融资工具,但在杠杆收购中,内部融资和权益融资也基本上都会涉及,起到一定的作用。

优先债务融资速度最快、成本低、信誉高,但融资数量有限、财务风险大、限制性条件多;次级债务融资成本相对较低,但融资数量有限,操作也比较复杂。其不同的单一融资方式有着各自不同的优缺点,也存在其各自不同的风险点,下面进行重点分析。

(一)优先级债务

优先级债务是杠杆收购来源中的上层融资工具,它的主要提供者为商业银行,一些其他的金融机构如保险公司等也可以参与其中。顾名思义，优先级债务，资金来源方面的风险相对最低，因为资金来源方对收购的资产拥有最高级的清偿权。从融资方角度来说，由于这部分债务附带优先清偿权，所以这部分融资的付出成本也相对较低，其成本通常在杠杆收购融资体系中处于末位，是一项相对较好的融资来源。一般来说，提供此贷款的是不愿意承担太高财务风险的商业银行，有时候保险公司出于分散投资组合的考虑，也会参与此类贷款。优先级债务是杠杆收购的重要来源，发挥着举足轻重的作用，有时候这部分资金还会是收购方进一步筹集从属债务的前提，没有优先级债务的支持，收购方难以支付从属债筹资的成本和费用，从而导致收购活动开展困难。

在成熟的资本市场上，优先债务融资主要分为循环信贷承诺、限制性贷款等。

1. 循环信贷承诺

在有退出机制的收购中，银行信贷经常采取分期偿还定期贷款和循环信贷的方式。在分批次偿还定期贷款的情况下，贷款的到期日可以设计为与公司预期现金流入时点或者资本退出时间安排相吻合，可以减轻借款人财务安排的压力。在循环信贷承诺下，借款人可以反复使用已经偿还的额度，在有效期内可以多次借款，只要在使用过程中贷款总额不超过全部承诺额就没有问题。除了一般的循环承诺外，还有两种特殊的形式，第一种为递减的循环承诺，每隔一段时间扣减一部分承诺额。第二种为可转换的循环承诺，即在转换日过后，未使用的贷款额度失效，已使用的额度继续贷出。对于借款人来说，循环信贷承诺具有较大的灵活性，借款人获得承诺等于拥有一笔可以随时调用的资金，具有灵活机动的选择余地，借款人可以随时根据自身企业运营状况，确定使用的贷款额度和期限，以减少不必要的资金冗余付出额外的资金成本。对于借款人来说，循环贷款承诺还具有可观的支持性，循环信贷承诺给予了借款人有力的信誉支持，使得借款人在市场上更容易筹措资金。对于贷款银行来说，循环贷款承诺具有较高的营利性，借款人通常把它作为一种支持性工具，银行实际经营中很少需要动用自由资金，只需要凭借信用就可以赚一笔可观的佣金。因为在循环信用承诺中，客户一般是银行维系的优质客户，因此产生额外的成本不多，促成交易的营运支持费用也可以得到有效节省。

2. 限制性贷款

在杠杆收购的实施过程中与银行签订的信贷协议经常包括一些对贷款公司经营的限制条款，通常这些条款在贷款还清之前都会发挥作用。在这些信贷协议中的限制性条款有两个目的，第一是防止公司在经营过程中发生不利于限制性贷款的债权人利益的活动，第二是建立一种对公司经营状况的预警机制，可以及时发现公司经营劣势，如果出现公司不能还本付息的可能，可以及早退出。一般都需要在双方协商后确定这些条款，这么做主要是为了更好地保证未来对借款人履行合约。

第一类条款采取限制投资、资本支出和股息支付的形式。限制性贷款的债权人在条款中要求借款人将未来所得全部收入的现金流量用于偿还贷款本金。借款公司往往需要开辟其他现金流量通道来偿还这些债务，以符合这类条款的限制。第二类条款是债权人用来保持监控一些特殊情况，如借款人履行债务的能力出现问题。这些条款要求借款方提供一定能够反映企业还款能力的财务数据，比如资产净值、债务净值比率、固定费用覆盖率等。债权人认为这些条款的存在不会影响收购公司的经营成绩。但是，这些条款也可以给限制性债务方提供相对其他债权人更多的安全保障。

如果借款公司经营业绩低于条款约定水平但仍能保证最低程度的还本付息，限制性贷款的债权人可以据此中断合约并有权催其还款。这种权利不管最后是否实施都会给限制性贷款的债权人提供更多的保障。

（二）次级债务

次级债务的主要特征是风险较高，利率也较高，相对优先级贷款来说也更容易取得，其在杠杆收购中所占比例约占收购资金的一到四成，它在杠杆收购前进行融资的过程中发挥着比较重要的作用。次级债务取得的方式较多，且较灵活，可以选择私下发行或者是公开发行。

随着二级市场的发展，不同的市场对债券收益和风险的要求也不一样。私下发行通常实行在限制性的安排下，在交易中通常要求有股权参与。在公开发行的情况下，公众债券融资这种限制性较小的方式并不一定要求股权参加。

一般来说杠杆收购中的次级债务的期限将会比优先级债务长，次级债务的期限通常为 8 至 15 年，应在到期之前分期偿还。

（三）过桥贷款

过桥贷款，是指投资银行等为了迅速使收购方筹措足额收购资金并完成交易而向收购方提供的短期信贷支持。它是一种短期贷款，也是一种过渡性贷款，它的最大优点是回收速度快，随着杠杆收购在市场上出现的次数越来越多和相关理论的不断健全，商业银行等机构更加愿意为那些需要或者打算剥离一部分资产作为整个融资计划的交易提供融资。过桥贷款的利率比一般贷款利率要高 2% 至 5%，在使用过程中，由于成本相对较高，通常是在市场情况变化异常时，为加速完成收购而获取的，因此数额不宜过大，时间也不宜过长，应当充分发挥其“桥梁”作用，过桥贷款促进了二十世纪八十年代中期美国杠杆收购活动的发展，反过来，美国并购活动的大量增加也使得并购后资产剥离更加现实，银行对过桥贷款的可偿还性具有了更强的信心，这便使得银行更乐意与杠杆收购方合作，促进收购者通过过桥贷款进行融资。

（四）可转换债券

可转换债券是签发者承诺按一定的利率和在一定的日期支付的利息，并在特定日期偿还本金的书面债务证明。在它相对较长的偿还期内（五年或以上），债券发行人会每年支付给持有人一次固定的利息，它具有可转换性，债券持有人可以按约定的条件把债券换成股票，如果债券持有人对发债公司的股票增值潜力较为认可，可以在宽限期后进行转换，根据协议约定的条款将债券转成股票，由于可转换债券有以上特性，它的利率一般低于其他公司债券，因此通过可转换债券的发行，可以有效降低融资成本，但也同时增加了对公司价值的套利风险。

（五）垃圾债券

是在投资级别评比中评级较低或未评级的高收益债券，募集的成本较高，但没有抵押，如果无法偿还会对公司的信用评级产生影响。

二、融资方式选择顺序

杠杆收购融资选择一般遵循以下规则：

（1）量多获取利率低、担保程度高的贷款。

（2）尽量使得债务具有丰富性与灵活性。

（3）融资所得现金流足以支持公司正常运营并收回投资及其更高利率的次级债务。

（4）保留足够的营运资本，并在经营过程中对短期和季节性变化中可预见的现金流量保持控制。

（5）在企业对融资方式进行具体选择时应当考虑：融资种类、融资期限及具体的融资安排等，同时根据公司资本结构，将财务杠杆利益与风险综合考虑，在其中进行均衡，从中得出最佳的融资结构。不管采用何种融资方式，一般都遵循融资成本最小化的原则。

（6）如果债务融资方式所产生的成本低于使用股权融资，则一般选择顺序为"内部筹资、银行贷款、次级贷款、发行债券、发行新股"。

（7）如果债务融资所产生的成本高于使用股权融资，则一般选择顺序为"内部筹资、发行新股、银行贷款、次级贷款、发行债券"。而非上市公司一般也采取第一种方式。在实际操作过程中，每一个杠杆收购的融资结构及方案设计都是极具创造力的创新，在实施过程中，应对各种融资工具与方式进行优劣比较，综合考虑目标公司的资本结构、融资成本、资金需要量、融资风险、融资环境及政策法规等各种因素，在财务风险与财务杠杆利益之间寻求一种合理的均衡（即：最优融资结构），做出切实可行的融资方案。

三、杠杆收购的融资结构类型分析

融资结构是融资策略的综合，其中包括融资来源、融资期限、资金运作方式及其再融资等策略，在收购时参照这些融资策略进行融资，从而将杠杆收购执行下去，它是杠杆收购过程中资本结构规划的核心。在企业进行融资并购决策时，最开始应当对可以利用的融资方式进行全面的分析与探讨，分析相关融资的风险及其成本，对可利用的多种融资组合方式搭配、试错及分析，最终得出最佳融资结构安排。进行融资之前一般要先考虑融资结构的细节，如融资类型、期限结构、货币种类、融资条款、发行方式等因素。一般来说企业在收购过程中所利用的资金远远不止一种，最先考虑的应当还是内部的留存收益等进行内部融资，其后便是关键的外部借贷，其中外部借贷可以依靠的工具种类丰富，所以需要对资本化比率、偿债比率和资金来源等进行综合分析。此外，融资期限不同对公司的风险影响也不同。当公司的资产期限相当于负债期限时，较为符合风险影响中性的期限结构。一般来说，资产负债率超过 60%、利息保障倍数小于 3 的融资组合风险比较高。所支付的利率是固定还是浮动,对公司未来的利率结构、融资成本和资产收益回报也会产生重大影响。杠杆收购的融资体系构造往往涉及多层融资结构体系,需要创造或利用许多融资工具、融资模式。杠杆收购中的融资结构往往采用倒金字塔结构模式,债务融资金额远远超过自有资金,占总融资比例的绝大部分。

四、杠杆收购的趋势及私募市场的荣兴

(一)收购繁荣期的特性

欧洲市场私募股权数量的大幅度增加和交易价值(其中包括多家共同收购和单个基金的交易价值等)和交易次数的显著提高,呈现出了近期收购市场的昌盛繁荣景象。由于对冲基金的增长、私募股权投资基金的增长和信贷市场的活跃性构成了市场繁荣的三个重要因素,同时欧洲收购市场的频繁增长,也大大推动了这一脚步。

(二)收购融资趋势

传统收购债务一般是由附带条款极多的银行债务组成,但是随着近几年银团债务的兴起,这种附带条款极多的传统的银行贷款比例明显降低。银团债务不仅限制条款放宽了许多,而且它的期限比较长,贷款条件也更优惠。所以在未来,融资应用的杠杆债务里,这种融资将会有良好的发展趋势,再加上收购交易向机构投资人倾斜而非 B 类贷款等,那么将会使得私募股权投资公司的融资方式发生一定的转变。

(三)各交易类型的走向

据资料数据显示,伴随着垃圾债券市场的严重倒塌,其中放弃收购的交易比例日益上升,也导致了公转私杠杆收购的交易线持续下降。目前,公转私杠杆收购的对象大多数为成熟行业的大型公司,并且占据了市场交易总价值的一半以上。

(四)退出途径的走向

由于私募股投资基金都具有有限的存续期,所以如何做到适当及时的有效退出投资成为收购行为的一个关键组成部分。据资料显示,最普遍的退出途径是可以将其出售给另外一家非金融性的买家;另一种是直接出售给另一家私募股权投资基金,这也就是平时所说的“二级杠杆收购”,但是就目前的形式来看,作为买家和卖家都会将其视为一种困境中逼不得已的廉价贱卖,因此大多数合伙人投资者不愿意对其进行收购,不受到市场的普遍欢迎。

(五)收购融资的走向

目前,杠杆收购中条款的放款、持有为杠杆收购融资的债权人和债务组成为了债务融资方面的两类重要融资所在。就目前的经济市场模式来说,由于银团还能债务的推动性,很多杠杆收购债务不再是单方面银行所有,杠杆收购融资中的债务构成也发生了不小的变化。

【练习题】

一、A 公司计划并购 B 公司，并购前二者股东权益的价值分别为 15 000 万元 5000 万元，假定二者的普通股股数均为 1000 万元，每股价值分别为 15 元和 5 元。经过评估并购后联合企业的股东权益价值为 25 000 万元。B 公司要求 A 公司为并购支付 6000 万元的对价。假定不承担债务，并且忽略交易成本。

请分别用直接分析法和协同效应分析法计算 A 公司并购 B 公司的净现值。

二、2002 年底，A 公司拟对甲企业实施吸收合并式收购。根据分析预测，并购整合后的 A 公司未来 5 年中的股权资本现金流量分别为-5000 万元、3000 万元、7000 万元、8000 万元、9000 万元，5 年后的股权资本现金流量将稳定在 5000 万元左右；又根据推测，如果不对甲企业实施购并的话，未来 5 年中 A 公司的股权资本现金流量将分别为 2000 万元、2500 万元、4000 万元、5000 万元、5200 万元，5 年后的股权现金流量将稳定在 3600 万元左右。购并整合后的预期资本成本率为 10%。

要求：采用现金流量贴现模式对 A 企业的股权现金价值进行估算（提示：采用差量分析法计算现金流量的现值）。

三、A 公司意欲收购在业务及市场方面与其具有一定协同性的 B 企业 62% 的股权，相关财务资料如下：B 企业拥有 5000 万股普通股，2003 年、2004 年、2005 年税前利润分别为 2200 万元、2400 万元、2600 万元，所得税率 30%；A 公司决定按 B 企业三年平均盈利水平对其做出价值评估，评估方法选用市盈率法，并以 A 企业自身的市盈率 18 为参数。

要求：计算 B 企业预计每股价值、企业价值总额及 A 公司预计需要支付的收购价款。

四、思考题：

1. 企业并购现金支付方式的特点及影响因素。

2. 什么是杠杆并购？杠杆并购的特点是什么？成功的杠杆并购目标企业需要具备哪些条件。

3. 企业并购的动因有哪些。

4. 企业并购的融资方式有哪些。

5. 企业反并购的策略有哪些。

6. 分析企业并购中存在的风险。

7. 企业并购如何选择目标公司。

8. 企业并购失败的原因。

第九章 智能时代的财务管理

【学习目标】

1. 理解智能时代
2. 掌握智能时代业务财务框架
3. 了解智能时代财务人员能力提升

第一节 智能时代财务管理概述

目前,我国财务管理发展历程按 IT 技术支持和理念大致可划分成三个阶段:第一个阶段始于20 世纪 80 年代,基本是 DOS 系统(磁盘操作系统)环境简单数据库软件基础上的单机会计核算软件应用,替代了手工记账功能,也可称为会计电算化;第二个阶段始于20 世纪 90 年代后期,互联网开始普及,局域网较为成熟,开始形成以联网为基础的集中集团财务管理;第三阶段是近年来以数字化、智能化为代表的智能财务管理。

人工智能(artificial intelligence,AI)是研究、开发用于模拟、延伸和扩展人的智能的理论、方法、技术及应用系统的一门新的技术科学。2016 年,以“阿尔法围棋”(AlphaGo)战胜世界第一棋手李世石为标志,将人工智能带入公众视野。人工智能的应用领域十分广泛,涉及我们工作和生活的各个方面。在财务管理领域,财务系统、财务机器人等类似程序的出现大大简化了烦琐复杂的记账工作,节省了大量的人力、物力和财力。人工智能技术通过算法对采集到的业务大数据进行模拟,能提供更好的财务管理服务和经营决策支持,友好的人机交互让枯燥复杂的各种底层经营财务数据以图表等常规形式展示,极大地推动了基于人工智能的智能财务平台的发展。

人工智能作为“互联网+”框架下的重要子模块,与区块链、物联网、大数据等技术类型构成了融合创新的“二级梯队”,这也是智能时代进行财务管理的层次定位,研究重心应落在人工智能对财务管理的重构作用上。如果将“互联网+财务管理”视为智能时代财务管理的顶层设计依据,那么数字化管理无疑是重构智能时代财会管理的重要基石。事实上，数字化也是互联网及一切相关要素的价值前提，尤其在以人工智能为主导的财会管理的重构过程中，无论财务数据的生成与流转，还是财会价值的创造与传播，都高度依赖信息数字化机制。

一、智能时代与智能财务

（一）智能时代

智能时代可以简单理解为智能化的时代。2016 年被称为人工智能元年，由“阿尔法狗”战胜世界第一棋手李世石开启。在此之前，我们从未想过机器能够战胜人类，而现在，我们可以自豪地说，我们已经进入了智能时代。人工智能在经历了萌芽阶段、诞生阶段和发展阶段之后，现在来到了集成阶段，人工智能技术的实际应用程度不断深化，应用程序不断改进，现已陆续实现了多种功能和多种需求的综合发展。

最近几年，人工智能有了新的发展方向，开始向创新技术和更多的学科领域延伸，同时向多方位多领域的综合应用发展，庞大的专家系统在不断推陈出新，向世人展示这个时代是一个飞速发展的人工智能新时代。“互联网+财务管理”就是智能时代的产物，通过把大数据、云计算、物联网和区块链等引入财务管理的概念中，使得财务管理中烦琐复杂的工作变得简单易操作，自此财务管理也进入了智能时代。

（二）智能时代改变财务管理

1. 智能时代带来财务组织模式的变革

财务组织本身一直在进化和演变中，与技术的发展相匹配，智能时代的财务在组织层面从战略、专业、共享、业财四分离阶段进化到外延扩展阶段。在这个阶段财务组织将具备更多与智能时代特征相匹配的新职能，如大数据分析、智能共享运营等。财务组织将从刚性运营向柔性运营改变，为业务提供更加丰富和灵活的支持。

在智能时代，财务组织的核心特点是与云计算、大数据、机器学习、区块链等技术进行协同。一方面，智能时代的新技术需要有配套的财务组织进行维护，如负责财务数据管理和维护的数据运营团队、具备学习算法能力的财务建模团队等；另一方面财务需要拥有能够运用智能技术的团队，如基于大数据的智能风险控制团队，以及能够运用大数据进行资源配置预测的新型预算团队等。由于智能技术的人才及相关资源还没有普及，财务组织的转变难以一蹴而就。在智能时代，合理路径应当是前性的组织架构变革先行，人员培养和获取随后跟进，最终建立新型财务组织。

2. 智能时代带来财务人的认知升级

在智能时代，如吴军博士在《智能时代》一书封面上所言：“2% 的人将控制未来，成为他们或被淘汰”。这并不是危言耸听，对财务来说，这种变化一直在发生，只是未必有即将来临的事情那么剧烈。如财务从纯手工作业转变为高度的网络化作业也就发生在不到二十年的时间里，而其间又经历了会计电算化向财务信息化的转变。未来有三类财务人员会受到巨大的冲击，也必须要面对认知的升级。

第一类是财务高级管理人员，如 CFO 或财务经理。他们是整个财务组织和财务团队的灵魂，与业务的衔接也最为紧密。在他们的认知框架里，数据和信息化的重要性比重必须显著增加。一方面，一个没有大数据思维和算法思维的管理者将是不合格的，财务将无法应用新技术工具帮助企业提升价值；另一方面，作为业务的伙伴，当整个公司的经营都已经被智能化渗透后，如果财务还没有这方面的知识储备，面对的必须是不换思想就换人的窘境了。财务高级管理者需要深度理解公司战略在智能时代所做出的转变，并能够主动在经营分析、资源配置等领域给予业务更好的支持。

第二类是财务经营分析或预算管理人员。他们的传统价值在于驾驭数字，能够从中找到蛛丝马迹，为业务部门提供经营分析支持，或者通过预算、考核等手段推动业务改进绩效。但在智能时代，更多经营改进的建议应当是通过人工智能进行大量数据分析后提出的，通过分析大量历史数据，从相关性中探寻规律，给出很可能靠人无法发现的绩效改进线索。而在预算管理上，资源配置的基础将由智能分析提供。对这一类人员来说，其曾经引以为豪的数字加工能力、数字敏感性等不再重要。如果要成为有价值的 2% 的人，就必须重新构建自身能力，在大数据、机器学习等方面掌握业务建模的能力。

第三类是会计运营人员，包括财务共享服务中心的员工。财务共享服务实现了流程的标准化和作业的规模化，将曾经具有技术性的会计核算转变成流水线作业。这本身也是顺应智能时代的需要而发生的重要改变。而在智能时代的后期，这种变化会进一步加剧，共享服务中心会将现有的审核作业进一步规则化，甚至是计算机通过机器学习的模式，在学习海量案例后自己形成作业规则。这样，在整个流程运营中，对人员技能的需求会进一步下降，会计运营人员有可能退化为信息录入人员，甚至直接被淘汰。而在这个过程中保留下 2% 的人，将是有能力进行规则分析、流程设计和流程优化的少数人。

3. 智能时代带来财务信息技术的晋级

智能时代对财务信息技术的影响最直接。如上文所述，在当前阶段，人工智能的核心是大数据和机器学习，而云计算又是支撑起大数据和机器学习的计算能力的基础，由此衍生出的区块链等新兴技术也会对财务管理产生重要影响。

在大数据方面，首先要求信息系统提升自身的数据采集和存储能力。大数据需要建立在高度的业财信息系统对接的基础上，财务信息系统将能够获取端到端的、更加全面、完整的业务及财务数据，并且能够支持非结构化的数据处理。同时，需要引入新的数据存储技术，并最终形成应用。

在机器学习方面，需要找到合适的机器学习切入场景，从技术层面简化实现的难度，让未来的财务管理人员有能力参与到机器学习建模的过程中，并应及早规划并积累可用于机器学习的财务管理场景的数据。没有数据的机器学习是没有应用价值的。

在云计算方面，一是需要充分利用云计算所形成的强大的机器学习算力，以实现技术的可行性；二是让云计算在基础设施服务、软件服务平台等方面给企业财务信息化带来多种价值，如更低的财务信息化建设成本、更为灵活和快速的应用部署、依托云服务获取市场管理最佳实践等。

此外，区块链等技术的出现，有可能在业财融合方面带来突破，并在跨境交易等领域解决现有财务技术模式下的一些难题。

（三）智能财务

智能财务是一种新型的财务管理模式，它基于先进的财务管理理论、工具和方法，借助于智能机器（包括智能软件和智能硬件）和人类财务专家共同组成的人机一体化混合智能系统，通过人和机器的有机合作，去完成企业复杂的财务管理活动，并在管理中不断扩大、延伸和逐步取代部分人类财务专家的活动；智能财务是一种业务活动、财务会计活动和管理会计活动全功能、全流程智能化的管理模式。

智能财务是覆盖财务流程的智能化，它涵盖三个层面：第一，是基于业务与财务相融合的智能财务共享平台，这是智能财务的基础。智能财务共享平台将业务与财务融合到一起，改变了传统的业务流程，解决了会计核算和管理流程相脱离的问题，提高了企业的管理水平。第二，是基于商业智能的智能管理会计平台，这是智能财务的核心。在该平台上，企业财务人员可以获取更加多维立体的商业信息，借助商业智能强大的建模和数据分析能力充分发挥信息该有的功能和价值，从而完成财务人员从数据的搬运工到数据的整合者的转变。第三，是基于人工智能的智能财务平台，这代表智能财务的发展。智能财务平台将人工智能应用到企业日常的财务工作中去，这需要财务工作人员改变传统的工作方式，适应人工智能时代财务工作的转变，迎合财务管理发展的新趋势。

智能财务具有以下五个特点：一是全面共享，智能财务本质上是业务与财务相融合的共享平台，它包括整个企业对于智能财务相关数据和智能财务相关平台的共享；二是高效融合，在大数据和互联网的加持下，财务不再是一个单独的部门，而是通过统一的政策和规则将财务与企业业务和管理高效融合起来；三是深度协同，在智能财务共享平台下，仅仅是共享还不够，还要从信息中挖掘出有用的部分，进而实现财务部门、业务部门和管理部门的协同效应；四是精细管理，在智能财务系统中，通过采集最小单位的交易数据和过程数据，可以实现基层业务单元层面和流程环节层面的精细化管理；五是快速精准，智能终端能通过预设模式实时采集、存储和处理所需数据，并且能基于算法分析提供经营决策所需的方案，这使得业务和管理部门能针对财务部门提供的经营决策方案迅速做出调整和反馈。

无论是实务领域还是研究教育领域，智能财务都有不俗的成绩。在实务领域，RPA（robotic process automation，机器人流程自动化）的研发和应用进展迅速。这也是较为成熟、部署时间较短、投入产出较大、应用场景广泛、业务得到广泛认可的产品。有关 RPA 的软件供应商如雨后春笋，同时也成为资本市场的投资热点之一。随着非结构化数据处理、自然语言理解、复杂图像识别等应用场景在 RPA 中比例的增加，具有智能化特点的第三代和第四代 RPA 已经出现，因而 RPA 成为智能财务的热点领域。目前来看，相对 RPA，知识图谱、神经网络、模式识别、机器学习的应用进展还不够显著。在未来几年，这些技术就会在财务领域有重大的应用突破，可能会诞生出类似于财务机器人这样有巨大影响力的产品。

智能财务的发展还引起了研究机构和高校的广泛关注,越来越多的高校开始注重智能财务的探究。如上海国家会计学院、浙江大学竺可桢学院、北京语言大学、山东财经大学等院校,均在本科或研究生层次新开设了智能财务方向的专业教育课程。各个高校不断研究和创立智能财务新人才的培养方案,为适应人工智能与大数据时代,培养兼备会计财务专业知识、大数据分析处理、计算机人工智能与技术创新能力综合为一身的复合型会计人才和会计财务高素质人才。

为共同探索智能财务发展,创造智能财务的最佳应用实践,培养智能财务新人才,金蝶联合上海财经大学会计学院、中央财经大学会计学院、西安交通大学管理学院、西南财经大学会计学院、中南财经政法大学会计学院、上海立信会计金融学院会计学院、西安欧亚学院会计学院共同发起成立“智能财务新人才校企联盟”,目前已有近40所高校及教师代表加入联盟,共同致力于智能财务在教育领域的发展与探究。在师资能力培养、课程开发、实习基地建设、就业培训等方面,已经与清华大学、合肥工业大学、上海立信会计金融学院等国内1200多所高校展开深度的校企合作。今年还成立了智能财务新人才校企联盟,与高校共同打造智能财务育人新生态、培养社会未来财务新人才。

二、智能时代企业财务管理创新转型

(一)财务策略和人才技能需要创新

未来的会计需要解析企业在财务上的策略和表现,能够解释投资计划的可行性,并能够管理好企业内外不同利益相关者的期望。未来的财务经理,若想要出人头地,就必须具备以下的能力:团队协作能力、语言能力、跨文化交流意识。另外,还要善于表达、有说服力,能向金融行业内外的人士做展示。财会不再是简单的出纳、预算核算,因为大部分工作目前都有相关的软件或相关的乙方外包公司处理,那么对于甲方人员的技能更趋于软性,也就是说管理及信息化流程、制度建设、沟通协调性以及战略性工作会变得越来越重要。而这些恰恰是很多毕业生力所不能及的,于是就构成了就业势能差,甲方的岗位越来越少,乙方的岗位越来越多。

当前,大数据时代财务管理人员面对诸多挑战,不仅是同行业竞争,还有来自人工智能技术发展的压力。从业者该如何应对发展中的困惑?财务管理人才需要具备高感知、高概念、高创新的能力,要快速感知市场的变化,高度凝练变化的概念,从而进行高度创新。高感知的背后是身体智慧,高概念的背后是认知智慧,高创新的背后是场域智慧。要具备高认知能力,不断的跨界以赋能。财务是一门哲学,未来,财务将是一种人人必备的基本技能。

智能财务是一种新型财务管理模式:通过人和机器的有机合作,去组织复杂的财务管理活动,并在此过程中不断扩大、延伸和部分替代人类财务专家的活动。人工智能等新技术的发展,已经波及我国上千万的财会人员,但新技术的发展不会导致财会的弱化或消亡,相反,会使得内容更加专业化。智能财务也不会改变相关学科,会使学科内容更加丰富。共享财务平台建设的关键是业务与财务融合，打通财务和业务之间的隔离和不同系统之间的数据接口，是共享平台建设的关键。

财务管理创新转型就是随着时代快速发展，传统的会计信息作用在下降，财务管理升级迫在眉睫。在企业层面，总会计师职能需要改变，目前的分工限定了总会计师的职能。对于被人工智能所取代的大量会计人员也需要有效分流。要推进业务财务融合，加大培训的力度，通过学习提高管理能力，提高企业竞争力。

（二）人工智能时代，算法引领财务管理变革

在人工智能时代，传统财务管理正变得日益落伍与过时，那些不能与时俱进、实施转型的企业，其未来生存概率必将锐减。从财务管理实践出现开始，财务管理的绝大部分内容都被当作算法（algorithm）的实践。所谓算法，是指进行计算、做出决定和解决问题（problem）的一套有条理的程序与步骤。算法整合了分析（analysis）和决策（decision）两个截然不同但又相辅相成的维度，两者都以信息（information）作为最基本的技术支撑。直至今天，会计、审计、税务事务乃至投资决策、融资决策和运营决策，本质上都是算法。这些都属于广义财务管理概念。一项新税法出台，如何加以妥善利用以节税，即为算法的典型例子。但算法在公司事务中无处不在，财务管理只不过是最典型的方面。在涉及金钱的地方，就一定会有财务管理，在有财务管理的地方，就一定会有对算法的依赖。

算法的根本成分是决策制定。决策就是在某些约束条件下寻求最优选择的过程。不要小看了决策，因为归根结底，决策才是决定命运的主导力量。个人如此，公司如此，政府也如此，莫能例外。无论个人还是组织，每天都要做出大大小小的决策，但决策的质量与结果却大相径庭。假以时日，个人和组织的命运也就被自己的决策塑造和锁定。

财务管理的根本成分也正是决策，准确地讲是三类基本决策的结合，这就是投资决策、运营决策和融资决策。每类决策至关紧要，并且彼此紧密相连。个人如此，企业和政府也是如此。财务决策不是管理决策（managerial decision）的全部，但却是整个管理决策体系的中流砥柱，而且非财务决策也在很大程度上依赖财务决策。无法设想财务管理长期不良的企业、政府和家庭，如何能够井然有序地运转。

然而，在人工智能科技出现以前，作为算法的财务管理一直交由人脑负责，计算机或电脑也日益承担拓展性任务。这不是问题的全部，也不是问题的关键。真正关键的问题在于：直到今天，财务管理都聚焦“中介化”，即从事业务端与客户端之间的事务性工作。中介化造成的主要负面后果是：忽视和漠视业务端的价值优化与客户端的价值优化，从而导致丧失根本的目的性关切，这是财务管理的目标感与方向感的高度迷失，也是灵魂的迷失。在这个方向上，解决之道就是让财务管理回归目的性关切：把赚钱当作手段，把业务与客户的双重价值优化当作目的，必须推动回归价值导向的财务管理。一旦转向价值导向的财务管理，集权式财务管理也变得过时了。这是因为，在人工智能的算法时代，人脑决策绝不可能优于人工智能的决策。

在这个方向上，财务管理需要转向分权模式，其实质是将算法意义上的决策权从领导身上移开，交给人工智能。原因简单有力：哪怕再“英明”的领导，也绝不可能产生比人

工智能机器人更好的决策。既然如此,集权决策的根基也因此被瓦解。企业必须从现在开始,就着手做好迎接分权决策的准备。

(三)“四大”财务机器促进财务变革

2017 年 10 月,随着德勤财务机器人“小勤人”的问世,德勤成为“四大”首个拥有财务机器人的会计师事务所。德勤财务机器人可进行如下系列操作:费用报销、发票开具、采购付款、订单收款、固定资产管理、存货成本计量、纳税申报、预算管理、档案管理、银企对账以及报表出具等。以税务计算为例,由于纳税主体繁多,税收申报数据来源不同,财务人员难以在短时间内准确识别增值税发票真伪,并进行税收计算、纳税申报。财务工作者仅需将发票放入“小勤人”扫描仪中,剩余工作利用 OCR 技术和 Insight Tax Cloud 发票查验助手在 1 分钟之内即可完成,大大提高了财务人员的效率。

普华永道也推出属于自己的财务机器人解决方案。普华永道机器人方案使用智能软件完成原本由人工执行的重复性任务和工作流程,不需改变现有应用系统或技术,使原先那些耗时、操作规范化、重复性强的手工作业,以更低的成本和更快的速度实现自动化。相比较德勤的财务机器人更多的针对财务领域,普华永道将自己的机器人解决方案扩展到其他的领域,包含人力资源、供应链以及信息技术。

安永推出的智能机器人是机器人流程自动化(RPA),是向业务流程捆绑和外包变革迈进的又一步。在过去几十年中,各种技术进步对业务产生了巨大影响,而业务流程自动化 RPA 将成为下一步,它的应用将极大减少人为从事基于某些标准、大批量活动的需求。RPA 的实现分为流程分析及机器人匹配、供应商选择及签约、实施支持等内容。

毕马威明确提供机器人流程自动化服务的事务所。毕马威通过使用流程自动化(RPA)财务机器人协助一家国际领先的商业银行在华分支机构实现了贸易融资和大宗商品交易部门试点业务流程的数字化转化工作。在这以前这些业务流程都需要大量人工的手工工作,而该银行期望通过 RPA 技术能力实现流程和员工效率的提升,提高客户满意度,提升部门应对业务大量增长的能力,这样让员工能够集中精力去处理一些更有价值的工作,财务机器人的出现实现了这一想法。

随着财务机器人的广泛运用,我们发现财务机器人确实替代了部分基础工作,却极大地提高了组织运行效率,也敦促会计人员逐渐向高价值的决策型人员转变。以德勤、普华永道、安永、毕马威为代表的国际四大会计师事务所已经相继上市财务机器人以及财务机器人解决方案,推动了传统财务行业的变革。

(四)智能时代财务人员发展方向

其实人工智能并不能完全替代财务人员,但会逼着财务管理模式和财务人员进行转型。随着人工智能与会计信息系统的不断结合,财务行业中广泛涉及分析、预测和统筹的领域才是财务人未来的发展方向。财务人员未来可以向以下三个方向发展:

(1)管理型财务专家。财务永远都是企业的经济数据中心,而这些数据需要我们进行分析和预测,完全依靠计算机是无法实现的。人工智能做的都是前端数据的收集、清洗、初步分类,而最终结果的预测和结论认定仍然需要人工决策,而这个角色就是财务人的未来发展方向:管理型财务人。

(2)风险控制专家。风险管理和内部控制逐渐成为现代企业管理中不可或缺的部分,当企业在发展到一定阶段之后,组织结构和经济活动都会非常复杂,企业整体风险控制管理是必须要做的事情。信息系统会为风险控制提供支持,但其中的人工控制和对自动化控制的监控都是需要熟悉企业财务与运营状况的人员来执行。

(3)信息系统实施顾问。人工智能的应用离不开信息系统,而信息系统的实施就需要那些既懂财务又懂信息系统的人。这一趋势现在都已经非常明显,企业要实施信息化需要一些专业人员将他们的需求模式化,而在信息系统实施中又需要他们来辅导。

第二节　智能时代财务模式

随着大数据和智能财务的出现,财务管理中的筹资模式、投资模式、业务模式以及股利分配模式都要随之发生变革。

一、筹资模式

企业筹资是指企业作为筹资主体,根据经营活动、投资活动和资本结构调整等需要,通过一定的金融市场和筹资渠道,采用一定的筹资方式,经济有效地筹措和集中资本的活动。企业的筹资可以分为短期筹资和长期筹资。企业的长期资本一般是采用投入资本、发行股票、发行债券、长期借款和融资租赁等筹资方式形成的,而短期资本一般通过负债的方式取得。智能时代下,企业的筹资方式与传统相比虽然没有大的改变,但是筹资的成本和风险都有所降低。智能财务对筹资模式的影响具体表现在以下几个方面:

(一)有助于企业理性的分析各种筹资方案的利弊

在传统的筹资模式下,企业筹资在很多时候并没有进行科学的分析与计算作为决策的依据。互联网技术的发展使得企业能获得更多来自内部和外部关于筹资方面的信息,通过大数据技术对各种信息进行全面而充分的分析和预测,得出各种可能方案在不同情况下的筹资成本和风险,最后据此做出相对满意的决策。大数据和区块链的发展大大降低了信息不对称的问题,企业相对来说能更加清楚各种筹资方案的利弊,能够针对自身的实际情况,选择最适合当下的方案。

(二)能降低企业筹资的成本和风险

企业在选择筹资方案时,一般会从筹资成本和风险方面进行考虑。一般来说,股权筹资风险小,但成本高。长期借款筹资速度快,但风险高,且限制条款较多。不论何种筹资方式,智能时代的发展都能显著降低筹资的成本和风险。贷款成本高在很大程度上是因为银行等金融机构在短时间内无法具体的了解企业的经营情况，因此就会要求较高的利息。大数据和区块链技术的发展使得企业所有的经营数据和交易信息都得以保存下来，这些数据和信息经过一定的提炼就能成为企业的“信用名片”，拿着这张名片去银行等金融机构贷款时，银行就能在很短的时间内了解企业的经营和发展情况，为了促进经济的发展，对于那些经营良好有发展前景的企业自然就会降低贷款的要求，进而降低企业的贷款成本和风险。

二、投资模式

投资是企业对现在所持有资金的一种利用，一般来说，企业投资包括长期投资和短期投资。在市场经济条件下，公司能够把筹集到的资金投放到报酬高、回收快、风险小的项目上去，对企业的生存和发展十分重要。企业投资是提高企业价值、创造股东财富的基本前提，也是公司发展生产的必要手段，同时还是企业降低经营风险的重要方法。在科学技术、社会经济迅速发展的今天，企业只有通过有效的投资活动，才能实现更快更好的发展。

智能时代为企业的投资活动提供了便利，最重要的是能够帮助企业甄别投资对象的好坏，降低投资的风险。投资对象的选择对于企业投资来说至关重要，选择了错误的对象会使企业遭受巨大的损失。企业可以通过购买设备等固定资产进行投资，也可以通过购买其他企业的股票、债券等进行投资，相对来说，后者对企业的影响更大。由于股票、债券受市场影响较大，波动性很强，企业通常很难预料投资之后公司及市场的变化。因此，企业投资之前要对投资对象尽可能多地了解一点，互联网能够帮助企业收集潜在投资对象的各种经营和盈利信息，之后使用大数据进行分析和预测，尽可能地选择收益和前景都较好的企业进行投资。未来区块链技术在财务管理中普遍应用之后，财务数据共享会广泛实现，财务造假的可能性会更小，这使得在投资之前就能深入了解投资对象成为可能，在很大程度上能降低企业投资不当的风险。

三、业务模式

智能时代下，财务管理中业务模式的发展方向将是业务财务一体化，即鼓励财务人员从自身的专业领域中走出来，站在企业业务的角度以及业务与财务有交集的领域来思考，进而开展相应的财务管理工作。但是并没有权威的专家对业务财务的概念进行具体的细分，因此在实际中企业应用起来会存在困难。下面将从不同的角度来解析业务财务在各领域的应用，以及智能时代新技术对其的影响。

（一）产品财务管理

在产品财务管理方面，只从财务的角度来说，智能化对其的影响不是很大。在产品规划和投资方面，基于互联网我们能够获取更多有用的信息和数据，这能够帮助我们更加准确地预测产品未来的经营和销售情况。产品投入市场后，互联网能让我们更好地跟踪相应产品的市场数据，通过分析这些数据能让企业做出更加契合市场的调整。企业还能利用网络直播等方式加强学习和培训的效率和效果，这些方式可以有利地克服地理上的障碍。此外，业务财务更加关注产品本身在智能化领域的发展，产品经理要能敏锐地把握市场动向，积极地将智能技术与产品开发和推广联系起来，实现资源的优化配置。

（二）营销财务管理

近年来，大数据在营销管理的推动方面发挥着重要的作用。首先是营销费用管理方面，任何产品都需要营销，而不同的产品适合于不同的营销方案，业务财务重点关注营销费用的效果，即是否达到了预期的目标。企业可以利用大数据技术对历史营销费用进行分析，找出效果较好的方案加以研究。基于大数据技术还能获取消费者的各种社会信息和消费偏好，精准营销和智能化推荐能够促进业务财务的发展。大数据还能帮助企业建立及时有效的监督系统，通过多个方面的信息获取来对市场和竞争对手进行监控，及时获取重要的动态来帮助自身做出调整。

（三）供应链财务管理

ERP 系统出现后，企业的供应链管理已经发展的相对成熟，物联网技术的出现将为此领域财务管理能力的提升提供潜在的机会。物联网能够跟踪从原材料到半成品、产成品，再到后续的库存、配送等各个环节的大量位置信息，这些信息也能让企业更加了解整个供应链上各环节的具体情况，并根据实际情况对生产、库存和配送等环节进行优化。此外，将采购财务管理放置于业务处理之前，能够更好地实现整个采购过程的自助化和透明化，推进业务财务的融合。

（四）项目财务管理

针对项目管理，可以根据不同类型的项目建立互不相同的前端业务管理系统，将业务与财务紧密结合的部分置于该系统中，其余的部分可以建立统一的项目财务管理平台，对接前端专业化的业务管理系统，打通业务与财务的壁垒。项目财务管理一直是企业财务信息化建设的薄弱环节，未来还需要企业的大力重视和建设。

（五）海外财务管理

海外财务管理与国内财务管理相似，其实就是财务管理跟随业务向海外的延伸，因此可以复制国内财务管理的应用模式。但是，要注意复制不是全盘照搬，而且要考虑到不同国家和地区在语言、文化、制度等方面的差异，积极地调整自身的经营模式和管理模式，力求实现全球统一的平台和应用。

（六）业务财务一体化管理

企业要致力于建设集团内部业务财务一致性的管理模式，积极推动业务财务一致保障流程的设计和优化。对于大型的企业来说，前段的业务系统众多，各个业务系统的情况也不一样，如果直接将业务系统与财务系统对接，会造成系统的混乱，也难以保障数据的质量。因此，企业可以建立统一的会计引擎，实现财务核算与业务系统一对多的对接关系,通过建立标准化会计引擎来提升业务财务的一致性水平。此外,在区块链技术的加持下,企业业务部门和财务部门可以通过建立分布式账簿来共享信息,实现实时对账,这是未来业务财务一体化管理发展的方向。

四、股利分配模式

股利政策是确定公司的净利润如何分配的方针和策略。公司的净利润是公司从事生产经营活动所取得的剩余收益,是股东对公司进行投资应得的投资报酬。公司将净利润以现金股利的形式分配给股东,股东可以利用这些现金进行其他的投资或者用于消费;公司将净利润留存在公司内部,实际上是股东对公司进行的再投资。虽然无论如何分配都没有改变净利润是股东财富的性质,但是如何分配利润对股东财富具有现实的影响。智能时代对股利分配模式也产生了一定程度的影响。

大数据时代,在社会公司总量中智能化的公司将占主导地位,由于智能化尚处于初创期与成长期,根据企业的生命周期理论,在一个较长的阶段,企业的资金需求都会比较大,因此股利分配以低股利和零股利为主。未来以合伙制为基础设立的公司将占较大比重,合伙人既是出资者,又能参与到公司的管理中去,因此合伙人追求的是公司的长期发展和利益,能够接受低股利,甚至零股利的股利分配模式。从股利支付方式的角度来看,合伙人也愿意接受股票股利的支付方式。股票股利一方面可以提高其在公司中的持股数量,即股东可以分享更多比例的公司红利;另一方面,股票股利相对于现金股利还可以起到避税的作用,这样能够有效减少股东的税收支出,帮助股东保留财富。除此之外,股票股利也向社会传递了公司持续向好发展的信号,增强了外部投资者对公司的信心,有利于企业未来的融资,降低企业的资本成本,帮助企业形成合理的资本结构,提高企业的价值。

五、智能时代业务财务框架

业务财务的提出为国内财务管理水平的提升注入了强大的活力,也是传统财务向新型财务转变的重要一步。业务财务的核心理念是希望财务队伍能够从自己的专业领域走出去,成为业务部门的合作伙伴,能够站在业务的视角及业务与财务专业的交集区域,开展财务管理活动。

但是长期以来,业务财务的概念并没有相对标准的细分定义,导致每个公司对这概念的理解或多或少都有一些差异,从而在实务中对于如何设置业务财务队伍、如何发挥这支队伍的价值等都产生了一定的困扰。下面我们从业务财务的不同角度来解析,看看业务财务在不同领域都可以做些什么,以及在智能时代能够获得怎样的技术支持。

(一)产品财务管理

1. 产品财务管理框架

产品财务管理框架详解,如表9-1所示。

表 9-1　财务产品管理框架详解

项目	说明
产品规划及投资财务管理	能够积极主动地参与到产品前期规划和投资阶段中，从产品设计成本管理的角度对产品规划提出财务视角的专业意见；能够对产品规划及投资财务管理投资预算、投资回报、成本策略、目标设定、利润预测、产品组合理投资策略等展开专业分析；积极参与产品经营分析会议，从产品线全生命周期视角为管理层提供决策支持
产品研发财务管理	能够针对各个重要的产品线，组建研发财务管理队伍。能够在产品研发的过程中对研发成本进行深入的管理，从财务视角对研发效能的提升，研发过程中的物料、费用、人力等成本的精细化管理进行积极主动的管理干预
产品周转管理	能够从产品全生命周期视角，提供对产品周转情况的财务分析和主动管理支持；能够基于产品维度，对材料采购、库存和应收管理等全过程展开产品周转管理
产品质量成本管理	能够推动产品线建立质量成本管理和评价体系，提高质量成本管理的意识。能够从产品预防成本、鉴别成本、内部故障成本、外部故障成本等方面，展开主动的质量成本分析和管理动作；能够协同专业财务职能，建立质量成本核算体系；能够在事前展开质量成本规划评价，事中进行质量成本管理控制，事后进行质量成本在不同细分产品中的评价分析，并在考核中加以应用
产品最佳财务实践管理	能够在不同产品线中发掘产品财务管理的最佳实践，将最佳实践总结为案例，并形成方法、工具、模板。通过培训、案例、报告、经验推广等有效形式，从全流程的角度揭示问题、预警风险，获得产品线对财务管理的有效反馈，并从财务视角积极推动各个产品线改进落实，实现各产品线财务管理能力的全面提升

2. 智能科技增强产品财务管理

产品财务管理方面，单纯从财务的角度来说，能够实现智能增强的范围是有限的。在产品规划和投资方面，基于当前的信息条件，更为广泛的数据和信息获取能够帮助我们更加有效地模拟预测产品未来的经营情况。

在产品最佳财务实践的推广方面，可以尝试使用一些新的技术手段来加强培训的效率和效果。在传统模式下，通常需要通过开发课程、面授推广的方式来传播最佳实践。而在今天，我们可以考虑采用更丰富的形式，如网络直播、碎片化学习等，借鉴“混沌大学”“得到”等新的学习模式的优点。

物联网的发展使我们能够更好地跟踪实体化产品的市场投放数据，通过经营分析获得如产品的使用情况、用户的反馈情况等更有价值的数据。

相比财务本身来说，业务财务更需要关注的是企业产品本身在智能化领域的发展。对于产品财务经理来说，需要能够紧跟智能时代的新技术与企业自身产品的结合情况，能够对涉及智能技术的新产品实现优化资源配置判断，能够应用智能技术建立新的产品规划和投资的财务评价模型，实现和传统产品评价同样的标准，甚至更好的评价能力，而不是在智能时代完全无法理解业务部门的战略、规划和行动，财务需要成为业务的伙伴，而非拖累。

（二）营销财务管理

1. 营销财务管理框架

营销财务管理框架详解，如表 9-2 所示。

表 9-2 营销财务管理框架详解

项目	说明
商务合同财务管理	能够提供商务合同准备和签订过程中的财务管理支持，帮助业务团队基于商务资源投入进行快速的合同成本评估，帮助业务部门建立合同报价模型，评估不同商务合同设计对财务指标的影响，帮助业务部门进行商务合同决策
营销及销售费用管理	能够对营销及销售环节的费用投入展开有效的预算、执行控制、分析等财务管理行为；能够针对营销或销售活动，以类项目方式设定资源投入的目标，并基于目标进行资源投放的过程管控，帮助业务部门提升营销及销售费用的使用效率
客户信用及风险管理	能够建立起完善的客户信用及风险管理制度体系，主动进行客户资信调查，建立客户信用评价模型，帮助业务部门进行客户筛选、信用政策制定、合同保障、账务跟踪、催收管理、危机处理等，为信用管理全生命周期提供财务支持
竞争对手财务及经营信息管理	能够帮助业务部门建立起财务竞争情报的分析能力，获得与企业销售市场相关的财务及经营指标数据，获得企业主要竞争对手的财务及经营指标数据，建立起竞争情报支持系统、经营舆情系统

2. 智能科技增强营销财务管理

大数据技术是营销财务管理的重要助力，能够在营销及销售费用管理、客户信用及风险管理、竞争对手分析等领域发挥重要作用。

首先，在营销及销售费用管理方面，重点关注的是销售资源投放和效果达成的关系，如果能够管理好每一笔销售费用的投入产出，那么销售费用的投入就能得到很好的财务回报。在这一方面，我们可以充分利用大数据在相关性分析方面的优势，基于大量的企业内部历史销售费用投放的数据，以及市场上与企业销售活动相关的各方面的反应数据，获得销售费用投放方案与市场反应之间的相关性分析结果，从而将优质资源向市场反应积极的销售活动方案倾斜。

其次，在客户信用和风险管理方面，能够依托大数据技术更广泛地获取与客户相关的社会化数据，不再简单依赖于客户公布的财务报告信息，而是将客户在社会化活动中所形成的广泛的数据纳入监控范围，基于广泛的客户行为信息、舆情信息，更及时、准确地评价客户信用，建立多视角、全方位的客户信用评价模型。

最后，在竞争对手分析方面，大数据能够帮助企业建立更加及时、有效的舆情监控系统。基于网络新闻、微信、微博等多种社会化媒体，新的舆情监控系统可以从文字、图片、语言、视频等获得全方位的信息输入，从而更早地发现市场和竞争对手的重要动态，帮助企业及早决策应对。

(三)供应链财务管理

1.供应链财务管理框架

供应链财务管理框架详解,如表 9-3 所示。

表 9-3 供应链财务管理框架详解

项目	说明
采购财务管理	能够有效地进行供应商的准入管理,对采购过程进行有效的财务成本和风险管控,提供采购流程的财务运营作业支持,提高采购流程中的财务运营效率,对采购活动提供有效的财务分析和决策支持
生产财务管理	能够积极主动地进行生产过程财务管理,建立完善的生产成本管理体系,深入生产的全过程进行成本计划、控制分析等活动;通过积极总结生产环境下的最佳财务管理案例,并加以推广应用,营造成本管理文化环境,推动生产成本优化创新
库存控制管理	能够推动和协助业务部门进行供应链全过程的库存管理,积极介入库存计划管理,帮助业务部门优化库存周转,提升库存利用效率;能够积极主动地进行库存价值管理
配送物流财务管理	能够对企业供应链中的配送物流进行有效的财务分析和评价,帮助业务部门构建配送及物流成本模型,通过推动业务部门对路线、仓储、运输方式等物流要素的优化来进行物流成本优化
分销财务管理	能够对分销渠道展开相关的财务分析,从财务视角进行渠道的收入成本管理,提高分销渠道信息的可比性,帮助业务部门优化渠道选择和渠道管理

2.智能科技增强供应链财务管理

供应链管理本身是一个相对成熟的管理领域。特别是在 ERP 系统出现后,企业的供应链管理能力得到了大幅度的提升。在智能技术方面,物联网技术将为此领域财务管理能力的提升提供潜在的机会。

在物联网技术快速发展后,越来越多的企业使用物联网来跟踪其供应链的全过程。从原材料到在产品、产成品,直至后续产品的库存、配送物流及客户使用,物联网能够跟踪到每个环节的大量位置信息。对这些信息的获取,能够让我们即时获得清点物料及产品的库存、流转、物流情况。其一,供应链财务能够利用这些信息替代盘点,甚至也能为相关的会计核算提供更好的自动化支持;其二,能够利用这些信息优化库存价值管理,减少呆滞库存的出现;其三,配送物流数据信息对于优化配送物流成本也有重要的作用

在未来,物联网信息和财务的有机结合势必会改变供应链财务的管理模式。此外,在采购管理方面,通过将采购财务管理前置于业务处理,能够实现更好的管理效果。如采用类电商的模式在企业内部推动采购管理,能够实现整个采购过程的透明化和自助化,更好地推动业财全流程的融合。

(四)项目财务管理

1. 项目财务管理框架

项目财务管理框架详解,如表 9-4 所示。

表 9-4 项目财务管理框架详解

项目	说明
研发项目财务管理	能够以研发项目为单位进行全过程的财务管理;在项目立项前,进行研发项目立项的财务评价;在项目立项后,设立项目财务目标,进行项目的概算、预算、核算、决算的"四算管理;重点关注研发项目的设计成本管理、研发材料管理、研发费用管理、研发效能管理等专题领域
市场推动项目财务管理	能够针对市场推动型项目,设定清晰的项目目标及评价标准,对市场推动进行有效的预算管理,建立起立项、兑现、动支和报销的全过程项目财务管理;重点关注市场推动的效果达成相关的财务分析
售前/销售项目财务管理	能够对售前项目、销售项目建立完善的预算审批制度,严格控制项目费用的执行与使用;重点关注佣金、手续费的投放管理,基于销售活动的特殊性,管控销售活动中的财务道德风险
工程项目财务管理	针对工程项目的复杂性,配置专业化的工程项目财务团队,以工程项目专业知识为基础,完善项目的概算、预算、核算、决算的"四算"管理;重点关注工程项目中的工程资金管理、工程物资管理、工程成本管理等重要财务管理环节
实施交付项目财务管理	能够根据实施交付项目的特点展开完善的财务管理支持,针对实施交付项目中的人力资源投入计划展开相关的财务成本管理;重点关注项目延期交付和范围溢出导致的成本失控风险
管理支持项目财务管理	能够对企业内部的各类管理支持活动的配套项目积极主动地进行财务管理,在项目立项过程中应设立财务评价标准,设定项目的投入产出目标,加强项目过程中的成本支出和目标达成的匹配分析,在项目完成后进行相应的财务评价和考核,优化项目的目标达成效果

2. 智能科技增强项目财务管理

实际上,针对项目管理,我们更建议推动其系统化建设,针对不同类型的项目建立差异化的前端业务管理系统。将财务与业务紧密结合的部分内置于前端项目管理系统中,而针对项目财务管理通用的部分,则可以考虑建立统一的项目财务管理平台,对接各类前端专业化项目的业务管理系统,打通业财壁垒。

与项目相关的业务及财务系统的建立尽管并不高度依赖于智能化技术,但对于很多企业来说,这项工作仍然是企业财务信息化建设中的薄弱环节。基于现有的信息化技术,实现项目过程的信息化管理是很多企业的当务之急。

（五）海外财务管理

1. 海外财务管理框架

海外财务管理框架详解，如表 9-5 所示。

表 9-5 海外财务管理框架详解

项目	说明
国家财税政策管理	能够针对不同的国家和地区建立相应的财税政策管理模式，在一个国家和地区范围内建立满足当地监管要求的完善的财税体系。对各国家的财税政策进行全球范围内的集中归档和持续补充完善，形成全球范围内的持续的财税政策积累
海外机构综合财务管理	能够针对海外机构创建设立标准化财务管理体系的模板，从组织、流程、系统、制度、运营管理等方面实现财务管理在海外机构的快速部署和落地。能够在总部对全球范围内的机构实现及时、有效的管理监控，也能够基于海外专业平台和共享平台对海外机构提供有效的支持

2. 智能科技增强海外财务管理

海外财务管理是财务管理从国内向海外的延伸，因此，可以总结智能化技术在其他财务管理模式领域的应用模式，并向海外进行覆盖。

但对于海外机构来说，要在国内财务管理向智能化转型过程中同步受益，就需要积极推动国内各类有价值的财务信息系统以及管理模式、管理平在海外的落地应用。这就需要无论是企业在国内面向海外的管理机构，还是海外机构本身，都要积极推动各类管理系统、管理模式、管理平台的全球化，如在语言、文化、运营模式等方面充分考虑到不同国家和地区的特殊情况，力求实现统一平台的全球覆盖和应用。

（六）业务财务融合管理

1. "业财融合"管理框架

业务财务一体化管理框架详解，如表 9-6 所示。

表 9-6 业务财务一体化管理框架详解

项目	说明
业财一致的制度及流程管理	能够建立起保障企业集团内部业务财务一致性的管理制度，加强业财核对，积极推动业财一致保障流程的设计、落地和优化
业财对账管理	能够进行有效的业财对账管理，通过日常对账提高业务数据与财务数据的一致性，出具对账差异的相关报表，积极推动业务和财务双方共同定位和解决问题
业财一致性管理	能够积极推动业务和财务的系统化，努力实现双方系统之间的数据对接，从而实现业务和财务的自动对接，提升一致性水平；同时，从财务的角度积极推动前端业务流程的自动化、系统化，提升业务系统的数据质量，从而进一步提升业财一致性水平

2. 智能科技增强业财融合

针对业财一致性的管理，可以从两个方面来考虑智能增强。

一方面，对于复杂的企业集团来说，前端的业务系统众多，且业务系统建设情况不一。如果将业务系统与财务系统的对接，以及会计凭证的转换生成工作分散于各个不同的业务系统中，则会形成财务与业务之间众多的数据衔接点，数据质量也难以保障。因此，考虑建立统一的会计引擎，实现财务核算与业务系统的一对多的对接关系，通过建立标准化的会计引擎提升业财一致性水平。

另一方面，区块链技术又将对业财一致的保障模式带来根本性改变。在技术条件允许的情况下，可以在业务系统与财务系统底层搭建区块链账簿，实现业务与财务系统多方共享记账机制，这将有可能实现记账即对账。

在这种模式下，业务系统发生的每一步交易都会同步记录于业务系统和财务系统的底账平台，如果涉及内部交易或集团内关联交易，还可以实现交易各方的业务系统与财务系统的同步记载，这也间接地解决了内部往来和关联交易核对的问题。

第三节　智能时代财务信息规划

财务信息化是指以会计信息系统为基础的现代财务管理新型模式，运用先进的科学技术和现代管理方法，全面实现会计电算化。现在财务信息化已经成为企业提升市场竞争力的重要手段。财务信息化实现了纵向信息资源的对接和共享，有利于企业财务信息的沟通交流，为企业实现可持续健康发展提供了可能。目前，财务信息化已经进入以互联网发展为支撑的人工智能时代，财务信息化正面临巨大的改革：财务人工智能机器人取代财会工作人员、财务信息处理方式得到新一轮的更新与升级、企业内部控制和管理更加规范等。这些都是不可避免的趋势，而我们要做的就是及时做出调整以适应时代的变化。

一、智能时代财务信息化概念架构

当大数据等新技术与财务管理结合在一起时，传统的财务信息化框架就会发生一定的变化。智能时代，财务信息化应提出新的概念框架。本书认为，新的企业财务信息化的概念框架包括数据层、引擎层以及应用层，如图 9-1 所示。

（一）数据层

在智能时代财务信息化框架中，数据层位于基础层，为应用层提供所需的数据支持。与传统的数据层相比，智能时代数据层的特点主要体现在数据内容的丰富，不仅包含结构化数据，也包含非结构化数据。在传统框架中，数据层主要是指结构化数据，大数据的

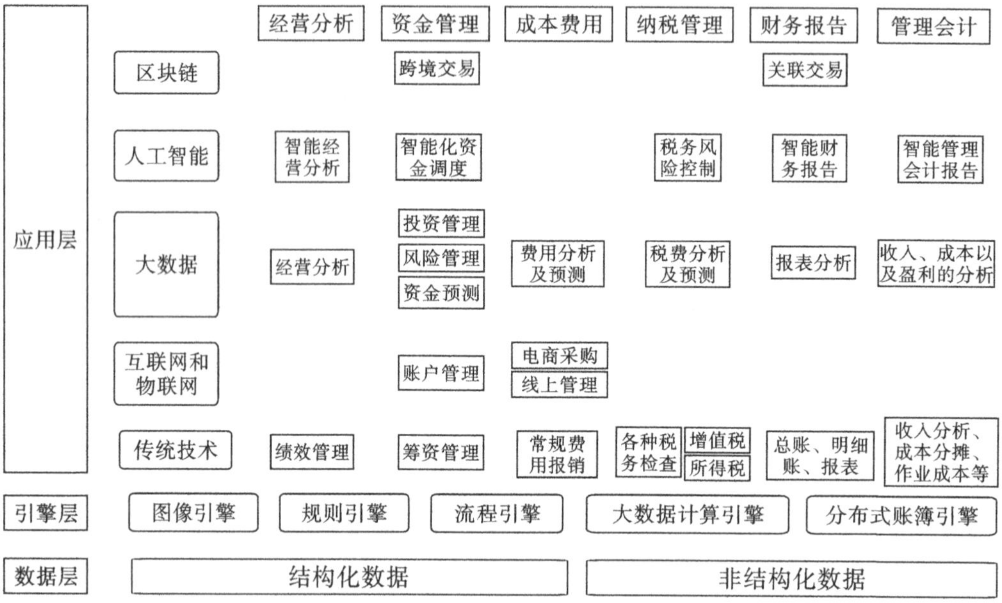

图9-1　智能时代财务信息化的概念架构

出现将非结构化数据引入数据层，丰富了数据层的内涵。在该数据层中，系统要对结构化数据与非结构化数据同时提供采集管理、对接管理、存储管理等功能。

（二）引擎层

引擎层的本质是一个技术共用平台，它由多种技术工具组成，在不同的应用场景中，引擎层可以调用不同的引擎工具进行组合，从而实现与业务需求相对应的配套工具，进而实现整个财务信息化框架技术工具的共享。智能时代的引擎主要包括以下几个方面。

1. 图像引擎

图像引擎主要应用于图像信息的识别。图像引擎不仅能够识别提取结构化图像数据，而且能够识别提取非结构化图像数据，大大丰富了图像数据的内容。此外，图像引擎还可以利用机器学习的功能来不断提高图像识别能力，进而提高其应用价值。

2. 规则引擎

规则引擎基于人工经验的人工智能应用场景，将不同的、灵活的规则定义输入系统，引导和支持系统在财务流程中进行判断、分类以及审核。规则引擎的不断完善，有利于人工智能应用的不断修正。与此同时，引入一个机器学习引擎作为规则引擎的后台引擎，通过机器学习容纳更多的业务场景数据，不断优化完善对应的规则，使规则引擎能够更好地为业务服务。

3. 流程引擎

在规则引擎的持续驱动下，流程引擎主要负责财务流程的指导，从而提升财务信息系统的整体水平。

4. 大数据计算引擎

相对于其他引擎来说，大数据引擎较为独立。大数据引擎能够快速高效的处理海量数据的计算问题，包括结构化数据和非结构化数据。大数据引擎的应用使得财务管理真正得到了有利技术的支持，大大提高了财务管理的效率和准确性。

5. 分布式账簿引擎

区块链技术的产生和发展，也对财务管理的智能化带来了一定的影响。区块链技术能够通过引擎化的方式建立分布式账簿，从而对企业的筹资、投资、审计等方面带来巨大的变革，有利于财务管理工作整体的提升。

（三）应用层

应用层是整个财务信息化系统框架中的核心层，也是财务与技术相匹配的应用层次。因此我们把信息技术和财务业务结合起来进行了分析，主要包含以下几个方面。

1. 经营分析

智能信息技术对经营分析的影响主要体现在分析角度的扩大以及分析工具的改进方面。在传统模式下，由于结构化数据的限制，导致经营分析侧重于因果分析，但在大数据的助力下，可实现由因果分析到相关分析的拓展。从分析工具方面来讲，大数据与云计算的结合加强了企业的经营分析能力，通过更强的数据信息采集、捕获以及处理能力，扩展了经营分析的外延。大数据对非结构化数据的处理，还可以将社会热点信息纳入分析范围。人工智能技术的不断发展，使得经营分析能够由经验分析向算法分析转变，也就是说未来可以实现更加复杂的计算。

2. 资金管理

在资金管理方面，智能技术主要影响了交易的安全一致性、资金流动性风险管理及预测、跨境交易成本的降低和交易效率的提升等方面。基于区块链技术，企业可以建立分布式账簿，这样能够有效提高资金交易的安全性，并且能够解决资金清结算时的核对和一致性问题，尤其是对跨境交易来说。由于跨境交易存在高额的手续费和较长的转账周期，因此交易成本高且交易效率低，但区块链技术的应用使得这种情况得到很大的改善。此外，基于大数据技术的应用，企业可以通过对历史数据进行分析，实现对资金计划预测的效果，同时还能提高资金流动的安全性。

3. 成本费用

在传统的管理模式下，成本费用很难实现深度的前期管理。而在智能技术的推动下，信息系统支持与业务场景关联密切的相关费用的事前管理。例如，以采购费用为核心的电商平台、以差旅费、食宿费为核心的前端服务等的应用。物联网技术能够使企业实现对业务发生过程、费用流转过程的跟踪，结合大数据技术能够获得更多与成本费用相关的数据，进而进行更加细致的分析。此外，企业还可以通过大数据、机器学习的方法构建完善的预测算法模型，更加准确的进行相关预测。

4. 纳税管理

传统的纳税管理包括对各种税务的检查以及税务政策管理。在人工智能技术的辅助下，企业可以在税务风险控制方面做文章。通过将大数据技术引入税费分析和税费预测方面，能够使企业外部的更多数据纳入分析范围，从而对企业的税费进行更加全面和准确的分析和预测。

5. 财务报告

财务报告是财务信息化的重点领域。智能财务下，各类财务信息系统都有所改变，因此财务报告领域也不免受到影响。目前市场上已经出现了人工智能参与编制的市场研究报告，在不久的将来，随着人工智能的不断发展，智能报告并非不能实现。基于分布式账簿技术的可靠性，企业可以轻松解决业务交易与会计记录不一致的问题。同时，基于时间戳排序的记账方式，可以有效避免数据被篡改，这对于内部交易和关联方交易的核对以及一致性问题帮助较大。

6. 管理会计

在传统模式下，管理会计对于海量数据的处理不仅耗时较多且成本较高。当多维数据库出现之后，通过对多维数据进行组合，在很大程度上改善了管理会计的性能。但是随着数据的扩大会出现瓶颈问题——数据冗余，不过这个问题在大数据技术的快速发展之下可以妥善得到解决。例如，基于云计算技术搭建多维数据库，直接利用内存数据库来进行管理会计的数据分析，将冗余信息重新储存，使得管理会计的多维分析不再受到技术性能的制约。

从上面的分析可以看出，智能时代财务信息化的框架主要是以场景为基础来构建的。目前该框架还处于一个概念设计阶段，未来需要企业不断地补充和优化该框架的内容。

二、智能时代财务与科技的信息化协同

在前一节我们探讨了智能时代财务信息化的架构，在此架构下，传统的应用场景发生了改变，同时也出现了新的应用场景。在这种形势下，财务部门内部、科技部门内部以及财务部门与科技部门之间的协同变得更加复杂，因此我们要理性分析智能时代带来的协同挑战，并提出相应的应对措施。

（一）信息化协同的挑战

1. 财务部门内部信息化协同的挑战

目前，我国大部分企业在财务信息化的建设过程中并不是集中管理的，而是由不同职能的部门以自身职能需求为基础进行建设的。这样虽然能更好地满足需求与建设之间的关系，但是各职能管理部门是互相割裂的，当财务系统的信息需要实现集成统一时就会出现问题。在智能财务下，更多的数据和流程被要求集成，因此财务信息化在部门之间的分散将会为集成化带来约束。

财务信息化建设的重要前提之一是参与建设的财务部门对智能技术的应用达成一定的共识。但目前来看，大多数企业财务内部各部门之间并没有达成对智能技术同一层

次的认识，在资源的投入、技术路线的选择、技术的要求等方面存在分歧，这样会影响智能信息技术在财务领域的进程，甚至会出现资源的损耗和过程的反复。

2. 科技部门内部信息化协同的挑战

基于财务部门分散化建设的基础，科技部门会根据财务部门的划分建立一个个独立的系统。在这种模式下，科技部门会为每一个系统配备单独的计算机设备和科技人员，各系统基于自身的利益来独立运作。但是在集成的情况下，科技部门内也会出现和财务部门同样被割裂的问题，各个系统之间运作方式不同，管理方式不同，会导致系统维护困难，难于进行技术共享。

此外，智能化技术团队可能会与传统科技团队之间有裂缝。大多数企业并不是从财务方面开始智能信息化建设的，更多的是为了业务场景的应用而建立各类实验试点。但是，这个过程导致了科技部门内部与前后台团队的割裂，新技术与传统技术之间的割裂，这些也都不利于科技成果的分享。

3. 财务部门与科技部门之间信息化协同的挑战

财务部门与技术部门从信息化建设的层面来看，属于需求与实现的关系。财务部门提出相关需求，技术部门实现相关需求，在这个过程中，必然会出现协同问题。财务部门与技术部门协同的关键在于如何将业务场景的需求转化成信息系统的语言。但在现实中，财务部门往往不清楚技术部门的工作模式，技术部门也很难理解财务部门的会计语言，这使得他们在沟通过程中经常出现理解偏差，无法实现顺利对接。企业如果处理不好这个问题的话，会使得需求场景与技术对接渐行渐远。

目前很多企业财务部门的信息化建设是各自为政的分散模式，他们对信息系统的需求也是各自向技术部门提出的。在这种模式下，如果技术部门已经实现统一的平台化，那么面对各种规则不统一、时间不统一、程度不统一的要求，就会出现对接不上的问题。统一的平台在信息化过程中需要考虑全局，这样必然不能满足财务各部门的不同需求，进而就会产生大量的矛盾，不利于信息化平台的建设。

（二）信息化协同体系的构建

面对上文所述的挑战，我们要做的是采取措施积极的应对挑战。对于智能时代信息化建设，我们可以从以下几个方面来改进。

1. 建立财务部门统一的信息化中枢

对于财务组织内部来说，要先解决分散性的问题，因此可以在财务体系中构建统一的信息化中枢，这个信息化中枢可以是实体组织，也可以是虚拟组织。实体组织简单来说就是财务信息化部门或团队，如某制造业企业设置有财务信息部，这些实体组织在统筹财务信息、促进财务智能化发展方面能够起到重要作用。对于那些由于地理上的距离或者其他原因无法设置实体组织的企业来讲，可以设置虚拟组织，如某企业设置财务信息化委员会，虽然虚拟组织在效果上略微落后于实体组织，但是在统筹协调和财务信息化构建方面也能发挥重大影响。

2. 加速科技部门内部的融合

对于科技部门内部来说，最大的问题是割裂，内部各独立系统的割裂以及新老技术的割裂。企业本质上是一个各部门协同工作的组织，虽然各部门的职能不同，执行的任务不同，但是都是朝着一个目标在努力，因此其业务之间有潜在的联系。当前科技部门各系统只是为自己的财务部门服务，企业应该加速科技部门各系统的融合，将科技部门打造为能够将所有财务问题集中处理的部门，这样还可以减少技术和人员的浪费。此外，由于新科技是在传统科技的基础上发明出来的，因此企业要快速找到新老科技之间的契合点，以此为契机将新老科技之间的隔阂打破，加速融合，这样更加有利于智能财务信息化的发展。

3. 建立财务与科技之间统一的平台

业务方面的差异使得财务部门与科技部门之间需求与实现的问题变得更为困难，对于两个部门的员工来说，理解对方的行为和想法都是困难的。基于此，企业应该搭建一个统一的平台，在此平台上，财务部门人员和科技部门人员达成了统一的共识，对于同一问题看法一致，想法相同，这时再进行协同化将非常容易。在共识机制下，财务部门根据实际情况提出需求，科技部门能快速的收到并理解需求，并在尽可能短的时间内将需求变为现实，促进智能财务信息化的发展。

在智能时代，财务信息化的构建机遇与挑战并存，企业应该抓住机遇，克服挑战，成功实现向智能财务的转变。

三、财务管理和区块链

区块链在智能时代的财务管理中起到了重要作用。从技术角度来说，区块链有其独到的价值，并且也带来财务管理智能化的变革。所以，首先深入了解区块链还是有必要的。

（一）区块链的概念和特征

区块链是一个由不同节点共同参与的分布式数据库系统，它由一串按照密码学方法产生的区块组成，再对每一个区块的数据信息都自动加盖时间戳，从创始区块开始链接到当前区域，从而形成区块链。区块链技术的本质是一种去中心化的分布式账本，该技术以“区块”和“链”为基础，使用一系列具有时间戳机制的不可变记录来保存信息，由计算机集群进行管理，当信息得到确认后，已被编码的数据将无法进行更改，且由于没有通过某个中心进行集中管理，所以任何人都无法进行篡改和造假。正由于其自身工作的特殊原理，使得区块链具有 ERP 等不具备的特征，在财务管理的应用研究中具有重要的价值。区块链具有如下特征：

1. 链式结构

顾名思义，区块链是一种链式结构，是由一个个存储区块组成的链条，在每一个区块中都保存有一定时间内加盖过时间戳的数据信息。

2. 去中心化

去中心化是区块链很重要的一个特征，在分布式记账机制下，各个节点一起共同保证信息传递的真实性，而没有通过某个中心进行集中管理，因此没有一个中心系统来掌握、屏蔽或者修改信息，当然任意一个节点受到攻击也不会影响整个链条的健康运转。

3. 去信任化

区块链中任意两个节点之间不用担心信任问题，便可进行数据交换或者交易，因为该交换或交易是在所有节点的共同监督下完成的，所以也不必担心存在被骗的问题。

4. 共识性

在区块链这种公共记账机制下，需要在最开始就制定一些共通和具有共识性的规则，所有链条上的节点都必须首先对该规则达成共识，以后操作就要按规则执行，一旦有人不遵守规则，那么他的记录就默认失效。

5. 分布式或高冗余

分布式是指在区块链的记账机制下，每一个节点都可以清晰地看到整个链条上完整的记账过程，这样可以避免某些别有用心的人篡改或删除数据，提高了数据的真实性，克服了传统记账方式的弊端。但与此同时，由于被反复记账，因此造成了区块链的一个弊端——高冗余。但是对于比较重要的交易来说，这一缺点在大数据的快速发展下是可以克服的。

（二）区块链的作用

区块链分布式、去中心化、公开透明、不可篡改等特性，可用来进行商业交易的管理，由此使区块链和企业财务管理之间产生了契合点。区块链在企业财务管理中的应用，将引发财务记账、合同审批、审计等工作的重大变革，不仅有利于提高财务管理的效率，而且在一定程度上能保障财务运作的安全和透明。区块链对财务管理的积极影响表现在以下几个方面。

1. 确保财务信息的真实性

在区块链技术的支持下，企业的财务管理会更加的规范化和制度化，整个企业的财务运营过程能够更加安全和透明。区块链在分布式记录和分布式存储环境下运行，企业在共享财务信息的同时，还能保证信息的透明度和可追溯性，有效地监测企业财务方面的全部信息。在分布式记账的形式下，企业无法随意篡改数据信息，这样能够有效防止企业因为利欲熏心而做出不正确的行为，从而保证会计信息的真实性。在区块链技术的支撑下，企业的全部交易都是在区块链网络上进行，整个财务管理运作过程都十分公开透明，全面提升了财务管理的安全性。

2. 降低财务管理的成本

区块链技术可以帮助企业在没有第三方中介介入的情况下实现点对点的直接交易，这样能够降低企业许多不必要的支出。企业在筹资过程中，可以在区块链技术的支撑下不通过银行直接实现点对点交易，不仅能够大幅度降低企业的筹资成本，还能帮助企业降低搜索的成本。区块链本质上就是一种去中心化的分布式的网络账本，任何人在任何时间都可以共享自己的信息，因此，企业通过区块链可以非常容易找到自身所需的客户、供应商以及投资者等的相关信息，这大大地减少了企业的搜索成本。

3. 提升财务管理的效率

区块链技术去中心化的特点，对于提高财务管理工作效率具有重要意义。由于区块链没有中心节点，所以能够在没有中介的情况下进行数据的实时传送，帮助企业实现无中介交易。企业通过区块链网络进行的点对点交易在很大程度上提高了结算和支付的效率，极大缩短了交易时间，还能快速的形成契约。除此之外，区块链中所有信息都是共享的，每个节点的管理权限都是相同的，各节点之间无须任何授权，仅仅凭借共识机制就能够保证财务工作的顺利展开，这有效提升了财务管理工作的效率。

（三）区块链对财务管理领域的影响

企业的财务管理主要包括运营、投资、筹资和股利分配等几个领域，区块链改变了企业生存的外部环境，也必然会对传统财务管理理论与实务产生影响。区块链对财务管理的具体变革表现在以下几个领域。

1. 对企业筹资的影响

区块链对企业筹资的影响主要体现在以下两个方面：一是有助于提升筹资额度，二是有助于降低筹资成本。中小企业贷款难已经成为一个普遍的现象，究其原因就是缺乏信用抵押机制，银行在不知道企业具体经营情况的前提下，很难会批准企业的贷款申请，就算批准了，金额可能会比较小且利率非常高，这对中小企业来说是一个难题。在征得用户授权的情况下，区块链可以通过身份认证、数据加密存储等技术实现金融机构间共享征信数据，工业平台将企业数据上传，使得企业的生产、物流和销售各个环节公开透明，从而在区块链上形成征信报告，这样可以显著提升企业的筹资额度。企业的筹资成本与投资者要求的报酬率呈反比，根据资本资产定价模型，投资者要求的报酬是无风险利益加上风险溢价。企业的风险主要包括系统风险和非系统风险，风险决定了投资者要求的报酬率，风险越高，报酬率越高，企业的筹资成本也就越高。区块链提高市场有效性的功能可以降低企业的系统风险，从而降低企业整体的筹资成本。并且区块链在很大程度上能够解决信息不对称的问题，降低债权人的风险和债权人要求的风险溢价，从而降低企业的筹资成本。区块链通过点对点的交易模式，能够大幅度降低信息传递过程中出现错误的可能性，通过计算机程序自动确认双方的交易结果，减少了中间环节和中介费用，提高了结算效率，从而降低了筹资成本。

2. 对企业投资的影响

在大多数企业中，管理者的投资决策并不是完全基于理性做出的，在很多情况下，只是经验作用的结果，这时就会出现管理者投资不理性的问题。但是区块链有助于市场有效性的提升，其打造的诚信社会特有的防伪功能和强化监督功能，可以迫使管理层在进行投资决策时放弃某些不理性的行为。在区块链技术下，管理者可以通过理性的分析和目标函数最大值的计算，列出各种投资方案的可能结果，追求企业整体利益的最大化。此外，有效市场提供了充分准确的信息，区块链的可溯源性扩展了信息的深度和广度，使信息不再局限于交易本身，还可以追溯到链条上的多个节点，管理者能够充分了解投资的相关信息，降低了投资过程中的不确定性。因此，区块链技术在企业投资领域的应用，可以在很大程度上降低企业投资过度或不足等投资不理性的问题，降低投资风险。

3. 对代理问题的影响

企业的利益相关者之间由于信息不对称，会存在多种代理关系，主要包括：股东与管理层之间的代理关系，股东与债权人之间的代理关系，大股东与小股东之间的代理关系等。相对来说，企业内部的管理层具有信息优势，如果他们的利益和股东的利益不一致，他们就会从自身利益的角度出发来做出决策，这样可能会损害股东的利益。股东相对于债权人来说，更熟悉企业的生产经营，因此能够增加自己获得回报的机会，而债权人遭受损失的风险会因此变大。此外，大股东对企业拥有控制权，有可能会滥用职权剥削小股东，从而获得更多的收益。而区块链分布式存储、可溯源、不可篡改等特点，可以实现各节点上的信息公开透明，数据共享，这样就可以在很大程度上解决企业各主体信息不对称的问题。一方面，股东通过获得更多的决策信息来提高对管理层监督的有效性；另一方面，区块链能够促使管理层决策时自觉地从股东角度出发，努力为股东的利益而奋斗，在实现股东利益的同时也实现自身的价值。因此，区块链能够削弱代理问题产生的基础，降低企业内部管理层对股东、股东对债权人以及大股东对小股东的侵害。

4. 对审计的影响

区块链的应用有助于降低审计风险。根据审计风险模型，审计风险＝内在风险×控制风险×检查风险，区块链的应用对于降低这三个方面的风险具有显著作用。

内在风险是会计报表本身存在的重大错报或漏报，而审计人员审计后发表不恰当审计意见的可能性，因此，要降低审计的内在风险就要提高财务报表本身的质量。实证会计的三大假说（管理层薪酬假说、债务契约假说以及政治成本假说）构成企业会计报表失真的理论基础。在传统的复式记账法下，数据是中心化存储，管理层基于三大假说可以根据需要对财务数据进行篡改，从而实现自身不合法的目的。由于财务信息系统越来越复杂，财务人员作假的手段也越来越高明，所以审计师很难发现所有的暗箱操作，导致审计风险增加。通过区块链的分布式记账，相应的信息就可以按照时间戳进行排序，通过加密算法将其变成可记录的数据，这时对单个或多个节点进行篡改几乎不会影响其他节点，也就从源头上保证了会计信息的真实性，降低了财务报表内在风险，从而降低了审计风险。

控制风险是指某项认定发生了重大错报，而该错报没有被企业的内部控制及时防止、发现和纠正的可能性。内部控制的有效性包括控制设计的有效性和控制执行的有效性两个方面。控制的有效性一方面取决于管理层对控制的重视程度，另一方面取决于企业信息系统的自动化程度，如果自动化程度较低，那么人为控制相应的就要多一些。区块链的特性可以提高内部控制的有效性，一方面，区块链有助于提高企业管理层的诚信意识，形成良好的内部控制环境，为内部控制的有效性打下坚实的基础；另一方面，区块链本身就是多种信息技术的融合，替代人工操作可以大大降低人为控制的风险，将违规的可能性降为最低，从而提高内部控制的有效性。

检查风险是指某一认定存在重大错报，但审计人员未能发现这种错报的可能性。随着经济社会的发展，企业的业务日渐复杂，相应的会计准则也越来越复杂，审计人员往往需要在大量的原始数据中寻找证据，再加上时效性的限制，取证难度越来越大。没有可靠的审计证据作为支撑，就加大了检查风险，进而加大了审计风险。区块链去中心化和不可篡改的特点，会把会计信息以及各类证据保存在相应的区块链上，保证数据的真实和可溯源性。审计人员在区块链技术的帮助下可以实时获取准确、可靠的审计证据，区块链本身所具有的按时间戳排序的特点可以帮助审计人员轻易发现违规操作，降低检查风险，从而降低审计风险。

综上所述，区块链技术的应用可以帮助审计实现智能化，从源头来降低审计风险，这对于审计人员以及审计行业具有深远影响。基于企业生存的外部环境已经发生改变，财务人员要及时做出相应的调整，思考如何应对区块链技术带来的管理变革，将区块链技术更好地运用在财务管理中。

第四节　智能时代财务人员能力提升

一、智能时代对财务人员能力的要求

随着科学技术的发展，财务机器人这种新劳动者越来越强大，可以帮助人类更快、更好、更安全地完成许多工作。未来 15 年，美国将有高达 38% 的工作岗位可能被机器人和人工智能取代；德国和英国也分别会有 35% 和 30% 的工作岗位由机器人占据；在日本则有 21% 的工作岗位面临同样的可能。根据普华永道会计师事务所今年 3 月发布的“英国经济前景”研究报告，未来，英国零售和批发行业中有 225 万个工作岗位或将消失；制造行业中有超过 120 万个工作岗位将面临被自动化取代的风险；行政管理及支援服务领域中约有 110 万个工作岗位处于高风险状态。而被机器人取代风险最低的职业则包括：财务、医生、护士、教师、机械工程师、设计师、化妆师、心理学家、考古学家等。即使财务人员处于机器人替代率较低的行业，但财务机器人的出现还是给人们带来了很大的冲击，改变了财务的方方面面。人工智能时代，财务人员需要掌握的能力与传统能力有所差异，只有与时俱进的更新能力，才不会被时代所抛弃。

智能时代对财务人员的要求区别于传统时代，除了要了解基础的业务知识之外，还要能够接受新的科学技术，并将其创新性的运用到财务工作中去。具体来说如下：

（一）业务能力是基础

智能财务强调“智能”两个字，这代表着人工智能和信息技术的发展给财务工作带来

的改变，也是未来财务管理变革的方向。但这并不是说智能财务只注重技术的应用，不管再怎么发展，财务工作中一些基础的知识、逻辑和原理是不会发生改变的，一味地追求技术而舍弃知识的学习和更新对于财务人员来说是一种舍本逐末的行为。所以对于企业中的财务人员，业务知识依然是基础，只有先把业务知识弄懂理解透，才能更好地把先进的技术应用到财务工作中去，推动智能财务更快更好的变革。就好像盖楼一样，业务知识是地基，技术是地上的部分，如果地基没有打好，地上的楼构思得再巧妙也没有用，一点风吹雨打楼就会轰然倒塌。因此，财务人员在注重信息技术运用的同时，也不能忽视基础知识的学习，并且还要根据信息技术的发展及时更新自己的知识系统，只有把两者有机的融合在一起，才能算作是真正的智能财务。

（二）技术能力是核心

随着大数据时代的来临以及 RPA 的广泛应用，企业越来越青睐于擅长信息技术的财务人员。财务软件的开发和普及帮助财务人员减少了财务核算方面的工作，一方面能够减轻财务人员的工作负担，帮助财务人员提高效率，另一方面也能减少财务人员工作过程中的失误，提高准确性。信息化的发展为财务数据的分析提供了便利，对于海量数据，也可以轻松快捷的进行分析，从中观察出对于我们来说极为有用的信息和趋势，然后再加以利用。在计算机与信息系统如此重要的今天，一旦某个地方出错，整个企业都有可能陷入瘫痪，因此企业需要懂技术的人才来保证信息系统的安全运营以及持续更新。未来的财务一定是以大数据为基础来整合财务流、业务流、信息流，这就对财务人员提出了要求，要能接受人工智能带来的巨大变革，对云计算、物联网、区块链等技术持开放态度，要学习和理解这些技术背后的原理和意义，积极适应新局面。信息化的发展需要财务人员学习更多的技术来跟上时代的步伐，只有将自身学到的知识应用到财务管理中去，才能更好地促进智能财务的发展。

（三）创新能力是关键

在这个“大众创业、万众创新”的时代，我们生活中的方方面面无时无刻不在发生着变化，企业和商家都在想着法的进行创新，生怕自己被落下，毕竟在这个日新月异的时代，新就等于金钱和机会。对于财务这种比较烦琐的工作也是一样，创新就意味着效率的提高和流程的简化，财务人员可以有更多的机会去干更有意义的事情。近些年来，机器人流程自动化的发展解放了一大批财务人员，国际四大会计师事务所竞相推出自己的智能机器人，通过预先设置好的规则和程序，让它们去处理一些结构化的业务。结果表明，财务机器人的应用大大加快了日常业务的处理速度，原来一整天才能处理完的工作，现在四五个小时就能做完，大大提升了效率。在财务领域，创新其实就是将业务知识与科学技术结合起来，用现代化的手段来处理传统的财务问题，以此来推动智能财务的发展。同时，创新要求财务人员有深刻的洞察力和卓越的战略远见，能够敏锐的识别市场的动态和变化，及时做出响应。

二、财务人员能力提升的途径

上文已经提到了智能时代对财务人员的新要求,为了能够让企业的财务人员都能跟上时代的发展,可以通过以下几个途径来提升财务人员的能力。

(一)持续学习

俗话说,“活到老,学到老”,这对财务人员同样适用。首先,虽然财务管理基础性的内容没有发生变化,但是随着信息技术的发展,会增添一些新的原来没有的内容,如依托于大数据的财务共享平台。其次,智能财务的核心就是人工智能的应用,而这对于传统财务人员来说是一个全新的领域,是他们从来没有接触过的。从这两个方面来说,企业要想顺利实现向智能财务的过渡,就必须定期的组织员工进行学习,可以与高校合作开设智能财务相关的课程,也可以邀请一些业内知名专家举办讲座,通过这种讲授和倾听的方式不断来更新财务人员已有的知识体系,让他们能够及时地接触到最新的动态,感知市场上的变化。除此之外,企业还要创造一种促进全员学习的氛围,通过激励财务人员主动的学习和交流,来促使大家养成良好的学习习惯,争取把企业建设成学习型组织,让大家时时刻刻都处在知识的获取和交流中。

(二)加强培训

培训是提高财务人员能力最有效的方式之一。智能财务虽然把财务人员从原来的核算工作中解放出来了,但这并不意味着财务人员可以就此放松了,反之,他们更要注重自身能力的培养,因为智能财务更加需要全能型的复合人才。智能时代的财务管理将企业的业务、财务和管理综合到了一起,从某种程度上来说,企业是一个整体,财务人员不能仅仅只看到自己这一个部门,而是要从全局出发,看到整体的最佳利益,进而做出决策。因此,企业要定期组织培训,培训内容可以包括知识技能、计算机技能、综合素质等,培训对象要涵盖所有财务人员,可以对不同层次的财务人员进行有计划、有重点的培训。培训内容可以是某种计算机技能的学习,也可以是一天的素质拓展,前者可以帮助财务人员增强技能,更快更好地展开工作,后者则注重财务人员综合能力的培养,增加企业高级财务管理人才的产出。并且培训能够使大家进行充分的交流,不同思想的碰撞可以擦出新知识和新技术的火花,有利于企业财务方面的创新。

(三)注重实践

“纸上得来终觉浅,绝知此事要躬行”,这句话说明了实践的重要性。财务工作是一门十分注重实操的工作,嘴上说得再多都是纸上谈兵,很多知识和技能都要在实际工作中才能学到,从某种程度上说,在学校学习四年还不如在岗位上锻炼两个月。因此,除了一般的学习和培训之外,还要注重对财务人员实践能力的培养。一方面,可以在工作中加强对员工技能的培养,岗位轮换是一种比较好的方式,通过让员工在不同的财务岗位上进行轮换,不仅可以帮助员工尽快学习基础的技能,还能帮助员工了解整个财务组织的架构和企业的运营。另一方面,可以通过仿真训练的方式进行实践,对于不熟悉业务流程的财务小白，可以在实验室的模拟市场环境中进行企业经营业务仿真实训、税务仿真实训等，通过模拟训练来提升财务人员分析解决问题的能力、处理突发事件的能力以及综合实践的能力等。

通过不断的学习、培训和实践，企业财务人员各方面的能力都会有一定程度的提升，要注意，学习不能只是一时的，要持续不断地通过这几种方式来更新员工的知识和技能。

三、高校财会专业学生能力的培养

国家“十三五”规划纲要中专列一章推进“实施国家大数据战略”，同时颁布了《促进大数据发展行动纲要》，在纲要中强调“要加强专业人才培养，建立健全多层次、多类型的大数据人才培养体系”。企业中的财务人员也都是从各大高校毕业的，因此，要提高财务人员的能力，就要从高校抓起。目前，开设会计专业的高等院校主要有两类，一类是专门的财经院校，如中央财经大学、上海财经大学等；另一类是综合性大学中经管学院下设的财会专业，如清华大学、北京大学等。而这次清华大学招生政策变动后，就意味着清华大学再也没有新的会计学本科生了。为什么要停招？清华大学并没有给出原因。但是在停止会计学招生的同时，清华大学还增加了一个新的学位——计算机与金融双学士学位。这是什么学位？清华大学招生办主任表示：随着科技与经济的飞速发展，计算机与金融的深度融合已经非常显见地为社会发展带来了更加强劲的动力，希望通过这样一个招生项目的设立，更好地加速计算机与金融之间的交叉融合，在存贷款与融资、支付与清结算服务、投资与资产管理、可信的金融服务基础设施建设、分布式系统设计、高性能计算等核心领域，为国家培养更多高端复合型的研究人才和管理人才。

2020 年清华停招会计学本科，同时也给会计的未来指了条明路。本来会计和金融有很大共性，金融和计算机智能结合是未来趋势，会计也一样，单纯的传统会计在未来没有市场，会计必须和最新技术结合，向智能化的方向发展。这也给高校财会专业的领导一个提醒——必须要改革当前的理论与实践相脱节的教学模式，加快学科调整的步伐，紧跟时代的脚步，将先进的科学技术融入财会专业的教学中去。

一方面，高校要进行课程整合创新和师资队伍建设。就目前国内院校设置的财会专业来说，仍然存在重理论轻实践的问题，且课程设计前瞻性不够，与社会热点以及最新发展趋势脱节。大数据时代已经到来，学校应该将财会专业与经济、统计、数学、计算机等专业融合在一起，形成交叉学科，开设数据挖掘与分析课程，开设业务财务一体化信息操作系统等课程，来培养学生信息检索、数据归集等的能力。师资力量是学生获得知识和技能的基础，大多数高校并不缺财会专业的老师，但是由于他们长期待在学校，远离实务操作，就会导致授课内容过于理论化。因此，学院应该加大科研经费的支出，培养老师学习国内先进的数据分析和处理技术，同时委派老师到企业进行相关的学习，与员工一同进行业务操作，共同掌握先进方法，将理论融入实践当中去。

另一方面，高校要引导学生主动获取知识并坚持校企合作。目前我国大多数学校财会专业的培养模式还是看重学生的应试能力，鼓励学生多参加资格考试多拿证，但这种方式忽视了对学生实际操作能力以及自主创新能力的培养。高校要注意引导学生自主去获取知识，可以开设相关的模拟实训和实习，在一个模拟或真实的市场中，使学生切身接触实际应用，那么他们就会对自己不懂的地方主动探索，通过实践的反馈和思考，增强自身的知识和实践能力。与此同时，开展校企合作也是一种改革的方式。由于高质量的实习只能提供给很少一部分学生，所以局限性较大，而开展校企合作能够让更多的学生去到较为完备的财务岗位进行实践，帮助学生深刻理解课堂上学习过的知识，同时也能让他们认识到大数据在财务工作中的重要性，而后自主去学习大数据相关的知识和操作技能。学校和企业共同建设实训基地达到人才培养的目标，打破了学校教育与社会需要相脱节的弊端，将教育延伸到校外，将实践引入校内，实际上是形成了一种良性的互动。

目前，大数据人才培养体系的建设在计算机领域风生水起，但在财会专业才刚刚起步，尚在探索。国内如此，国外也是一样，但国外财会专业人才培养有很多地方值得我国学习和借鉴，如德国推行的应用型人才培养，不仅注重学科知识的系统讲授，更注重实际操作能力的培养，将学生的教育和企业的需要紧密结合在一起。英国则是实践与学习交替进行，课程与招生充分结合市场的“三明治”模式。我国高校应该紧跟国际的步伐，加强师资队伍建设、创新课程体系，将大数据和财务以及企业实际需要紧密结合在一起，培养出更加优秀的人才。

【练习题】

一、智能时代的表现是什么？
二、智能时代改变了财务管理的哪些方面？
三、智能时代对财务管理框架如何理解？
四、智能时代对财务管理具体业务产生了哪些影响？
五、智能时代财务人员应该如何提升自己？

第十章 集成财务管理

【学习目标】

1. 理解集成财务管理的内涵
2. 掌握集成财务管理框架
3. 了解华为公司集成财务管理转型

第一节 集成财务管理内涵

一、集成化财务管理的内涵

集成化财务管理的本质是利用系统化的思想，把企业的子系统（不同的子公司、部门、业务、财务数据等）集中起来，统一到一个更高的层面进行集中管理，使企业得以更高效地配置资源，实施顶层决策，增加企业上层决策的正确性和及时性。

集成化财务管理利用现代网络技术和信息集成方法，将财务、业务、供应链集成起来，追求整体效率和效益的提高，实现缩短生产前置时间，提高产品质量和服务质量、提高企业的整体柔性、减少库存等战略性目标，使企业具有低能耗、低物耗、高效益、高应变能力，实现企业物流、资金流和信息流的高度统一以及财务的实时管理，以适应柔性生产、组织扁平化和产品个性化的市场要求。

集成化财务管理与传统的财务管理模式主要的不同点在于它利用现代网络技术，将业务管理融合进财务管理中，实行从源头管理，通过远程处理、在线管理，实行对财务的动态管理，真正实现财务的事前计划、事中控制和事后反馈，实现对业务的全过程管理。有专家认为集成化财务管理模式有三个基本的特点：一是集成化管理，它不仅对集团财务方面进行管理，而且对库存、生产、销售等业务方面进行管理，不仅是集团内部，而且与整个供应链管理相结合；二是直接管理，通过网络技术减少了传统财务管理中的许多中间环节,高层领导能直接对底层员工进行管理;三是实时管理,整个供应链通过网络联系在一起后,总部的财务主管根据动态会计信息,可以及时做出财务安排,并通过网络传达下去,实现财务的在线管理。

关于集成化财务管理的概念框架,此处以集团财务管理组织机构的设置为例讲述(图 10-1)。财务管理的组织机构指的是财务管理机构的安排和设置。在企业集团内,不仅集团公司需要设置财务管理组织,而且各分公司、子公司和非子公司性的成员企业也需要根据具体情况设置财务组织。

(1)集团公司的财务机构可考虑作如下图设置,有利于母公司财务顺利、良性运行,实现对集团财务管理全过程的全面统一管理。

(2)集团分公司、子公司和非子公司性的成员企业的财务组织设置,应该在母公司财务部的指导下,根据财务工作垂直管理的要求,按照财务职责的管理分工,并考虑与母公司各财务处室的业务对口和信息交换,来合理设置各财务科室和岗位。

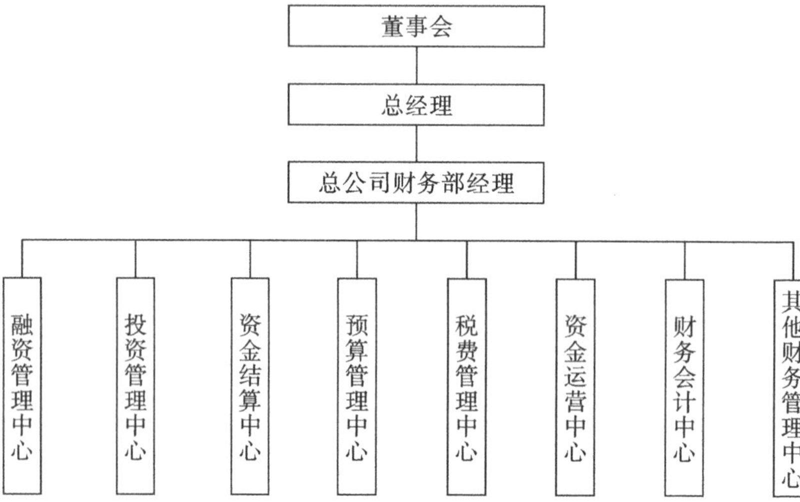

图 10-1　财务管理组织机构架构

二、集成化财务管理的发展

实现从传统财务管理模式到集成化财务管理模式的演变,要经历“三步走”的目标:第一步,实现集团内部财务上的集成;第二步,实现集团内部财务与业务的集成;第三步,实现集团与整个供应链的集成,这是集成化财务管理的最高目标。

(一)集成化管理最初阶段

集团内部财务集成是集成化管理的最初阶段。在集团内部所有财务部门实现联网后,集团总部的财务部门可以随时了解下属机构的财务信息,将所有下属机构的财务信息集中到总部统一核算、集中管理,下属机构则成为一个财务报账单位,从而可以节减基层单位财会人员和会计费用支出。通过网络在整个集团内调度资金只是一瞬间的事,使暂时闲置的资金随时可以找到用途,极大地提高了资金的使用效益。实现这一步目标,实际是要企业实现财务的集中核算,因此企业应对等级式的财务结构进行重组,建立扁平化的财务部门。目前中国一些电算化基础较好的单位已基本实现这一步目标,对于大多数企业来说,加强基础管理,实现集团内部的财务集成仍是其现阶段的目标。

(二)集成化管理的第二阶段

集团内部财务与业务的集成是集成化管理的第二阶段。在网络社会,各部门之间的分工界限日益模糊,财务管理与业务管理出现融合趋势。同时,会计是从价值方面综合反映和监督企业的财务状况和经营成果的。企业供、产、销各个环节经营的好坏,人、财、物各项消耗的节约与浪费,都直接影响企业的财务状况和经营成果。因此,要管好财务,不仅需要财会信息,而且需要供、产、销、人、财、物等各个方面的信息。财务管理要与上述各个方面的管理紧密结合,运用各项管理提供的信息,管理好财务,实现资本的保值、增值,并不断提高经济效益。集成化财务管理的第二阶段实际是将财务管理与业务管理相结合,实现对集团内部供应链的管理。要实现第二步目标,需要对企业内部工作流程进行重组,精减中间环节,建立跨职能型群体。目前中国已有一些企业集团正在为实现这个目标而奋斗,适应这一管理要求的财务软件也已问世。

(三)集成化管理的最高目标

对整个供应链进行管理是集成化财务管理的最高目标。在网络社会,全球网络已将供应链上的所有企业联系在一起,市场已不再仅仅是单个企业之间的竞争,而是一个企业的供应链同其他企业供应链的整体竞争。只有站在全局供应链的高度上管理企业,才能降低经营成本、减少资金周转期、提高生产率、改进客户满意度,以适应新时代的企业竞争。财务管理已不再仅仅是企业内部的事情,要收集有关于集团财务的全面信息,就需要对整个供应链进行管理,促进整个供应链一同进步。要实现第三步目标,需要对整个供应链进行业务流程再造,这中间会涉及许多复杂的问题。但实现这一目标后,有利于企业的长期稳定发展。目前中国个别优秀企业已在推行这种管理模式,如海尔集团1999年对整个供应链进行业务流程改造,利用网络与不同实力的供应商建立不同层级的联系,同时,零距离地满足客户的需求,推行对供应商—厂商—顾客价值链的管理。世界一些著名的软件制造商,如SAP、ORACLE、BAAN等,已对这种管理模式提出了相应的软件。

三、企业集成化财务管理的动因

企业集成化财务管理的动因是集成效应。集成效应,简单地说,是指由于集成所带来的实际效果。从企业财务管理的角度看,集成效应最终主要体现在财务管理活动的经济效果上。正是企业集成化财务管理所导致的巨大经济效益的吸引与诱导,才使得集成思想逐渐渗透到传统的财务管理实践当中,并导致企业集成化财务管理的产生和出现。

由此可见,集成效应是导致企业集成化财务管理产生的根本动因。集成效应有哪些内容,现做简要分析。

(一)范围经济效应

范围经济是西方学者在研究企业运用先进制造技术从事生产的经济效益时提出的一个新概念。它与规模经济的概念相对应,反映了不同生产制造环境里的一种新的经营概念。范围经济是指通过扩大企业所提供的产品或服务的种类而引起的经济效益增加的表现。随着社会生活的进步,人们的消费需求呈现出多样化、个性化的特征,规模经济的优势已经无法适应新形势的需要。范围经济的产生是随着科技进步和社会经济的发展而出现的。范围经济强调的是以适当的成本提供尽可能多的产品品种、种类,从而顺应时代发展潮流。范围经济的实现必须具备一定的条件,即集成化管理。以先进制造技术为核心的制造系统、集成体系奠定了范围经济的存在基础,先进制造技术体系的集成同时也需要集成化财务管理,如适时制成本管理系统、适时制筹资、投资分析系统等。范围经济的成功,离不开各种先进制造技术及管理信息系统的集成应用,也离不开集成化财务管理的配合支持。从这个意义上讲,正是由于集成,才导致了范围经济效应的产生。

(二)聚集经济效应

聚集经济效应显然是一种集成效应,因为聚集本身就是集成行为的一种表现。企业通过集成化财务管理之所以能产生聚集经济效应,主要有以下几方面原因:

(1)有利于减少交易成本。传统财务管理,由于企业之间的交易活动存在许多障碍,导致成本居高不下。当施行集成化财务管理时,各个企业在区位上可以相互靠近,通过空间集聚可以大大减少交易成本。

(2)可以实现要素匹配、优势互补,提高经济效益。通过集成化财务管理,可以使众多业务上有联系的企业聚集在一起,由此使得各项生产要素能够达到最佳配置状态,实现优势互补,从而取得更好的经济效益。网络财务即可产生聚集经济效应。

(3)有利于资源共享,获得外部规模经济。高新技术产业区的出现,其实就是为了实现资源共享,加快资金周转,降低各种成本,利用人才优势,促进企业技术创新、开放和竞争,从而获得外部规模经济效应。为了配合好高新技术产业区的企业真正实现聚集经济效应,企业必须实现集成化财务管理。

(4)有助于企业更好地了解技术竞争态势,提高创新水平。企业通过实现集成化财务管理,在资金上更及时地保证企业竞争的需要,从而提高企业的技术创新能力和水平。

(三)速度经济效应

当前经济领域中的变化令人应接不暇,企业竞争的格局瞬息万变,竞争越来越激烈。谁能够在速度上领先,谁就往往就取得了主动权。传统企业财务管理往往关注产品的成本和价格。随着产品更新换代的加快,谁能更快地制造出适应市场的新产品,谁就更容易取胜。速度经济效应是指企业由于在经营速度上比竞争对手具有更大优势而赢得的一种比较经济利益。企业集成化财务管理可以大大加速企业理财的运作能力,实现理财的速度经济效应,即比竞争对手更快、更早地对市场做出反应。企业集成化财务管理就是要求财务管理部门站在企业整体战略的高度,对市场上的各种变化做出快速反应,使自己的应变能力大大加强,既提高自身在资本市场上的应变能力,又提高在产品市场、内部管理方面的应变能力。企业集成化财务管理还可以把其他企业在财务管理方面的优势综合起来为自己所用,这也是一种速度经济效应。

(四)知识经济效应

传统的财务管理主要是以经验为基础,因为那时人们的知识水平普遍不高,人们无法也不可能运用太多的科学知识来改善企业财务管理状况。随着社会发展和进步,人们掌握和积累的知识越来越先进,越来越丰富。获取知识经济效应的根本途径就是提高企业财务管理过程中的知识含量。企业财务管理通过与先进的电子信息科技、创造性思维策略的集成,企业财务管理系统的各种要素及功能被注入了越来越多的知识含量,智能化、信息化、柔性化的特征日益明显,企业集成化财务管理获得的知识经济效应也越来越多,比如现在许多企业成功地进行大规模、高水准的资本经营,就是一种知识经济效应的具体体现。注入知识的企业集成化财务管理导致知识经济效应的机理是:

(1)复合型人才、技术、管理、理财策略和战略等智力资源要素的综合集成,促使企业财务管理的知识含量不断增加,从而有助于增强企业理财的市场前景的预测力和判断力,提高理财战略决策水平,推动企业实现超常规发展。而对当今动荡不定的理财环境,企业的理财战略决策能力和水平日益显得重要。企业实施集成化财务管理,则可以有效地聚集各类智力资源的优势,从而提高企业财务战略的知识决策水平,制定出能为企业创造价值最大化的竞争方案。

(2)创造性的理财策略、思维及智力资本的集成,为企业开拓了广阔的理财空间,能够使企业降低或避免因各种原因造成的生产能力闲置、产品积压、资金积压、亏损,从整体上提高企业的经济效益。创造性理财策略、思维是无价之宝,是企业制胜的利器,是为企业赢得财富的源泉。在新形势下,为了提高理财决策水平,"外脑"的作用日益增大,集资不如集智也日益成为人们的共识。智力资本的集成构成了企业效益的基础,并日益成为知识经济社会的首要资源。

(3)理财中高科技的集成应用极大地提高了理财效益。采用高科技参与理财,不但可以大大提高决策水平,还可以更快、更及时地制定理财方案,分析方案的执行情况及执行效果,更有利于降低成本,更有利于配合企业新的经营方式、生产方式的运作。无论是企业财务管理指导思想,还是财务管理实践,集成化财务管理都将成为一种客观现象。企业集成化财务管理观点的提出是一项顺应时代发展潮流、符合财务管理创新趋势的必然选择。

四、实现集成化财务管理需要解决的问题

要实现集成化财务管理,不仅需要硬件设施能够跟上,更需要相应软件设施的配套。

企业集团要采取一系列措施对企业流程进行再造，以适应网络时代集成化管理的需要。具体说来，大致包括三个方面：观念再造、流程再造和组织再造。

（一）观念再造

传统财务管理侧重于财务的核算管理，要转变到新的集成化财务管理模式，企业集团的各级员工，从高层领导到底层员工，都要转变业已形成的基本观念，进行创造性思维，重建企业文化。企业要多举办一些培训班，对员工进行培训，帮助他们接受新的管理思想和管理理论。

（二）流程再造

企业再造的核心领域是对传统业务流程进行再造。在工业社会，业务流程按职能部门划分，结果各部门的工作是有效的，但整个流程的运作则是低效的。尽管财务管理涉及企业的每一项活动。但传统上它只对财务的收支进行管理，对财务收支的源头——业务活动很少涉及。要适应集成化财务管理的需要，势必要对企业工作流程进行重组。首先打破企业部门内部界限，重组企业集团内部的工作流程，建立流程型群体，实现财务、业务的一体化和集团内部财务管理与业务管理的集成；然后将集团内部的业务流程再造推广到整个供应链中，集成从购买原料到对顾客提供有价值的产品和服务的一连串作业活动，减少供应链中不必要的中间环节，实现集团内部财务管理与整个供应链的结合。

（三）组织再造

适应工作流程的再造，企业的组织结构也要做出相应改变。传统的企业中，组织结构是由“金字塔”型的职能部门组成，财务部门与业务部门各自独立，互不相干；同时，受管理幅度的限制，存在大量中层管理人员，财务部门从高层领导到底层会计人员之间存在很多中间管理层。进行业务流程重组后，财务、业务实现了一体化，财务部门、业务部门分工界限日益模糊并趋于融合，跨职能型群体大量出现。同时，管理幅度增大，必然要缩减乃至取消中间管理层，组织结构呈现扁平化、网络化趋势。

对企业进行再造，需要经过精心的组织准备工作，首先要成立再造小组，然后对企业现有业务流程进行分析，根据最大化满足顾客需要的原则，设计出新的业务流程，最后在企业中实施。实行企业再造工程，将改变企业员工多年来习以为常的工作方式，并涉及其权利，因此，必然会带来较大的阻力，需要领导人很大的勇气和毅力，并要注意加强内部信息的沟通。

第二节 集成财务管理顶层设计

当前，随着资本市场的进一步放开，越来越多的企业开始关注新三板挂牌、企业 IPO 或科创板上市，但在挂牌或上市过程中进行财务或会计报表审计时，才发现企业问题或缺陷多多,有的可以通过后续采取措施修正或弥补,有的则成了企业无法修复的"硬伤"。所以,越来越多准备进军资本市场的企业开始重视顶层设计,希望站在更高的角度,着眼于企业愿景,采用全局的视野和系统思维,修正问题和弥补缺陷,规避经营风险,实现企业健康良性发展,而作为企业管理的重点组成部分,财务的顶层设计成为其中重要的一个环节。

一、集成化财务管理顶层设计的内涵

(一)顶层设计

顶层设计原本是一个工程学术语,意指统筹考虑项目各层次和各要素,追根溯源,统揽全局,在最高层次上寻求问题的解决之道。二战前后,这一术语被西方国家广泛应用于军事与社会管理领域,成为政府统筹内外政策和制定国家发展战略的重要思维方法。2010 年 10 月,"顶层设计"在中共中央关于"十二五"规划的建议中首次出现,后被各行各业广泛引用。顶层设计,简而言之就两个字——"布局",顾名思义,就是从源头进行规划,从高层实施谋略。

(二)企业的顶层设计

企业的顶层设计,指企业对未来愿景、发展战略和发展规划等的总体设计,意在通过全局的谋划,确保企业各项经营活动的顺利开展。其内容主要体现在三个方面:一是业务方面(商业模式),即企业采取什么样的经营方针和政策、经营模式和策略等,这是顶层设计的基础,只有明确业务运作模式,设计的落地执行才有依据;二是架构方面(组织模式),即企业确定什么样的股权结构和公司组织架构等,这是顶层设计的保障,只有合理进行职能部门的设立和职责的划分,才能确保设计的顺利实施;三是财务方面(资本模式),即企业运用什么样的财务管理模式和资本运作方式等,要考虑与业务的融合,这是顶层设计的手段,通过有序的管控和运作,才能推动企业快速成长和不断增值。

(三)企业财务的顶层设计

1. 企业财务顶层设计的含义

企业财务的顶层设计就是围绕企业的战略和规划目标,融合企业的业务和财务的互相影响(实施业财融合),对企业财务管理控制进行全局性的设计和构想,从源头上规避财务风险。具体包括三个层面:一是业务层面,包括制度流程的建立健全和核算模式的优化等;二是架构层面,包括会计人员岗位的设置和职责的划分等;三是风险层面,包括资金的收付控制和税收的合理筹划等。

2. 企业财务顶层设计的特征

财务顶层设计的主要特征表现在三个方面:

(1)顶层决定性。顶层设计是自上而下的,其核心理念与目标均源自顶层,因此顶层决定底层,决策指导执行。如:企业的整体愿景决定了未来三至五年的规划,其三至五年规划决定了企业年度预算目标,企业战略决定财务战略,财务战略决定财务管控思路。

(2)整体关联性。顶层设计强调内部要素要形成关联、匹配与有机的衔接。如会计核算模式和财务管理方法等要与企业的实际情况匹配,相互有机统一,各项工作都要围绕财务管控的总体思路和目标来展开。

(3)实际可操作性。顶层设计要求表述简洁明确,其成果可实施可操作。如:财务管控的总体思路和目标要结合企业的实际情况,具有可执行性。

3. 企业财务顶层设计的方法

如何实现财务的顶层设计呢?例如,对于一家企业来说,我们首先要了解企业的愿景、战略(如冲击世界500强、拟挂牌上市、想成为百年老店等)等,根据企业战略,制定与之协同的财务战略,根据财务战略确定财务管控模式。具体可以从以下几方面入手:一是根据企业的组织模式来确定财务管控架构,如果是多元化经营的集团型企业,可以采取"财务大集中"的管控模式(即资金集中、核算集中(财务共享中心)和人员集中);如果是单一分散的独立经营型企业,则可以考虑分别设立财务部门,统一委派财务负责人的管控模式。二是根据公司的商业模式来确定成本管控模式,例如,根据企业设立项目部按项目经营的情况,则可以按部门分项目进行会计核算和财务管理;根据企业按生产步骤分品类生产的情况,则可以考虑按产品类别进行产品成本的归集和核算管理。三是根据企业的资本模式来确定资金管理模式,例如,根据企业不同发展阶段确定资金来源和渠道,是从银行贷款外借资金还是依靠自有经营积累补充资金或者引入新的战略投资者等;根据企业发展战略确定资金投放和使用领域,用股权投资收购并购快速扩张还是加大固定资产投资建立厂房新增生产线迅速提高产量扩大市场等。四是根据公司经营情况和财务状况合理进行税收筹划,如,如何将全年纳税额度分解落实到每个月度,如何在合法的前提下实现企业税负的整体下降等,当然,税收筹划是建立在合法、合规的基础上的,且遵循"该交的税一分不少,该享受的优惠一项不落"的基本原则。

"不谋万世者,不足谋一时;不谋全局者,不足谋一域。"做好企业财务的顶层设计,有利于指导和规范企业的经营活动,可以更好地发挥财务的服务和监督作用,从而进一步做好企业财务管控,降低企业财务风险,实现企业稳定、持续和健康发展。

二、基于价值管理的财务顶层设计

"以价值管理为核心"的财务战略和顶层设计是现代化企业集团的指导思想,本书观点认为企业财务集成化管理是单体企业或者集团企业提升财务效率、降低财务风险和企业整体风险的重要手段。

(一)财务顶层设计的实施与控制

优秀的企业一般会随着公司规模的不断增大,业务逐步全球化,客户差异性越来越明显。为使企业在有效控制风险的同时不断在经营活动中创造出新的价值,企业财务从顶层设计上可以采用对内防御型财务战略和对外扩张型财务战略。

1. 对内防御型财务战略

(1)坚持技术立本,客户为先。很多知名企业都选择上市融资,不断吸收社会资源以扩大企业规模。企业是否上市,要结合自身的发展战略,找到企业安身立命的根本,以客户需求为公司长久发展的动力源泉。例如华为公司就没有上市,在发展过程中,借款是其融资的重要方式,主要由海外金融机构提供。由于华为的整体盈利能力强,公司利润主要由主营业务获取且信誉好,国外银行对其授信额度也比较高,即使出现严重的资金缺口,也可以避免资金链断裂的危险。其他的融资方式还包含与其他企业合作成立合资公司,然后转卖手中的股权获得资金,以及通过其旗下的研发部门成立技术性子公司,通过出售技术获得资金。

财务顶层设计要和企业战略结合起来,企业也应该重视技术创新推动企业战略发展。很多企业认为其实现的利润是自身销售能力与公司管理能力的综合表现,却往往忽视了技术创新为企业带来的价值增值。在财务战略转型过程中,只有在高新技术和企业品牌两个制高点上站稳脚跟,才可以在价值链中取得主动权。企业还要聚焦管道营销战略,坚持为客户创造价值,以客户和市场需求为导向,结合自身的优势和能力,快速反应,确定战略选择。

(2)稳定股权结构,员工持股占比最高。稳定的股权结构易于形成相互制衡的公司治理结构,股权结构得到优化,也有利于提升企业价值。例如,华为公司是将员工纳入对企业的所有权管理,目前企业员工持股占全部股权的98.58%,而公司创始人的总持股比例仅接近1.4%。自2001年起,华为实行期权改革,将员工股票转化为虚拟受限股,即所谓的“期权”。同时华为要求员工离职时要出售手中的股票,但价格还是当时购买的价格,这样公司既不需要付出很大的代价去收回股份又给员工一定的信心。这种独特的融资模式既可以充分调动员工贡献积极性,形成员工的自我激励与监督约束机制,又可以做到内部有效融资,从而帮助企业克服危机,改善财务状况,控制财务风险,保障财务战略转型顺利实施。

2. 对外扩张型财务战略

目前,对于国际化发展比较好的公司,其面临的竞争显然不再是本土企业之间的较量,而是在全球平台上的角力。全球化挑战要求国际化公司在战略管理上也要达到国际先进水平,其中包括对财务能力转型升级的要求。

资源实现全球配置。资源配置是提升价值的保障,是财务战略转型的手段,是促进业务良性发展的有效措施。实施价值管理的重点之一就是要通过资源的有效配置多角度激励价值创造,推进财务战略转型。例如,华为公司的国际化实施得比较好,华为在全球各银行授信额度达330亿美元,其中77%来自于外资银行。以借款作为融资方式来看,其比发行股票资本成本低,如果是在海外融资,则贷款利率不足2%。我国每年CPI(消费者价格指数)均高于贷款利率,外资银行通过人民币升值也可以获得高额利润,实现双赢。华为对各项资源实行精细化管理,依托财务决策分析系统,提供多维资源投入效率分析和价值创造率分析,多角度引导资源流向价值创造多和效率高的区域、部门、项目和客户。海外业务稳步扩张。在对外保持布局相对稳定的前提下,华为认为“走出去就是机会”,从非主流到跻身主流设备提供商,其提供的产品和服务被全球170多个国家和地区应用。当前华为能力中心和共享中心的数量迅速增长,在国外市场具有很强的市场营销能力。全球50强的运营商中,有30多家和华为达成合作。作为通信设备主要供应商,华为签署了超过了100个WCDMA/HSPA商用合同,GSM网络销售连续呈直线增长,市场占有率稳步提升。纵览国内外市场,其海外收入占据了主导地位,且平均增速大于国内收入平均增速。

(二)基于价值管理的财务战略转型

价值管理的核心内容是进行价值衡量,通过对价值驱动因素的分析和评估,挖掘企业各经营环节的价值增值潜力,消除非增值作业,以增进现金流,持续提升企业价值。企业基于价值管理实践下的财务战略转型,可明确为“以价值管理为核心,充分发挥财务管理对公司整体战略和日常业务的决策支持职能,实现财务管理职能从‘管理控制’向‘决策支持’转变,让财务监管无处不在,使其成为业务的最佳合作伙伴”。

1. 建立价值导向型财务决策体系

建立价值导向型财务决策体系有利于企业从“管理控制”转向“决策支持”。财务战略转型的作用就是要把管理者的决策重点放在价值的驱动因素上,将战略目标、分析技巧及管理程序协调起来,明确财务在企业价值创造中的定位,为创造企业价值服务。因此企业在夯实原来财务会计工作的同时,把重点从“管理控制”转移到“决策支持”,建立价值导向型的财务决策体系。转型后的财务部门是企业核心管理层的有机组成部分,其作用在于为战略、经营决策提供重要信息,从而支持公司的价值创造活动。一般企业财务部门用于业务处理的时间为60%,只有不到10%的时间用于决策支持;在转型后财务部门用于决策支持的时间已超过50%。

科学的财务决策体系是吸引战略投资者和提升企业价值的重要保障,以价值为导向将确保财务战略的有效传导,促进企业价值目标的最终实现。从公司治理角度出发,企业要建立清晰且全面的决策结构,为其财务决策、战略实施和长期持续增长奠定基础。董事会审批重大的财务决策与商业交易活动,下设审计委员会、财经委员会及人力资源委员会,协助董事会对企业经营管理团队及业务运作进行指导和监督。其中审计委员会评审内部审计计划以及执行结果,讨论与内部控制风险相关的政策,财经委员会负责监督公司年度预算、经营预测计划并对经营结果进行评估及考核,评审所有与企业财经相关的战略、规划、政策和行动,具体包括资本和资产结构、资产和债务融资、重大财务投资、合并、收购和资产剥离等。此外,企业经营管理团队下设战略与客户常务委员会、变革指导委员会及产品投资评审委员会,分别为企业制定中长期发展战略、公司财务和业务变革以及经营管理团队提供决策支持。

2. 实施“预算管理全景图”

为实现财务管理向价值创造环节的转移,企业可以通过预算管理和财务管控系统的管理工具,促进财务职能的进一步转型。例如,华为的财务部门已经参与成本核算,但当时公司仍缺乏前瞻性的预算管理，而像 IBM、思科等国际跨国企业对其未来财务指标有着非常准确的预期。这些公司的财务体系参与到企业全部业务流程，每项产品的定价和成本核算工作都有着完整的制度和运作流程，以确保每项订单都能清楚地计算出成本和利润。在意识到其财务部门主要还停留在传统的财会角色后，华为于 2014 年启动多项财务改革。

预算管理是企业通过信息、资金和业务的整合以及适度的分权、授权，实现合理配置资源、有效贯彻战略、持续改善经营、价值稳步增加的过程。企业可以通过实施"预算管理全景图"，对产品及项目进行多维度成本分析，以输出有竞争力的成本，进一步在不同表现形式的成本信息中建立合理链接。财务部门通过将企业战略目标与战略路径转化为业绩指标与预算体系，使各部门按企业价值最大化的要求采取相互配合、相互协调的行动，利用最优的投融资决策、信息化手段和资金集中管控等措施，最大限度地发挥资金使用效果和财务杠杆作用，服务于企业价值创造。

未来，企业面临的国内外全方位市场竞争更加激烈，企业可以实施全球风险管控项目，以及时识别、评估和应对企业各项风险，提升企业风险管理水平。企业可以成立全球财务风险控制中心，对企业在全球面临的税务风险进行分析排查，并寻找解决方案，制定行动计划，监管企业的全球财务风险，确保财经业务规范、高效、低风险地运行。针对信用风险，企业可以建立国际信用能力中心和业务单元信用管理组织，制定和实施全球统一的信用管理政策和风险量化评估工具；针对汇率风险，企业建立了外汇管理政策、流程、操作指导管理机制，匹配采购环节和销售环节业务，降低外汇风险敞口。

3. 实施业财融合

集团层面的目标是实现价值最大化，而价值的实现需要落实到具体的业务层面。为此，财务转型更要精通业务，把财务体系与整个业务流程紧密地结合起来。例如，华为进行集成财务战略转型（IFS）的目的是与国际一流企业看齐，将财务体系深入到运营的每个环节。转型之前，华为也曾有过粗放式增长的时期，企业常常面临这样的困惑：企业获取很多订单，但并不清楚这些订单是否赚钱。通过更新制度和流程，华为提出将财务定位为业务最佳的合作伙伴，让财务"监管"无处不在。转型后，华为将原来跨部门的销售模式调整为按业务块划分的结构，将销售部门划归到各业务部门，按业务单元把产品部门和销售部门、财务部门完全结合在一起。华为将财务工作重点由过去为企业外部利益相关者服务转为现在为内部管理者提供决策支持，即将管理会计植入公司的议事日程，使企业管控工作落实到业务层面。财务人员的工作不再是业务事后核算和监督，而是从价值管理角度出发，实现对业务事前预测、计算业务活动绩效，及时提供信息，进而为行动计划提供参考。在此过程中，财务部门扮演的是策略咨询家的角色，财务人员为业务人员传播价值管理和财务知识，推动业务部门进行价值创造。

（三）价值管理实践下财务战略转型的启示

1. 建立价值管理闭环，支撑财务战略转型

价值管理有其自身的管理循环，通过定义价值、发现价值、实现价值、衡量价值、审计

价值和激励价值六个方面形成价值管理闭环，拓展财务管理活动。财务人员作为价值管理者，始终承担着创造价值的重任，以价值管理闭环为依托，将财务工作重点转移到预算、决策与控制中，重点关注价值增值活动，才能引领企业资源配置，带动管理变革，有力支撑财务战略转型。

2. 塑造良好协同文化，解决财务转型困难

在财务战略转型的过程中会出现一系列问题，依靠现有的规章制度不能完全解决，例如不同部门将产生新的工作职责、业务部门对财务过程深度参与后提出的问题能否很好地理解与接纳并执行等，这就必须有良好的协同文化作为支持。各部门应发挥主动担当精神，先把工作承担下来，再把职责理清纳入归口管理部门；发生意见分歧时及时沟通升级解决；能主动牺牲部门小利益成就公司大利益。这些良好的协同文化基础，可以帮助公司及时解决转型过程中遇到的困难和波动，发挥转型的最佳效果。

总体来说，基于价值管理的财务战略转型是系统性、持续性的过程，同时也会随着企业发展不同阶段的战略要求进行调整，为此不同的企业在实施时要与实际情况结合，将产品经营与资本运用策略合理联动，制订分步实施方案，才能顺利实现价值增值，进而创造和获取经济利益。

第三节　集成财务管理框架

一、集成财务管理框架

自从 1973 年约瑟夫・哈林顿(J. Harrington)博士提出“计算机集成制造”(computer integrated manufacturing，CIM)以来，GIMS 理论及其应用得到了迅速发展。企业资源计划(enterprise resources planning，ERP)就是在此基础上发展起来的。它站在经济全球化的角度，从全局出发，计划和管理企业的生产和经营。ERP 全面整合了企业各类管理信息系统，并以价值管理为核心，充分发挥财务管理信息系统在企业资源组织和应用中的作用。正因为如此，笔者把系统集成(systems integrated)的概念引入到 FMIS 的研究、开发与应用中来，借以建立集成财务管理信息系统(integrated processes FMIS，IPFMIS)，希望以系统的观点和信息的观点为指导，以信息技术、管理技术和财会理论为基础，通过信息集成、过程优化和资源整合，构建较为完善的财务管理体系，达到硬件软件、信息与人的高度集成，实现资金流、物流与信息流的有机结合和优化运行。

根据系统集成理论，IPFMIS 的构成要素应当包括人、物理层、应用层和信息层四个方面：

(1)人。即企业的财务会计人员，以及人事、计划管理人员和供应、生产、销售、经营等环节有关人员。他们按照 IPFMIS 的规范来准备技能、约束行为、履行职责、升华能力，

是IPFMIS活的灵魂和操纵者。集成人的过程，就是对人及其所应对的工作流进行优化组合，打破部门功能界限和人员职责分工的束缚，消除多余的环节和过程。

(2)物理层。即计算机及网络硬件系统，是集成的基础。

(3)应用层。即财务管理信息系统软件。它负责搜集、加工、整理、披露财务会计信息，最大限度地引用企业的公共业务数据、业务规则和其他公共资源，并按规则最大限度地向企业各有关方披露财务状况、经营成果和现金流量。它需要解决FMIS软件模块间的融合，还需要解决与ERP其他系统的协同。

(4)信息层。是会计信息的集散地。在信息集成过程中，工作人员根据岗位分工，按照统一标准提交信息；同一个信息只能来源于一个环节，避免了输入数据和输出信息过程中的重复劳动。在统一的信息标准下，整个系统保持着数据的一致性、完整性和约束性。

集成不是简单地相加或连接，而是按照财务会计的运行规则和人的行为理念，把原来没有联系或联系不够紧密的单元整合为一个功能统一、结构紧凑的新单元。集成促进部门间的交融渗透与沟通协作，避免单元信息的重复与片面。保证正确的财务信息在正确的时间以正确的方式传达到正确的地点，实现在较短的时间内做出正确决策和对市场的快速反应。

二、系统架构

(一)构建IPFMIS应达到的目标

1. 作业社会化——具有开放性

融入ERP以后，IPFMIS已不能仅局限于财务部门封闭运行，需要扩展到企业的各个方面去搜集财务会计资料和披露信息；需要超越本单位与社会相关领域协同运行。实现交易电子化(资金结算、代理记账纳税等)和社会信息化。

2. 系统集成化——具有兼容性

IPFMIS各子系统既相对独立，具有良好的封装性，又紧密关联，具有较强的兼容性。“封装性”支持着各子系统可以在一定程度上独立存在和运行，一个子系统不因为缺失另一个子系统而瘫痪；“兼容性”保证了各子系统能够在一致性和约束性前提下处理或引用核心数据。这样便于产品“拆卸”“分装”，以满足不同规模企业的应用要求和系统自身的扩展与升级；便于客户根据爱好和管理特点选择不同产品的部件组装使用，或者由开发商共同制定和发布标准数据接口，使不同的FMIS产品之间能够进行数据迁移和交流。

3. 信息标准化——具有综合性

IPFMIS不仅管理着单位的会计信息、市场信息、计划信息等各类基础信息，还管理着模型信息、专家信息、知识信息等各类稀缺信息。各类业务活动、业务规则，知识方法在按照信息标准形成信息后，才能实现信息集成。

4. 决策科学化——具有先进性

因为当决策者发现潜在机遇时，不能确定风险大小；当他综合现有信息时，不能确定信息源是否准确，信息量是否足够；当他做出决策并付诸实施时，不能确定现有资源和未来可预见资源是否足以支持项目完成。他要善于在机遇、信息和资源三大要素之间寻找平衡点。然而，科学决策是以先进的模型和知识为基础的。IPFMIS 搜集和应用最新模型成果，以企业数据和强大的知识库为支撑，科学、及时、准确地应对决策需求。系统功能组织系统构建目标不仅要求 IPFMIS 要集成和扩充传统的 FMIS，更重要的是，要求一切从 ERP 出发组织和使用数据。其功能设计和模块组织有三个层面，如图 10-2 所示：

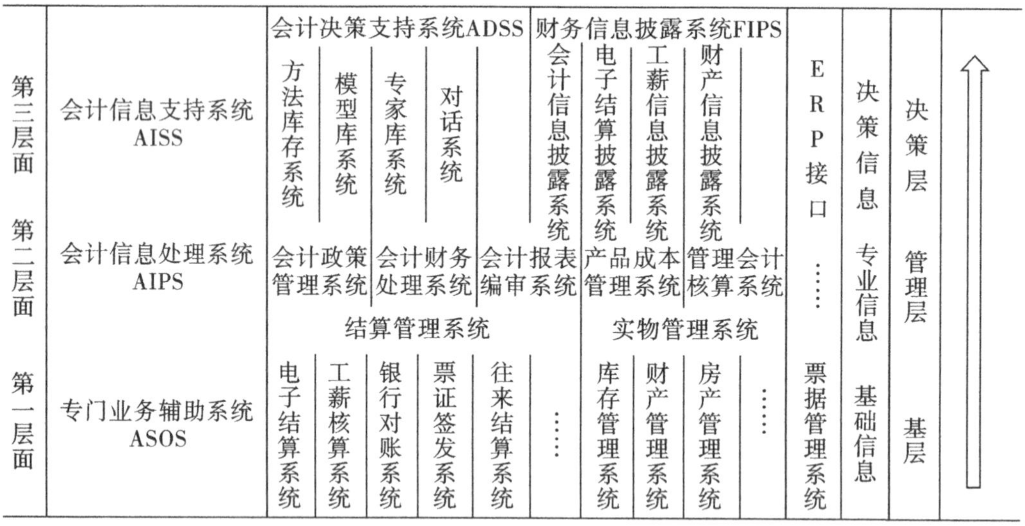

图 10-2 集成财务管理信息系统分层示意图

第一个层面，专门业务辅助系统（accounting special operation subsystems，ASOS），是 IPFIS 的“后勤保障部”，负责各种初级加工业务，形成规范的会计信息。它由三类子系统构成：①结算管理子系统，用于直接或间接地处理企业资金结算业务，主要包括电子结算系统（收支款项、代理纳税等）、工薪核算系统、银行对账系统、票证签发系统、往来结算系统等。②实物管理子系统，用于处理单位各项财产、实物的出入库存管理业务。③票据管理子系统，用于记录和管理收据、发票的申购、领用、缴回、销毁等业务。

第二个层面，会计信息处理系统（accounting information processing subsystems，AIPS），是 FMIS 的“前沿作战部”，负责处理整个会计实务过程中的各项业务。该系统主要有五类子系统，其中：①会计政策管理子系统。用于管理会计政策，以便实现会计政策的任意切换和信息输出的自动转换，使当局通过比较会计政策的执行结果做出科学的财务分析与决策。如执行我国现行会计准则与执行国际会计准则的信息转换、执行现实核算口径与执行历史核算口径的信息转换、执行本单位会计政策与执行其他单位会计政策的信息转换等。②会计账务处理子系统，用于处理记账、算账、报表等标准会计业务。会计报表编审子系统。用于设计、编制和审核符合法定要求或管理要求的各类会计报表。产品成本管理子系统。用于规划、设计、计算、控制和分析企业各类成本。③管理会计核算子系统,用于预测或决策企业的销售状况、成本水平、盈利能力、资金需求、产品结构、投资筹资、发展改制以及规划、编制、核算和控制企业预算和内部责任等。

第三个层面,会计信息支持系统(accounting information supporting subsystems,AISS),是FMIS的"战区司令部",负责使用会计信息和与更高层交流。它分三类子系统:①会计决策支持系统(accounting DSS,ADSS)运用不断丰富并优化的模型库、知识库资源,对第一、第二层面数据和其他系统相关数据进行分析、处理,并给出分析结论和问题答案。②财务信息披露系统(finance information publishing subsystems,FIPS)根据第一、第二层面数据,向各有关方面披露单位的财务状况、经营成果、现金流量及其他相关资源。③企业资源计划接口(enterprise resource planning interface)。根据ERP统一规范,向企业数据仓库提供财经信息和财经模拟库、知识库信息;并根据需要从ERP挖掘为自身所用的其他专用信息(如产品信息、客户关系信息、人力资源信息等)。IPFMIS应用层及信息构成图同时也反映了IPFMIS各子系统间的关系,专门业务辅助系统所对应的信息源是基础信息,由基层工作人员产生并整理,供会计信息处理系统使用;会计信息处理系统所对应的信息源是专业信息,由管理层工作人员产生并整理,供会计信息支持系统使用;会计信息支持系统所对应的信息源是决策信息,由决策层直接操纵;IPFMIS最终融入和服务于ERP。因此,IPFMIS与传统FMIS的差别在于,其信息处理和服务的核心已远不止于会计的账务处理和信息披露,而是一切以组织和利用企业资源为目的,步入了决策支持和管理的新天地。

(二)系统集成方法

(1)在构建应用层过程中,首先,用集成的观点统一企业门户,各个MIS用户全部统一到企业级,进行集中管理和身份认证。其次,围绕模型组织数据,因为IPFMIS的顶级目标就是利用模型和方法提供决策支持。再次,其他MIS(主要是企业供应链、销售链及人事、计划等)能够有限地直接与IPFMIS通信,提供原始数据,供财务人员整理使用。另外,要保证系统平台成熟稳定,在精选OS和DBMS的基础上采用数据加密、身份认证、网络监控、病毒防护等措施,确保IPFMIS数据安全可靠。

(2)在构建信息过程中,IPFMIS和其他MIS建立自己的数据集市(data mart,DM),并始终围绕ERP为企业的数据仓库(data warehouse,DW)准备数据;其中,决策支持和信息披露系统以企业DW为基础,并根据既定规则挖掘、整理和使用数据。IPFMIS的数据源一是自身各子系统直接生产的数据,二是企业其他MIS根据既定规则补充的数据,三是供应链、销售链通过金融、税务等专用网络形成的电子商务结算数据。为了加强数据安全管理,有必要设立不同的主机(服务器),将数据和应用程序分开存储。数据库服务器用于存储和处理业务数据,而应用程序服务器则用于运行业务管理及加密解密、安全认证、网络监控、病毒防护等程序,装载和处理参数数据库、文本数据库等程序活动信息。

(3)在构建物理层过程中,硬件配置既要达到标准性与维护性要求,实现与国际标准、行业标准的兼容,避免设计规范、技术指标相互冲突,也要满足先进性与可扩充性要求。在讲求技术领先的同时.注重技术成熟和实施效率,兼顾新产品、新理论、新方法,便于未来功能提升、网络扩容和技术迁移等。既要达到稳定性与可靠性要求,配置一定量的冗余设备和链路,也要满足经济性与实用性要求,量体裁衣,选择适合单位规模的硬件配置和网络结构。IPFMIS融于ERP,综合了内网、公网及其他专用网络,满足了数据源要求。在公网及其他专用网络与内网的链路中,使用防火墙、虚拟网络等技术加强安全防范和控制;ERP用户通过防火墙、加密认证、访问列表等技术与IPFMIS各专用服务器链接,隔离无关用户。

(4)在"构建"人的过程中,企业要有计划、有层次、分方向地引进和培养人才,不断提高那些既精通财务会计理论与实务又掌握计算机软硬件技术人才的物质待遇,增加其学习交流机会。同时,通过建立严格的工作纪律和完善的监控制度,长久保持系统正常安全运行。

第四节　集成化财务管理模式的构建

一个完整的、运行有效的财务管理模式应该以一定的财务治理模式为基础,不仅包括投资、筹资和股利分配等财务管理的具体内容,而且还应包括财务组织的设置、统一的财务会计制度等其他相关内容,集成化财务管理模式也不例外。下面就从两个方面具体阐述集成化财务管理模式的构建。

一、构建的基础工作

(一)财务治理模式的选择

企业集团内部的财务治理,按其权限的集中或分散程度划分,通常可以分为三种类型,即集权型、分权型和集权分权结合型。企业集团内部财务治理权的配置,要注意处理好这三种模型的特征和适用性,科学有效地在集团总公司与分公司之间、集团公司与子公司之间、集团公司与非子公司性的成员企业之间进行配置。

(1)集团总公司与分公司之间的财务治理权配置。在集团总公司内部建立以集权为主要特征的财务治理体制,即资金和成本的主要管理决策权均在总公司,同时通过会计委派制等方式,加强对分公司日常财务活动的控制和监督。

(2)集团公司与子公司之间的财务治理权配置。应该选择集权与分权相结合的配置模式,即集团公司审查批准子公司的基本财务制度、预算方案和一些重大筹资和投资行为,还拥有对子公司财务的监督权。子公司拥有一些限额以内以及不影响集团整体利益的财务活动自主权。

(3)集团公司与非子公司性的成员企业之间的财务治理权配置。对这些企业一般采用分权型的配置模式,即集团公司拥有的是财务参与权而非财务控制权,拥有的是财务决策参与权而非财务监督权。

(二)财务管理组织机构的设置

财务管理的组织机构指的是财务管理机构的安排和设置。在企业集团内,不仅集团公司需要设置财务管理组织,而且各分公司、子公司和非子公司性的成员企业也需要根据具体情况设置财务组织,从而有利于母公司财务顺利、良性运行,实现对集团财务管理全过程的全面统一管理。集团分公司、子公司和非子公司性的成员企业的财务组织设置,应该在母公司财务部的指导下,根据财务工作垂直管理的要求,按照财务职责的管理分工,并考虑与母公司各财务处室的业务对口和信息交换,来合理设置各财务科室和岗位。

(三)财务会计制度的统一

财务会计制度的统一包括统一的集团内部财务管理制度和统一的集团内部会计核算制度。由于集成化财务管理模式侧重于利用计算机网络技术,对集团的财务管理实行远程管理、全程管理、在线管理和实时管理,所以企业集团应在财务会计制度统一的基础上,建立财务信息计算机网络,为集成化财务管理模式的顺利实施创造条件。①在整个企业集团内应用网络财务软件。应用该软件可以实现供产销业务与财务一体化管理。②由集团公司与子公司之间通过网络共享电算化会计资源,由此实现统一管理。只有实现了企业内部会计信息的实时共享,才能对企业进行有效的纵向管理。

二、集成化财务管理的具体设计

在做了上面的三项基础工作后,下一步的工作就是要把财务管理的内容落实到各级组织上,并实现相关利益主体责、权、利相互制衡,以实现企业集团的宗旨:实现资源一体化整合效应与管理协同效应,并借此确立集团整体的市场竞争优势。企业集团财权配置的设计并在网络财务软件的运行中得到体现就成了整个模式构建过程中的中心环节。在配置财权以前,要分析一下组织成本与决策权配置的关系。二者的关系如图10-3所示。

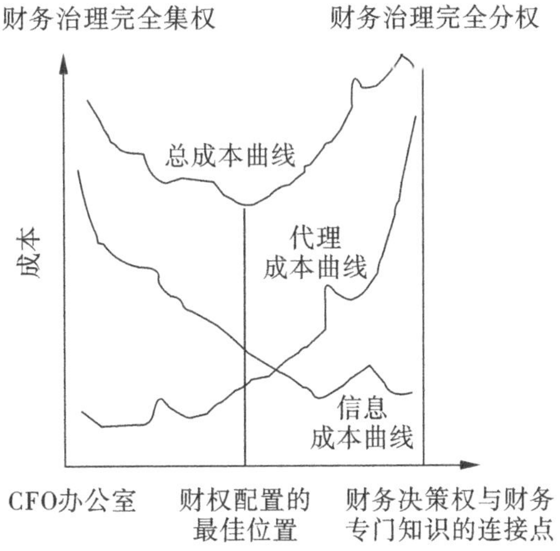

图10-3 组织成本与决策权配置关系

从图10-3可以发现,随着财务决策权与CFO办公室距离的拉长,信息成本曲线与代理成本曲线是分别下降和上升的,其总的组织成本因此呈先下降后上升的态势,并且在其上的任何一点都表示某一种财务治理模式。集成化财务管理模式的财权配置的目的是通过网络上财务信息和业务信息的实时同步处理,以实现总成本最低,即实现最佳的财务管理模式。

(一)相关决策权

1. 对外投资决策权

由母公司实行统一规划,一定限额或与子公司资本一定比例的项目子公司有投资决策权。具体如下:首先,在集团内部的区域网上设立投资中心的专门网站,并事先确定用户管理、权限管理和系数设置,界定操作员及下属单位的操作权限和范围。其次,由集团总部集中控制,并规定一定的限额。限额以内的项目由子公司的财务总监根据子公司的具体情况享有决策权。总公司在每一期期末(月、季、半年和年),至少每季末查一次,实行必要的监控;限额以外的,由子公司根据自己的账号进入投资中心的网站进行实时的匿名申报,由总会计师根据企业集团的总体战略进行审查批准,在批准之后,再通知具体的子公司申报相关的原始资料,进行凭证和资料的真实性审查,确保该投资项目的可行性和营利性。最后,由总公司的投资中心将投资业务的原始资料输入网络财务软件,实行实时控制,并生成相应的评价指标来对投资项目进行评估。

2. 对外融资决策权

由集团公司集中办理,再通过内部投资或贷款向子公司提供资金。融资管理内容就是制定一套规范的融资决策管理体系,首先,类同于对外投资权的事先措施,在企业集团内部的局域网上设立筹资中心的专门网站,并根据筹资权的审批体系,规定总部和下属企业相应的权限和范围。其次,将集团内各下属企业(包括总公司和独立核算的下属部门)的银行账户全部取消,统一在结算中心开设账户,由结算中心以一个银行账户对外办理集团内各企业的资金结算业务(当然包括融资业务)。最后,在内部结算中心通过内部投资或贷款提供资金时,应区别情况对待:在子公司的限额以外的、经投资中心审批的项目,所需资金通过内部投资方式得到满足;而在限额以内的项目所需资金则通过内部贷款提供。另外,对子公司一定自主的小额融资,应由结算中心审查或备案。

3. 资金调控权

构建银企合作下的企业集团"虚拟"结算中心。即依托商业银行的结算业务网络构建"虚拟"的结算中心模式,将企业集团的内部资金结算、刚性的财务权限控制、内部资金拆借交给银行代理,从而减少企业的人力和物力占用,使结算中心能专注于集团资金的预算和管理,并且提高社会经济的总体运行效率。具体如下:企业集团须向银行申请将其所有下属企业账户设置为结算中心账户的子账户,申请书上应有企业集团、结算中心和下属企业的签章。银行根据申请书,在下属企业账户与结算中心账户之间建立关联关系。结算中心每月将确定的每个下属企业账户的用款和贷款权限(单笔和累计)传送给银行。在此基础上,银行就可以代结算中心归集收入资金、划拨对外支出资金和控制下属企业的权限。上述模式的核心思想是将企业集团的内部的资金结算、权限控制和资金调度置于银行的结算网络之中，其架构如图 10-4 所示。

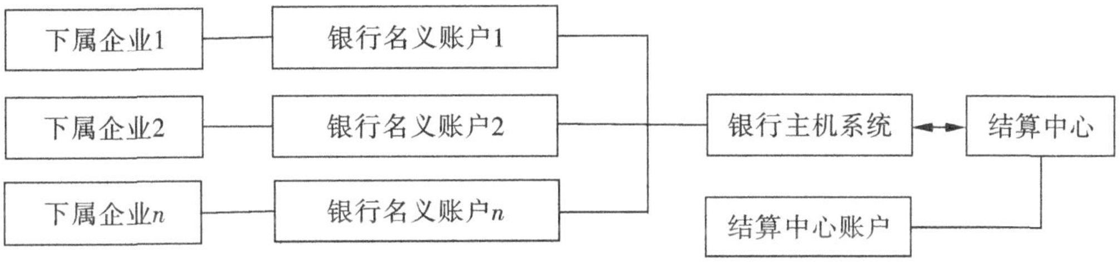

图 10-4　虚拟结算架构

4. 收入分配权

全资子公司的可分配利润应由母公司统一支配、调度，但从子公司的持续发展角度考虑，有必要给子公司一定比例的利润留成，全资子公司的收益分配方案由其董事会制定，上报母公司后执行；而对控股、参股和非子公司成员企业，其收益分配方案由董事会制定，并经子公司的股东大会或股东会审议通过。

5. 资产处置权

子公司的对外长期投资、无形资产、关键设备、成套设备等资产的处置必须经母公司审批，流动资产及其他资产的处理可由子公司自主决定，但须向母公司备案。企业集团总部应在内部区域网上设立资产管理中心网站，对子公司等下属企业的关键设备、成套设备、重要建筑物及限额以上的资产实行网上登记制度，并对处理权限进行规定，而且至少每一季末进行实地盘查。子公司作为母公司授权经营资产的法人实体，拥有资产的日常管理权，各种资产的配置和使用情况及资产结构的调整由子公司财务部负责，由其向总部财务部随时反映资产的实际情况。

6. 预算管理权

建立全面预算制度必须做好如下工作：一是明确预算对象，即集团公司为一级预算单位，各成员企业为二级预算单位，并在企业集团内部区域网上建立预算管理中心网站。二是明确预算内容。即集团本部以费用预算和现金预算为主，下属成员企业预算采用全面预算，包括生产、销售、现金流量、费用预算。三是规定严格的预算程序，预算的编制、审核，预算的跟踪和控制，决算管理及审定要有明确的期限和责任。

7. 财务控制权

财务主管人事的任免权要由母公司统一管理，并对一些重要的成员企业委派财务总监进行监控。另外，确立重大财务审批制度。根据重大财务事项的范围、标准及处理权限，结合设计的组织结构图，可设计以下处理程序：($0<a<b<c$)（见表 10-1）。

表 10-1 重大财务审批制度处理程序

金额	提出方式	参与人员	解决方式
0～a	基层提出	主管财务副总，集团财务副总，总经理	联审联签
a～b	基层提出	主管财务副总，集团财务副总，总经理，董事长	联审联签
b～c	基层提出	主管财务副总，集团财务副总，总经理，董事长，董事会	联审联签

（二）实现集成化财务管理模式的保障措施

1. 要注意集团内部的市场化

集团财务部门应当借助网络技术等手段，加强对子公司财务部门融资决策、投资决策、成本管理等财务事项的控制，充分发挥内部结算中心的作用，优化财务管理行为，注重集团内部资本运营和资产经营的市场化，有意识地加强内部企业之间的竞争。

2. 要加快软件平台和网络基础设施建设

适应组织结构变化和管理模式的调整，要适当提前实施财务信息系统、企业资源计划系统（ERP）等，为集成化管理提供坚实的信息平台。

3. 要积极促进企业各类业务的虚拟化

所谓业务的虚拟化，主要指把传统的各种经营业务转移到网络上进行处理。这一方面有利于提高业务经营的效率，促进业务管理与财务管理的一体化，同时能够有效地削减交易成本，提高企业效益。

第五节 集成财务管理案例：以华为为例

一、华为简介

华为技术有限公司，成立于 1987 年，总部位于广东省深圳市龙岗区。华为是全球领先的信息与通信技术（ICT）解决方案供应商，专注于 ICT 领域，坚持稳健经营、持续创新、开放合作，在电信运营商、企业、终端和云计算等领域构筑了端到端的解决方案优势，为运营商客户、企业客户和消费者提供有竞争力的 ICT 解决方案、产品和服务。2013 年，华为首次超过全球第一大电信设备商爱立信，排名《财富》世界 500 强第 315 位。2017 年 6 月 6 日，“2017 年 Brand Z 最具价值全球品牌 100 强”公布，华为名列第 49 位。2019 年 7 月 22 日美国《财富》杂志发布了最新一期的世界 500 强名单，华为排名第 61 位。2018 年“中国 500 最具价值品牌”华为居第六位。12 月 18 日，《2018 世界品牌 500 强》揭晓，华为排名第 58 位。2018 年 2 月，沃达丰和华为完成首次 5G 通话测试。2019 年 8 月 9 日，华为正式发布鸿蒙系统；8 月 22 日，2019 中国民营企业 500 强发布，华为投资控股有限公司以 7212 亿营收排名第一；12 月 15 日，华为获得了首批“2019 中国品牌强国盛典年度荣耀品牌的殊荣"。2020 年 8 月 10 日,《财富》公布世界 500 强榜(企业名单),华为排在第 49 位。2020 中国民营企业 500 强第一名。

2019 年全球经济增长放缓,整体呈疲弱态势,华为聚焦 ICT(信息通信技术)基础设施和智能终端,持续投入,坚持为客户创造价值,提升消费者体验,改善经营质量,全年实现销售收入人民币 8588 亿元,同比增长 19.1%。

在运营商业务领域,华为的 4G 设备在全球被广泛部署,已进入 140 多个国家的首都;华为发布了 4.5G 解决方案,保护 4G 投资的同时,满足消费者不断提升体验的需求。华为承建了全球 280 多个 400G 核心路由器商用网络。华为通过实施产品与服务双驱动战略,支撑着全球 1500 多张网络的运营,覆盖了 170 多个国家,服务全球超过 1/3 的人口,越来越多的运营商将华为视为其可信赖的战略合作伙伴。

在企业业务领域,华为践行业务驱动的 ICT 基础架构(BDII)行动纲领,引领企业 IT 向云架构和企业网络向 SDN 转型。华为坚持被集成,与客户、伙伴联合创新,引领云架构的 IT 系统。截至 2015 年底,华为云计算的企业级合作伙伴达 500 多家,服务于全球 108 个国家和地区的 2500 多家客户,覆盖政府及公共事业、运营商、能源、金融等行业,部署超过 140 万台虚拟机。在全球部署 660 个数据中心,其中 255 个为云数据中心。在消费者业务领域,得益于中高端产品、海外高端市场和荣耀模式的长足发展,市场份额稳居全球 TOP3 阵营。

二、华为集成财务转型(IFS)项目

华为的财务管理独到、深刻、细致,是其核心竞争力之一。

(1)IFS 是公司层面的变革,不是财经体系的变革。IBM 的财务咨询顾问团队进驻华为,启动了 IFS 项目。华为 IFS 变革的过程并不轻松,因为触动面大,很多体系和部门对此有不满与抵触。

(2)全球统一的会计核算和审计监控是两道堤坝,只有这两道堤坝足够坚固,财经管理职能才能从容有效地开展。这是其对会计核算、财务管理与审计监控三者关系的描述。这一描述准确而形象,对所有企业集团财经体系建设都可适用,甚至可以作为衡量一个公司财务管理是否规范的标准之一。

目前华为实行资金集中管理和账务集中管理。财务人员与账务处理实现了跨区域、跨国度的集中。这种集中可以最大限度地保证财务工作的独立性。账务集中处理至少有以下优越性:①有利于总部的监管;②有利于节省成本;③有利于细化财务分工、标准化作业;④有利于实现绩效考核公平。

会计、业务、内审三者的关系是什么?会计核算是对业务的监督,内部审计是对会计核算的监督。会计核算形成财务数据,这些数据是进行财务管理的基石,只有会计核算与内部审计做实了,财务数据才是可信赖的,财务管理才能有效开展,并为业务决策提供支持。一句话总结,业务制造数据,会计核算数据,审计监督数据,财务使用数据(图 10-5)。内审是对会计核算真实性的监督;会计核算是对业务真实性的监督。

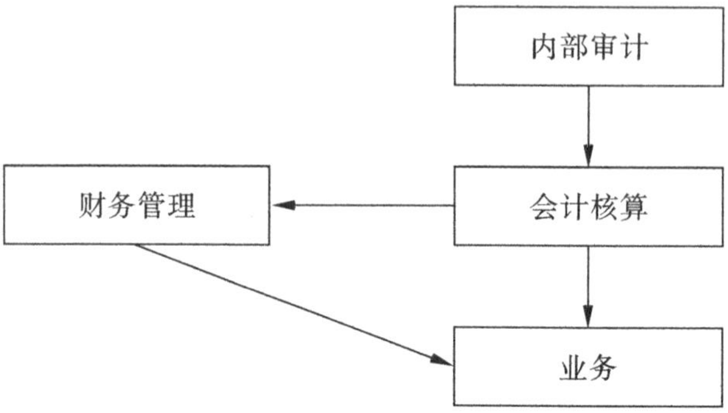

图 10-5　会计、业务、内审三者之间的关系

(3)审计是司法部队,关注"点"的问题;财务监控关注"线"的问题,与业务一同端到端地管理;道德遵从委员会,关注"面"的问题,持续建立良好的道德遵从环境,是建立一个"场"的监管。财务是线上的监督,审计是对财务的再监督。因为成本收益原则,内审只能抽查,做点上的监督。正是因为审计监督不可能做到全覆盖,所以需要人的自律、需要企业文化的引导,华为的道德遵从委员会如同在为公司构建一个气场,在这个场中人人是监督者,人人是被监督者,既有自律,又有他律。

(4)不能反映业务真实状况的财务数据是不准确的。核算的深度与广度应与 IFS、LTC 讨论,并非维度越细越好。要通过扩大报告范围的方式,公开上游业务环节的数据问题,才可能有效改进财务数据质量。财务数据是经营成果的展示,通过历史财务数据可以分析公司存在的问题。如果财务数据与业务实际跑偏了,极有可能导致经营决策误判。问题在于会计核算居于末端,如果前端业务环节出了问题,会一路把影响带进财务数据里。倘若此时要提升财务数据质量,揪住财务人员不放是无济于事的。应该追溯到业务环节,从业务源头找出病灶。

(5)计划是龙头,制订计划的人一定要明白业务。地区部要成立计划、预算与核算部,要让明白业务的人来做领导。只有计划做好了,后面的预算才有依据通过核算来修正、考核计划与预算。计划是方向,预算是量化,核算是校验,三者互相促进,其关键点是做计划的人要懂业务。许多企业不会使用预算这个管理工具,总觉得预算不准、无用,很大程度上是缺乏方向感,不理解经营计划、财务预算、会计核算的三者的依存关系。计划先行、预算详尽、核算校验,三位一体方可破解预算无用论(图 10-6)。

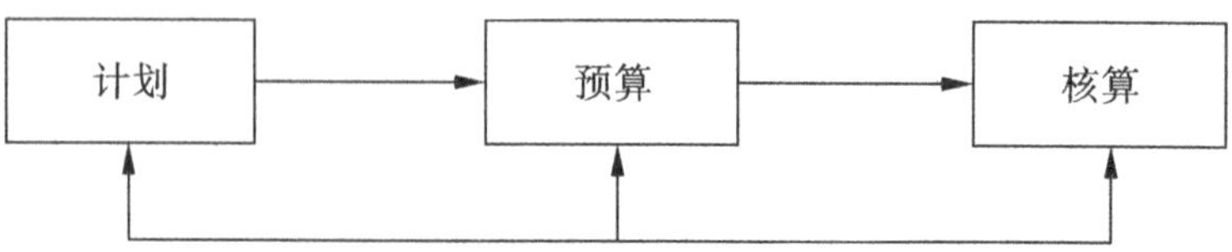

图 10-6　计划、预算、核算之间的关系

(6)预测是管理的灵魂。财务对业务的支持从事后走向事前,预测是可以为之的举措(图 10-7)。准确的预测能提高经营管理的前瞻性,优化资源配置结构,不断调整经营方向,预见并规避风险。预测甚至可以作为检验诸多财务工作是否有效的试金石。譬如,财务分析报告结尾处往往要对全年经营指标进行预测,预测准确与否,可以反映出财务分析的实际价值。

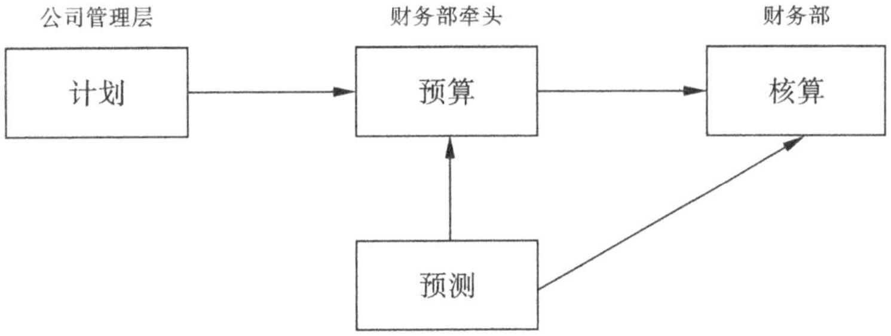

图 10-7 计划、预算、核算、预测之间的关系

(7)称职的 CFO 应随时可以接任 CEO。财务如果不懂业务,只能提供低价值的会计服务。财务必须要有渴望进步、渴望成长的自我动力。没有项目经营管理经验的财务人员是不可能成长为 CFO。财务人员应融入业务。只有融入业务,财务工作才能获得足够的认可,财务人员自身的地位才可能得到提升。如何切入业务,可以有三个方向:①参与项目管理,在最短的时间内了解企业的业务运作;②参与经营分析,把财务与业务结合起来,让财务分析成为管理工具;③参与预算预测,这项工作不与业务面对面沟通大概是做不了的。

(8)各级干部要互相知晓,财务干部要懂些业务,业务干部应知晓财务管理。有序开展财经和业务的干部互换及通融,财务要懂业务,业务也要懂财务,混凝土结构的作战组织,才能高效、及时、稳健地抓住机会点,在积极进攻中实现稳健经营的目标,使公司推行的 LTC、IFS 能真正发挥作用。通过闭环管理来完善干部的考核与选拔。如果有人忽悠你,会计工作如何难,千万别信他。会计是实践性学科,更多在于实践出真知。会计知识并不难,自学成才完全不成问题,从事会计工作不一定非得接受专业教育。会计工作之难不在技能上,更多在沟通协调方面,如何用如簧之舌把财务的刚性要求宣传贯彻下去。从这点看,成功的 CFO 大都是高情商的人。在华为要求财务干部与业务干部交换通融。业务干部转做财务的不少,但财务干部转做业务的不多,华为的这一干部轮换模式让人耳目一新。

(9)业务承担所有的风险责任,财务提供风险分析和揭示风险。业务不仅要对增长负责,也应对利润负责,更应对法律遵从负责。为什么会计人员总觉得责任大、风险大,其实很大程度上是没有厘清会计究竟应承担什么样的责任。会计更多是支撑职能,很少能直接做决策,一旦决策了,所有的结果都会体现在会计报表中。此时木已成舟,会计何谈承担风险责任呢?风险责任应该由业务承担,谁决策,谁负责,会计的责任是揭示风险、分析风险。

附　录

附录一　复利终值系数表

期数	1%	2%	3%	4%	5%	6%	7%	8%	9%	10%
1	1.0100	1.0200	1.0300	1.0400	1.0500	1.0600	1.0700	1.0800	1.0900	1.1000
2	1.0201	1.0404	1.0609	1.0816	1.1025	1.1236	1.1449	1.1664	1.1881	1.2100
3	1.0303	1.0612	1.0927	1.1249	1.1576	1.1910	1.2250	1.2597	1.2950	1.3310
4	1.0406	1.0824	1.1255	1.1699	1.2155	1.2625	1.3108	1.3605	1.4116	1.4641
5	1.0510	1.1041	1.1593	1.2167	1.2763	1.3382	1.4026	1.4693	1.5386	1.6105
6	1.0615	1.1262	1.1941	1.2653	1.3401	1.4185	1.5007	1.5869	1.6771	1.7716
7	1.0721	1.1487	1.2299	1.3159	1.4071	1.5036	1.6058	1.7138	1.8280	1.9487
8	1.0829	1.1717	1.2668	1.3686	1.4775	1.5938	1.7182	1.8509	1.9926	2.1436
9	1.0937	1.1951	1.3048	1.4233	1.5513	1.6895	1.8385	1.9990	2.1719	2.3579
10	1.1046	1.2190	1.3439	1.4802	1.6289	1.7908	1.9672	2.1589	2.3674	2.5937
11	1.1157	1.2434	1.3842	1.5395	1.7103	1.8983	2.1049	2.3316	2.5804	2.8531
12	1.1268	1.2682	1.4258	1.6010	1.7959	2.0122	2.2522	2.5182	2.8127	3.1384
13	1.1381	1.2936	1.4685	1.6651	1.8856	2.1329	2.4098	2.7196	3.0658	3.4523
14	1.1495	1.3195	1.5126	1.7317	1.9799	2.2609	2.5785	2.9372	3.3417	3.7975
15	1.1610	1.3459	1.5580	1.8009	2.0789	2.3966	2.7590	3.1722	3.6425	4.1772
16	1.1726	1.3728	1.6047	1.8730	2.1829	2.5404	2.9522	3.4259	3.9703	4.5950
17	1.1843	1.4002	1.6528	1.9479	2.2920	2.6928	3.1588	3.7000	4.3276	5.0545
18	1.1961	1.4282	1.7024	2.0258	2.4066	2.8543	3.3799	3.9960	4.7171	5.5599
19	1.2081	1.4568	1.7535	2.1068	2.5270	3.0256	3.6165	4.3157	5.1417	6.1159

续　表

期数	1%	2%	3%	4%	5%	6%	7%	8%	9%	10%
20	1.2202	1.4859	1.8061	2.1911	2.6533	3.2071	3.8697	4.6610	5.6044	6.7275
21	1.2324	1.5157	1.8603	2.2788	2.7860	3.3996	4.1406	5.0338	6.1088	7.4002
22	1.2447	1.5460	1.9161	2.3699	2.9253	3.6035	4.4304	5.4365	6.6586	8.1403
23	1.2572	1.5769	1.9736	2.4647	3.0715	3.8197	4.7405	5.8715	7.2579	8.9543
24	1.2697	1.6084	2.0328	2.5633	3.2251	4.0489	5.0724	6.3412	7.9111	9.8497
25	1.2824	1.6406	2.0938	2.6658	3.3864	4.2919	5.4274	6.8485	8.6231	10.835
26	1.2953	1.6734	2.1566	2.7725	3.5557	4.5494	5.8074	7.3964	9.3992	11.918
27	1.3082	1.7069	2.2213	2.8834	3.7335	4.8223	6.2139	7.9881	10.245	13.110
28	1.3213	1.7410	2.2879	2.9987	3.9201	5.1117	6.6488	8.6271	11.167	14.421
29	1.3345	1.7758	2.3566	3.1187	4.1161	5.4184	7.1143	9.3173	12.172	15.863
30	1.3478	1.8114	2.4273	3.2434	4.3219	5.7435	7.6123	10.063	13.268	17.449
40	1.4889	2.2080	3.2620	4.8010	7.0400	10.286	14.975	21.725	31.409	45.259
50	1.6446	2.6916	4.3839	7.1067	11.467	18.420	29.457	46.902	74.358	117.39
60	1.8167	3.2810	5.8916	10.520	18.679	32.988	57.946	101.26	176.03	304.48

期数	12%	14%	15%	16%	18%	20%	24%	28%	32%	36%
1	1.1200	1.1400	1.1500	1.1600	1.1800	1.2000	1.2400	1.2800	1.3200	1.3600
2	1.2544	1.2996	1.3225	1.3456	1.3924	1.4400	1.5376	1.6384	1.7424	1.8496
3	1.4049	1.4815	1.5209	1.5609	1.6430	1.7280	1.9066	2.0972	2.3000	2.5155
4	1.5735	1.6890	1.7490	1.8106	1.9388	2.0736	2.3642	2.6844	3.0360	3.4210
5	1.7623	1.9254	2.0114	2.1003	2.2878	2.4883	2.9316	3.4360	4.0075	4.6526
6	1.9738	2.1950	2.3131	2.4364	2.6996	2.9860	3.6352	4.3980	5.2899	6.3275
7	2.2107	2.5023	2.6600	2.8262	3.1855	3.5832	4.5077	5.6295	6.9826	8.6054
8	2.4760	2.8526	3.0590	3.2784	3.7589	4.2998	5.5895	7.2058	9.2170	11.703
9	2.7731	3.2519	3.5179	3.8030	4.4355	5.1598	6.9310	9.2234	12.167	15.917
10	3.1058	3.7072	4.0456	4.4114	5.2338	6.1917	8.5944	11.806	16.060	21.647
11	3.4785	4.2262	4.6524	5.1173	6.1759	7.4301	10.657	15.112	21.199	29.439
12	3.8960	4.8179	5.3503	5.9360	7.2876	8.9161	13.215	19.343	27.983	40.038
13	4.3635	5.4924	6.1528	6.8858	8.5994	10.699	16.386	24.759	36.937	54.451
14	4.8871	6.2613	7.0757	7.9875	10.147	12.839	20.319	31.691	48.757	74.053
15	5.4736	7.1379	8.1371	9.2655	11.974	15.407	25.196	40.565	64.359	100.71
16	6.1304	8.1372	9.3576	10.748	14.129	18.488	31.243	51.923	84.954	136.97

续 表

期数	12%	14%	15%	16%	18%	20%	24%	28%	32%	36%
17	6.8660	9.2765	10.761	12.468	16.672	22.186	38.741	66.461	112.14	186.28
18	7.6900	10.575	12.376	14.463	19.673	26.623	48.039	85.071	148.02	253.34
19	8.6128	12.056	14.232	16.777	23.214	31.948	59.568	108.89	195.39	344.54
20	9.6463	13.744	16.367	19.461	27.393	38.338	73.864	139.38	257.92	468.57
21	10.804	15.668	18.822	22.575	32.324	46.005	91.592	178.41	340.45	637.26
22	12.100	17.861	21.645	26.186	38.142	55.206	113.57	228.36	449.39	866.67
23	13.552	20.362	24.892	30.376	45.008	66.247	140.83	292.30	593.20	1178.7
24	15.179	23.212	28.625	35.236	53.109	79.497	174.63	374.14	783.02	1603.0
25	17.000	26.462	32.919	40.874	62.669	95.396	216.54	478.90	1033.6	2180.1
26	19.040	30.167	37.857	47.414	73.949	114.48	268.51	613.00	1364.3	2964.9
27	21.325	34.390	43.535	55.000	87.260	137.37	332.96	784.64	1800.9	4032.3
28	23.884	39.205	50.066	63.800	102.97	164.84	412.86	1004.3	2377.2	5483.9
29	26.750	44.693	57.576	74.009	121.50	197.81	511.95	1285.6	3137.9	7458.1
30	29.960	50.950	66.212	85.850	143.37	237.38	634.82	1645.5	4142.1	10143
40	93.051	188.88	267.86	378.72	750.38	1469.8	5455.9	19427	66521	*
50	289.00	700.23	1083.7	1670.7	3927.4	9100.4	46890	*	*	*
60	897.60	2595.9	4384.0	7370.2	20555	56348	*	*	*	*

注：* >99 999

附录二　复利现值系数表

期数	1%	2%	3%	4%	5%	6%	7%	8%	9%	10%
1	0.9901	0.9804	0.9709	0.9615	0.9524	0.9434	0.9346	0.9259	0.9174	0.9091
2	0.9803	0.9612	0.9426	0.9246	0.9070	0.8900	0.8734	0.8573	0.8417	0.8264
3	0.9706	0.9423	0.9151	0.8890	0.8638	0.8396	0.8163	0.7938	0.7722	0.7513
1	0.9610	0.9238	0.8885	0.8548	0.8227	0.7921	0.7629	0.7350	0.7084	0.6830
5	0.9515	0.9057	0.8626	0.8219	0.7835	0.7473	0.7130	0.6806	0.6499	0.6209
6	0.9420	0.8880	0.8375	0.7903	0.7462	0.7050	0.6663	0.6302	0.5963	0.5645
7	0.9327	0.8706	0.8131	0.7599	0.7107	0.6651	0.6227	0.5835	0.5470	0.5132
8	0.9235	0.8535	0.7894	0.7307	0.6768	0.6274	0.5820	0.5403	0.5019	0.4665
9	0.9143	0.8368	0.7664	0.7026	0.6446	0.5919	0.5439	0.5002	0.4604	0.4241
10	0.9053	0.8203	0.7441	0.6756	0.6139	0.5584	0.5083	0.4632	0.4224	0.3855
11	0.8963	0.8043	0.7224	0.6496	0.5847	0.5268	0.4751	0.4289	0.3875	0.3505
12	0.8874	0.7885	0.7014	0.6246	0.5568	0.4970	0.4440	0.3971	0.3555	0.3186
13	0.8787	0.7730	0.6810	0.6006	0.5303	0.4688	0.4150	0.3677	0.3262	0.2897
14	0.8700	0.7579	0.6611	0.5775	0.5051	0.4423	0.3878	0.3405	0.2992	0.2633
15	0.8613	0.7430	0.6419	0.5553	0.4810	0.4173	0.3624	0.3152	0.2745	0.2394
16	0.8528	0.7284	0.6232	0.5339	0.4581	0.3936	0.3387	0.2919	0.2519	0.2176
17	0.8444	0.7142	0.6050	0.5134	0.4363	0.3714	0.3166	0.2703	0.2311	0.1978
18	0.8360	0.7002	0.5874	0.4936	0.4155	0.3503	0.2959	0.2502	0.2120	0.1799
19	0.8277	0.6864	0.5703	0.4746	0.3957	0.3305	0.2765	0.2317	0.1945	0.1635
20	0.8195	0.6730	0.5537	0.4564	0.3769	0.3118	0.2584	0.2145	0.1784	0.1486
21	0.8114	0.6598	0.5375	0.4388	0.3589	0.2942	0.2415	0.1987	0.1637	0.1351
22	0.8034	0.6468	0.5219	0.4220	0.3418	0.2775	0.2257	0.1839	0.1502	0.1228
23	0.7954	0.6342	0.5067	0.4057	0.3256	0.2618	0.2109	0.1703	0.1378	0.1117
24	0.7876	0.6217	0.4919	0.3901	0.3101	0.2470	0.1971	0.1577	0.1264	0.1015
25	0.7798	0.6095	0.4776	0.3751	0.2953	0.2330	0.1842	0.1460	0.1160	0.0923
26	0.7720	0.5976	0.4637	0.3607	0.2812	0.2198	0.1722	0.1352	0.1064	0.0839
27	0.7644	0.5859	0.4502	0.3468	0.2678	0.2074	0.1609	0.1252	0.0976	0.0763

续 表

期数	1%	2%	3%	4%	5%	6%	7%	8%	9%	10%
28	0.7568	0.5744	0.4371	0.3335	0.2551	0.1956	0.1504	0.1159	0.0895	0.0693
29	0.7493	0.5631	0.4243	0.3207	0.2429	0.1846	0.1406	0.1073	0.0822	0.0630
30	0.7419	0.5521	0.4120	0.3083	0.2314	0.1741	0.1314	0.0994	0.0754	0.0573
35	0.7059	0.5000	0.3554	0.2534	0.1813	0.1301	0.0937	0.0676	0.0490	0.0356
40	0.6717	0.4529	0.3066	0.2083	0.1420	0.0972	0.0668	0.0460	0.0318	0.0221
45	0.6391	0.4102	0.2644	0.1712	0.1113	0.0727	0.0476	0.0313	0.0207	0.0137
50	0.6080	0.3715	0.2281	0.1407	0.0872	0.0543	0.0339	0.0213	0.0134	0.0085
55	0.5785	0.3365	0.1968	0.1157	0.0683	0.0406	0.0242	0.0145	0.0087	0.0053

期数	12%	14%	15%	16%	18%	20%	24%	28%	32%	36%
1	0.8929	0.8772	0.8696	0.8621	0.8475	0.8333	0.8065	0.7813	0.7576	0.7353
2	0.7972	0.7695	0.7561	0.7432	0.7182	0.6944	0.6504	0.6104	0.5739	0.5407
3	0.7118	0.6750	0.6575	0.6407	0.6086	0.5787	0.5245	0.4768	0.4348	0.3975
4	0.6355	0.5921	0.5718	0.5523	0.5158	0.4823	0.4230	0.3725	0.3294	0.2923
5	0.5674	0.5194	0.4972	0.4761	0.4371	0.4019	0.3411	0.2910	0.2495	0.2149
6	0.5066	0.4556	0.4323	0.4104	0.3704	0.3349	0.2751	0.2274	0.1890	0.1580
7	0.4523	0.3996	0.3759	0.3538	0.3139	0.2791	0.2218	0.1776	0.1432	0.1162
8	0.4039	0.3506	0.3269	0.3050	0.2660	0.2326	0.1789	0.1388	0.1085	0.0854
9	0.3606	0.3075	0.2843	0.2630	0.2255	0.1938	0.1443	0.1084	0.0822	0.0628
10	0.3220	0.2697	0.2472	0.2267	0.1911	0.1615	0.1164	0.0847	0.0623	0.0462
11	0.2875	0.2366	0.2149	0.1954	0.1619	0.1346	0.0938	0.0662	0.0472	0.0340
12	0.2567	0.2076	0.1869	0.1685	0.1372	0.1122	0.0757	0.0517	0.0357	0.0250
13	0.2292	0.1821	0.1625	0.1452	0.1163	0.0935	0.0610	0.0404	0.0271	0.0184
14	0.2046	0.1597	0.1413	0.1252	0.0985	0.0779	0.0492	0.0316	0.0205	0.0135
15	0.1827	0.1401	0.1229	0.1079	0.0835	0.0649	0.0397	0.0247	0.0155	0.0099
16	0.1631	0.1229	0.1069	0.0930	0.0708	0.0541	0.0320	0.0193	0.0118	0.0073
17	0.1456	0.1078	0.0929	0.0802	0.0600	0.0451	0.0258	0.0150	0.0089	0.0054
18	0.1300	0.0946	0.0808	0.0691	0.0508	0.0376	0.0208	0.0118	0.0068	0.0039
19	0.1161	0.0829	0.0703	0.0596	0.0431	0.0313	0.0168	0.0092	0.0051	0.0029
20	0.1037	0.0728	0.0611	0.0514	0.0365	0.0261	0.0135	0.0072	0.0039	0.0021
21	0.0926	0.0638	0.0531	0.0443	0.0309	0.0217	0.0109	0.0056	0.0029	0.0016
22	0.0826	0.0560	0.0462	0.0382	0.0262	0.0181	0.0088	0.0044	0.0022	0.0012

续 表

期数	12%	14%	15%	16%	18%	20%	24%	28%	32%	36%
23	0.0738	0.0491	0.0402	0.0329	0.0222	0.0151	0.0071	0.0034	0.0017	0.0008
24	0.0659	0.0431	0.0349	0.0284	0.0188	0.0126	0.0057	0.0027	0.0013	0.0006
25	0.0588	0.0378	0.0304	0.0245	0.0160	0.0105	0.0046	0.0021	0.0010	0.0005
26	0.0525	0.0331	0.0264	0.0211	0.0135	0.0087	0.0037	0.0016	0.0007	0.0003
27	0.0469	0.0291	0.0230	0.0182	0.0115	0.0073	0.0030	0.0013	0.0006	0.0002
28	0.0419	0.0255	0.0200	0.0157	0.0097	0.0061	0.0024	0.0010	0.0004	0.0002
29	0.0374	0.0224	0.0174	0.0135	0.0082	0.0051	0.0020	0.0008	0.0003	0.0001
30	0.0334	0.0196	0.0151	0.0116	0.0070	0.0042	0.0016	0.0006	0.0002	0.0001
35	0.0189	0.0102	0.0075	0.0055	0.0030	0.0017	0.0005	0.0002	0.0001	*
40	0.0107	0.0053	0.0037	0.0026	0.0013	0.0007	0.0002	0.0001	*	*
45	0.0061	0.0027	0.0019	0.0013	0.0006	0.0003	0.0001	*	*	*
50	0.0035	0.0014	0.0009	0.0006	0.0003	0.0001	*	*	*	*
55	0.0020	0.0007	0.0005	0.0003	0.0001	*	*	*	*	*

注：* <0.0001

附录三　年金终值系数表

期数	1%	2%	3%	4%	5%	6%	7%	8%	9%	10%
1	1.0000	1.0000	1.0000	1.0000	1.0000	1.0000	1.0000	1.0000	1.0000	1.0000
2	2.0100	2.0200	2.0300	2.0400	2.0500	2.0600	2.0700	2.0800	2.0900	2.1000
3	3.0301	3.0604	3.0909	3.1216	3.1525	3.1836	3.2149	3.2464	3.2781	3.3100
4	4.0604	4.1216	4.1836	4.2465	4.3101	4.3746	4.4399	4.5061	4.5731	4.6410
5	5.1010	5.2040	5.3091	5.4163	5.5256	5.6371	5.7507	5.8666	5.9847	6.1051
6	6.1520	6.3081	6.4684	6.6330	6.8019	6.9753	7.1533	7.3359	7.5233	7.7156
7	7.2135	7.4343	7.6625	7.8983	8.1420	8.3938	8.6540	8.9228	9.2004	9.4872
8	8.2857	8.5830	8.8923	9.2142	9.5491	9.8975	10.260	10.637	11.029	11.436
9	9.3685	9.7546	10.159	10.583	11.027	11.491	11.978	12.488	13.021	13.580
10	10.462	10.950	11.464	12.006	12.578	13.181	13.816	14.487	15.193	15.937
11	11,567	12.169	12.808	13.486	14.207	14.972	15.784	16.646	17.560	18.531
12	12,683	13.412	14.192	15.026	15.917	16.870	17.889	18.977	20.141	21.384
13	13.809	14.680	15.618	16.627	17.713	18.882	20.141	21.495	22.953	24.523
14	14.947	15.974	17.086	18.292	19.599	21.015	22.551	24.215	26.019	27.975
15	16.097	17.293	18.599	20.024	21.579	23.276	25.129	27.152	29.361	31.773
16	17.258	18.639	20.157	21.825	23.658	25.673	27.888	30.324	33.003	35.950
17	18.430	20.012	21.762	23.698	25.840	28.213	30.840	33.750	36.974	40.545
18	19.615	21.412	23.414	25.645	28.132	30.906	33.999	37.450	41.301	45.599
19	20.811	22.841	25.117	27.671	30.539	33.760	37.379	41.446	46.019	51.159
20	22.019	24.297	26.870	29.778	33.066	36.786	40.996	45.762	51.160	57.275
21	23.239	25.783	28.677	31.969	35.719	39.993	44.865	50.423	56.765	64.003
22	24.472	27.299	30.537	34.248	38.505	43.392	49.006	55.457	62.873	71.403
23	25.716	28.845	32.453	36.618	41.431	46.996	53.436	60.893	69.532	79.543
24	26.974	30.422	34.427	39.083	44.502	50.816	58.177	66.765	76.790	88.497
25	28.243	32.030	36.459	41.646	47.727	54.865	63.249	73.106	84.701	98.347
26	29.526	33.671	38.553	44.312	51.114	59.156	68.677	79.954	93.324	109.18
27	30.821	35.344	40.710	47.084	54.669	63.706	74.484	87.351	102.72	121.10

续 表

期数	1%	2%	3%	4%	5%	6%	7%	8%	9%	10%
28	32.129	37.051	42.931	49.968	58.403	68.528	80.698	95.339	112.97	134.21
29	33.450	38.792	45.219	52.966	62.323	73.640	87.347	103.97	124.14	148.63
30	34.785	40.568	47.575	56.085	66.439	79.058	94.461	113.28	136.31	164.49
40	48.886	60.402	75.401	95.026	120.80	154.76	199.64	259.06	337.88	442.59
50	64.463	84.579	112.80	152.67	209.35	290.34	406.53	573.77	815.08	1163.9
60	81.670	114.05	163.05	237.99	353.58	533.13	813.52	1253.2	1944.8	3034.8
期数	12%	14%	15%	16%	18%	20%	24%	28%	32%	36%
1	1.0000	1.0000	1.0000	1.0000	1.0000	1.0000	1.0000	1.0000	1.0000	1.0000
2	2.1200	2.1400	2.1500	2.1600	2.1800	2.2000	2.2400	2.2800	2.3200	2.3600
3	3.3744	3.4396	3.4725	3.5056	3.5724	3.6400	3.7776	3.9184	4.0624	4.2096
4	4.7793	4.9211	4.9934	5.0665	5.2154	5.3680	5.6842	6.0156	6.3624	6.7251
5	6.3528	6.6101	6.7424	6.8771	7.1542	7.4416	8.0484	8.6999	9.3983	10.146
6	8.1152	8.5355	8.7537	8.9775	9.4420	9.9299	10.980	12.136	13.406	14.799
7	10.089	10.731	11.067	11.414	12.142	12.916	14.615	16.534	18.696	21.126
8	12.300	13.233	13.727	14.240	15.327	16.499	19.123	22.163	25.678	29.732
9	14.776	16.085	16.786	17.519	19.086	20.799	24.713	29.369	34.895	41.435
10	17.549	19.337	20.304	21.322	23.521	25.959	31.643	38.593	47.062	57.352
11	20.655	23.045	24.349	25.733	28.755	32.150	40.238	50.399	63.122	78.998
12	24.133	27.271	29.002	30.850	34.931	39.581	50.895	65.510	84.320	108.44
13	28.029	32.089	34.352	36.786	42.219	48.497	64.110	84.853	112.30	148.48
14	32.393	37.581	40.505	43.672	50.818	59.196	80.496	109.61	149.24	202.93
15	37.280	43.842	47.580	51.660	60.965	72.035	100.82	141.30	198.00	276.98
16	42.753	50.980	55.718	60.925	72.939	87.442	126.01	181.87	262.36	377.69
17	48.884	59.118	65.075	71.673	87.068	105.93	157.25	233.79	347.31	514.66
18	55.750	68.394	75.836	84.141	103.74	128.12	195.99	300.25	459.45	700.94
19	63.440	78.969	88.212	98.603	123.41	154.74	244.03	385.32	607.47	954.28
20	72.052	91.025	102.44	115.38	146.63	186.69	303.60	494.21	802.86	1298.8
21	81.699	104.77	118.81	134.84	174.02	225.03	377.46	633.59	1060.8	1767.4
22	92.503	120.44	137.63	157.42	206.34	271.03	469.06	812.00	1401.2	2404.7
23	104.60	138.30	159.28	183.60	244.49	326.24	582.63	1040.4	1850.6	3271.3
24	118.16	158.66	184.17	213.98	289.49	392.48	723.46	1332.7	2443.8	4450.0

续　表

期数	12%	14%	15%	16%	18%	20%	24%	28%	32%	36%
25	133.33	181.87	212.79	249.21	342.60	471.98	898.09	1706.8	3226.8	6053.0
26	150.33	208.33	245.71	290.09	405.27	567.38	1114.6	2185.7	4260.4	8233.1
27	169.37	238.50	283.57	337.50	479.22	681.85	1383.1	2798.7	5624.8	11198
28	190.70	272.89	327.10	392.50	566.48	819.22	1716.1	3583.3	7425.7	15230
29	214.58	312.09	377.17	456.30	669.45	984.07	2129.0	4587.7	9802.9	20714
30	241.33	356.79	434.75	530.31	790.95	1181.9	2640.9	5873.2	12941	28172
40	767.09	1342.0	1779.1	2360.8	4163.2	7343.9	22729	69377	207874	609890
50	2400.0	4994.5	7217.7	10436	21813	45497	195373	819103	*	*
60	7471.6	18535	29220	46058	114190	281733	*	*	*	*

注：* >999 999.99

附录四 年金现值系数表

期数	1%	2%	3%	4%	5%	6%	7%	8%	9%	10%
1	0.9901	0.9804	0.9709	0.9615	0.9524	0.9434	0.9346	0.9259	0.9174	0.9091
2	1.9704	1.9416	1.9135	1.8861	1.8594	1.8334	1.8080	1.7833	1.7591	1.7355
3	2.9410	2.8839	2.8286	2.7751	2.7232	2.6730	2.6243	2.5771	2.5313	2.4869
4	3.9020	3.8077	3.7171	3.6299	3.5460	3.4651	3.3872	3.3121	3.2397	3.1699
5	4.8534	4.7135	4.5797	4.4518	4.3295	4.2124	4.1002	3.9927	3.8897	3.7908
6	5.7955	5.6014	5.4172	5.2421	5.0757	4.9173	4.7665	4.6229	4.4859	4.3553
7	6.7282	6.4720	6.2303	6.0021	5.7864	5.5824	5.3893	5.2064	5.0330	4.8684
8	7.6517	7.3255	7.0197	6.7327	6.4632	6.2098	5.9713	5.7466	5.5348	5.3349
9	8.5660	8.1622	7.7861	7.4353	7.1078	6.8017	6.5152	6.2469	5.9952	5.7590
10	9.4713	8.9826	8.5302	8.1109	7.7217	7.3601	7.0236	6.7101	6.4177	6.1446
11	10.3676	9.7868	9.2526	8.7605	8.3064	7.8869	7.4987	7.1390	6.8052	6.4951
12	11.2551	10.5753	9.9540	9.3851	8.8633	8.3838	7.9427	7.5361	7.1607	6.8137
13	12.1337	11.3484	10.6350	9.9856	9.3936	8.8527	8.3577	7.9038	7.4869	7.1034
14	13.0037	12.1062	11.2961	10.5631	9.8986	9.2950	8.7455	8.2442	7.7862	7.3667
15	13.8651	12.8493	11,9379	11,1184	10.3797	9.7122	9.1079	8.5595	8.0607	7.6061
16	14.7179	13.5777	12.5611	11.6523	10.8378	10.1059	9.4466	8.8514	8.3126	7.8237
17	15.5623	14.2919	13.1661	12.1657	11.2741	10.4773	9.7632	9.1216	8.5436	8,0216
18	16.3983	14.9920	13.7535	12.6593	11.6896	10.8276	10.0591	9.3719	8.7556	8.2014
19	17.2260	15.6785	14.3238	13.1339	12.0853	11.1581	10.3356	9.6036	8.9501	8.3649
20	18.0456	16.3514	14.8775	13.5903	12.4622	11.4699	10.5940	9.8181	9.1285	8.5136
21	18.8570	17.0112	15.4150	14.0292	12.8212	11.7641	10.8355	10.0168	9.2922	8.6487
22	19.6604	17.6580	15.9369	14.4511	13.1630	12.0416	11.0612	10.2007	9.4424	8.7715
23	20.4558	18.2922	16.4436	14.8568	13.4886	12.3034	11.2722	10.3711	9.5802	8.8832
24	21.2434	18.9139	16.9355	15.2470	13.7986	12.5504	11.4693	10.5288	9.7066	8.9847
25	22.0232	19.5235	17.4131	15.6221	14.0939	12.7834	11.6536	10.6748	9.8226	9.0770
26	22.7952	20.1210	17.8768	15.9828	14.3752	13.0032	11.8258	10.8100	9.9290	9.1609
27	23.5596	20.7069	18.3270	16.3296	14.6430	13.2105	11.9867	10.9352	10.0266	9.2372

续 表

期数	1%	2%	3%	4%	5%	6%	7%	8%	9%	10%
28	24.3164	21.2813	18.7641	16.6631	14.8981	13.4062	12.1371	11.0511	10.1161	9.3066
29	25.0658	21.8444	19.1885	16.9837	15.1411	13.5907	12.2777	11.1584	10.1983	9.3696
30	25.8077	22.3965	19.6004	17.2920	15.3725	13.7648	12.4090	11.2578	10.2737	9.4269
35	29.4086	24.9986	21.4872	18.6646	16.3742	14.4982	12.9477	11.6546	10.5668	9.6442
40	32.8347	27.3555	23.1148	19.7928	17.1591	15.0463	13.3317	11.9246	10.7574	9.7791
45	36.0945	29.4902	24.5187	20.7200	17.7741	15.4558	13.6055	12.1084	10.8812	9.8628
50	39.1961	31.4236	25.7298	21.4822	18.2559	15.7619	13.8007	12.2335	10.9617	9.9148
55	42.1472	33.1748	26.7744	22.1086	18.6335	15.9905	13.9399	12.3186	11.0140	9.9471

期数	12%	14%	15%	16%	18%	20%	24%	28%	32%	36%
1	0.8929	0.8772	0.8696	0.8621	0.8475	0.8333	0.8065	0.7813	0.7576	0.7353
2	1.6901	1.6467	1.6257	1.6052	1.5656	1.5278	1.4568	1.3916	1.3315	1.2760
3	2.4018	2.3216	2.2832	2.2459	2.1743	2.1065	1.9813	1.8684	1.7663	1.6735
4	3.0373	2.9137	2.8550	2.7982	2.6901	2.5887	2.4043	2.2410	2.0957	1.9658
5	3.6048	3.4331	3.3522	3.2743	3.1272	2.9906	2.7454	2.5320	2.3452	2.1807
6	4.1114	3.8887	3.7845	3.6847	3.4976	3.3255	3.0205	2.7594	2.5342	2.3388
7	4.5638	4.2883	4.1604	4.0386	3.8115	3.6046	3.2423	2.9370	2.6775	2.4550
8	4.9676	4.6389	4.4873	4.3436	4.0776	3.8372	3.4212	3.0758	2.7860	2.5404
9	5.3282	4.9464	4.7716	4.6065	4.3030	4.0310	3.5655	3.1842	2.8681	2.6033
10	5.6502	5.2161	5.0188	4.8332	4.4941	4.1925	3.6819	3.2689	2.9304	2.6495
11	5.9377	5.4527	5.2337	5.0286	4.6560	4.3271	3.7757	3.3351	2.9776	2.6834
12	6.1944	5.6603	5.4206	5.1971	4.7932	4.4392	3.8514	3.3868	3.0133	2.7084
13	6.4235	5.8424	5.5831	5.3423	4.9095	4.5327	3.9124	3.4272	3.0404	2.7268
14	6.6282	6.0021	5.7245	5.4675	5.0081	4.6106	3.9616	3.4587	3.0609	2.7403
15	6.8109	6.1422	5.8474	5.5755	5.0916	4.6755	4.0013	3.4834	3.0764	2.7502
16	6.9740	6.2651	5.9542	5.6685	5.1624	4.7296	4.0333	3.5026	3.0882	2.7575
17	7.1196	6.3729	6.0472	5.7487	5.2223	4.7746	4.0591	3.5177	3.0971	2.7629
18	7.2497	6.4674	6.1280	5.8178	5.2732	4.8122	4.0799	3.5294	3.1039	2.7668
19	7.3658	6.5504	6.1982	5.8775	5.3162	4.8435	4.0967	3.5386	3.1090	2.7697
20	7.4694	6.6231	6.2593	5.9288	5.3527	4.8696	4.1103	3.5458	3.1129	2.7718
21	7.5620	6.6870	6.3125	5.9731	5.3837	4.8913	4.1212	3.5514	3.1158	2.7734
22	7.6446	6.7429	6.3587	6.0113	5.4099	4.9094	4.1300	3.5558	3.1180	2.7746

续 表

期数	12%	14%	15%	16%	18%	20%	24%	28%	32%	36%
23	7.7184	6.7921	6.3988	6.0442	5.4321	4.9245	4.1371	3.5592	3.1197	2.7754
24	7.7843	6.8351	6.4338	6.0726	5.4509	4.9371	4.1428	3.5619	3.1210	2.7760
25	7.8431	6.8729	6.4641	6.0971	5.4669	4.9476	4.1474	3.5640	3.1220	2.7765
26	7.8957	6.9061	6.4906	6.1182	5.4804	4.9563	4.1511	3.5656	3.1227	2.7768
27	7.9426	6.9352	6.5135	6.1364	5.4919	4.9636	4.1542	3.5669	3.1233	2.7771
28	7.9844	6.9607	6.5335	6.1520	5.5016	4.9697	4.1566	3.5679	3.1237	2.7773
29	8.0218	6.9830	6.5509	6.1656	5.5098	4.9747	4.1585	3.5687	3.1240	2.7774
30	8.0552	7.0027	6.5660	6.1772	5.5168	4.9789	4.1601	3.5693	3.1242	2.7775
35	8.1755	7.0700	6.6166	6.2153	5.5386	4.9915	4.1644	3.5708	3.1248	2.7777
40	8.2438	7.1050	6.6418	6.2335	5.5482	4.9966	4.1659	3.5712	3.1250	2.7778
45	8.2825	7.1232	6.6543	6.2421	5.5523	4.9986	4.1664	3.5714	3.1250	2.7778
50	8.3045	7.1327	6.6605	6.2463	5.5541	4.9995	4.1666	3.5714	3.1250	2.7778
55	8.3170	7.1376	6.6636	6.2482	5.5549	4.9998	4.1666	3.5714	3.1250	2.7778

参考文献

[1]荆新,王化成,刘俊彦.财务管理学[M].北京:中国人民大学出版社,2018.

[2]管洲,王淑英.财务管理学[M].北京:经济科学出版社,2008.

[3]叶永刚,彭红枫.金融工程学[M].大连:东北财经大学出版社,2014.

[4] 乔舒亚·罗森鲍姆,乔舒亚·珀尔.投资银行:估值、杠杆收购、兼并与收购[M].曹建海,刘振山,译.北京:中信出版社,2015.

[5] 姜云良.浅谈财务业务信息化集成财务管理的思考[J].中外企业家,2019.

[6]滋维·博迪,亚历克斯·凯思,艾伦·J.马库斯.投资学[M].汪昌云,张永骥,译.北京:机械工业出版社,2015.

[7]中国注册会计师协会.财务成本管理[M].北京:中国财政经济出版社,2020.

[8] 财政部会计资格评价中心.中级财务管理[M].北京:经济科学出版社,2020.

[9]肖淑芳,佟岩,刘宁悦.财务管理学[M].北京:北京理工大学出版社,2018.

[10]刘海英.财务管理学[M].北京:经济科学出版社,2019.

[11]宋伟伟.财务管理与会计工作的关系及正确处理思考[J].现代商业,2019(7):166-167.

[12]张敦力,罗炫,葛林.大数据时代下企业财务管理创新研究[J].会计之友,2018(24):54-57.

[13]张治波.企业内部市场化运作管理模式研究[J].中小企业管理与科技(上旬刊),2018(16):1-2.

[14]张玉缺.云计算下的企业业财融合运作模式研究:以国家电网为例[J].会计之友,2018(24):58-60.

[15]斯蒂芬·A.罗斯.公司理财[M].吴世农,沈艺峰,王志强,等译.北京:机械工业出版社,2017.

[16]理查德·A.布雷利,斯图尔特·C.迈尔斯,弗兰克林·艾伦.公司金融[M].赵冬青,译.北京:机械工业出版社,2017.

[17]杨永晓.大数据环境下企业财务管理信息系统运用[J].财会学习,2021(9):25-26.

[18]唐文婷.大数据背景下企业财务管理信息系统应用[J].信息系统工程,2020(11):43-44.

[19]冯钰.大数据环境下企业财务管理信息系统应用分析[J].当代会计,2020(12):139-140.